高等院校立体化创新经管教材系列

会 计 学
(第4版)

杨淑媛　姜旭宏　唐献凤　主　编
孙振娟　李　皓　关博文　陈玉莹　副主编

清华大学出版社
北京

内 容 简 介

本书以最新的《企业会计准则》为基础,结合最新的法律、法规和税务政策以及会计实务,主要介绍会计确认、计量和报告的基本原理与基本方法,重点讲解会计六要素增减变动的会计核算及会计报表的编制方法与财务报告分析等内容。

本书注重融入新的会计理论与实践,反映学科的最新进展。同时,本书强调理论与实践的结合,突出实用性和针对性,通过小知识、知识拓展与综合案例拓展学习者的经济视野,并增加了思政教育环节,以加强对当代大学生会计职业道德的培养,提升其对社会主义价值观的认识。学习者通过对本书的学习,能较好地掌握会计核算方法、核算程序及报表编制方法,提高分析问题和解决实际问题的能力,增强自身的职业道德和法律意识。

本书在结构和内容上既符合学校教学的要求,又能满足企业实际工作的需要,因此可用作高等院校经济管理类专业的教材,也可用作会计人员、经济管理工作者的培训和自学参考书。

本书封面贴有清华大学出版社防伪标签,无标签者不得销售。
版权所有,侵权必究。举报: 010-62782989, beiqinquan@tup.tsinghua.edu.cn。

图书在版编目(CIP)数据

会计学/杨淑媛,姜旭宏,唐献凤主编. —4 版. —北京: 清华大学出版社,2021.7(2023.1重印)
高等院校立体化创新经管教材系列
ISBN 978-7-302-58429-2

Ⅰ. ①会… Ⅱ. ①杨… ②姜… ③唐… Ⅲ. ①会计学—高等学校—教材 Ⅳ. ①F230

中国版本图书馆 CIP 数据核字(2021)第 115591 号

责任编辑: 陈冬梅
封面设计: 刘孝琼
责任校对: 周剑云
责任印制: 沈 露

出版发行: 清华大学出版社
网　　址: http://www.tup.com.cn, http://www.wqbook.com
地　　址: 北京清华大学学研大厦 A 座　　邮　编: 100084
社 总 机: 010-83470000　　邮　购: 010-62786544
投稿与读者服务: 010-62776969, c-service@tup.tsinghua.edu.cn
质量反馈: 010-62772015, zhiliang@tup.tsinghua.edu.cn
课件下载: http://www.tup.com.cn, 010-62791865

印 装 者: 三河市天利华印刷装订有限公司
经　　销: 全国新华书店
开　　本: 185mm×260mm　　印 张: 21.75　　字 数: 529 千字
版　　次: 2008 年 2 月第 1 版　2021 年 8 月第 4 版　　印 次: 2023 年 1 月第 3 次印刷
定　　价: 58.00 元

产品编号: 091357-01

前　　言

随着我国市场经济的不断发展和与国际接轨的不断深入，世界经济发展所呈现的市场化、全球化、信息化和智能化的趋势也在日益影响着我们。会计教材的编写也要紧跟时代经济与会计发展历程，与时俱进。本书在以往会计学教材的基础上，吸收了国内外近几年优秀会计教材的精华，结合财政部最新颁布的会计准则、会计政策、会计实务以及相关法规，融入了编者多年的会计教学经验，经过科学组织、精心安排编写而成。本书在结构上加入了实用性极强的板块(知识框架图、思政与德育、小知识、自测题、知识拓展、综合案例等通过扫码进行阅读)，在内容上力求通俗易懂，在叙述上力求言简意赅。

在现代社会里，会计在宏观和微观经济管理中的地位日益显著，会计信息对管理决策和控制的作用也越来越大，这就要求现代会计人员不仅要熟练掌握会计的基本知识和基本操作技能，而且要具备多元化的知识结构和相应的应用能力。同时，随着"以本为本，立德树人"的国家教育战略理念的实施，来培养出具备"技术性应用型"高素质的会计人才，培育符合国家战略需要，充满正能量和诚实守信的会计人才已势在必行。因此，在本书的编写过程中着重考虑以下几点。

1. 增加思政，培育德育，提升道德素养。本书在注重专业知识介绍的同时，每一章新增加了思政教育环节，试图通过思政与德育教育的案例分析，将"爱岗敬业、诚实守信、廉洁自律、客观公正、坚持准则"等会计职业道德教育融入教学之中，从而使学习者提升职业道德水准和树立正确的社会主义价值观。

2. 紧跟准则，与时俱进，兼顾时效。本书不仅吸收了传统会计教材的精华和特色，同时更注重新准则、新法规、新会计理论、新案例的反映，体现了会计知识和科技发展的最新动态。为此，我们按照财政部新修订的企业会计准则，对原教材中有关收入、金融资产、财务报表格式、财务报表项目的填列方法，会计科目和增值税率的变化等内容进行了全面的调整和完善。

3. 突出应用，注重实务，培养职业技能。本书不仅注重会计相关基础知识和基本技能的训练，更重视相关会计实践知识的传授和能力的培养，让学生站在管理的角度去学习与实践，放眼经济视野进行企业管理、控制与决策。每一章都配有自测题，便于学生自我训练、巩固所学的理论知识，更重要的是理解会计在现实生活中的应用；通过案例分析与知识拓展，帮助学生提高利用会计与经济动态分析来解决实际问题的能力，以适应社会的需求。

4. 夯实基础，内容融合，兼顾综合能力提升。本书突破了原有会计学教材的知识体系，不仅包括基础会计、中级财务会计中的基础内容，还涵盖了财务分析的主要内容，目的是让学生不仅掌握会计的基本理论和基本方法，熟悉会计循环过程及会计信息的传递，更重要的是在掌握相关会计知识的基础上，理解各项财务分析指标的经济内涵，能够阅读会计报表并进行相关财务指标的计算与评价，从而提升学习者的综合职业能力。

本书在编写过程中坚持"基础够用、注重实践和提升素质"的原则，在编写内容上不求细而全，而是从学生的实际情况出发，力求由浅入深、结构合理、条理清晰、通俗易懂，并把编者三十余年的教学和实践经验融入教材之中。

　　本书由杨淑媛、姜旭宏、唐献凤主编，杨淑媛教授负责全书写作大纲的拟定和编写的组织工作，杨淑媛、孙振娟进行了全书定稿前的修改并总纂。具体写作分工如下：第一章由杨淑媛执笔；第二章由陈玉莹执笔；第九章由姜旭宏执笔；第七、八章由孙振娟执笔；第三至六章由唐献凤执笔；第十章由李皓执笔；第十一章由关博文执笔。

　　本书在编写过程中参考了很多文献和著作，并得到了业界学者及相关学校的大力指导与帮助，同时也得到裴兴才老师、刘少杰同学以及清华大学出版社编辑的大力支持，在此一并表示衷心的感谢。

　　虽然在编写过程中，我们一直在努力，力求精准，但由于编者水平有限，书中疏漏之处在所难免，恳请广大读者和同行批评指正。

　　书中习题参考答案扫二维码获取或在网上获取，下载地址：http://www.tup.com.cn。

编　者

目 录

第一章 总论 1
第一节 会计概述 1
一、会计的产生和发展 1
二、会计的含义 3
三、会计的特点 4
四、会计的职能、目标和方法 5
第二节 会计核算的基本前提与会计基础 10
一、会计核算的基本前提 10
二、会计基础 12
第三节 会计信息的质量要求 13
一、可靠性 13
二、相关性 14
三、可理解性 14
四、可比性 14
五、实质重于形式 15
六、重要性 15
七、谨慎性 16
八、及时性 16
第四节 会计要素与会计等式 16
一、反映企业财务状况的会计要素及其确认 17
二、反映企业经营成果的会计要素及其确认 21
第五节 会计计量 24
一、会计计量属性及其构成 24
二、会计计量属性的应用原则 25
思政感悟 25
自测题 26
参考答案 28

第二章 会计循环 29
第一节 会计对象 30
一、会计对象的含义 30
二、资金循环 30

第二节 会计科目与账户 32
一、会计科目 32
二、会计账户 35
三、会计科目与会计账户的关系 36
第三节 复式记账原理 36
一、单式记账法 37
二、复式记账法 37
三、借贷记账法 38
第四节 会计凭证 45
一、会计凭证概述 45
二、原始凭证 46
三、记账凭证 52
四、会计凭证的传递和保管 55
第五节 会计账簿 56
一、会计账簿的意义 56
二、会计账簿的种类 56
三、会计账簿的设置与登记 58
四、错账更正 66
第六节 对账与结账 68
一、对账 68
二、结账 68
第七节 会计账务处理程序 70
一、会计账务处理程序的概念及意义 70
二、账务处理程序的种类 71
思政感悟 73
自测题 74
参考答案 79

第三章 货币资金与应收款项 80
第一节 货币资金 80
一、货币资金概述 80
二、库存现金 81
三、银行存款 84
四、其他货币资金 91

第二节　应收及预付款项 94
　　　　一、应收票据 94
　　　　二、应收账款 96
　　　　三、应收股利及应收利息 98
　　　　四、预付账款及其他应收款 99
　　　　五、坏账损失 101
　　思政感悟 105
　　自测题 105
　　参考答案 109

第四章　存货 110

　　第一节　存货概述 110
　　　　一、存货的概念与特征 110
　　　　二、存货的内容 111
　　第二节　存货取得成本的确定 112
　　　　一、外购存货的成本 113
　　　　二、自制存货的成本 113
　　　　三、委托加工存货的成本 114
　　　　四、投资者投入存货的成本 114
　　　　五、盘盈存货的成本 114
　　第三节　存货发出的计价方法 114
　　　　一、先进先出法 114
　　　　二、个别计价法 115
　　　　三、加权平均法 116
　　　　四、移动加权平均法 117
　　第四节　存货业务的核算 118
　　　　一、原材料的核算 118
　　　　二、周转材料的核算 124
　　　　三、委托加工物资的核算 127
　　　　四、库存商品的核算 129
　　第五节　存货清查与期末计量 130
　　　　一、存货数量的盘存制度 130
　　　　二、存货清查的核算 131
　　　　三、存货的期末计量 132
　　思政感悟 134
　　自测题 134
　　参考答案 139

第五章　投资 140

　　第一节　投资概述 140

　　　　一、投资的概念及特点 140
　　　　二、投资的分类 141
　　第二节　金融资产 142
　　　　一、金融资产的含义及分类 142
　　　　二、以摊余成本计量的金融资产 142
　　　　三、以公允价值计量且其变动计入
　　　　　　其他综合收益的金融资产 146
　　　　四、以公允价值计量且其变动计入
　　　　　　当期损益的金融资产 150
　　　　五、金融资产的重分类 154
　　第三节　长期股权投资 155
　　　　一、长期股权投资概述 155
　　　　二、长期股权投资的初始计量 156
　　　　三、长期股权投资的后续计量 158
　　　　四、长期股权投资的减值与处置 162
　　思政感悟 163
　　自测题 163
　　参考答案 169

第六章　固定资产与无形资产 170

　　第一节　固定资产 170
　　　　一、固定资产概述 170
　　　　二、固定资产的确认与初始计量 173
　　　　三、固定资产的取得 174
　　　　四、固定资产的折旧 177
　　　　五、固定资产的后续支出 181
　　　　六、固定资产的减值与处置 181
　　第二节　无形资产 183
　　　　一、无形资产概述 183
　　　　二、无形资产的取得 186
　　　　三、无形资产的摊销 188
　　　　四、无形资产的减值与处置 190
　　思政感悟 193
　　自测题 193
　　参考答案 197

第七章　负债 198

　　第一节　负债概述 199
　　　　一、负债的概念及特征 199
　　　　二、负债的确认与分类 199

目录

第二节　短期借款ᅟ200
　一、短期借款的含义ᅟ200
　二、短期借款的核算ᅟ200
第三节　应付及预收款项ᅟ201
　一、应付账款ᅟ201
　二、应付票据ᅟ202
　三、预收账款ᅟ203
　四、其他应付款ᅟ204
第四节　应付职工薪酬ᅟ204
　一、职工薪酬的含义和内容ᅟ204
　二、应付职工薪酬的核算ᅟ206
第五节　应交税费ᅟ210
　一、应交税费概述ᅟ210
　二、应交增值税ᅟ210
　三、应交消费税ᅟ217
　四、应交城市维护建设税和教育费附加ᅟ220
　五、应交个人所得税ᅟ221
　六、应交房产税、城镇土地使用税和车船税ᅟ221
第六节　长期借款ᅟ221
　一、长期借款的含义ᅟ221
　二、长期借款的核算ᅟ221
思政感悟ᅟ223
自测题ᅟ224
参考答案ᅟ227

第八章　所有者权益ᅟ228

第一节　所有者权益概述ᅟ228
　一、所有者权益的性质ᅟ228
　二、所有者权益的来源ᅟ229
第二节　实收资本ᅟ229
　一、实收资本概述ᅟ229
　二、实收资本的核算ᅟ230
第三节　资本公积ᅟ234
　一、资本公积概述ᅟ234
　二、资本公积的核算ᅟ235
第四节　留存收益ᅟ237
　一、留存收益概述ᅟ237
　二、留存收益的核算ᅟ237
思政感悟ᅟ239
自测题ᅟ240
参考答案ᅟ243

第九章　收入、费用和利润ᅟ244

第一节　收入ᅟ244
　一、收入概述ᅟ244
　二、营业收入的确认与计量ᅟ246
　三、营业收入的核算ᅟ249
第二节　费用与成本ᅟ258
　一、费用概述ᅟ258
　二、费用与成本的关系ᅟ260
　三、费用与成本的核算ᅟ261
第三节　利润ᅟ265
　一、利润的概念及构成ᅟ265
　二、营业外收入和营业外支出的核算ᅟ266
　三、所得税费用的核算ᅟ269
　四、利润的核算ᅟ270
思政感悟ᅟ274
自测题ᅟ274
参考答案ᅟ277

第十章　财务报告ᅟ278

第一节　财务报告概述ᅟ278
　一、财务报告的概念ᅟ278
　二、财务报告的组成与分类ᅟ279
　三、财务报告的作用ᅟ280
第二节　资产负债表ᅟ281
　一、资产负债表的概念及作用ᅟ281
　二、资产负债表的内容与结构ᅟ281
　三、资产负债表的编制方法ᅟ283
　四、资产负债表的编制举例ᅟ289
第三节　利润表ᅟ291
　一、利润表的概念及作用ᅟ291
　二、利润表的内容与结构ᅟ291
　三、利润表的编制方法ᅟ294
　四、利润表的编制举例ᅟ296

第四节　现金流量表 297
　　一、现金流量表的内容 297
　　二、现金流量表的结构 298
第五节　所有者权益变动表及会计报表
　　　　附注 299
　　一、所有者权益变动表的内容
　　　　与结构 299
　　二、会计报表附注 300
思政感悟 304
自测题 305
参考答案 310

第十一章　财务报表分析 311

第一节　财务报表分析概述 311
　　一、财务报表分析的含义及意义 311
　　二、财务报表分析的内容 312
　　三、财务报表分析的基本方法 313
　　四、财务报表分析的程序 315
　　五、财务报表分析的资料 316
第二节　偿债能力分析 317
　　一、偿债能力分析的内涵 317
　　二、偿债能力分析的内容 318
第三节　营运能力分析 322
　　一、营运能力分析的内涵 322
　　二、营运能力分析的内容 322
第四节　盈利能力分析 327
　　一、盈利能力分析的内涵 327
　　二、盈利能力分析的内容 327
第五节　发展能力分析 330
　　一、发展能力分析的内涵 330
　　二、发展能力分析的内容 331
第六节　财务综合评价 332
　　一、综合财务指数评价系统 332
　　二、杜邦财务指标分析系统 333
思政感悟 336
自测题 336
参考答案 338

附录 1 339

附录 2 339

参考文献 340

第一章 总 论

【学习要点及目标】

本章主要介绍会计学的基本理论、基本概念、基本原则以及六个会计要素及其相互之间的关系。通过本章的学习,要求学习者掌握会计的含义、会计的基本职能、会计要素的内容及其相互之间的关系、会计等式、会计核算的基本前提和会计信息的质量要求;熟悉和理解会计等式与会计报表之间的关系;了解会计产生和发展的过程;掌握会计计量的属性及其构成。

【知识框架图】

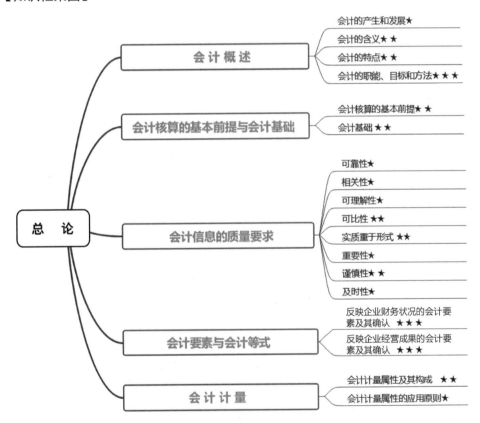

第一节 会 计 概 述

一、会计的产生和发展

会计是随着人类社会生产实践活动和经营管理活动的客观需要而产生和发展的,它是商品经济发展到出现私有财产后的产物。随着人类社会生产和管理的不断发展和进步，会计在内容和形式上都有了很大的变化并得到了逐步的完善。

会计是一门古老的学科，它与人类的经济活动联系极为密切，是人类社会生产发展到一定阶段，由于管理经济活动的需要而产生的。如果将人类早期的刻树为记、结绳记事作为会计雏形的话，会计的产生可以追溯到旧石器时代的中晚期，距今约有二三十万年的历史。那时，人们已经可以通过在洞壁上给出简单的动物图像，在石块、骨片或龟背上雕刻条纹来记载劳动成果和反映劳动耗费。不过，那时人们采用的会计记录方法，从严格意义上讲，不是真正独立的会计，它是集原始社会的文字、会计、数学、统计以及其他学科于一身的一种综合性经济行为。

随着社会的不断发展，当人们发现并应用了"数"的概念之后，会计开始有了自己的语言，从严格和独立的会计意义上讲，直到奴隶社会的繁盛时期会计特征才表现出来。那时，随着社会的发展以及劳动生产力的不断提高，生活中出现了剩余产品。剩余产品与私有制的结合，形成了私人财富的积累，进而导致受托责任会计的产生，会计逐步从生产职能中分离出来，成为特殊的、专门委托当事人进行会计核算的独立职能。这时产生的会计特征，不仅应保护奴隶主财产物质的安全，而且要反映那些受托管理这些财产的人是否认真地履行了他们的职责。这就要求采用较先进和科学的计量、记录方法和报告手段，从而导致原始计量、记录行为从单式簿记体系演变为复式簿记，会计得到了长足的发展。

1494年11月10日，意大利数学家、会计学家卢卡·帕乔利(Luca Pacioli)在威尼斯出版了他的著作《算术、几何、比及比例概要》，标志着近代会计的开端。在随后漫长的历史时期里，人们在单式簿记的基础上，创建了复式簿记。复式簿记在意大利迅速得到了普及并不断发展和完善，随着美洲大陆的发现和东西方贸易的进行，加之各国建立了统一的货币制度、阿拉伯数字取代了罗马数字、纸张的普遍使用等，复式簿记传遍整个欧洲及世界其他各国。即使是现在，我们仍然采用复式簿记的方法，并最终完成了复式簿记的方法体系乃至理论体系的建设。在会计发展史上，一般将帕乔利的复式簿记著作《算术、几何、比及比例概要》的出版称为会计发展史上的第一个里程碑，帕乔利也被认为是近代会计的奠基人。

到了18—19世纪，英国开始了工业革命，其基础是原始的资本积累，于是最早的股份制企业在英国出现了。股份制企业的出现，形成了所有权与经营权分离的现实，出现了审核经营者经营业绩、企业的偿债能力和盈利能力等反映企业财务能力的需要，因而催生了最早的公共会计师职业。1854年，世界上第一个会计师协会——爱丁堡会计师协会在英国的苏格兰成立。世界会计史学家认为，这是会计发展史上的第二个里程碑。它的成立，说明会计的内容、职能、服务对象开始扩大，标志着会计从私人企业核算领域向公共会计领域发展，也为未来会计准则的制定与实施奠定了组织与制度基础。从某种意义上说，它的成立对后来"财务会计"的产生也起到了很大的促进作用。

进入20世纪50年代，随着世界经济的迅速发展，会计在内容和结构上也有了飞跃性的变化，如图1-1所示。这些变化突出表现在：第一，会计的工艺同现代电子技术相结合，会计由手写簿记系统逐步发展成为电子数据处理系统；第二，会计的理论和方法随着企业内部与外部对会计信息的不同要求而划分为两个新的发展领域——财务会计和管理会计。这种会计工艺的电算化以及财务会计与管理会计两个新领域的形成，被认为是会计发展史上的第三个里程碑,它标志着现代会计的开始。财务会计是向会计信息的外部使用者提供企业的财务报告;管理会计是企业为了加强内部经营管理,提高企业经济效益,向企业管理者提供内部经营管理和经营决策的会计信息。

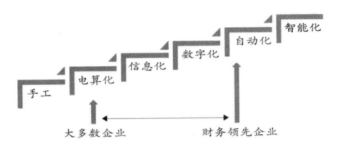

图1-1　企业财务发展阶段

目前,随着新科学技术的不断涌现,如互联网、云计算(2010年)、大数据(2012年)、人工智能(2017年)、区块链、基因工程、虚拟技术、5G技术等,新产业、新业态快速发展,以跨界融合为特征的互联网(金融、营销、教育),人工智能+,大数据+,虚拟技术(医疗),基因技术+,会计的智能化。企业会计岗位应该由出纳、稽核、核算、成本、总账、报表等低端岗位向预算管理、税收筹划、风险控制、数据分析、战略财务、智慧决策、共享服务等中高端岗位分层或转化,这已是业界共识。

综上所述,会计是由于人类生产管理的客观需要而产生,并随着社会生产和管理水平的提高而发展的,特别是随着社会经济的市场化和科学技术的飞速发展,会计也在不断完善。在当今社会,随着生产的日益发展和经济管理的日趋复杂,会计经历了一个由低级到高级、从简单到复杂、从不完善到逐渐完善的发展过程。通过会计发展过程的三个重要阶段可以看出,会计与社会经济环境发展之间存在内在的必然联系,社会经济环境的变化直接影响着会计的发展,因而会计既具有一定的技术属性,又具有一定的社会属性。当然,会计对社会经济环境也具有一定的反作用。实践证明,人类社会要发展经济就离不开会计,经济发展越快,生产规模越大,生产力水平越高,人们对经济管理的要求就越高,会计也就越重要。马克思在《资本论》中对此也有精辟的论述,他指出:"过程越是按社会的规模进行,越是失去纯粹个人的性质,作为对过程的控制和观念总结的簿记就越是必要……"这里讲的"簿记"指的就是会计,"过程"指的是再生产过程。马克思的这一论述是十分准确的。由此可以说,簿记对资本主义生产比对手工业和农民的分散生产更为重要,对公有生产比对资本主义生产更为重要。

二、会计的含义

什么是会计?从会计的产生和发展来看,虽然会计已有几千年的历史,但是对于这个基本问题,各国的会计理论界却没有一个明确、统一的说法。这主要是因为人们对会计本质的认识存在不同的看法,因而从不同角度去理解会计就产生了不同的定义。

我国古代"会计"一词产生于西周,主要指对收支活动的记录、计算、考察和监督。清代学者焦循在《孟子正义》一书中,对"会"和"计"两个字的含义做过解释,即"零星算之为计,总合算之为会",说明会计既要进行连续的个别核算,又要把个别核算加以集合，进行系统、综合、全面的核算。而国外学者对会计的定义有不同的理解，产生了会计艺术观、会计信息系统观、会计管理工具观、管理活动观等观点，在这些观点中最具代表性的是会计管理活动论和会计信息系统论。

(一)会计管理活动论

会计管理活动论认为，会计的本质是人们为了适应生产管理、企业管理和经济管理的需要而产生和发展起来的一种经济管理活动。"管理活动论"在我国的代表人物是著名会计学家杨纪琬教授和阎达五教授。他们认为，无论从理论上还是从实践上看，会计不仅仅是通过记账、算账、报账来反映所发生的经济业务，更重要的是通过记账、算账和报账来管理经济工作，其本身就具有管理的职能，是人们从事经济管理的一种活动。

(二)会计信息系统论

所谓会计信息系统论，就是把会计的本质理解为一个经济信息系统。企业的股东、债权人、管理者、政府和监管部门等都需要利用会计信息进行决策。从这方面来看，会计是一个信息系统，即会计是旨在提高企业和各单位生产经营活动的经济效益，为加强经济管理而建立的一个以提供财务信息为主的经济信息系统。"信息系统论"在我国的代表人物是当代著名的会计学家葛家澍教授、余绪缨教授和裘宗舜教授等。这一观点并非我国会计学者自己创造的，而是我国会计学者于20世纪80年代初从国外引进并与我国会计实践相结合。

这两种观点在我国会计理论的研究领域占据着极为重要的位置，在会计实践中也都产生了深远的影响。随着人们认识的不断深化，"管理活动论"与"信息系统论"这两种观点日趋接近。"管理活动论"也承认信息和系统的存在，只是强调会计通过对日常业务的反映而为企业的经济管理服务；"信息系统论"同样承认会计系统是管理系统的一部分，只是强调其主要职能是提供信息，为决策咨询服务，起决策(即管理)支持作用。两种观点并不是相互对立的，而是有着相互关联的内在机理，只是双方观察问题的角度和强调的侧重点有所不同而已。

因此，我国财政部对会计所下的定义为："会计是以货币为主要计量单位，反映和监督一个单位经济活动的一种经济管理工作。"

三、会计的特点

(一)以货币作为主要计量单位

会计反映的是各单位日常所发生的各种经济活动。会计在反映经济活动时，主要是从数量方面进行反映，需要用数量进行计量、记录和报告，所涉及的计量单位有实物计量(如吨、台、件、尺等)、劳动计量(如工时等)和货币计量(如元、角、分等)三种。

在会计核算过程中，发生经济业务增减变化时，应首先用实物计量单位或劳动计量单位进行计量、登记、计算和汇总。但是，发生的经济活动是错综复杂的，会计核算和监督的是再生产全过程，用实物计量单位或劳动计量单位只能反映再生产过程中的某个方面，不能全面地计量、记录和报告企业发生的全部经济活动，如对企业之间不同类物资的交换、不同行业指标的对比以及会计报告的信息提供等,实物计量单位和劳动计量单位都具有一定的局限性,不便于经营管理和不同事物之间的可比性对比。因此,要借助于货币计量单位,因为货币是商品交换的一般等价物,具有价值尺度的功能。在计量时以货币计量为主,实物计量和劳动计量等其他指标及其文字说明为辅。但是,统一采用货币计量也存在缺陷。对于某些影响企业财务状况和经营成果的因素,如企业经营战略、研发能力、市场竞争力等,往往难以用货币来计量,但这些信息对于信息使用者来说也很重要。为此,企业应在财务报告中补充披露有关的非财务信息以弥补上述缺陷。

(二)会计对经济活动的核算和监督具有连续性、系统性、全面性和综合性

所谓连续性是指会计对经济活动进行核算时,应按照经济活动发生时间的先后顺序不间断地反映;所谓系统性是指企业对经济业务进行处理时,必须采取一整套科学的、完整的专门方法进行归类和整理,提供反映企业经济活动情况的数据和资料;所谓全面性是指属于会计核算对象的全部经济活动都必须记录在案,不能任意取舍,不得遗漏;所谓综合性是指对所发生的各项经济业务都必须以货币计量单位进行综合反映,借以求得经营管理所需要的各种总括性的价值指标。

(三)会计对经济活动的反映必须以凭证为依据

会计对任何经济活动的记录,必须取得或填制合法的会计凭证,并按有关规定对凭证进行严格的审核。只有已审核无误的会计凭证,才能作为会计工作的依据。例如,会计账簿的登记、费用成本的计算、经营成果的确定等都必须以会计凭证作为依据。

四、会计的职能、目标和方法

(一)会计的职能

会计的职能是指会计在经济管理中所具有的功能。具体地说,就是会计是用来做什么的。从会计的发展过程以及《中华人民共和国会计法》(以下简称《会计法》)的规定来看,会计的基本职能为会计核算(反映)和会计监督(控制)。

1. 会计核算职能

会计核算(反映)职能是指会计能够按照公认的会计准则的要求,通过确认、计量、记录与报告,从数量上综合反映各单位已经发生或完成的经济活动,以达到揭示会计事项的本质、提供财务及其他相关经济信息的目的。核算(反映)职能是会计的最基本职能,它反映的是资金运动情况。

从内容上来讲,它体现为会计记账、算账和报账三个阶段。记账就是运用一定的程序和方法把一个单位(会计主体)所发生的全部经济业务在账簿上予以登记;算账就是在记账的基础上,运用一定的程序和方法来计算该会计主体在整个生产经营过程中有关资产、负债、所有者权益、收入、成本费用以及损益情况;报账就是在记账和算账的基础上,通过编制会计报表等方式将该会计主体的财务状况和经营成果报告给会计信息使用者,以便于信息使用者进行分析、预测和决策。

我国《会计法》第十条规定企业会计核算的内容为：①款项和有价证券的收付；②财产物资的收发、增减和使用；③债权债务的发生和结算；④资本、基金的增减；⑤收入、支出、费用、成本的计算；⑥财务成果的计算和处理；⑦需要办理会计手续、进行会计核算的其他事项。

2．会计监督职能

会计监督(控制)职能是指会计按照一定的目的和要求，利用会计反映所提供的会计信息，对会计主体的经济活动进行控制，使之达到预期目标。会计监督是依据国家的有关财经法规和财经纪律来进行的。监督管理各方必须认真遵守国家的有关法律法规的规定，保证财经法规的贯彻执行。

会计监督的意义在于对实际工作、实际经济活动的结果与计划之间的差异进行干预与纠偏。会计监督的过程贯穿于整个会计信息处理的各个环节，会计监督包括事前、事中、事后的监督。事前监督是指会计人员在经济业务发生之前依据有关政策、准则和制度，对各项经济活动的可行性、合理性和合法性进行审查，以确保管理者做出可行的决策。事中监督是指在日常经济业务发生的过程中，对已出现的问题或偏差提出建议，促使有关部门采取措施，调整计划，使其按照要求和目标进行。事后监督是指在经济业务发生后，以事先制定的目标和要求为准绳，对已经完成的有关会计信息及其他资料进行考核、分析、检查和评价。事后监督可以为制订下期计划、进行会计预算提供实际资料，也可以预测今后经济活动的发展趋势。

随着社会的发展、技术的进步、经济关系的复杂化和管理理论的提高，会计的基本职能得到了不断的发展和完善，会计的新职能也不断地出现。会计职能不但有反映和监督两职能说，还发展为"六职能"论。这一论说认为会计具有"反映经济情况、监督经济活动、控制经济过程、分析经济效果、预测经济前景、参与经济决策"六项职能，并认为这六项职能密切结合、相辅相成。其中，前两项基本职能是后四项新职能的基础，而后四项新职能又是前两项基本职能的延伸和提高。

(二)会计信息使用者和会计目标

会计的目标，又称财务报告的目标，是会计工作所要达到的最终目的。会计目标取决于会计信息使用者对会计信息的需求。

1．会计信息使用者

会计信息使用者，也就是财务报告的使用者，是指在社会经济活动中，需要根据会计信息进行经济决策的组织和个人。会计信息具有广泛的使用者，遍布社会的各个阶层和经济生活的各个领域，不同的会计信息使用者对会计信息具有不同的需求。会计信息使用者按其与提供会计信息的企业的利益关系可分为外部使用者与内部使用者。

1) 会计信息的外部使用者

会计信息的外部使用者是指那些身处企业外部，不直接参与或接触企业内部经营活动运作但与企业有经济利益关系的组织与个人。会计信息的外部使用者主要是指以下几类。

(1) 投资者及潜在的投资者。投资者及潜在的投资者为企业或打算为企业提供生产经营所需的资金，他们投资的目的是从被投资企业获得利益。因此，他们非常关心被投资企业现在以及未来的发展前景。他们关注的会计信息包括被投资企业的经营状况、盈利能力和发展趋势，投资风险的高低、投资报酬率的多少等。

(2) 债权人。如银行。银行最关心的是企业的偿债能力以及企业未来的发展前景。它们需要通过对企业提供的会计信息进行评估，并对企业的未来经营情况进行正确的预测，以判断企业能否按时偿还债务。

(3) 政府管理机构。企业提供的会计信息可为财政、工商等部门制定管理制度提供参考；社会保障机构通过企业提供的会计信息，可掌握各项社会保障基金的缴纳情况；审计部门可通过企业提供的会计信息对其进行经济监督等；税务部门可根据企业提供的会计信息实行课税。

(4) 社会公众和其他利益集团。社会公众关心企业以哪种方式对社会做出贡献，如提供就业机会的能力、对环境的保护情况等。企业的其他利益集团包括供应商和客户等，它们虽不直接参与企业资源的配置，但在许多方面与企业存在利益关系。如供应商需借助企业的会计信息了解企业的生产经营状况，以制定其产销计划和赊销策略；客户要关注企业的财力状况能否保证其对产品需求的长期供应，以及对产品质量和使用的售后保证等。

2) 会计信息的内部使用者

会计信息的内部使用者是指直接参与或接触企业内部经济活动运作的组织与个人。企业作为营利组织，具有一定的权利、责任与义务，为提高经济效益，必须加强对本企业经济活动的控制与管理。会计信息的内部使用者主要是指以下几类。

(1) 企业管理当局。一个企业的各级管理部门利用会计信息可为企业制定经营目标、评价为实现目标所付出的努力，并在必要时采取改进措施。如企业需要多少银行借款，需要支付多少广告费，是否扩大经营场所，购置多少设备等。

(2) 职工。企业每位职工都需要会计信息，他们根据企业会计报告的收入、应付职工薪酬和发展状况判断其工资水平和福利待遇等事项。

可见，企业内部管理和外部有关各方均需利用会计信息进行决策，但是不同利益方需要的会计信息会有所不同。

2. 会计的目标

会计是整个经济管理活动的重要组成部分，会计的目标自然从属于经济管理的总目标。在市场经济条件下，经济管理的总目标是利用有限的经济资源获得最大的经济效益，会计也就必然以这一目标为最终目标。在这一总目标下，作为一项特定的经济管理活动，会计有其特定的目标。会计的特定目标是向会计信息的使用者提供与企业财务状况、经营成果和现金流量等有关的会计信息，反映管理层受托责任履行情况，有助于会计信息的使用者做出经济决策。对会计目标的这一描述反映了对会计目标的受托责任观与决策有用观两种认识。

1) 受托责任观

受托责任观认为，会计的目标是以有效的方式反映资源受托者的受托责任及其履行情况，所提供的会计信息不应受资源所有者以及经营者的影响，只受法定的或公认的会计规范约束。

2) 决策有用观

决策有用观认为，会计的目标是向会计信息使用者提供有助于其做出正确决策的信息，制定与施行法定的或公认的会计规范是为了约束会计行为，使其所提供的会计信息能够满足会计信息使用者的决策需要。

会计目标的受托责任观与决策有用观之间存在着密切的关系。受托责任观是决策有用观的基础，而决策有用观是受托责任观的发展，明确受托责任的目的仍在于决策。

(三) 会计方法

会计方法是用来反映和监督会计内容，完成会计任务的手段。研究和运用会计方法是为了实现会计的目的，更好地完成会计任务。

会计方法包括会计核算方法、会计分析方法和会计检查方法。会计核算方法是会计的基本环节(基础)，会计分析和会计检查都是在会计核算的基础上，利用会计核算资料进行分析和检查的；会计分析方法是会计核算方法的继续和发展，用以考核、评价经济指标的完成情况并指导未来经济活动的计划(即预测和决策等)；会计检查方法亦称审计，是检查各单位经济活动是否符合法律、法规、准则和制度的要求，根据会计核算资料编制的计划和预算是否可行、有效等。因此，会计检查方法是证实会计核算方法和会计分析方法的保证。各种方法紧密相连、相互依存、相辅相成，形成一个完整的方法体系。会计核算方法是初学会计必须掌握的基础知识。下面主要介绍会计核算方法。

会计核算方法具体包括设置账户、复式记账、填制和审核凭证、登记账簿、成本计算、财产清查和编制财务报告。

1. 设置账户

设置账户就是根据会计对象的特点和经济管理的要求，科学地确定各个项目的过程。进行会计核算之前，首先应将多种多样、错综复杂的会计对象的具体内容进行科学分类，通过分类反映和监督，才能提供管理所要求的各种指标。每个会计账户只能反映一定的经济内容，将会计对象的具体内容划分为若干项目，即设置若干会计账户，就可以使所设置的账户既有分工又有联系地反映整个会计对象的内容及其增减变化，为管理提供所需要的各种类型的会计信息指标。

2. 复式记账

复式记账是一种记账方法，是相对于单式记账而言的。这种方法的特点是对每项经济业务，以相等的金额，同时在相互联系的两个或两个以上的账户中进行登记。复式记账通过账户的对应关系，可以了解有关经济业务内容的来龙去脉，而且通过账户的平衡关系可以检查有关经济业务的记录是否正确。例如，用银行存款 20 000 元购买原材料。这笔经济业务，一方面涉及"银行存款"账户减少 20 000 元，同时又涉及"原材料"账户增加 20 000 元。这样就必须在"银行存款"账户和"原材料"账户这两个相互联系的账户中分别记入 20 000 元的金额。

3. 填制和审核凭证

会计凭证是记录经济业务、明确经济责任和据以登记账簿的书面证明。各单位办理任何一项经济业务，都必须办理凭证手续，由执行和完成该项经济业务的有关人员取得或填制会计凭证。取得的会计凭证都必须通过会计部门和会计人员的严格审核，审查会计凭证所记录的经济业务是否合理、合法。只有审核无误的会计凭证，才能据以登记账簿，以保证账簿记录的正确、完整。填制和审核会计凭证，不仅可为经济管理提供真实可靠的数据资料，也是实行会计监督的一个重要环节。

4．登记账簿

登记账簿亦称记账。账簿是用来全面、连续、系统地记录各项经济业务的簿籍，也是保存会计信息的重要工具，具有一定的结构和格式。账簿应该根据审核无误的会计凭证序时、分类、全面、系统地进行登记。登记账簿必须以会计凭证为根据，并定期进行结账、对账，为编制财务会计报告提供完整而又系统的会计数据。

5．成本计算

成本计算是指按照一定的成本对象，对生产经营过程中所发生的成本、费用进行归集和分配，以确定该对象的总成本和单位成本的一种专门方法。通过成本计算，可以确定材料的采购成本、产品的生产成本和销售成本，可以反映和监督生产经营过程中发生的各项费用是否节约或超支，并据以确定企业盈亏。

6．财产清查

财产清查是通过盘点实物、核对账目来查明各项财产物资和资金的实有数，并查明实有数与账面结存数是否相符的一种专门方法。通过财产清查，可以查明各项财产物资和货币资金的保管和使用情况以及往来款项的结算情况，监督财产物资和资金的安全与合理使用，以便采取有效措施挖掘潜力和加速资金周转。在清查中如发现财产物资和货币资金的实有数与账面结存数额不一致，应及时查明原因，通过一定的审批手续进行处理，并调整账簿记录，使账面数额与实存数额保持一致，以保证会计核算资料的正确性和真实性。

7．编制财务报告

财务报告是指企业对外提供的反映企业某一特定日期财务状况和某一会计期间经营成果、现金流量等会计信息的文件。财务报告是以书面报告的形式，定期总结日常会计核算资料，也就是将账簿记录的内容定期地加以分类、整理和汇总，形成经营管理所需要的各种指标，再报送给会计信息使用者，以便其据此进行决策。财务报告所提供的一系列核算指标，也是考核、分析财务计划和预算执行情况及编制下期财务计划和预算的重要依据。

上述会计核算的各种方法是相互联系、密切配合的。各单位对于日常发生的经济业务，经办人员首先要填制或取得原始凭证，经会计人员审核无误后进行分类、整理，按照设置的账户，运用复式记账的方法，编制记账凭证，并据以登记账簿；然后对于生产经营过程中发生的各项费用，要进行成本计算；对于账簿记录，要通过财产清查加以核实，在保证账实相符的基础上，定期编制财务报告。这七种方法相互联系，缺一不可，形成了一个完整、科学的方法体系。

第二节 会计核算的基本前提与会计基础

一、会计核算的基本前提

会计核算的对象是资金运动,而在市场经济条件下,由于会计主体进行经济活动的环境具有复杂性和不确定性,面对变化不定的经济环境,在进行会计核算前,必须明确会计为谁核算、给谁记账,会计核算的经济活动能否持续下去,会计应该在什么时候提供会计信息,会计信息的主要数量特征是什么等问题,这些都是会计核算工作的前提条件。

会计核算的基本前提就是对会计核算所处的经济环境在时间、空间范围上所作的合理设定。由于这些前提条件存在估计和人为设定的因素,因此又称为会计假设(accounting assumption)。会计核算的基本前提包括会计主体、持续经营、会计分期和货币计量。

(一)会计主体假设

《企业会计准则——基本准则》第五条指出:"企业应当对其本身发生的交易或者事项进行会计确认、计量和报告。"这是对会计主体假设的规定。

会计主体(亦称会计实体或会计个体)是会计工作为其服务的特定单位或组织。

会计主体的作用在于界定不同特定单位进行会计工作的空间范围。会计首先要明确其反映的对象是谁的经济活动(即区分自身与其他企业单位的经济活动),只有反映特定对象的经济活动才能予以确认,才能保证会计核算工作的正常开展,以实现本单位的会计目标。

需要指出的是,会计主体与法律主体并不是同一个概念。一般来说,法律主体必然是会计主体,但会计主体并不都是法律主体。也就是说,会计主体可以是独立法人,也可以是非法人(如个体工商户);可以是一个企业,也可以是企业内部的某一单位或企业中的一个特定的部分,如企业的分公司、企业设立的事业部(这时的会计主体小于法律主体);可以是单一企业,也可以是由几个企业组成的企业集团(这时的会计主体大于法律主体)。

【例1-1】甲企业拥有A和B两个分公司,A和B两个分公司都不具有法人资格,但是它们需定期向甲企业报告公司的财务状况、经营成果和现金流量,最后由甲企业进行整理、汇总后作为会计主体向有关部门报送财务报表。这里A和B两个分公司和甲企业都是会计主体,但只有甲企业才是法律主体。

【例1-2】B母公司拥有5家子公司,母、子公司均属于不同的法律主体,但母公司拥有控制权。为了全面反映母子公司的经营状况,应由子公司组成企业集团,整体反映企业集团的财务状况、经营成果和现金流量,以企业集团作为一个会计主体,编制合并财务报告。这种情况下,B母公司和5个子公司既是法律主体也是会计主体。

(二)持续经营假设

《企业会计准则——基本准则》第六条指出:"企业会计确认、计量和报告应当以持续经营为前提。"这是对持续经营假设的规定。

持续经营是指会计主体的生产经营活动将无限期地延续下去,在可以预见的未来不会因破产、清算、解散等原因而不复存在。持续经营假设明确了会计工作的时间范围。只有假定作为会计主体的企业是持续、正常经营的,会计原则和会计程序及方法才有可能建立,也才能使企业在信息的收集和处理上所采用的会计方法保持稳定,会计核算才能正常进行。在市场经济条件下,企业破产清算的风险始终存在,一旦企业发生破产清算,所有以持续经营为前提的会计程序与方法就不再适用,而应当采用破产清算的会计程序和方法,若还是以持续经营假设进行会计确认、计量、记录和报告,其所反映的会计信息就是不真实、不准确的,会误导会计信息使用者的经济决策。

【例1-3】 某企业购入一台机器设备,预计使用寿命为5年,并预计企业在将来会持续经营下去,该项固定资产会在持续生产经营期间发挥作用,为企业生产出合格的产品,直到该机器设备使用寿命结束。为此,该项固定资产就应当根据购买时的实际成本入账(即历史成本),在使用寿命期间,按照一定的折旧方法对历史成本进行摊销,并将分摊金额计入所生产的相关产品成本中。

(三)会计分期假设

《企业会计准则——基本准则》第七条指出:"企业应当划分会计期间,分期结算账目和编制财务会计报告。会计期间分为年度和中期。中期是指短于一个完整的会计年度的报告期间。"这是对会计分期假设的规定。

会计分期是指在企业持续不断的经营过程中,人为地划分一个个间距相等、首尾相接的会计期间,以便确定每一个会计期间的收入、费用和盈亏,确定该会计期间期初、期末的资产、负债和所有者权益的数量,并据以结算账目和编制会计报告。从理论上讲,在企业持续经营的情况下,要反映企业的财务状况和经营成果只有等到企业所有的生产经营活动结束后,才能通过收入和费用的归集与比较进行准确的计算,但那时提供的会计信息已经失去了应有的作用,因此,必须人为地将这个过程划分为较短的会计期间,向财务报告的信息使用者提供企业财务状况、经营成果和现金流量等会计信息。会计分期是对会计工作时间范围的具体划分。

在会计分期假设的前提下,会计期间通常是一年,称为会计年度。会计年度的起讫时间,各个国家的划分方式不尽相同,有的国家采用公历年度,有的国家则另设起止时间,如美国的会计年度为每年的7月1日至次年的6月30日。在我国,以公历年度作为企业的会计年度,即以公历1月1日起,至12月31日止。会计年度确定后,一般按日历确定会计半年度、季度和月份。

有了会计分期假设,才产生了本期与非本期的区别,才产生了收付实现制和权责发生制、划分收益性支出和资本性支出,才产生了收入与费用配比等要求以及应收和应付等会计处理。只有正确划分会计期间,才能准确地提供财务状况和经营成果的资料,才能进行会计信息的对比。

(四)货币计量假设

《企业会计准则——基本准则》第八条指出:"企业应当以货币计量。"这是对货币计量假设的规定。

货币计量是指会计主体在财务会计确认、计量和报告时以货币计量来反映会计主体的生产经营活动。针对企业经济活动的计量有多种计量单位,如实物单位、货币单位、劳动单位等。在商品经济条件下，货币是一般等价物，是衡量商品价值的共同尺度，因此，会计核算自然选择货币作为计量单位，以货币形式来反映企业经营活动的全过程。

企业会计核算采用货币作为经济活动的主要计量单位，如果企业的经济业务是多种货币计量并存的情况，就需要确定一种货币作为记账本位币。记账本位币以外的货币则称为外币。我国有关会计法规规定，企业会计核算以人民币为记账本位币。业务收支以外币为主的企业，也可以选定某种外币作为记账本位币，但编制的会计报表应当折算为人民币来反映；境外企业向国内有关部门编报会计报表也应折算为人民币来反映。

在市场经济条件下，货币的内在价值也在发生变动，币值很不稳定。因此，在确定货币计量假设时，必须同时确立币值稳定假设，假设币值是稳定的，不会有大的波动，即使有所变动，也应不足以影响会计计量和会计信息的正确性。恶性通货膨胀环境下，货币价值的波动将会给会计计量带来很大的困难，按常规方法编制的会计报表会严重失实，引起报表使用者的误解，在这种情况下，就需要采用物价变动会计准则处理有关的经济活动。

综上所述，会计假设虽然是人为确定的，但完全是出于客观的需要，有充分的客观必然性。否则，会计核算工作就无法进行。这四项假设缺一不可，具有相互依存、相互补充的关系。会计主体确立了会计核算的空间范围，持续经营确立了会计核算的时间范围，会计分期是在会计主体和持续经营假设的基础上对实际会计工作在时间上更具体的划分，而货币计量则是进行会计核算的必要手段。因此，这四项会计假设共同为会计核算工作的开展奠定了基础。

二、会计基础

《企业会计准则——基本准则》第九条指出："企业应当以权责发生制为基础进行会计确认、计量和报告。"这是对会计基础的规定。

权责发生制又称应收应付制，凡是当期已经实现的收入和已经发生或应当负担的费用，无论款项在本期是否收付，都应当作为本期收入和费用，记入利润表；凡是不属于当期的收入和费用，即使款项已在本期收付，也不应当作为本期收入和费用(即以企业在当期是否有收款的权利或付款的义务为标准来确认本期的收入和费用)。

在会计实务中，企业交易或者事项的发生时间与相关货币收支时间有时并不完全一致。例如，预收款项、预付款项等情况，虽然款项已收到或已支付，但实际的经济业务在本期并未实现，为了更加真实、公允地反映特定会计期间的财务状况和经营成果，就不能将预收或预付的款项作为本期的收入或费用处理。

收付实现制是与权责发生制相对应的另一种会计基础，二者对确定收入和费用的会计处理是截然不同的。收付实现制又称现收现付制，是以收到或支付的现金作为确认收入和费用的依据(即以款项在当期是否实际收到或付出为标准来确定本期的收入和费用)。目前，我国的行政单位会计采用收付实现制，事业单位会计除经营业务可以采用权责发生制外，其他大部分业务也采用收付实现制。下面举例说明权责发生制与收付实现制的区别。

【例1-4】A企业2021年1月份发生下列经济业务，分别以权责发生制和收付实现制为基础确认本月的收入和费用(见表1-1)。

表 1-1 权责发生制与收付实现制的比较   单位：元

经济业务	举例	权责发生制		收付实现制	
		收入	费用	收入	费用
第一种情况	1月份企业预收销货款4 000元	—	—	4 000	—
第二种情况	1月份企业预付全年的报刊费1 200元	—	100	—	1 200
第三种情况	1月份企业销售货物价款5 000元，实际收到货币资金3 000元，余款尚欠	5 000	—	3 000	—
第四种情况	1月份企业从银行借入期限3个月的借款，利息到期一次支付3 000元	—	1 000	—	—
第五种情况	本月企业购入办公用品价值3 000元，款项在下月支付	—	3 000	—	—
合计		5 000	4 100	7 000	1 200
对利润的影响		900		5 800	

第三节 会计信息的质量要求

会计的目的是会计主体通过财务会计报告向信息使用者反映经营者受托责任的履行情况和向财务报告使用者提供决策有用的会计信息。为达到这个目的，对所提供会计信息就要有一定的质量要求，也可以称为会计信息质量标准。我国新颁布的《企业会计准则——基本准则》规定，会计信息质量要求主要包括可靠性、相关性、可理解性、可比性、实质重于形式、重要性、谨慎性和及时性等。这些信息质量标准要求会计人员在日常处理会计业务时，必须遵循这些会计信息的质量要求，以达到向信息使用者提供真实、准确和公允会计信息的目的。

一、可靠性

可靠性，又称客观性、真实性，它要求企业应当以实际发生的交易或者事项为依据进行确认、计量和报告，如实反映符合确认和计量要求的各项会计要素及其他相关信息，保证会计信息真实可靠、内容完整。

可靠性是对会计核算工作的基本要求。会计作为一个信息系统，其提供的信息是国家宏观经济管理部门、企业内部经营管理及有关方面进行决策的依据。如果会计数据不能真实、客观地反映企业经济活动的实际情况，就失去了存在的意义，势必会导致信息使用者的决策错误。因此，可靠性要求会计确认必须以实际活动和能证明经济业务发生的合法凭证为依据，如实地反映企业的财务状况、经营成果和现金流量。

【例 1-5】 在 6 月中旬时，某新办小型企业销售部门为了完成上半年的产品销售任务，与会计勾结，把已经签订合同还没有进行货物交付的业务，提前开具发票确认收入，并予以入账。该企业这种处理方式就不是以其本期实际发生的交易事项为依据的，而是虚构本期的交易事项，违背了会计信息质量要求的可靠性，也违背了会计法有关的规定。

二、相关性

相关性，又称有用性，它要求企业提供的会计信息应当与投资者等财务报告使用者的经济决策需要相关，这有助于投资者等财务报告使用者对企业过去、现在或者未来的情况做出评价或者预测。相关性也是会计信息质量的一项基本要求。

会计信息的价值在于与决策相关，有助于决策。不同的信息使用者所需求的会计信息侧重点不同。投资者需要了解企业的获利能力，以做出是否增加、保持或减少投资的决策；债权人要求了解债务人的能力，以做出继续或收回贷款的决策；企业管理当局需要掌握企业预算、计划的执行情况，以控制企业的经营活动；国家宏观经济管理当局需要汇总各方面的信息，以做出宏观经济决策。相关性要求会计在收集、加工和提供会计信息时，应该充分考虑各信息使用者的决策需求，提供与其决策相关的信息，满足其共性需求。相关性是以可靠性为前提的，要求尽可能做到相关性，以满足会计信息使用者的决策需要。

三、可理解性

可理解性，又称明晰性，它要求企业提供的会计信息应当清晰明了，便于投资者等财务报告使用者理解和使用。

企业提供会计信息的目的在于使用，那么，就要让信息使用者了解会计信息的内容及实质内涵，这就要求所提供的会计信息必须清晰明了、易于理解。即会计记录应当准确、清晰；填制会计凭证、登记会计账簿必须做到依据合法、账户对应关系清楚、文字摘要完整；在编制会计报表时，项目钩稽关系清楚、项目完整、数字准确，并采用通俗易懂的语言，对于某些难以理解的复杂会计信息，企业应当在财务报告中予以披露，让信息使用者能充分、自如地利用和分析企业的会计信息，做出正确的经济决策。随着我国社会经济的不断发展，会计信息使用者的范围日益扩大，这就在客观上对会计信息的明晰性提出了更高的要求，对明晰性的要求也就显得更为重要。

四、可比性

可比性要求企业提供的会计信息应当相互可比。这里的"可比"包括以下两层含义。

(一)同一企业不同时期纵向可比

同一企业不同时期发生的相同或者相似的交易或者事项，应当采用一致的会计政策，不得随意变更。确需变更的，应当在会计附注中加以说明。

企业日常所发生的经济业务是复杂、多样的，对于某些会计事项的处理也有多种可供选择的政策。例如，固定资产计提累计折旧方法，可以采用直线法和加速折旧法；存货发出的方法，可以选择先进先出法、加权平均法、个别计价法等以确定发出存货的实际成本；产品成本计算，可以选用品种法、分批法和分步法确定产品实际成本等。在政策和方法的选择上，企业应当根据自身的具体情况，选择恰当的适合本企业实际的会计政策。

会计信息的可比性要求同一企业不同时期发生的相同或者相似的交易或者事项，应当采用一致的会计政策，不得随意变更，但这并不意味着所选择的会计政策不能作任何变更。在符合一定条件的情况下，如果法律或会计准则等行政法规、规章要求企业变更会计政策，或这种变更能够针对有关企业财务状况、经营成果和现金流量等提供更可靠、更相关的会计信息，企业可以变更会计政策，不过应将变更内容、变更理由、变更对企业财务状况和经营成果的累积影响数，在财务会计报告附注中加以说明。

(二)不同企业相同会计期间横向可比

不同企业发生的相同或者相似的交易或者事项，应当采用规定的会计政策，确保会计信息口径一致、相互可比。

可比性要求企业的会计核算应当按照国家统一的会计准则和会计制度规定进行，使所有企业的会计核算都建立在相互可比的基础上。只要是相同或相似的交易或事项，就应当采用规定的会计政策。确保不同企业、不同地区所发生的相同或相似经济业务在会计政策选择上口径是一致的，所提供的不同企业的财务状况、经营成果和现金流量等会计信息是相互可比的，便于投资者等信息使用者分析会计信息，并做出正确决策。

五、实质重于形式

实质重于形式要求企业应当按照交易或事项的经济实质进行会计确认、计量和报告，而不仅仅以交易或者事项的法律形式作为依据。

在实际工作中，交易或事项的法律形式并不总能完全真实地反映其实质内容。所以，会计信息要想反映其拟反映的交易或事项，就必须根据交易或事项的经济实质和经济现实，而不能仅仅根据它们的法律形式进行核算和反映。

例如，商品已经售出，但企业为确保到期收回货款而暂时保留商品的法定所有权时，该权利通常不会对客户取得对该商品的控制权构成障碍，在满足收入确认的其他条件时，企业可确认相应的收入。

六、重要性

重要性要求企业提供的会计信息应当反映与企业财务状况、经营成果和现金流量有关的所有重要交易或者事项。

会计核算上将全面性和重要性相结合，才能使会计在全面的基础上保证重点。对于重要的事项，应该单独核算、分项反映，力求准确；相对次要的会计事项，在不影响会计信息真实性和相关性的条件下，可适当简化会计核算或合并反映，以便集中精力抓好关键事项。如果会计信息不分主次，反而不利于信息使用者的使用，甚至影响决策。而且，对不重要的经济业务简化核算或合并反映，可以节省人力、物力和财力，提高工作效率。

重要性要求具有相对性，并不是同样的会计事项对不同的企业都是重要或不重要的事项。划分会计事项重要与否并无统一明确规定的标准，在很大程度上取决于会计人员的职业判断。一般来说，重要性可以从性质和数额上加以综合考虑。从性质方面来说，如果某会计事项发生可能对决策产生重大影响，则该事项属于具有重要性的事项；从数量方面来说，如果某会计事项的发生达到一定数量或比例可能对决策产生重大影响，如占总资产或总收益的比重达到5%以上，则该事项属于具有重要性的事项。

七、谨慎性

谨慎性，又称稳健性，是指企业对交易或者事项进行会计确认、计量和报告应当保持应有的谨慎，不应高估资产或者收益、低估负债或者费用。

谨慎性贯穿于会计核算的全过程，会计核算工作中坚持谨慎性原则，要求企业在面临不确定因素的情况下做出职业判断时，应当保持必要的谨慎，充分估计到各种风险和损失，既不高估资产或收益，也不低估负债或费用。例如，要求企业定期或者至少于每年年度终了，对可能发生的各项资产损失计提资产减值准备等，就充分体现了谨慎性要求，体现了谨慎性对历史成本的修正。

需要注意的是，谨慎性并不意味着企业可以任意设置各种秘密准备。例如，有些公司滥用会计制度给予的会计政策，如在2020年度大量计提资产减值损失准备，待2021年度再予以转回来调整企业的利润。这种行为属于滥用谨慎性原则，计提秘密准备，是会计准则所不允许的。

谨慎性并不意味着企业可以以谨慎性为借口，任意设置各种秘密准备，使会计信息失真。否则，就属于滥用谨慎性，将按照对会计差错更正的要求进行相应的会计处理。

八、及时性

及时性是指企业对于已经发生的交易或者事项，应当及时进行会计确认、计量和报告，不得提前或者延后。

会计信息的提供具有较强的时效性，其使用价值会随着时间的推移而逐渐下降，这不仅会失去其利用价值，甚至会误导信息使用者做出错误的经营决策。在会计核算过程中应自始至终贯彻及时性：一是要求及时收集各种会计信息，即在经济交易、事项发生或完成后，及时收集整理各种原始凭证；二是要求及时处理和传递会计信息，即按照会计准则和会计制度的规定，及时对所发生的经济业务进行确认、计量和报告，并按照国家规定的有关时限将会计报告及时传递给会计信息使用者，使其及时利用会计信息进行决策。这样，才能使会计信息在失去决策作用之前就为决策者所掌握和使用，充分发挥会计信息的时间价值。

第四节　会计要素与会计等式

会计要素是对会计核算和监督内容进行的基本分类，是组成企业财务会计报表的基本单位，也是进行会计确认和计量的依据。我国《企业会计准则》将企业会计要素划分为资产、负债、所有者权益、收入、费用和利润六个部分。其中，前三项会计要素是构成资产负债表的基本要件，又称为静态会计要素，反映企业在某一特定日期的财务状况；后三项会计要素是构成利润表的基本要件，又称为动态会计要素，反映企业在某一时期的经营成果。

一、反映企业财务状况的会计要素及其确认

(一)资产

1. 资产的定义

资产是指企业过去的交易或事项所形成的、由企业拥有或者控制的、预期会给企业带来经济利益的资源。企业从事生产经营活动必须具备一定的物质资源，如现金、银行存款等货币资金；厂房场地、机器设备等固定资产；原材料、库存商品等商品存货；不具有实物形态，但有助于企业生产经营活动的专利权、商标权、专有技术等无形资产；由于企业往来而形成的应收及预付款项等债权以及对其他企业的投资等。企业在生产经营过程中，通过对这些有形和无形物质资源的运用会产生经济利益，即产生增值。根据资产的定义，资产具有以下几个方面的特征。

第一，资产是由过去的交易或事项所形成的。企业的资产必须是过去通过交易活动所取得的，必须是现实的资产。正在谈判中准备增加或计划增加的物资，因其实际交易活动尚未开始，不属于企业的资产。例如，计划采购的固定资产、已填制材料请购单要求采购的原材料等，不属于企业的资产。

第二，资产必须为企业所拥有或控制的资源。拥有是指企业拥有资产的所有权，对该项资产拥有占有、使用、收益和处分的权利。通过支配资产，可以从资产中获取经济利益。控制是指有些资产从形式上看，不为企业所拥有，但从实质上看能够为企业所控制，企业可以通过对其运用，获得经济利益，符合会计资产的定义。

第三，资产预期会给企业带来经济利益。即企业通过对资产的有效运用，可以直接或者间接导致现金和现金等价物流入企业的潜力。预期不能给企业带来经济利益的，不能作为企业资产。例如，企业用货币资金购入的商品存货，通过销售收回的货币资金，通过商品交换的增值，此时的货币资金、商品存货均属于企业的资产。如果企业购入的商品发生积压变质，不能再销售或经过处置也不能给企业带来经济利益，就不能作为企业的资产。

2. 资产的确认条件

将一项资源确认为资产，首先应当符合资产的定义，还需要同时满足以下两个条件。

第一，与该资源有关的经济利益很可能流入企业。

从资产的定义来看，能否给企业带来经济利益是资产的一个本质特征。如果不能给企业带来经济利益或者给企业带来的经济利益有较大的不确定性，就不能确认为资产。这里的"很可能"表示经济利益流入的可能性在50%以上。例如，A企业将产品赊销给B企业，如果A企业在销售时判断将来收回款项的可能性很小(或者说具有较大的不确定性)，那么在销售时就不能确认为收入，也不能作为应收款项入账。

第二，该资源的成本或者价值能够可靠计量。

可计量性是所有会计要素确认的重要前提，资产的确认同样需要符合这一要求。只有当有关资源的成本或者价值能可靠计量时，资产才能予以确认。

企业取得的许多资产一般都要发生实际成本，比如企业购买或者生产的存货、企业购置的厂房或者设备等，对于这些资产，只要实际发生的购买或者生产成本能够可靠地计量，就应视为符合资产的可计量性确认条件。在某些情况下，企业取得的资产没有发生实际成本或者发生的实际成本很小，如企业持有的某些衍生金融工具形成的资产，对于这些资产，尽管它们没有实际成本或者发生的实际成本很小，但是如果其公允价值能够可靠地计量，也被认为符合资产可计量性确认条件。

3. 资产的分类

企业的资产按照其流动性可分为流动资产和非流动资产。流动资产是指可以在 1 年(含 1 年)或超过 1 年的一个营业周期内变现或耗用的资产，包括库存现金、银行存款、交易性金融资产、应收票据、应收账款、预付账款、应收利息、应收股利、其他应收款和存货等；非流动资产是指超过 1 年或者一个营业周期以上变现或者耗用的资产，如长期股权投资、固定资产、无形资产和其他资产等。

(二)负债

1. 负债的定义

负债是指企业过去的交易或事项形成的、预期会导致经济利益流出企业的现时义务。现时义务是指企业在现行条件下已承担的义务。未来发生的交易或者事项形成的义务，不属于现时义务，不应当确认为负债。企业的负债具有以下特征。

第一，负债是由过去的交易或事项形成的。作为企业的负债，必须是由企业过去在与外界进行经济交往中所形成的经济责任，是现时已经存在的义务。如由于赊购商品而形成的应付账款、应付票据等。尚未发生的交易或事项不形成企业的负债，企业不能根据准备借款的计划确定企业的负债，也不能在赊购活动尚未进行之时就确定应付款项。

【例 1-6】 A 企业向 B 银行借款 1 000 万元人民币，期限为一年，企业同时还与银行达成协议，如果企业能按期归还借款，下一年度，企业可以再借入 1 500 万元人民币的借款。这两笔款项中，已经借入的 1 000 万元人民币属于过去的交易或者事项，形成企业的负债，作为短期借款处理；另外的 1 500 万元人民币借款就不属于过去的交易或者事项，故没有形成企业的负债。

第二，负债的清偿预期会导致经济利益流出企业。企业负债清偿的方法很多，可以用企业的资产如库存现金、银行存款、实物等清偿，也可以采用提供劳务的方式清偿，这些都会引起企业的资产减少。企业也可以将负债转为所有者权益，如目前我国实行债转股，负债必须用债权人所能够接受的方式予以偿还。

第三，负债是企业承担的现时义务。现时义务是指企业在现行条件下已承担的义务。这里所说的义务可以是法定义务，也可以是推定义务。例如，企业购买固定资产货款未付形成的应付账款，企业已开出 6 个月到期的商业汇票购买原材料形成的应付票据，企业按税法规定应当交纳的税款等，均属于企业承担的法定义务，需要依法予以偿还。推定义务是指根据企业多年的习惯做法、公开的承诺或者公开宣布的政策而导致企业将承担的责任。如预计的售后三包费用(包修、包退和包换),尽管其金额、具体债权人和支付日不能确切肯定,但这些负债一定会在已知的时间内发生,金额大小也是基本能够估计的,企业也可以根据以往的经验预计负债。

2. 负债的确认条件

将一项现时义务确认为负债,首先应当符合负债的定义,除此之外,还需要同时满足以下两个条件。

第一,与该义务有关的经济利益很可能流出企业。

根据负债的定义,预期会导致经济利益流出企业是负债的一个本质特征。例如,企业偿还债务就可能使企业的资产减少或者举借新债偿还旧债。另外,鉴于履行义务所需流出的经济利益带有不确定性,尤其是与推定义务相关的经济利益通常需要依赖于大量的估计,因此,负债的确认应当与经济利益流出的不确定性程度的判断结合起来。如果根据在编制财务报表时所取得的证据判断,与现时义务有关的经济利益很可能流出企业,那么就应当将其作为负债予以确认。

第二,未来流出的经济利益的金额能够可靠地计量。

负债的确认也需要符合可计量性的要求,即对于未来流出的经济利益的金额应当能够可靠地计量。对于与法定义务有关的经济利益流出金额,通常可以根据合同或者法律规定的金额予以确定。考虑到经济利益的流出一般发生在未来期间,有时未来期间的时间还很长,在这种情况下,有关金额的计量通常需要较大程度的估计。为此,企业应当根据履行相关义务所需支出的最佳估计数进行估计,并综合考虑有关货币时间价值、风险等因素的影响。

3. 负债的分类

企业的负债按其流动性分为流动负债和非流动负债。流动负债是指在1年(含1年)或者超过1年的一个营业周期内偿还的债务,包括短期借款、应付票据、应付账款、预收账款、应付职工薪酬、应付股利、应交税费、其他暂收应付款项和1年内到期的长期借款等。非流动负债是指偿还期在1年或者超过1年的一个营业周期以上的负债,包括长期借款、应付债券、长期应付款等。

负债按其偿还的方式分为货币性负债和非货币性负债。货币性负债是指未来需用货币资金偿还的债务,如应付账款、应付票据、应付职工薪酬、应付股利、应交税费、短期借款、长期借款等。非货币性负债是指将来需用提供劳务或商品的方式偿还的债务,如预收账款等。

(三)所有者权益

1. 所有者权益的定义

所有者权益是指企业资产扣除负债后由所有者享有的剩余权益。公司的所有者权益又称为股东权益。

对于任何企业来说,其资产的来源不外乎两个方面:一个是债权人权益,另一个是所有者权益。所有者权益具有以下特征:

第一,所有者权益是一种剩余权益,从数量上说是企业全部资产减去全部负债后的余额。所有者权益的大小,取决于所有者对企业的投资多少和企业的经营是否有效。在不考虑投资者资本投入因素时,所有者权益会因企业有效经营而得以迅速增加,因无效经营或经营失败而遭受损失。

第二,所有者权益所代表的资产可供企业长期使用,除非发生减资、清算等情况,否则企业不需要偿还所有者权益。

第三,所有者权益所代表的资产是企业偿还债务的物质保证,所有者按照其占所有者权益的比重参与企业的利润分配。

2. 所有者权益的构成

所有者权益包括所有者投入的资本、直接计入所有者权益的利得和损失、留存收益等,通常由实收资本(或股本)、资本公积、其他权益工具、其他综合收益、留存收益(盈余公积和未分配利润)构成。

所有者投入的资本,是指所有者投入企业的资本部分,它既包括构成企业注册资本或股本部分的金额,也包括投入资本超过注册资本或股本部分的金额,即资本溢价或者股本溢价。

直接计入所有者权益的利得和损失,是指不应计入当期损益、会导致所有者权益发生增减变动的、与所有者投入资本或者向所有者分配利润无关的利得或者损失。其中,利得是指由企业非日常活动所形成的、会导致所有者权益增加的、与所有者投入资本无关的经济利益的流入。损失是指由企业非日常活动所发生的、会导致所有者权益减少的、与向所有者分配利润无关的经济利益的流出,如以公允价值计量且其变动计入综合收益金融资产的公允价值变动额。

留存收益包括盈余公积和未分配利润,来源于企业的经营积累。

实收资本是指所有者投入企业的资本,主要包括构成企业注册资本或者股本部分的金额。

资本公积是指归所有者共有的、非利润化而形成的资本,主要包括资本溢价(股本溢价)和其他资本公积。如投入资本超过其注册资本或者股本部分的金额,即资本溢价或股本溢价。

其他权益工具主要是指企业发行的除普通股以外的归类为权益工具的各种金融工具。如优先股和永续债。优先股是指依照公司法,在一般规定的普通种类股份之外,另行规定的其他种类股份,其股份持有人优先于普通股股东分配公司利润和剩余财产,但参与公司决策管理等权利受到限制。永续债券,也叫无期债券,它并不规定到期期限,持有人也不能要求清偿本金,但可以按期取得利息。永续债券一般仅限于政府债券,而且是在不得已的情况下才采用的。

其他综合收益是指企业根据会计准则的规定未在当期损益中确认的各项利得和损失。如资产负债表日,其他权益工具投资应当以公允价值计量,且公允价值变动计入其他综合收益。

留存收益是指企业从历年生产经营活动中取得的净利润中的留存额。留存收益是国家为了约束企业过量的分配,要求企业留存一定的积累,以利于企业持续经营,改善职工生活、福利,以及维护债权人利益。留存收益包括盈余公积和未分配利润。

3. 所有者权益的确认条件

由于所有者权益体现的是所有者在企业中的剩余权益,因此,所有者权益的确认主要依赖于资产和负债的确认;所有者权益金额的确定也主要取决于资产和负债的计量。例如,企业接受投资者投入的资产,在该资产符合企业资产确认条件时,也符合所有者权益的确认条件。

资产、负债和所有者权益三个要素反映了企业的财务状况,其中资产是企业拥有或控制的经济资源,负债和所有者权益分别是债权人和所有者对企业资产的要求权。因此,它们之间的数量关系为

$$资产=负债+所有者权益 \quad (1-1)$$

这一等式称为会计恒等式,是会计等式中最重要的等式,也是编制资产负债表的依据。会计恒等式反映了在任何时点上,企业所拥有的全部资产要与这些资产的要求权相对应,即所有资产等于债权人的要求权与所有者的要求权之和。式 1-1 反映了会计要素静态上的对应关系,能且仅能做如下变形:

$$资产-负债=所有者权益$$

从变形后的等式中可以更好地理解所有者权益是对剩余资产的要求权。由于债权人的要求权优先于所有者,因此,式 1-1 不可以再做其他变形处理。

二、反映企业经营成果的会计要素及其确认

(一)收入

1. 收入的定义

收入是指企业在日常活动中所形成的、会导致所有者权益增加的、与所有者投入资本无关的经济利益的总流入。按照这一定义,收入具有以下特征。

第一,收入是企业在日常生产经营活动中形成的,而不是从偶发的交易或事项中所产生的。

日常活动是指企业为完成经营目标所从事的经常性活动以及与之相关的活动。例如,工业企业制造并销售产品、提供劳务及让渡资产使用权,租赁公司出租资产等,均属于企业的日常活动。明确界定日常活动是为了将收入与利得相区分,因为企业非日常活动所形成的经济利益的流入不能确认为收入,而应当计入利得,如工业企业出售固定资产所取得的利润。

第二,收入会导致经济利益的流入,该流入不包括所有者投入的资本。

收入会导致经济利益流入企业,表现为资产的增加或者负债的减少。例如,企业销售商品,必须要收到现金或者有权利收到现金或现金等价物,才表明该交易符合收入的定义。但是,企业经济利益的流入有时是由所有者投入资本的增加所导致的,所有者投入资本的增加不应当确认为收入,应当将其直接确认为所有者权益。因此,与收入相关的经济利益的流入应当将所有者投入的资本排除在外。企业借债而增加的现金流入也不能作为收入处理,形成的是负债。

第三,收入会导致企业所有者权益的增加。

与收入相关的经济利益的流入最终会导致所有者权益的增加,而不会导致所有者权益

增加的经济利益的流入不符合收入的定义,不应确认为收入。

2. 收入的确认条件

收入的确认除了应当符合定义外,还应当满足严格的确认条件。一般而言,收入应当符合企业制定的合同中的履约义务。①合同各方已批准该合同并承诺将履行各自的义务;②该合同明确了合同各方与所转让商品或提供劳务相关的权利和义务;③该合同有明确的与所转让商品或提供劳务相关的支付条款;④该合同具有商业实质,即履行该合同将改变企业未来现金流量的风险、时间分布或金额;⑤企业因向客户转让商品或提供劳务而有权取得的对价很可能收回。

3. 收入的分类

按照企业所从事的日常活动的性质,收入可以分为销售收入、提供劳务收入和让渡资产使用权收入。销售收入通过销售商品、产品获得;劳务收入通过提供服务获得;让渡资产使用权收入通过提供贷款、对外投资或对外出租活动获得。

按照日常活动在企业中所处的地位,收入可分为主营业务收入和其他业务收入。这种划分主要是遵循重要性要求,在充分提供信息的同时,减少核算成本和核算工作量。

上述所定义的收入为狭义的收入,即营业收入。它包括主营业务收入、其他业务收入。广义的收入既包括企业从日常经营活动中所获得的收入,也包括从偶发的其他活动中所获得的收入,包括营业收入和营业外收入等。

(二)费用

1. 费用的定义

费用是指企业在日常活动中发生的、会导致所有者权益减少的、与向所有者分配利润无关的经济利益的总流出。根据费用的定义,费用具有以下特征。

第一,费用是企业在销售商品、提供劳务等日常经营活动中发生的经济利益流出,不包括偶发交易或事项所引起的经济利益流出。

界定日常经营活动中所发生的费用,其目的是将其与损失相区分。例如,广告费、业务招待费、折旧费、营业成本等都是日常活动所产生的费用;税收罚款支出、盘亏固定资产的净损失等是非日常活动所产生的损失。

第二,费用会导致经济利益的流出,该流出不包括向所有者分配的利润。

费用会导致经济利益的流出,从而导致企业资产的减少或负债的增加,或两者兼而有之,如耗用材料、应付未付的工资等。鉴于企业向所有者分配利润也会导致经济利益的流出,而该经济利益的流出属于所有者权益的抵减项目,因而不应当确认为费用,而应将其排除在费用之外。

第三,费用将引起企业所有者权益的减少。

与费用相关的经济利益的流出最终会导致所有者权益的减少,不会导致所有者权益减少的经济利益的流出不符合费用的定义,不应确认为费用。

【例 1-7】 A 企业用银行存款 100 万元购买机器设备,该购买行为虽然使企业的经济利益(资产)流出 100 万元,但是它使企业的另一项资产(固定资产)有所增加。也就是说,该交易行为并没有导致企业所有者权益的减少，只是一项资产的减少导致另一项资产的增加，这种情况下，企业就不应当将该经济利益的流出确认为费用。

2．费用的确认条件

费用的确认除了应当符合定义外，还应当满足严格的确认条件，即费用的确认至少应当满足以下条件：①与费用相关的经济利益很可能流出企业；②经济利益流出企业的结果会导致资产减少或者负债增加；③经济利益的流出额能够可靠地计量。

3．费用的分类

费用与收入相对应，没有收入就没有费用。因此，一定期间的费用与收入应当相互配比。

第一，按照日常活动在企业中所处的地位，费用可以分为主要经营费用和其他业务费用。其中，主要经营费用是为取得主营业务收入而发生的费用；其他业务费用是为取得其他业务收入而发生的费用。按照重要性的要求，对主要经营费用应分项进行会计核算，并了解其构成；对其他业务费用则合并进行会计核算。

第二，按照费用与收入的关系，费用可分为营业成本和期间费用。其中，营业成本是指按照因果关系配比确定的已销售商品和提供劳务的成本，与其所获得的收入相对应。营业成本分为主营业务成本和其他业务成本。期间费用是按照时间关系配比确定的费用。期间费用与生产产品无直接关系，不能予以对象化，应由其发生的会计期间所得的收入负担。期间费用包括管理费用、销售费用和财务费用。

上述所定义的费用是狭义的费用，仅指与商品或劳务的提供相联系的耗费。广义的费用还包括营业外支出和所得税费用等。

（三）利润

1．利润的定义

利润是指企业在一定会计期间的经营成果。利润包括收入减去费用后的净额、直接计入当期利润的利得和损失。直接计入当期利润的利得和损失，是指应当计入当期损益、会导致所有者权益发生增减变动的、与所有者投入资本或者向所有者分配利润无关的利得或者损失。利润一般表述为企业获得的收入(广义)减去为之所发生的费用(广义)后的余额。利润是反映企业经营业绩情况的，是评价企业管理层业绩的一项重要指标，也是投资者、债权人等做出投资决策、信贷决策等的重要参考指标。企业应当严格区分收入和利得、费用和损失，以便更加准确地反映企业的经营业绩。

2．利润的确认条件

根据利润的定义，利润反映的是收入减去费用、利得减去损失后的净额，因此，利润的确认主要依赖于收入和费用以及利得和损失的确认，其金额的确定主要取决于收入、费用、利得、损失金额的计量。

3．利润的构成

利润包括收入减去费用后的净额、直接计入当期利润的利得和损失等。企业应当严格区分收入和利得、费用和损失,以更加具体地反映利润的来源渠道。

在会计实务中,因考核指标体系的不同需要,利润有三种不同层次的表述,它们是营业利润、利润总额和净利润。

营业利润=营业收入-营业成本-税金及附加-销售费用-管理费用-研发费用-财务费用+其他收益+投资收益+公允价值变动收益+资产处置收益-资产减值损失-信用减值损失

利润总额,又称税前利润,是指企业全部经营活动中所取得的、未扣除所得税前的利润,即

$$利润总额=营业利润+营业外收入-营业外支出$$

净利润是指利润总额减去所得税后的金额,即

$$净利润=利润总额-所得税费用$$

收入、费用、利润三个要素也组成了一组对应关系,即

$$利润=收入-费用 \qquad (1-2)$$

式(1-2)揭示了企业在一定会计期间内利润的形成情况,即利润等于一定期间内收入和为取得这些收入而花费的所有代价之差,是编制利润表的基础和依据。该式反映了会计要素动态上的对应关系。如果考虑收入、费用和利润这三个会计要素,则基本会计等式就会演变为

$$资产=负债+所有者权益+(收入-费用) \qquad (1-3)$$

我们将式(1-3)称为扩展的会计等式。

第五节 会计计量

一、会计计量属性及其构成

会计计量是为了将符合确认条件的会计要素登记入账,并列报于财务报表而确定其金额的过程。企业应当按照规定的会计计量属性进行计量,确定相关金额。会计计量属性反映的是会计要素金额的确定基础,主要包括历史成本、重置成本、可变现净值、现值、公允价值等。

(一)历史成本

历史成本,又称为实际成本,在历史成本计量下,资产按照购置时支付的现金或者现金等价物的金额,或者按照购置资产时所付出的对价的公允价值计量;负债按照其因承担现时义务而实际收到的款项或者资产的金额,或者承担现时义务的合同金额,或者按照日常活动中为偿还负债预期需要支付的现金或者现金等价物的金额计量。

(二)重置成本

在重置成本计量下,资产按照现在购买相同或者相似资产所需支付的现金或者现金等价物的金额计量;负债按照现在偿付该项债务所需支付的现金或者现金等价物的金额计量。

(三)可变现净值

在可变现净值计量下,资产按照其正常对外销售所能收到的现金或者现金等价物的金额扣减该资产至完工时估计将要发生的成本、估计的销售费用以及相关税金后的金额计量。

(四)现值

在现值计量下,资产按照预计从其持续使用和最终处置中所产生的未来净现金流入量的折现金额计量;负债按照预计期限内需要偿还的未来净现金流出量的折现金额计量。

(五)公允价值

在公允价值计量下,资产和负债按照市场参与者在计量日发生的有序交易中,出售资产所能收到或者转移负债所需支付的价格计量。

二、会计计量属性的应用原则

会计计量属性尽管包括历史成本、重置成本、可变现净值、现值和公允价值等,但是企业在对会计要素进行计量时,应当严格按照规定选择相应的计量属性。一般情况下,对于会计要素的计量,应当采用历史成本计量属性。例如,企业购买原材料、固定资产、建造厂房、生产产品等,应当以所购入、建造或生产的资产实际成本作为资产计量金额。

【思政与德育】

朱镕基总理"不做假账"的深意

2001年4月16日,时任国务院总理朱镕基在视察上海国家会计学院时,为该校题写校训"不做假账";同年10月29日,朱镕基视察北京国家会计学院时题词"诚信为本,操守为重,遵循准则,不做假账",如今,"不做假账"成为财会人员从业的基本准则。

然而,现在经济生活中的一个突出问题,就是不少会计师事务所和会计人员造假账,出具虚假财务报告。许多贪污受贿、偷税漏税、挪用公款等经济违法犯罪活动,以及大量腐败现象,几乎都与财会人员做假账分不开,这已经成为严重危害市场经济秩序的一个"毒瘤"。

做假账确实为某些人、某些小团体或某些地方带来好处。然而,它带来的损害是灾难性的。近年来一些公司为了获取上市资格,大做假账,上市之后,继续公布虚假财务状况,极大地损害了利益相关者的利益。

资料来源:南方都市报(改编)

思 政 感 悟

思政感悟见右侧二维码。

📋 小知识(见右侧二维码)

1. 开票公司无孔不入，纳税人切勿铤而走险！
2. 票贩子套路深，纳税人切勿上当违法！
套路1：提供丢失、被盗、成立虚假公司骗购的发票。
套路2：富裕票套路深，终究逃不过税务局的监控。
套路3：直接卖假发票。

自 测 题

一、单项选择题

1. 会计的基本职能是(　　)。
   A. 核算与监督　　　　　　　　B. 分析与考核
   C. 预测与决策　　　　　　　　D. 预测与监督
2. 外部会计信息使用者了解会计主体信息的主要途径是(　　)。
   A. 财务会计报告　B. 账簿　　C. 财产清查　　D. 会计凭证
3. 企业的原材料属于会计要素中的(　　)。
   A. 资产　　　　B. 负债　　　C. 所有者权益　　D. 收入
4. 下列各项中属于流动资产的是(　　)。
   A. 银行存款　　　　　　　　　B. 厂房
   C. 机器设备　　　　　　　　　D. 专利权
5. 下列各项中属于负债项目的是(　　)。
   A. 预付账款　　　　　　　　　B. 实收资本
   C. 资本公积　　　　　　　　　D. 短期借款
6. 下列各项中属于费用的是(　　)。
   A. 应付职工薪酬　　　　　　　B. 应交税费
   C. 管理费用　　　　　　　　　D. 应收账款
7. 在会计假设的基础上，对会计对象进行的基本分类称为(　　)。
   A. 会计核算　　　　　　　　　B. 会计假设
   C. 会计主体　　　　　　　　　D. 会计要素
8. 反映企业经营成果的最终要素是(　　)。
   A. 资产　　　　B. 收入　　　C. 利润　　　　D. 所有者权益
9. 企业计提坏账准备遵循会计信息质量要求的是(　　)。
   A. 可比性　　　B. 谨慎性　　C. 相关性　　　D. 可靠性
10. 会计核算应当以实际发生的经济活动为依据，如实反映财务状况和经营成果，体现了(　　)。
    A. 实质重于形式　B. 可理解性　C. 可靠性　　　D. 相关性

第一章　总论

二、多项选择题

1. 会计核算的基本前提包括(　　)。
   A. 会计主体　　　B. 会计分期　　　C. 持续经营　　　D. 货币计量

2. 以下属于静态会计要素的有(　　)。
   A. 资产　　　　　B. 负债　　　　　C. 收入　　　　　D. 利润

3. 以下属于动态会计要素的有(　　)。
   A. 收入　　　　　B. 费用　　　　　C. 资产　　　　　D. 利润

4. 下列属于所有者权益的有(　　)。
   A. 实收资本　　　B. 资本公积　　　C. 盈余公积　　　D. 未分配利润

5. 下列属于会计核算方法的有(　　)。
   A. 设置账户　　　　　　　　　　　B. 填制审核会计凭证
   C. 复式记账　　　　　　　　　　　D. 登记账簿

6. 按权责发生制计量基础,下列应确认为本期收入和费用的有(　　)。
   A. 收到前期销售的货款
   B. 本期销售商品按合同规定应在下期收回货款
   C. 本期的银行贷款利息在下月支付
   D. 预付下年度的报刊费用

7. 负债按其流动性可以分为(　　)。
   A. 流动负债　　　B. 短期负债　　　C. 长期负债　　　D. 非流动负债

8. 下列可以作为一个会计主体进行会计核算的有(　　)。
   A. 企业生产车间　　　　　　　　　B. 独立核算的销售部门
   C. 分公司　　　　　　　　　　　　D. 母公司及其子公司组成的企业集团

9. 下列各项中属于资产要素特点的有(　　)。
   A. 必须是有形的　　　　　　　　　B. 必须是企业拥有或控制的
   C. 必须是经济资源　　　　　　　　D. 预期会给企业带来经济利益

10. 下列各项中属于资产核算范围的有(　　)。
    A. 融资租入设备　　　　　　　　　B. 经营租入设备
    C. 委托加工商品　　　　　　　　　D. 合同约定购入材料

11. 企业的资金运动表现为(　　)。
    A. 资金的投入　　　　　　　　　　B. 资金的计划
    C. 资金的运用　　　　　　　　　　D. 资金的退出

12. 资金的周转和循环过程包括(　　)。
    A. 预测过程　　　B. 供应过程　　　C. 生产过程　　　D. 销售过程

13. 资金的投入包括(　　)。
    A. 企业所有者投入的资金　　　　　B. 企业销售商品收到的资金
    C. 企业从债权人处借入的资金　　　D. 企业收回投资取得的资金

14. 会计的计量属性包括(　　)。
    A. 历史成本　　　B. 重置成本　　　C. 可变现净值

  D. 现值   E. 公允价值

15. 会计的方法包括( )。
  A. 会计分析方法   B. 会计核算方法
  C. 会计检查方法   D. 会计决策方法

三、判断题

1. 会计主体应该是独立核算的经济实体。( )
2. 会计计量单位只有一种，即货币。( )
3. 预测和决策是会计的两项基本职能。( )
4. 会计主要以货币计价进行监督，不必进行实物监督。( )
5. 会计要素中既有反映财务状况的会计要素，也有反映经营成果的会计要素。( )
6. 所有者权益是指投资人对企业净资产的要求权。( )
7. 会计核算不必区分自身的经济活动与其他单位的经济活动。( )
8. 会计分期假设是持续经营假设的必要补充。( )
9. 会计方法是用来反映和监督会计内容，完成会计任务的手段。( )
10. 对于一项财产，只有拥有其所有权，才能作为企业的资产予以确认。( )
11. 费用中能予以对象化的部分被称作制造成本，不能予以对象化的部分被称作期间费用。( )
12. 法律主体必须是会计主体，会计主体也必然是法律主体。( )
13. 企业会计准则中的收入是企业在持续经营的基本条件下，企业进行的经营活动所形成的经济利益的总流入。( )
14. 用盈余公积转增资本不影响所有者权益总额的变化。( )
15. 对任何会计事项都应按谨慎要求进行处理。( )

参 考 答 案

参考答案见右侧二维码。

第二章 会计循环

【学习要点及目标】

本章主要介绍复式记账法下会计核算的基本程序和方法。通过本章的学习，要求学生掌握会计科目、账户的基本结构、复式记账原理、会计凭证、会计账簿、账务处理程序等基本概念和方法；掌握借贷记账法的基本原理并能熟练运用该记账法；熟悉会计凭证的填制与审核、会计账簿的登记方法、错账更正的方法、对账和结账的方法以及账务处理程序的种类和流程；了解借贷记账的产生。

【知识框架图】

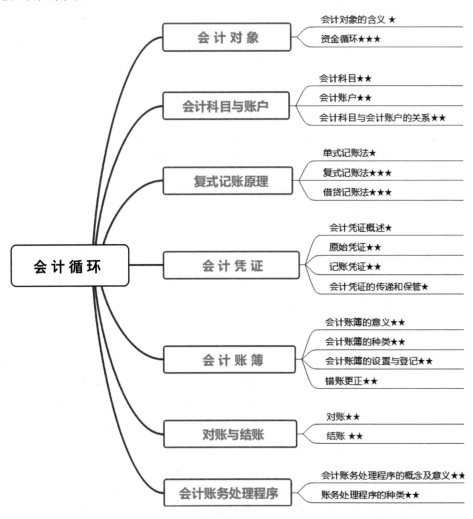

第一节 会计对象

一、会计对象的含义

会计对象是指会计核算和监督的内容。一般来说，会计对象就是社会再生产过程中的资金运动。

由于各单位的性质不同，经济活动的内容也不尽相同，因此会计的具体对象也就不尽相同。

二、资金循环

(一)工业企业的资金循环

工业企业是指从事工业产品生产和销售的营利性经济组织。其资金的循环过程包括资金投入、资金的循环与周转(资金使用)以及资金的退出三部分。资金的循环与周转分为供应、生产和销售三个阶段。

1. 资金投入

企业要从事产品的生产经营活动，必须拥有一定数量的资金，资金主要来源于投资者投入或从债权人处借入。企业有了资金便开始进入资金的使用或循环过程，即进入产品的供、产、销阶段。

2. 资金的循环与周转

1) 供应阶段

供应阶段是工业企业经营过程的第一个阶段。在该阶段中，企业主要的经济业务是用筹集到的货币资金购买原材料、辅助材料，支付采购费用，计算采购成本，购建厂房，购买机器设备等，并将采购的物资存放于仓库以备生产使用，这时企业的资金从货币形态转为储备资金形态。

2) 生产阶段

生产阶段是工业企业经营过程的第二个阶段。在该阶段中，企业主要的经济业务是把原材料投入生产领域，经过加工生产出产成品。在生产过程中，要发生材料费用，使用厂房机器设备要发生固定资产折旧费用，同时还要发生人工费用以及其他费用等，这时企业的资金从材料形态、货币形态和固定资产形态转化为生产资金形态。随着产品完工验收入库，生产资金形态转化为成品资金形态。

3) 销售阶段

销售阶段是工业企业经营过程的第三个阶段。在该阶段中，企业主要的经济业务是销售商品，通过销售取得货款。在销售过程中，发生销售费用、收回货款、补偿产品成本、交纳税金等业务。企业获得的销售收入扣除各项费用后的利润，还要提取盈余公积和向投资者分配利润。企业的资金从成品资金形态又重新回到货币资金形态，到此完成了一次资金的循环。

3. 资金退出

企业用资金偿还债务、上交各项税金、向投资者分配利润，即资金退出本企业。

上述内容反映了企业经营资金随着生产经营活动的不断进行，资金形态也在不断地发生变化，从货币资金形态开始依次转化，最后又回到货币资金形态，这一过程称为资金循环。因为企业生产经营活动是连续不断的，所以资金的循环也是不断地重复的。

工业企业资金运动过程如图 2-1 所示。

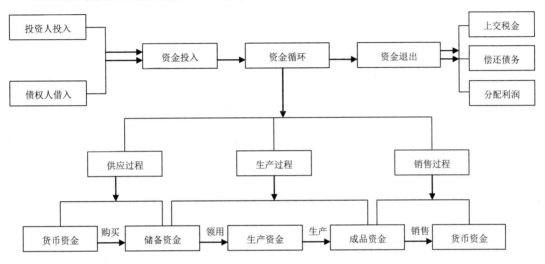

图 2-1　工业企业资金运动示意图

(二)商品流通企业的资金循环

商品流通企业是组织商品流通的营利性组织，其业务流程包括购进阶段和销售阶段。在购进阶段，资金从货币形态转化为商品形态；在销售阶段，资金由商品形态再转化为货币形态。同样，在经营过程中，会发生一些不计入商品成本而单独归集的费用，如销售费用、管理费用、财务费用。这样周而复始地循环，形成商品流通企业资金的运动。商品流通企业资金运动过程如图 2-2 所示。

图 2-2　商品流通企业资金运动示意图

(三)非营利组织的资金循环

非营利组织(如行政机关、事业单位等)的经济活动，一方面按预算从国家财政取得货币资金，另一方面又按预算以货币资金的形式支付各项费用。其资金循环是指经费的拨入和经费的支出。非营利组织资金运动过程如图 2-3 所示。

图 2-3　非营利组织资金运动示意图

第二节　会计科目与账户

一、会计科目

(一)会计科目的概念

会计科目是对会计要素的具体内容进行分类核算的项目。具体地说,它是按照经济业务的内容和经济管理的要求,对会计要素作进一步分类,以达到对各种不同类型、不同内容的经济业务进行分类核算、分类控制的目的。

(二)会计科目设置的原则

会计科目作为反映会计要素的构成及其变化情况,为投资者、债权人、企业经营管理者等提供会计信息的重要手段,在其设置过程中应努力做到科学、合理、适用,应遵循以下原则。

1. 合法性原则

为了保证会计信息的可比性,会计科目一般由国家财政部门统一制定,以便统一"口径",充分发挥会计管理的作用。企业应按统一的会计准则的要求设置和使用会计科目。在不影响会计核算要求和会计报表指标汇总,以及对外提供统一的会计报表的前提下,"企业可以根据自身的实际情况自行增设、减少或合并某些会计科目"。

2. 相关性原则

会计科目的设置,应为有关各方提供所需要的会计信息服务,满足对外报告与对内管理的要求。要求充分考虑会计信息的使用者对本企业会计信息的需要设置会计科目,以提高会计核算所提供的会计信息相关性,满足相关各方的信息需求。

3. 实用性原则

企业的组织形式、所处行业、经营内容及业务种类等不同,在会计科目的设置上亦应有所区别。在合法性的基础上,应根据企业自身的特点,设置符合企业需要的会计科目。会计科目的名称要求简单明确、字意相符,这样才能避免误解和混乱。会计科目要统一编号,一般由财政部统一规定。

(三)会计科目的分类

为了便于掌握运用不同的会计科目,有必要对会计科目进行分类。

1. 按会计科目所提供会计信息的详细程度分类

按会计科目所提供会计信息的详细程度及统驭关系的不同,可分为总分类科目(一级会计科目或总账科目)和明细分类科目。

1)　总分类科目

总分类科目是对会计要素进行总括分类的科目,它所提供的核算指标是企业各类经济业务的总括指标。例如,通过"固定资产"科目,可以了解某一时期内企业所有固定资产的增加、减少和结存的总括情况。总分类科目一般由财政部统一制定。

2) 明细分类科目

明细分类科目是对总分类科目作进一步分类,以提供更详细、更具体会计信息的科目。对于明细科目较多的总分类科目,可在总分类科目与明细科目之间设置二级或多级科目,如表2-1所示。

表2-1 总分类科目与明细分类科目的关系表

总分类科目	明细分类科目	
一级科目	二级科目(子目)	三级科目(细目)
原材料	原材料及主要材料	圆木
		方木
	辅助材料	油漆
		润滑油
	燃料	煤炭
		天然气

在实际工作中,对于明细分类科目的设置,企业可以根据需要自行设计和确定。并不是所有总分类科目都必须设置明细分类科目,如"库存现金""坏账准备"这些总分类科目一般就不设明细科目。

2. 按会计科目所反映的经济内容分类

按会计科目所反映的经济内容不同,可分为资产类科目、负债类科目、共同类科目、所有者权益类科目、成本类科目和损益类科目。

1) 资产类科目

资产类科目是反映企业各种财产、物资增减变化和结存情况的科目。"库存现金""银行存款""库存商品""应收账款""固定资产""无形资产""长期股权投资"等均属于这类科目。

2) 负债类科目

负债类科目是反映企业期内所承担债务的增减变化和结存情况的科目。"短期借款""应付票据""应付职工薪酬""应付账款""应交税费""长期借款"等均属于这类科目。

3) 共同类科目

共同类科目是指可能具有资产性质,也可能具有负债性质,其性质取决于科目核算的结果(期末余额)科目,当其核算结果出现借方余额时,则作为资产科目;而当其出现贷方余额时,则作为负债科目。共同类科目包括"清算资金往来""货币兑换""衍生工具""套期工具""被套期项目"。

4) 所有者权益类科目

所有者权益类科目是对企业所有者权益的具体内容进行分类核算的项目,是提供有关所有者权益类项目会计信息的会计科目。"实收资本""资本公积""盈余公积""本年利润""利润分配""其他综合收益""其他权益工具"等均属于这类科目。

5) 成本类科目

成本类科目是指用于核算成本的发生和归集情况，提供成本有关信息的会计科目，包括"生产成本""制造费用""研发支出"等科目。该科目可以反映经营过程中某一阶段所发生的各项生产费用。

6) 损益类科目

损益类科目是用来核算企业的各种收入和费用的科目，包括收入类和费用类两类科目。收入类科目是用来核算企业在一定时期内取得的各种收入和收益的科目，如"主营业务收入""其他业务收入""营业外收入"等；费用类科目是用来核算企业在一定时期内所发生的应计入当期损益的各项费用、成本和支出的科目，如"主营业务成本""管理费用""销售费用""营业外支出"等。

企业常用的会计科目如表 2-2 所示。

表2-2 常用会计科目表

顺序号	编号	会计科目名称	顺序号	编号	会计科目名称
一、资产类			24	1511	长期股权投资
1	1001	库存现金	25	1512	长期股权投资减值准备
2	1002	银行存款	26	1531	长期应收款
3	1012	其他货币资金	27	1601	固定资产
4	1101	交易性金融资产	28	1602	累计折旧
5	1121	应收票据	29	1603	固定资产减值准备
6	1122	应收账款	30	1604	在建工程
7	1123	预付账款	31	1605	工程物资
8	1131	应收股利	32	1606	固定资产清理
9	1132	应收利息	33	1701	无形资产
10	1221	其他应收款	34	1702	累计摊销
11	1231	坏账准备	35	1703	无形资产减值准备
12	1401	材料采购	36	1711	商誉
13	1402	在途物资	37	1811	递延所得税资产
14	1403	原材料	38	1901	待处理财产损溢
15	1404	材料成本差异	二、负债类		
16	1405	库存商品	39	2001	短期借款
17	1406	发出商品	40	2201	应付票据
18	1408	委托加工物资	41	2202	应付账款
19	1411	周转材料	42	2203	预收账款
20	1471	存货跌价准备	43	2211	应付职工薪酬
21	1501	债权投资	44	2221	应交税费
22	1502	债权投资减值准备	45	2231	应付利息
23	1503	其他权益工具投资	46	2232	应付股利

续表

顺序号	编号	会计科目名称	顺序号	编号	会计科目名称
47	2241	其他应付款	64	5101	制造费用
48	2501	长期借款	65		合同取得成本
49	2502	应付债券	66	5301	研发支出
50	2701	长期应付款	六、损益类		
51	2711	专项应付款	67	6001	主营业务收入
52	2801	预计负债	68	6051	其他业务收入
53	2901	递延所得税负债	69	6101	公允价值变动损益
三、共同类			70	6111	投资收益
54	3101	衍生工具	71	6301	营业外收入
55	3201	套期工具	72	6401	主营业务成本
56	3202	被套期工具	73	6402	其他业务成本
四、所有者权益类			74	6403	税金及附加
57	4001	实收资本	75	6601	销售费用
58	4002	资本公积	76	6602	管理费用
59	4003	其他综合收益	77	6603	财务费用
60	4101	盈余公积	78	6701	资产减值损失
61	4103	本年利润	79	6702	信用减值损失
62	4104	利润分配	80	6711	营业外支出
五、成本类			81	6801	所得税费用
63	5001	生产成本	82	6901	以前年度损益调整

二、会计账户

(一)会计账户的概念

会计账户也称账户,是根据会计科目开设的,用以分类、系统、连续地记录各项经济业务,反映会计要素增减变化及其结果的一种信息载体。

通过科学地设置会计科目,只能达到对企业会计核算内容(会计要素)进行分类的目的,并不能通过其本身把这些内容的数量变动表现出来,因而必须设置账户。

(二)会计账户的基本结构

为了在账户中记录各项经济业务的发生所引起各会计要素的增减变动,要求账户有一定的结构。在实际工作中,账户的结构根据企业核算和管理以及提供会计信息的需要,有多项不同的内容,但是任何一种账户格式都应包括下列内容。账户格式如表2-3所示。

(1) 账户的名称,即会计科目。
(2) 日期和摘要,即经济业务发生的时间和内容。
(3) 凭证号数,即账户记录的来源和依据。

(4) 反映增加和减少的金额及余额。

表 2-3　账户名称(会计科目)

日　期	凭证号数	摘　要	增加金额	减少金额	余　额

为了便于学习，在会计教学过程中，经常采用简化格式来表示账户的结构，即"T"形账户，其账户格式如表 2-4 所示。在这一格式中，账户分为左右两方，在具体账户的左、右两方中究竟哪一方记录增加额，哪一方记录减少额，取决于各账户所记录的经济内容和所采用的记账方法。账户的余额一般与记录的增加额在同一方向。

表 2-4　账户格式

左方	账户名称(会计科目)	右方

从账户登记的内容来看，账户记录可分为期初余额、本期增加额、本期减少额和期末余额。期初余额反映的是某类经济业务的期初结存数；本期增加额和减少额是指在一定的会计期间(如月份、季度或年度)内，账户所分别登记的增加金额和减少金额合计数；期末余额是某类经济业务的期末结存数。如果将本期的期末余额转入下一期，就是下一期的期初余额。上述四项金额要素的关系可以用下列公式来表示。

本期期末余额=本期期初余额+本期增加额-本期减少额

三、会计科目与会计账户的关系

会计账户与会计科目是两个既有联系又相互区别的概念。

二者的联系：二者都是要对经济业务进行分类，所反映的经济业务内容是一致的。

二者的区别：会计科目只是对会计对象具体内容所作的分类，是对账户核算内容高度概括的名称；而会计账户则是在会计科目分类的基础上提供具体的数据资料，它有一定的结构和格式，具体反映会计要素的增减变化及其结余情况。

第三节　复式记账原理

为了核算与监督会计对象，应当首先设置会计科目，并根据规定的会计科目开设账户。但是，要取得经济管理所需要的核算指标，就需要采用一定的记账方法将经济业务所反映的会计要素的增减变动登记在账户中。记账方法是指在账簿中登记各项经济业务的方法。

按所记录经济业务内容的方式不同,可将记账方法分为两类:一类是单式记账法,另一类是复式记账法。

一、单式记账法

单式记账法是指对所发生经济业务只在一个账户中进行登记的一种记账方法。这种记账法,通常只登记现金和银行存款的收付业务以及应收、应付款的结算业务,一般不登记实物的收付业务。这是因为单式记账法只着重考虑现金、银行存款的收付不要记错,所欠的债务(应付款)和对外债权(应收款)的结算必须记清楚,其他资产物资因为都在本单位管理之下,所以无须记账。例如,甲企业以银行存款2 000元购入原材料一批。这项经济业务的发生,一方面使企业的银行存款减少了2 000元,另一方面使企业的原材料增加了2 000元。按照单式记账法的原理,只记录银行存款减少2 000元,而对原材料增加2 000元不进行记录。因此,单式记账法不能全面、系统地反映资金运动的来龙去脉,不能全面地反映经济业务之间的对应关系,也不便于检查账户记录的正确性、真实性,但记账手续比较简单。

二、复式记账法

复式记账法是单式记账法的对称,是指对所发生的每一项经济业务,都要以相等的金额,同时在相互联系的两个或两个以上账户中进行登记的方法。例如,以银行存款20 000元购买原材料为例,按照复式记账法,一方面在原材料账户登记增加20 000元,另一方面在银行存款账户登记减少20 000元。这样登记的结果,就可使所发生经济业务涉及的原材料和银行存款之间的关系能够完整地展现出来。

复式记账的基本原理是会计等式。也就是任何一项经济业务的发生,都会引起资产、负债、所有者权益、收入和费用等会计要素具体项目资金的变动,而且涉及这些项目变动的金额必须相等。尽管经济业务种类繁多、千变万化、错综复杂,但都可以把它们归纳为九种类型。它们的变动并不会破坏会计等式的平衡关系。因此,为了全面、完整地把这些经济业务记录下来,反映经济业务的来龙去脉,必须使用复式记账法。

可见,复式记账法与单式记账法相比有如下优点。

(1) 由于对每一项经济业务都要在相互联系的两个或两个以上的账户中做记录,因此根据账户记录的结果,不仅可以了解每一项经济业务的来龙去脉,而且还可以通过会计要素的增减变动,全面、系统地反映经济活动的过程和结果。

(2) 复式记账对每一项经济业务都以相等的金额在相互联系的账户中同时进行登记,因此记录的结果必然是平衡的,运用这种平衡关系可以检查账户记录的正确性,由此可见复式记账法的科学性和合理性。

复式记账法是一种科学、全面地反映经济业务发生的记账方法,目前被世界各国广泛采用。

复式记账法主要有借贷记账法、增减记账法和收付记账法。其中后两种方法有一定的不足之处,在此不做介绍。

三、借贷记账法

借贷记账法是世界各国普遍采用的一种复式记账方法,其最早起源于 13 世纪的意大利。在这个时期,西方资本主义的商品经济有了长足发展。在商品交换中,为了适应商业资本和借贷资本经营者管理的需要,逐步形成了借贷记账法。"借""贷"二字的含义,最初是从借贷资本家的角度来解释的,借贷资本家以经营货币资金的借入和贷出为主要业务,对于借进的款项,记在贷主(creditor)名下,表明自身的债务增加;对于贷出的款项,则记在借主(debtor)名下,表明自身的债权增加。这样,"借""贷"二字可分别表示债权(应收款)、债务(应付款)的增减变化。随着商品经济的发展,经济活动的内容日趋复杂化,会计所记录的经济业务也不再局限于货币资金的借贷,而是逐渐扩展到财产物资、经营损益和经营资本等的增减变化。因此,为了取得账簿记录的统一,应用"借""贷"二字以记录经济业务的增减变化情况。这样,"借""贷"二字逐渐失去了原来的字面含义,转化为纯粹的记账符号,成为会计上的专用术语。

(一)借贷记账法的含义

借贷记账法,是指以"借"和"贷"作为记账符号的一种复式记账方法。借贷记账法以会计等式为理论依据,其含义如下。

1. "借"和"贷"只是单纯的记账符号

借贷记账法是以"借""贷"作为记账符号,分别作为账户的左方和右方,以此表示经济业务应记入有关账户的记账方向,反映会计要素的变化。

2. "借和贷"具有双重含义

"借和贷"具有双重含义,其都具有"增加和减少"的双重含义,具体哪方登记增加或减少要视账户性质而定。其中借方表示"资产、费用"类的增加,"负债、所有者权益、收入、利润"类的减少;贷方表示"负债、所有者权益、收入、利润"类的增加,"资产、费用"类的减少。

(二)借贷记账法的账户结构

借贷记账法的账户基本结构是:每一个账户都可分为"借方"和"贷方",一般规定账户的左方为"借方",账户的右方为"贷方"。

1. 资产类账户结构

资产类账户的基本结构为:借方登记增加数,贷方登记减少数,该类账户期初、期末余额在借方反映。

资产类账户期末余额的计算公式如下:

期末借方余额=期初借方余额+本期借方发生额–本期贷方发生额

用 T 形账户表示如表 2-5 所示。

表2-5 资产类账户

借方		贷方	
期初余额	×××		
本期发生增加额	×××	本期发生减少额	×××
本期发生额合计	×××	本期发生额合计	×××
期末余额	×××		

2. 负债及所有者权益类账户结构

负债及所有者权益类账户的基本结构为：贷方登记增加数，借方登记减少数，该类账户期初、期末若有余额，一般为贷方余额，表示负债的实有数额。

负债及所有者权益类账户期末余额的计算公式如下：

期末贷方余额=期初贷方余额+本期贷方发生额-本期借方发生额

用"T"形账户表示如表2-6所示。

表2-6 负债及所有者权益类账户

借方		贷方	
		期初余额	×××
本期发生减少额	×××	本期发生增加额	×××
本期发生额合计	×××	本期发生额合计	×××
		期末余额	×××

由此可见，借贷记账法下各类账户的期末余额都在记录增加额的一方，即资产类账户的期末余额在借方，负债及所有者权益类账户的期末余额在贷方。

3. 成本类账户的结构

成本类账户的结构与资产类账户相同，其基本结构为：借方登记增加数，贷方登记减少数，该类账户期初、期末若有余额，一般为借方余额，表示所归集成本的累计数额。

成本类账户期末余额的计算公式如下：

期末借方余额=期初借方余额+本期借方发生额–本期贷方发生额

用"T"形账户表示如表2-7所示。

表2-7 成本类账户

借方		贷方	
期初余额	×××		
本期发生增加额	×××	本期发生减少额	×××
本期发生额合计	×××	本期发生额合计	×××
期末余额	×××		

4．费用类账户的结构

费用类账户的基本结构与成本类账户基本相同，其基本结构为：借方登记增加数，贷方登记冲减或转销数(一般期末将借方金额转入"本年利润"账户)，该类账户期末结转以后应无余额。用"T"形账户表示如表2-8所示。

表2-8 费用类账户

借方		贷方	
本期发生增加额	×××	本期发生减少额	×××
本期发生额合计	×××	本期发生额合计	×××

5. 收入类账户结构

收入类账户的结构与负债及所有者权益类账户基本相同，其基本结构为：贷方登记增加数，借方登记冲减或转销数（一般期末将贷方金额转入"本年利润"账户），该类账户期末结转后应无余额。用"T"形账户表示如表2-9所示。

表2-9 收入类账户

借方		贷方	
本期发生减少额	×××	本期发生增加额	×××
本期发生额合计	×××	本期发生额合计	×××

现将借贷记账法下各类账户的结构进行归纳，如表2-10所示。

表2-10 借贷记账法下各类账户的结构

账户类型	借 方	贷 方	余额方向
资产类	增加(+)	减少(-)	借方
负债类及所有者权益类	减少(-)	增加(+)	贷方
收入类	减少(转销)	增加(+)	一般无余额
成本类	增加(+)	减少(转销)	借方
费用类	增加(+)	减少(转销)	一般无余额

(三) 借贷记账法的记账规则

借贷记账法是建立在会计各要素平衡关系基础上的一种复式记账法。在这种记账法中，"借"和"贷"这两个符号对会计等式双方的会计要素规定了相反的含义。每笔经济业务的发生，都会引起两个或两个以上的账户发生数量和金额的变化，都要在相应账户的"借""贷"双方进行记录，并且记入的金额相等。在运用借贷记账法登记经济业务时，一般要从以下三个方面考虑。

(1) 根据经济业务的内容，分析确定它所影响的会计要素的类别，确定所涉及账户的种类，即是资产、负债、所有者权益类账户，还是收入、费用或利润类账户。

(2) 确定经济业务所涉及账户的名称及其增减变动情况。

(3) 根据账户的结构，确定账户的借、贷方向。

现举例说明借贷记账法的记账规则。

第二章 会计循环

【例2-1】 企业从银行提取现金2 000元以备日常零星支出所用。

这项经济业务的发生,一方面使企业的银行存款减少了2 000元,另一方面使企业的库存现金增加了2 000元。这项经济业务分别涉及"银行存款"和"库存现金"两个账户,这两个账户均属于资产类账户,按照它们的账户结构,银行存款减少记入"银行存款"账户的贷方,现金增加记入"库存现金"账户的借方,因此这项经济业务应该在这两个账户中做如下记录。

【例2-2】 企业购买一栋厂房价值500 000元,该款项用银行存款支付。

这项经济业务的发生,一方面使企业的银行存款减少了500 000元,另一方面使企业的固定资产增加了500 000元。这项经济业务分别涉及"银行存款"和"固定资产"两个账户,这两个账户均属于资产类账户,按照它们的账户结构,银行存款减少记入"银行存款"账户的贷方,固定资产增加记入"固定资产"账户的借方,因此这项经济业务应该在这两个账户中做如下记录。

【例2-3】 企业从银行取得借款300 000元,期限为6个月,银行通知该笔款项已经划入企业银行存款账户。

这项经济业务的发生,一方面使企业的银行存款增加了300 000元,另一方面使企业的短期借款增加了300 000元。这项经济业务分别涉及"银行存款"和"短期借款"两个账户,这两个账户分别属于资产类账户和负债类账户,按照它们的账户结构,银行存款增加记入"银行存款"账户的借方,短期借款增加记入"短期借款"账户的贷方,因此这项经济业务应该在这两个账户中做如下记录。

【例2-4】 企业开出一张商业汇票——面值200 000元的无息票据,用于偿还前欠某单位货款。

这项经济业务的发生,一方面使企业的应付票据增加了200 000元,另一方面使企业的应付账款减少了200 000元。这项经济业务分别涉及"应付票据"和"应付账款"两个账户,这两个账户均属于负债类账户，按照它们的账户结构，应付票据增加记入"应付票据"账户的贷方，应付账款减少记入"应付账款"账户的借方，因此这项经济业务应该在这两个账户中做如下记录。

【例2-5】 经股东大会批准，企业将盈余公积200 000元转增为企业的实收资本。

这项经济业务的发生，一方面使企业的盈余公积减少了200 000元，另一方面使企业的实收资本增加了200 000元。这项经济业务分别涉及"盈余公积"和"实收资本"两个账户，这两个账户均属于所有者权益类账户，按照它们的账户结构，盈余公积减少记入"盈余公积"账户的借方，实收资本增加记入"实收资本"账户的贷方，因此这项经济业务应该在这两个账户中做如下记录。

【例2-6】 企业用银行存款支付广告费50 000元。

这项经济业务的发生，一方面使企业的银行存款减少了50 000元，另一方面使企业的销售费用增加了50 000元。这项经济业务分别涉及"银行存款"和"销售费用"两个账户，这两个账户分别属于资产类账户和成本、费用类账户，按照它们的账户结构，银行存款减少记入"银行存款"账户的贷方，销售费用增加记入"销售费用"账户的借方，因此这项经济业务应该在这两个账户中做如下记录。

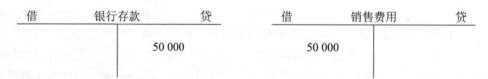

【例2-7】 企业销售产品取得收入70 000元，款项全部存入银行。

这项经济业务的发生，一方面使企业的银行存款增加了70 000元，另一方面使企业的收入增加了70 000元。这项经济业务分别涉及"银行存款"和"主营业务收入"两个账户，这两个账户分别属于资产类账户和收入类账户，按照它们的账户结构，银行存款增加记入"银行存款"账户的借方，主营业务收入增加记入"主营业务收入"账户的贷方，因此这项经济业务应该在这两个账户中做如下记录。

从以上所举例子可以看出,每一项经济业务发生之后,运用借贷记账法进行账务处理,都必须是在记入相关账户借方的同时记入相关账户的贷方,而且记入借方和贷方的金额必须相等。因此,可以总结出借贷记账法的记账规则是:"有借必有贷,借贷必相等。"

(四)账户的对应关系和会计分录

1. 账户的对应关系

在借贷记账法下,当某项经济业务发生时,都会在相关的两个或两个以上的账户中以相等的金额进行登记,账户之间就形成了应借、应贷的相互关系,我们把这种关系称为账户的对应关系,把构成这种对应关系的账户称为对应账户。

2. 会计分录

会计分录是指在借贷记账法中,表明每项经济业务应借、应贷的科目及其金额的记录。每笔会计分录都包括三个要素,即会计科目及其所属明细分类科目、记账符号和金额。

会计分录可分为简单会计分录和复合会计分录两种,简单会计分录是指经济业务只涉及两个会计科目的会计分录(一借一贷);复合会计分录是指涉及三个或三个以上会计科目的会计分录(一借多贷、多借一贷、多借多贷)。为了清楚地指明账户之间的对应关系,一般不编制"多借多贷"的会计分录。会计分录的编制可以按照以下步骤进行。

(1) 分析经济业务所涉及的账户。
(2) 根据账户的性质和结构,确定记账方向。
(3) 确定记账金额。
(4) 检验应借、应贷账户是否正确,借贷双方金额是否相等(依据记账规则)。

如在例 2-1～例 2-7 中,在借贷记账法下应编制的会计分录如下。

```
例 2-1  借:库存现金                    2 000
            贷:银行存款                          2 000
例 2-2  借:固定资产                  500 000
            贷:银行存款                        500 000
例 2-3  借:银行存款                  300 000
            贷:短期借款                        300 000
例 2-4  借:应付账款                  200 000
            贷:应付票据                        200 000
例 2-5  借:盈余公积                  200 000
            贷:实收资本                        200 000
例 2-6  借:销售费用                   50 000
            贷:银行存款                         50 000
例 2-7  借:银行存款                   70 000
            贷:主营业务收入                     70 000
```

编制会计分录时,必须以会计凭证作为依据,以便日后进行考察。会计分录必须如实地反映经济业务的内容。就会计核算的全部过程来说,编制会计分录是会计工作的起始阶段，如果会计分录有错误，必然会影响整个会计记录的正确性。

(五)试算平衡

试算平衡是指根据平衡公式，按照记账规则的要求，通过汇总计算和比较来检查各类账户记录正确性的方法。

借贷记账法中的试算平衡方法一般有两种，即发生额试算平衡法和余额试算平衡法。

1. 发生额试算平衡法

根据借贷记账法的记账规则，每笔经济业务都必须分别在相互联系的两个或两个以上账户的借方和贷方登记，而且登记在有关账户的借方金额和贷方金额相等，那么，将一定时期(如一个月)内的全部经济业务都登记入账后，所有账户的借方本期发生额的合计数必然与所有账户的贷方本期发生额的合计数相等，用公式可表示为

$$全部账户借方发生额合计=全部账户贷方发生额合计$$

2. 余额试算平衡法

借贷记账法以"资产=负债+所有者权益"这个等式为理论依据，资产类账户一般是借方余额，负债及所有者权益类账户一般是贷方余额。所有账户的借方余额合计反映的是某时点企业资产的总和，所有账户的贷方余额合计反映的是某时点企业负债及所有者权益的总和，这两者又必然相等，用公式可表示为

$$全部账户借方余额合计=全部账户贷方余额合计$$

对账簿记录进行试算平衡，通常是在月末计算出各种账户的本期发生额和期末余额之后，通过编制"试算平衡表"来进行的，其格式如表 2-11 所示。

表 2-11 试算平衡表

年　月　日　　　　　　　　　　　　　　　　　　　　　　单位：元

账　户	期初余额		本期发生额		期末余额	
	借　方	贷　方	借　方	贷　方	借　方	贷　方
合　计						

需要指出的是，试算平衡表上的平衡，只能说明通过账户按复式记账要求进行会计处理的数据在会计分录中和过入分类账户后的借贷发生额相等，并不能证明全部数据处理没有错误。因为有些错误并不影响借贷平衡关系，如漏记整笔经济业务，重复记录整笔经济业务，借贷方向记录相反，把金额过入错误账户，金额差错相互抵消等。

第四节 会 计 凭 证

一、会计凭证概述

(一)会计凭证的概念

会计凭证是记录经济业务、明确经济责任的书面证明,是用来登记账簿的依据。

在会计工作中,每一项经济业务都要办理凭证手续,由执行或完成该项业务的有关人员填制会计凭证,以此说明经济业务发生的日期,反映经济业务的内容、数量和金额,并在会计凭证上签名或盖章,以明确经济责任。另外,为了保证会计记录的真实性、可靠性,还需要对会计凭证的真实性和合法性进行审核,经审核无误并由审核人员签章后,才能作为记账的依据。

(二)会计凭证的作用

填制和审核会计凭证对于如实反映经济业务的内容,有效监督经济活动的合理性和合法性,保证会计核算资料的真实性、可靠性、合理性,发挥会计的经济管理职能具有十分重要的作用,主要体现在以下几个方面。

(1) 会计凭证是提供经济信息和会计信息的载体。会计人员可以根据会计凭证,对日常大量、分散的各种经济业务进行分类、整理和汇总,并经过会计处理,为经济管理提供有用的经济和会计信息。

(2) 会计凭证是登记账簿的依据。通过会计凭证的填制、审核,为账簿记录提供真实、可靠的依据,以确保账簿资料的真实准确。

(3) 会计凭证是明确经济责任、强化内部控制的手段。任何会计凭证除记录经济业务的基本内容外,还必须有有关部门和人员的签章,使其对会计凭证所记录经济业务的真实性、正确性、合法性、合理性负责,以防止舞弊行为,强化内部控制。

(4) 会计凭证是监督经济活动、控制经济运行的必要条件。通过对会计凭证的审核,可以查明每一项经济业务是否符合国家有关法律、法规、制度的规定,是否符合计划、预算进度,是否存在铺张浪费行为等。对于检查出的问题,相关部门应积极采取措施予以纠正,实现对经济活动的事中控制,确保经济活动健康进行。

(三)会计凭证的种类

会计凭证按照编制的程序和用途不同,分为原始凭证和记账凭证两类。

原始凭证是在经济业务发生或完成时取得或填制的,用以记录或证明经济业务的发生或完成情况的原始书面文件。原始凭证具有很强的法律效力,是编制记账凭证,组织会计核算的原始资料和重要依据。

记账凭证是会计人员根据审核无误的原始凭证,按照经济业务的内容加以归类,并据以确定会计分录后所填制的会计凭证,它是登记账簿的直接依据。

二、原始凭证

(一)原始凭证的基本内容

由于经济业务的种类和内容不同,经营管理的要求不同,原始凭证的格式和内容也不同。为了能够客观地反映经济业务的发生或完成情况,表明经济业务的性质,各种原始凭证都要确保载明的经济业务清晰,经济责任明确,并具备以下基本内容。

(1) 原始凭证的名称。
(2) 原始凭证的编号和填制原始凭证的日期。
(3) 填制原始凭证的单位名称或填制人姓名。
(4) 接受原始凭证单位的名称。
(5) 经济业务的内容摘要。
(6) 经济业务的数量、单价、金额等。
(7) 经办部门和人员的签名或盖章。

(二)原始凭证的种类

1. 按原始凭证的来源分类

原始凭证按其来源的不同,可以分为外来原始凭证和自制原始凭证。

(1) 外来原始凭证是指企业同外单位或个人发生经济业务往来关系时,从对方单位取得的原始凭证,如购买材料时从供货单位取得的发票、支票等,具体票样如表2-12~表2-14所示。

表 2-12 增值税专用发票

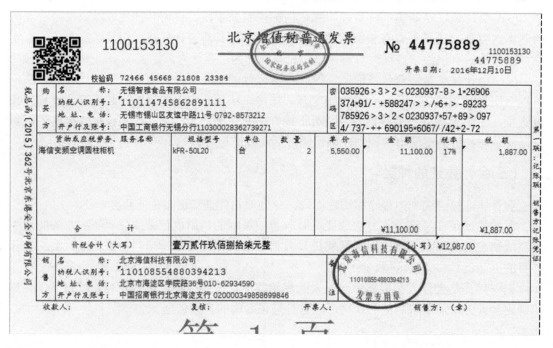

续表

增值税电子专用发票（票样）

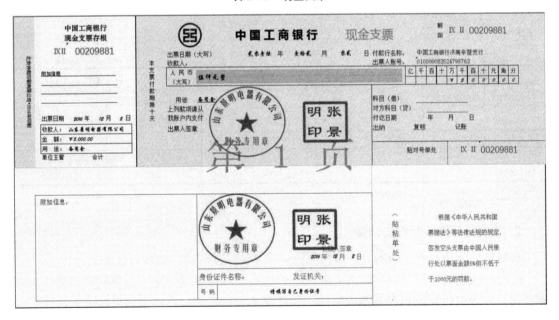

表 2-13 现金支票

表 2-14 转账支票票样

(2) 自制原始凭证是指由本单位内部经办业务的部门或人员，在办理经济业务时所填制的原始凭证。如商品、材料入库时，由仓库保管人员填制的入库单；商品销售时，由业务部门开出的提货单；生产车间领用材料的领料单（见表 2-15）；差旅费报销单；工资结算单等。

表 2-15 领料单

领用部门：一车间　　　　　　　　　　　　　　　　　　　　　　　仓库：一号库
用　　途：生产甲产品　　　　　　2021 年 2 月 16 日　　　　　　　编号：001

| 材料类别 | 材料编号 | 材料名称 | 规格 | 数量/千克 | | 金　额 | |
				请领	实发	单位成本/(元/千克)	总金额/元
		A 材料		10 500	10 500	40	420 000
合　计				10 500	10 500	40	420 000

部门负责人：李好　　　保管员：王红　　　记账员：陈丽　　　领料人：张功

2. 原始凭证按填制方法分类

按原始凭证填制方法的不同，可将原始凭证分为一次凭证、累计凭证和汇总凭证。

(1) 一次凭证是指在一项经济业务或几项同类经济业务发生时一次填制完成的一种原始凭证。外来原始凭证和大多数自制原始凭证都是一次凭证，它的填制手续是一次性完成的，如收货单、差旅费报销单（见表 2-16）等。

表2-16　差旅费报销单

差 旅 费 报 销 单

预领款	5 500.00
补领或缴还	370.00

2013年2月15日

部门	采购部	姓名	赵林	出差事由	参加商品展销会			
出差起止日期	自2013年2月5日至2013年2月12日止共计8天				附单据 10 张			
起讫时间	起讫地点	飞机、车、船费		住宿费	出差补贴	市内交通费	其他费用	合计
		名称	金额				名称　金额	
2月5日	哈尔滨至广州		1 900.00	800.00	160.00	80.00	290.00	3 230.00
2月12日	广州至哈尔滨		1 900.00					1 900.00
合　计			3 800.00	800.00	160.00	80.00	290.00	5 130.00
合计金额（大写）伍仟壹佰叁拾元整							￥5 130.00	

单位主管　宋明轩　　　　复核　孙思佳　　　出差人　赵林

(2) 累计凭证是指在一定时期内，为连续地反映同类而又不断重复发生的业务，在一张凭证中连续、累计地记载该项业务的原始凭证。这种凭证的填制手续是多次完成的，但因这种凭证要反复使用，必须严格凭证的保管制度。它主要适用于经常、重复发生的同类经济业务，如工业企业的限额领料单，如表2-17所示。

表2-17　限额领料单

领料部门：加工车间　　　　　　　　　　　　　　　　　　发料仓库：5号
用　　途：制造A产品　　　　　2021年2月　　　　　　　计划产量：300台

材料类别	材料编号	材料名称	规　格	计量单位	单　价	领料限额/kg	全月实领	
							数量/kg	金额/元
金属	3305	圆钢	2 mm	kg	3(元/kg)	1 000	900	2 700
		请领		实发		代用材料		限额节余/kg
日期	数量/kg	领料单位负责人签章	领料人签章	数量/kg	发料人签章	数量/kg	单价	金额	
1	500	刘丽	张艳辉	500	郑爽				500
5	300	刘丽	张艳辉	300	郑爽				300
8	100	刘丽	张艳辉	100	郑爽				100

生产计划部门负责人：刘伟　　　　　　　　仓库负责人：张顺

(3) 汇总凭证又称原始凭证汇总表，它是将记载同类经济业务的许多原始凭证，定期汇总而编制成的一种原始凭证。这种原始凭证可以简化记账工作，主要适用于处理那些在一定时期内重复发生的经济业务，如发出材料汇总表，如表2-18所示。

表 2-18 发出材料汇总表

年   月   日

领料部门		原材料甲	原材料乙	合　计
基本生产车间	一车间			
	二车间			
	小计			
辅助生产车间	供电车间			
	锅炉车间			
	小计			
制造费用	一车间			
	二车间			
	小计			
管理费用				
合　计				

会计负责人(签章)　　　　　复核(签章)　　　　　制表(签章)

(三)原始凭证的填制

原始凭证有很多样式，不同的原始凭证其填制方法和要求也不尽相同，为保证原始凭证反映经济业务内容的准确性，填制原始凭证时应严格按照下列要求进行。

1. 填写必须及时

每一笔经济业务发生或完成后，都要按照会计制度的规定立即填制或取得原始凭证，以使原始凭证及时地送达会计部门，及时地按照原始凭证编制记账凭证。

2. 填写内容必须完整、真实、准确

对每张原始凭证上规定的项目和内容必须逐项、详细地填写，不能有所遗漏，而且必须是对经济业务内容的真实反映，必须与实际情况相符；数量、单价、金额等的计算要准确无误。如果外来原始凭证遗失，必须到签发凭证单位取得证明，说明原来凭证的号码、数量、金额等内容，且凭证上必须盖有签发单位的财务章，还要经过经办单位的业务主管批准方可代作原始凭证。外来原始凭证一般由税务局等部门统一印制，或经税务部门批准由经营单位印制，在填制时须加盖出具凭证单位的公章方可有效，一式几联的原始凭证必须用复写纸套写并连续编号，作废时应加盖"作废"戳记，连同存根一同保管，不得随意销毁。发生销货退回时，除填制退货发票外，退款时，必须取得对方的收款收据或汇款银行的汇出凭证；收回借款时，应另开收据或退还借据副本，不得退还原借款收据。经有关部门批准办理的某些特殊业务，应将批准的文件作为原始凭证的附件，若批准文件需要单独归档，应在凭证上注明批准机关名称、日期和文件字号。

3. 经济责任明确

每张原始凭证上必须有有关经办人员和负责人的签章，以明确相应的经济责任。自制原始凭证必须有经办部门指定人员和单位负责人的签名或盖章；向外单位开出的原始凭证必须加盖本单位或部门的财务章；从其他单位取得的原始凭证要盖有签发单位的财务章；个人签发的原始凭证必须有其个人的签名或盖章。

4．书写格式规范

(1) 原始凭证必须用蓝色或黑色笔填写，字迹须清楚、规范。填写支票必须使用碳素笔，属于需要套写的凭证必须一次套写清楚。发生填写错误不能随意涂改，应采用规定的方法予以改正。对于已预先印定编号的原始凭证，在写错作废时，应当加盖"作废"戳记，要单独保管，不得撕毁。

(2) 在书写阿拉伯数字时，每一个数字都要占有一个数位，逐个填写不能连笔，书写时的顺序是由大到小，从左到右。人民币符号"￥"和阿拉伯数字之间不能有空白，阿拉伯数字前加注人民币符号"￥"的，则数字后面无须再写"元"字。所有以"元"为单位的阿拉伯数字，一律写到角位和分位，没有角、分的数字，可以填写"00"或符号"—"，有角位无分位的情况，分位上写"0"，不能用符号"—"来代替。

(3) 大写金额数字只能用正楷或行书来填写，必须用"会计体"汉字，即用"壹、贰、叁、肆、伍、陆、柒、捌、玖、拾、佰、仟、万、亿、元、角、分、零、整"等来填写，不应用"一、二、三、四、五、六、七、八、九、十、百、千、另(或令)"等，更不能使用谐音字来代替。大写金额写到"元"或"角"的，在"元"或"角"之后要写"整"字；大写金额有"分"的，"分"字后面不写"整"字。

(4) 凡是规定填写大写金额的凭证，如发票、提货单、银行结算凭证等，都必须同时填写大小写金额，大写和小写金额必须相符。阿拉伯金额数字中间有"0"或者连续有几个"0"时，汉字大写金额只写一个"零"字即可，如￥7 008.25，汉字大写金额应写为：人民币柒仟零捌元贰角伍分。

(四)原始凭证的审核

审核无误的原始凭证，才能作为记账的依据，这也是发挥会计监督作用的重要环节。为了保证会计凭证的合法、合规、准确、完整，要求会计部门的经办人员必须严格审核各项原始凭证。原始凭证的审核内容主要包括以下几个方面。

1．审核原始凭证的真实性

审核原始凭证是否真实地记录所发生的经济业务，有无弄虚作假、名不副实的情况，有无伪造、涂改、刮擦原始凭证的情况，多联的原始凭证是否复写等。

2．审核原始凭证的合理性和合法性

审核原始凭证所记录的经济业务是否符合国家有关法令、制度、政策及企业间的合同、企业内部的预算、计划等规定，是否合理、合法，有无违反法律、制度的违法乱纪行为；审核经济业务是否符合审批权限以及费用开支范围和标准是否符合有关规定；审核经济活动是否符合提高经济效益的要求等。

3．审核原始凭证的完整性和准确性

审核原始凭证的完整性和准确性主要审核原始凭证的填制手续是否完备，项目是否填制齐全,有关经办人员是否签字或盖章,原始凭证的摘要、数字是否正确,书写是否清楚,数量、单价、金额、合计有无错误,大小写是否相符等。

原始凭证的审核直接关系到会计信息的准确性,因此,审核原始凭证时,会计人员应当坚持原则,按规章制度办事。在审核中,对于内容填写不全、手续不齐、数字不准、书写不清的原始凭证,要退还给有关的业务单位或个人,并令其补办有关手续或进行更正后再予受理;对于违反国家法规政策和财经制度、审批手续不全、伪造涂改、弄虚作假的原始凭证应拒绝受理,并向领导报告,严肃处理。

三、记账凭证

(一)记账凭证的内容

记账凭证按不同标准可以分为不同的类型,但各种记账凭证在格式、内容等方面具有一些共同的内容,主要包括以下几项。

(1) 记账凭证的名称。
(2) 填制凭证的日期和凭证的编号。
(3) 经济业务的内容摘要。
(4) 会计科目,包括一级科目、二级科目和明细科目的名称、方向和金额。
(5) 所附原始凭证的张数。
(6) 填制、审核、记账和会计负责人签章。

(二)记账凭证的分类

记账凭证按其用途不同,可以分为专用记账凭证和通用记账凭证。

(1) 专用记账凭证是专门用来记录某一经济业务的记账凭证,按其反映的经济业务是否与货币资金有关,可分为收款凭证、付款凭证和转账凭证。

收款凭证是指根据货币资金收入业务的原始凭证填制而成的,用以反映货币资金收入业务的记账凭证。收款凭证不仅是出纳人员收款的依据,也是登记现金日记账、银行存款日记账以及其他相关总账和明细账的依据,格式如表2-19所示。

表2-19 收款凭证

收款凭证

借方科目:　　　　　　　　　　　年　月　日　　　　　　　银收字第　号

摘 要	贷方科目		金 额	记账√
	一级科目	明细科目		
合计				

会计主管:　　　记账:　　　出纳:　　　审核:　　　填制:

付款凭证是指根据货币资金支出业务的原始凭证填制而成的,用以反映货币资金支出业务的记账凭证。付款凭证既是出纳人员据以付款的依据,也是登记现金日记账、银行存款日记账以及其他相关总账和明细账的依据,格式如表2-20所示。

表2-20 付款凭证

付款凭证

贷方科目:　　　　　　　　　　　　年　月　日　　　　　　　现付字第　号

摘要	借方		金额	记账√	附件 张
	一级科目	明细科目			
合计					

会计主管:　　　记账:　　　出纳:　　　审核:　　　填制:

转账凭证是指根据有关转账业务的原始凭证填制而成的,用以反映与货币资金收付无关的转账业务的记账凭证。转账凭证是登记明细分类账、总分类账的依据,格式如表2-21所示。

表2-21 转账凭证

转账凭证

年　月　日　　　　　　　　　　　　　　转字第　号

摘要	借方		贷方		金额	记账√	附件 张
	一级科目	明细科目	一级科目	明细科目			
合计							

会计主管:　　　记账:　　　出纳:　　　审核:　　　填制:

(2) 通用记账凭证是指不区分收款、付款和转账业务,用以反映所有经济业务的记账凭证。通用记账凭证的格式与转账凭证的格式相似,如表2-22所示。

(三)记账凭证的填制

填制记账凭证是记账工作的开始,记账凭证填制得正确与否,直接关系到记账是否真实和准确。这就要求会计人员把记账凭证应具备的基本内容按照一定的会计方法填写齐全,对会计信息予以正确归类,以便进行账簿登记。在填制记账凭证时,除了要严格遵照原始凭证的填制要求外,还要遵守以下基本要求。

(1) 摘要填写应简明扼要。摘要是指在填制会计凭证和登记账簿记录时,对发生的经济业务用简洁明了的语句加以归纳。摘要应该对经济业务进行简要的概括说明,应正确填写，不可不填或错填。

表 2-22 记账凭证

记　账　凭　证

年　月　日　　　　　　　　　　　　　　字第　号

摘要	会计科目		记账	借方金额										记账	贷方金额										
	总账科目	明细科目	√	亿	千	百	十	万	千	百	十	元	角	分	√	亿	千	百	十	万	千	百	十	元	角	分
合计																										

附单据　　张

会计主管：　　　记账：　　　出纳：　　　审核：　　　制单：

(2) 业务记录正确。一张记账凭证只能反映一项经济业务或若干项同类经济业务，不能把不同类型的经济业务合并填制。采用借贷记账法编制会计凭证时，一般是编制一借多贷或一贷多借分录的记账凭证，不应填制多借多贷会计分录的记账凭证。

(3) 会计科目运用准确。会计科目的运用必须符合会计制度的规定，包括会计科目的名称和会计科目所核算的内容，应用的一级、二级或明细科目必须填写全称，不得随意简化，会计分录中的账户对应关系必须正确，以便核算指标的综合汇总。

(4) 注明附件数量。每张记账凭证要注明所附原始凭证的张数，以便日后查对。如果根据一张原始凭证编制两张记账凭证，则应在未附原始凭证的记账凭证上注明"单据×张，附在第×号记账凭证上"，以便复核和查对。

(5) 记账凭证填写完成后，应加计合计数，并按适用的记账方法，核对账户双方的金额与总账和明细账的金额是否平衡。金额栏的数字应对准借贷栏次和科目行次填写，防止错栏、串行。角、分位不要留空白，可写"0"占位。各项填写完成后，金额栏剩余的空行处可在右上角至左下角画斜线或"S"线注销，以防造假。

(6) 记账凭证必须连续编号。采用通用记账凭证的，每月从 1 号编起，然后按经济业务发生的顺序连续编号；采用专用记账凭证的，应分类编号，如收字第 1 号、付字第 1 号、转字第 1 号等；一笔复合会计分录需要编制多张记账凭证的，可采用"分数编号法"，例如，一笔经济业务需要编制两张转账凭证，其编号可表示为 $7\frac{1}{2}$ 号、$7\frac{2}{2}$ 号。

(7) 内容填写齐全。每张记账凭证的各项内容必须填写齐全，填写完毕并与有关原始凭证核对无误后，还需在编制人员处签名或盖章，收款、付款凭证还需要有出纳人员签章。

(四)记账凭证的审核

记账凭证是登记账簿的依据,为了保证会计信息的质量,除了要严格按填制记账凭证的要求进行填制之外,还要有专人对记账凭证进行审核,只有经过审核无误的记账凭证,才能据以记账。审核的主要内容如下。

(1) 记账凭证的会计分录是否准确,核算内容是否符合会计制度的规定,对应关系是否明晰。

(2) 记账凭证是否附有审核无误的原始凭证,所附原始凭证的张数以及经济内容、金额合计等是否与记账凭证一致。

(3) 记账凭证的有关项目是否填列完整,有关人员是否签名或盖章。

在记账凭证的审核过程中,如果发现错误,应立即查找原因并重新填制正确凭证或予以更正,更正人员要在更正处签章,以示负责。只有经过审核无误的记账凭证才能据以收付款项,并作为登记账簿的依据。

四、会计凭证的传递和保管

(一)会计凭证的传递

会计凭证的传递是指会计凭证从填制时起到归档为止,在本单位内部各有关部门和人员之间的传递程序和传递时间。

正确组织会计凭证的传递,对于及时处理和登记经济业务,提高会计核算的及时性,如实反映各项经济业务,正确组织经济活动,提供会计信息,加强会计监督等都具有重要的作用。

(二)会计凭证的保管

会计凭证既是记录经济业务、明确经济责任的书面证明,又是记账的依据,所以会计凭证是会计核算的重要经济档案和历史资料。会计凭证的保管是指会计凭证登记后的整理、装订和归档保存。各单位对会计凭证必须妥善保管,以便随时抽查利用,同时也便于上级及其他有关单位进行凭证检查。

对会计凭证的保管,一方面要保证会计凭证完整无损,另一方面要便于日后查找,为此应当注意会计凭证归档保管的方法。会计凭证保管的基本要求包括以下几个方面。

(1) 会计部门在每月记账完毕之后,应定期对各种会计凭证加以整理并按照编号顺序排列,所附原始凭证粘贴整齐,然后加上封面、封底装订成册,并在封面上写明单位名称、年度、月份、记账凭证的种类、起讫日期、起讫号数以及记账凭证的张数,并在封皮加盖会计主管的印章。如果凭证数量很多可以分册装订,每册不能装订得太厚。

(2) 如果某些原始凭证数量过多或属于重要资料,可以将这些原始凭证另行装订成册或单独保管,但需要注明其所属记账凭证的日期、编号和册次,以备查阅。

(3) 装订成册的会计凭证,应指定专人负责保管,有关人员进行查阅时,必须履行相应的手续。

(4) 会计凭证的保管和销毁,必须严格执行会计制度的有关规定,不得随意处置,以防止会计凭证散失错乱、残缺不全或损坏。当年的会计档案，在会计年度终了后，暂由会计部门保管一年，期满后，应由会计部门移交给本单位档案室保管。对保管期限届满需要销毁的会计凭证，必须开列清单，经本单位领导审核、上级主管部门批准后，方可销毁。

第五节 会计账簿

一、会计账簿的意义

会计账簿(简称账簿)，是指以会计凭证为依据，用以序时、连续、系统、全面、分类地记录和反映各企业、单位等的经济业务事项的簿籍。设置和登记账簿是会计核算的专门方法之一，在经济管理中具有重要意义。

(1) 可以为企业经营管理提供系统、完整的会计信息。通过设置和登记账簿，可以把会计凭证所提供的大量核算资料归类到各种账簿中，提供总括指标和详细指标，并进行序时记录和反映，为经营管理提供比较系统、完整的会计信息。

(2) 可以保证本单位财产物资的安全完整。通过设置和登记账簿，可以连续反映各项财产物资的增减变动及其结存情况，还可通过财产清查、核对账目的方法，反映各项财产物资的具体情况，保证财产物资的安全完整。

(3) 可以为考核经营成果、实行会计监督提供依据。通过账簿的设置与登记，可以确定财务成果的形成，而且利用账簿提供的核算资料，还可以加强会计的日常监督，监督经济活动的合理、合法性，促进企业经营管理不断完善。

(4) 可以为定期编制会计报表提供数据资料。通过设置和登记账簿，可以正确反映各项会计信息的具体情况，为定期编制会计报表提供数据资料。账簿反映的数据真实与否，会直接影响会计报表的质量。

二、会计账簿的种类

由于各单位经济业务的具体内容和经营管理要求有所不同，因此需要设置的账簿种类也不相同。为了正确使用各种账簿，应根据不同的分类标准对账簿进行分类。

(一)账簿按用途分类

账簿按用途可以分为序时账簿、分类账簿和备查账簿。

1. 序时账簿

序时账簿也称日记账，是指按照经济业务发生或完成时间的先后顺序，逐日、逐笔登记经济业务的账簿。按登记内容的不同，序时账簿又可分为普通日记账和特种日记账两种。

普通日记账是将各单位全部经济业务不分类别，依照业务发生的时间顺序逐笔登记的日记账。

特种日记账是用来专门登记某一类经济业务发生情况的日记账。设置特种日记账主要是为了突出该日记账的重要性，加强对特种业务的反映和监督。常见的有专门登记现金收支业务的序时账(即现金日记账)和专门登记银行存款收支业务的序时账(即银行存款日记账)。

2. 分类账簿

分类账簿又称分类账，是将全部经济业务按照总分类账户和明细分类账户进行分类登记的账簿。分类账簿按其记录和反映的指标详细程度不同，可分为总分类账簿和明细分类账簿两种。

总分类账簿又称总分类账，简称总账，是根据总分类科目开设的，用以记录全部经济业务总括核算资料的分类账簿。

明细分类账簿又称明细分类账，简称明细账，是根据明细分类科目开设的，用以记录某一类经济业务明细核算资料的分类账簿。

3. 备查账簿

备查账簿也称备查登记簿，又称辅助账簿，是用来对某些在序时账簿和分类账簿等主要账簿中未能登记的事项或记载不全的经济业务进行补充登记的账簿。其主要作用在于为某些经济业务的内容提供必要的参考资料。常用的有受托加工材料登记簿、租入固定资产登记簿等。

(二)账簿按外表形式分类

账簿按外表形式可以分为订本式账簿、活页式账簿和卡片式账簿。

1. 订本式账簿

订本式账簿也称订本账，是把一定数量的印有专门格式的账页预先编好顺序编号，固定地装订在一起的账簿。采用订本式账簿，可以避免账页散失，并防止随便抽换账页。重要的账簿，如总分类账、现金日记账和银行存款日记账等均须采用订本式账簿方式。但是由于这种账簿账页固定，因此不便于按需要增减账页，容易出现账页余缺，而且不便于记账分工。

2. 活页式账簿

活页式账簿也称活页账，是由若干零散的具有专门格式的账页组成的账簿。这种账簿便于记账分工，也可以根据实际需要随时增减账页，但账页易于散失，且容易被抽换，因而使用这种账簿一定要注意登记后至装订前这一期间的保管，并及时装订成册。活页式账簿主要适用于各种明细账，如库存商品、其他应收款、制造费用明细账。

3. 卡片式账簿

卡片式账簿也称卡片账，是一种由具有一定格式的卡片组成的、存放在卡片箱中可以随时取出和放入的账簿。这种账簿的优缺点与活页式账簿基本相同，它主要适用于内容比较复杂、变化不大的财产物资的记录，如固定资产明细账等。

(三)账簿按账页的具体格式分类

账簿按账页的具体格式分类，可以分为三栏式账簿、多栏式账簿和数量金额式账簿。

1. 三栏式账簿

三栏式账簿是指账簿的账页由借方、贷方和余额三个金额栏组成的账簿。三栏式账簿是目前最常用的账簿之一,适用于那些只需要进行金额核算而不需要进行数量核算的经济业务,如"应收账款""应付账款"等账户的核算。

2. 多栏式账簿

多栏式账簿是指在账簿账页的借方、贷方两个金额栏内又分别设置若干个金额栏的账簿。如"管理费用""生产成本"等账户的核算均可采用多栏式账簿。

3. 数量金额式账簿

数量金额式账簿是指在账簿账页的借方、贷方和余额三大栏内,又分别设置数量、单价、金额三个小栏的账簿。数量金额式账簿适用于既要进行金额核算,又要进行实物数量核算的经济业务,如"库存商品""原材料"等账户的核算。

会计账簿的分类如图2-4所示。

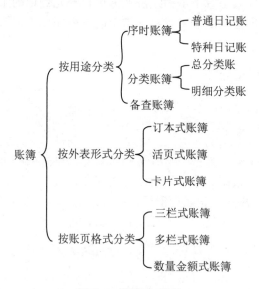

图2-4 账簿分类图

三、会计账簿的设置与登记

(一)日记账的设置与登记

如前所述,日记账是按照经济业务发生或完成时间的先后顺序,逐日、逐笔登记经济业务的账簿,也称序时账簿。日记账可分为普通日记账和特种日记账两种,普通日记账可反映全部经济业务发生情况,但因记账工作量大,在实际工作中较少采用,本书只介绍特种日记账的设置。特种日记账是专门用来登记某一类经济业务的日记账,各单位为了及时掌握货币资金的收付情况及结算情况,都设置有现金日记账和银行存款日记账,在此以这两种日记账为例介绍日记账的设置。

1. 现金日记账的设置与登记

现金日记账是用来逐日反映库存现金收入、支出和结存情况的特种日记账。现金日记账必须采用订本式账簿，账页的格式一般采用三栏式，即在同一张账页上分设"收入(借方)""支出(贷方)"和"结存(余额)"三栏。为了清晰地反映现金收付业务的详细内容，还设置了"年、月、日""凭证字号""摘要"和"对方科目"等栏目，用以反映经济业务发生的时间、记账凭证的性质和编号、经济业务的具体内容以及与现金收付相对应的账户名称，其格式如表2-23所示。

表2-23 现金日记账

现金日记账是由出纳人员根据审核无误的现金收款凭证、现金付款凭证，按照经济业务发生的先后顺序逐日、逐笔登记的账簿。现金日记账借方栏一般根据现金收款凭证登记，贷方栏一般根据现金付款凭证登记。对于从银行提取现金的业务，由于只填制银行存款付款凭证，因此，对于从银行提取现金的现金收入数额，应根据银行存款付款凭证登记在现金日记账的借方栏。每次收付现金后，随时结出账面余额，至少应在每日收付款项逐笔登记完毕后，计算每日现金收入和支出的合计数及账面余额，并将现金日记账的账面余额同库存现金实存额核对，如不符应查明原因，并予以恰当处理，做到日清月结。

2. 银行存款日记账的设置与登记

银行存款日记账是用来逐日反映银行存款的收入、支出及结存情况的特种日记账。银行存款日记账也必须采用订本式账簿，账页的格式一般也采用三栏式，其基本结构与现金日记账相似，唯一不同的是由于银行存款的收付业务都是根据特定的银行结算凭证进行登记的，因此在银行存款日记账中专门设置了"结算方式种类和号码"栏。其格式如表2-24所示。

表 2-24　银行存款日记账

年		凭证种类	凭证号码	摘要	借方 亿千百十万千百十元角分	√	贷方 亿千百十万千百十元角分	√	余额 亿千百十万千百十元角分
月	日								

银行存款日记账，是由出纳人员根据审核后的银行存款收款凭证、银行存款付款凭证，按经济业务发生时间的先后顺序，逐日、逐笔进行登记的账簿。银行存款日记账的借方栏一般根据银行存款收款凭证登记，贷方栏一般根据银行存款付款凭证登记。对于现金存入银行的业务，由于只填制现金付款凭证，因此对于现金存入银行的银行存款收入数额，应根据现金付款凭证登记在银行存款日记账的借方栏。每次银行存款收付完毕后，应随时结出银行存款的余额，至少将每日收付款项逐笔登记完毕后，计算出每日银行存款收入和支出的合计数及账面余额，以便定期同银行送来的对账单核对，并随时检查、监督各种款项的收付，避免因超过实有数额付款而出现透支现象。

(二)总分类账的设置与登记

总分类账是根据总分类科目开设的，用以记录全部经济业务总括核算资料的分类账簿，它能够提供全面、总括的会计核算资料，是编制会计报表的重要依据。任何单位都必须设置总分类账簿。总分类账一般采用"借方""贷方""余额"三栏式的订本账，其格式如表 2-25 所示。

订本式账簿页次固定，不能随时增减账页，因而在启用时应根据各科目发生业务的多少适当估计预留页数。根据实际需要，在总分类账中的借贷两栏内，可增设对方科目栏或采用多栏式总分类账的格式。多栏式总分类账是把所有的总账科目合并设在一张账页上。

总分类账的登记方法，可以直接根据各种记账凭证逐笔登记，也可以把各种记账凭证先汇总编制成汇总记账凭证或科目汇总表，再据以登记入账，这主要取决于采用的会计核算组织程序。

表 2-25 三栏式总分类账

总分类账

本账页面
本户页面

科目名称　应收账款

2016年		记账凭证号数	摘要	借方										贷方										借或贷	余额										
月	日			亿	仟	百	十	万	千	百	十	元	角	分	亿	仟	百	十	万	千	百	十	元	角	分		亿	仟	百	十	万	千	百	十	元	角	分
12	1		期初余额																							借					3	0	0	0	0	0	0
12	31		12月份科目汇总表					2	5	0	0	0	0	0						3	0	0	0	0	0	借					2	5	0	0	0	0	0
			本月合计					2	5	0	0	0	0	0						3	0	0	0	0	0	借					2	5	0	0	0	0	0

(三)明细分类账的设置与登记

总分类账只能提供总括的会计核算资料，不能满足经营管理所需的详细的、分类的信息，因此各个单位在设置总分类账的基础上，还应根据管理的需要，按照总账科目设置若干必要的明细分类账，作为总分类账的必要补充。明细分类账是根据明细分类科目开设的，用以记录某一经济业务明细核算资料的分类账，它的账页格式主要有以下三种。

1. 三栏式明细分类账

三栏式明细分类账的格式与三栏式总分类账相同，即账页只设有"借方""贷方"和"余额"三个金额栏，不设数量栏。这种明细分类账主要适用于那些只需要进行金额核算而不需要进行数量核算的债权、债务等结算账户，如"应收账款""应付账款""其他应收款"等账户的明细账，其格式如表 2-26 所示。

表 2-26 应收账款明细账

应收账款 明细账

本账页面
本户页面

科目名称　明镜公司

2016年		记账凭证号数	摘要	借方										贷方										借或贷	余额										
月	日			亿	仟	百	十	万	千	百	十	元	角	分	亿	仟	百	十	万	千	百	十	元	角	分		亿	仟	百	十	万	千	百	十	元	角	分
12	1		期初余额																							借					2	0	0	0	0	0	0
12	12	1207	收上月欠款																1	0	0	0	0	0	0	借					1	0	0	0	0	0	0
12	13	1208	销售书桌					2	3	4	0	0	0	0												借					3	3	4	0	0	0	0
12	31		本月合计					2	3	4	0	0	0	0					1	0	0	0	0	0	0	借					3	3	4	0	0	0	0

2. 数量金额式明细分类账

数量金额式明细分类账又称三栏式数量金额明细账，它是在三栏式金额的基础上增加数量、单价和金额形成的。数量金额式明细分类账的账页设有"收入""发出"和"结存"(相当于"借方""贷方""余额")三大栏，每一大栏内又有三小栏，即"数量""单价"和"金额"，用以反映财产物资的明细核算。这种明细分类账主要适用于既要进行金额核算，又要进行数量核算的各种财产物资类科目，如"原材料""库存商品"等科目的明细核算，其格式如表 2-27 所示。

表 2-27 原材料明细账

2016年		凭证		摘要	收入(借方)		金额	发出(贷方)		金额	结存		金额
月	日	种类	号数		数量	单价	千百十万千百十元角分	数量	单价	千百十万千百十元角分	数量	单价	千百十万千百十元角分
12	1			期初余额							15000	4.00	6 0 0 0 0 0 0
12	10	记	1201	购进白砂糖	5000	4	2 0 0 0 0 0 0				20000	4.00	8 0 0 0 0 0 0
12	21	记	1202	领用白砂糖				4000	4	1 6 0 0 0 0 0	16000	4.00	6 4 0 0 0 0 0
12	31			本月合计	5000	4	2 0 0 0 0 0 0	4000	4	1 6 0 0 0 0 0	16000	4.00	6 4 0 0 0 0 0

3. 多栏式明细分类账

多栏式明细分类账是根据经济业务和经营管理的需要，在一张账页内按有关明细项目分设若干专栏，集中反映有关明细项目的详细资料。这种多栏式明细账适用于成本、费用和收入、利润等科目的明细分类核算，如"生产成本""管理费用""材料采购"等科目的明细分类账，"管理费用"明细分类账的格式如表 2-28 和表 2-29 所示。

表 2-28 管理费用明细账

单位：元

2021年		凭证号	摘要	工资	福利费	办公费	修理费	(略)	合计
月	日								
1	1		期初无余额						
	31	略	分配本月工资	40 000					
	31		提取福利费		5 600				
	31		支付办公费			3 000			
			...						

(四)总分类账与明细分类账的平行登记

总分类账是用以提供总括指标的账簿，明细分类账是用以提供明细指标的账簿。各单位在进行总分类核算的同时，应根据管理的需要，进行必要的明细分类核算。在会计核算中，为了便于对账户记录进行核对，保证对各种经济业务处理的正确性和完整性，必须对同一经济业务在总分类账与其所属的明细分类账中进行平行登记。

1. 平行登记的概念

所谓平行登记，就是指以会计凭证为依据，在总分类账户和明细分类账户中独立地、互不依赖地进行登记，以保证总分类账户的记录与明细分类账户的记录形成统御和被统御关系的登记方法。

表 2-29 管理费用明细账

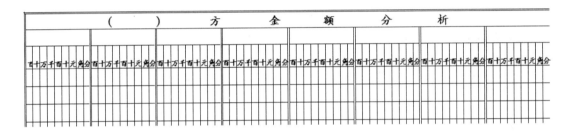

2. 平行登记的要点

(1) 内容相同。凡在总分类账户下设有明细分类账户的,对于每一项经济业务,一方面要记入有关总分类账户,另一方面要记入各总分类账户中所属的明细分类账户。

(2) 期间相同。对于每一项经济业务,都要在同一会计期间(如一个月内)登记总分类账和明细分类账。

(3) 方向相同。将每项经济业务同时在总分类账及其所属的有关明细分类账中登记时,必须记入相同的方向(借方或贷方)。

(4) 金额相等。对每项经济业务,记入有关总分类账户中的金额,必须与记入其所属明细分类账户中的金额之和相等。

平行登记的结果,可使总分类账有关账户本期发生额与其所属的各个明细分类账户本期发生额的合计金额相等,同时,总分类账有关账户期末余额与其所属的各个明细分类账户期末余额之和相等。在会计核算工作中,二者之间能起到相互验证的作用,以保证核算资料的正确性和完整性。

3. 总分类账与明细分类账平行登记方法举例

以"原材料"总分类账户为例,具体说明总分类账户和明细分类账户平行登记的方法。

1) 资料

假定某企业 2021 年 1 月 1 日"原材料"总账账户余额为 150 000 元,明细资料如下。

"原材料"账户：

  甲材料 1 000 千克 30 元/千克 共计 30 000 元

  乙材料 5 000 千克 4 元/千克 共计 20 000 元

  丙材料 200 吨   500 元/吨 共计 100 000 元

2021 年 1 月发生下列经济业务。

(1) 1 月 3 日，从某工厂购入丙材料 12 吨，每吨 500 元，材料验收入库，货款用银行存款支付。

(2) 1 月 15 日，用银行存款支付材料款 67 000 元，材料已验收入库。

  其中：甲材料 500 千克 30 元/千克 共计 15 000 元

     乙材料 3 000 千克 4 元/千克 共计 12 000 元

     丙材料 80 吨   500 元/吨 共计 40 000 元

(3) 1 月 19 日，购入乙材料 1 750 千克，每千克 4 元，丙材料 10 吨，每吨 500 元，材料已验收入库，货款尚未支付。

(4) 1 月 25 日，仓库发出价款为 103 000 元的生产用原材料。

  其中：甲材料 900 千克 30 元/千克 共计 27 000 元

     乙材料 4 000 千克 4 元/千克 共计 16 000 元

     丙材料 120 吨   500 元/吨 共计 60 000 元

2) 根据上述资料编制会计分录(假设不考虑增值税)

(1) 借：原材料——丙材料 6 000

   贷：银行存款   6 000

(2) 借：原材料——甲材料 15 000

     ——乙材料 12 000

     ——丙材料 40 000

   贷：银行存款   67 000

(3) 借：原材料——乙材料 7 000

     ——丙材料 5 000

   贷：应付账款   12 000

(4) 借：生产成本 103 000

   贷：原材料——甲材料 27 000

      ——乙材料 16 000

      ——丙材料 60 000

3) 登记"原材料"总分类账户及其所属明细分类账并结算出本期发生额和期末余额(内容见表 2-30～表 2-34)。

从表中可以看出，每发生一笔经济业务，既要登记总分类账户，又要同时登记其所属明细分类账户，所以总分类账户借方或贷方的发生额等于其所属各明细分类账户借方或贷方发生额的合计数；总分类账户的借方或贷方余额，与其所属的各明细分类账户借方或贷方余额之和也相等。根据总分类账户和明细分类账户的这种关系，一般可通过编制明细分类账户本期发生额及余额表对明细分类账户的记录进行检查。

表 2-30 原材料总分类账

账户名称：原材料　　　　　　　　　　　　　　　　　　　　　　　　　　　　第　　页

2021年		凭证号数	摘　要	借方金额	贷方金额	借或贷	余　额
月	日						
1	1		期初余额			借	150 000
	3		购入原材料	6 000		借	156 000
	15	略	购入原材料	67 000		借	223 000
	19		购入原材料	12 000		借	235 000
	25		生产用料		103 000	借	132 000
	31		本月发生额及余额	85 000	103 000	借	132 000

表 2-31 原材料明细分类账

材料名称：甲材料　　　　　　　　　　　　　　　　　　　　　　　　　　　计量单位：千克

2021年		凭证号数	摘　要	收入(借方)			发出(贷方)			结　余		
月	日			数量	单价	金额	数量	单价	金额	数量	单价	金额
1	1		期初余额							1 000	30	30 000
	15	略	购入甲材料	500	30	15 000				1 500	30	45 000
	25		生产用料				900	30	27 000	600	30	18 000
	31		本月发生额及余额	500	—	15 000	900	—	27 000	600	—	18 000

表 2-32 原材料明细分类账

材料名称：乙材料　　　　　　　　　　　　　　　　　　　　　　　　　　　计量单位：千克

2021年		凭证号数	摘　要	收入(借方)			发出(贷方)			结　余		
月	日			数量	单价	金额	数量	单价	金额	数量	单价	金额
1	1		期初余额							5 000	4	20 000
	15		购入乙材料	3 000	4	12 000				8 000	4	32 000
	19	略	购入乙材料	1 750	4	7 000				9 750	4	39 000
	25		生产用料				4 000	4	16 000	5 750	4	23 000
	31		本月发生额及余额	4 750	—	19 000	4 000	—	16 000	5 750	4	23 000

4) 编制明细分类账户本期发生额及余额表

编制明细分类账户本期发生额及余额表所采取的格式，要根据各明细分类账户所反映的具体内容而定，比较普遍采用的有两种格式：一种适用于材料物资类的明细分类账户，它既有货币指标，又有实物指标，如原材料明细分类账户发生额及余额表，其格式如表 2-34 所示；另一种适用于结算业务类明细分类账户，它只有货币指标没有实物指标，如应付账款明细分类账户发生额及余额表。

明细分类账户本期发生额及余额表的作用主要在于检查明细分类账户记录是否完整、正确。编完表后,把明细分类账户本期发生额及余额表中的期初余额合计,本期借方、贷方发生额合计和期末余额合计与有关总分类账户的相应数额相核对。如核对后两者数额一致,则表明总账和明细账间的平行登记没有差错;如核对后两者数额不一致,则表明记账发生了错误,应及时查明原因并更正。

表2-33 原材料明细分类账

材料名称:丙材料　　　　　　　　　　　　　　　　　　　　　　　　计量单位:吨

2021年		凭证号数	摘要	收入(借方)			发出(贷方)			结余		
月	日			数量	单价	金额	数量	单价	金额	数量	单价	金额
1	1		期初余额							200	500	100 000
	3		购入丙材料	12	500	6 000				212	500	106 000
	15	略	购入丙材料	80	500	40 000				292	500	146 000
	19		购入丙材料	10	500	5 000				302	500	151 000
	25		生产用料				120	500	60 000	182	500	91 000
	31		本月发生额及余额	102	—	51 000	120	—	60 000	182	—	91 000

表2-34 原材料明细分类账户发生额及余额表

2021年1月　　　　　　　　　　　　　　　　　　　　　　　　　　　　　　单位:元

材料名称	计量单位	单价	期初余额		本期发生额				期末余额	
					收入(借方)		发出(贷方)			
			数量	金额	数量	金额	数量	金额	数量	金额
甲材料	千克	30	1 000	30 000	500	15 000	900	27 000	600	18 000
乙材料	千克	4	5 000	20 000	4 750	19 000	4 000	16 000	5 750	23 000
丙材料	吨	500	200	100 000	102	51 000	120	60 000	182	91 000
合计	—	—		150 000	—	85 000	—	103 000	—	132 000

四、错账更正

在实际工作中,记账时不可避免地会发生一些错误,这时就应采用恰当的方法对错误的账簿记录进行更正。常见的错账更正方法有划线更正法、补充登记法和红字更正法三种。

(一)划线更正法

划线更正法适用于账簿记录有错误,而记账凭证正确,即仅属于记账时文字和数字笔误的情况。更正方法是将账页中错误的文字或数字划一条红色横线注销,但必须使原有字迹可辨认,以备查考;然后在错误处的正上方同行空白处,用蓝字或黑字重新填写正确的内容,并由更正人员在更正处签章,以明确责任。需要注意的是:对于文字错误可以只对错误部分进行更正；对于数字错误应将错误的金额全部划线，不得只更正错误数额中的个别数字。

(二)补充登记法

记账后发现记账凭证中应借、应贷会计科目和记账方向都正确，只是金额小于应记的正确金额时，采用此方法进行更正。更正方法是：将少记的金额用蓝字或黑字填写一张与原错误记账凭证所记载的借贷方向、应借和应贷会计科目相同的记账凭证，以补记少记的金额，并据以登记入账。

【例 2-8】 王丽报销差旅费时，会计人员在填制记账凭证时误将 1 700 元写成 170 元，但会计科目、借贷方向均无错误，并已登记账簿。其错误的会计分录如下。

  借：管理费用   170
    贷：其他应收款——王丽   170

更正时只需将少记的 1 530 元填制相同的记账凭证，并登记入账即可。

  借：管理费用   1 530
    贷：其他应收款——王丽   1 530

(三)红字更正法

红字更正法又称红字冲销法，在会计上，以红字记录表明对原记录的冲减，这种更正方法一般适用于更正以下两种错账。

(1) 记账后发现记账凭证中应借、应贷会计科目或记账方向有错误。更正方法是：先用红字填制一张与原错误凭证内容完全相同的记账凭证，并据以用红字登记入账，冲销原有的错误；然后再用蓝字或黑字填制一张正确的记账凭证，并据以入账。

【例 2-9】 企业以转账支票支付广告费 12 000 元，在填制记账凭证时误记入"管理费用"账户，并已登记入账。错误的会计分录如下。

  借：管理费用   12 000
    贷：银行存款   12 000

该项分录应借记"销售费用"科目，更正时，首先用红字填制一张与原记账凭证相同的记账凭证，据以用红字入账，冲销原有错误记录。会计分录如下。

  借：管理费用   <u>12 000</u>
    贷：银行存款   <u>12 000</u>

再用蓝字或黑字填制一张正确的记账凭证，重新据以登记入账。会计分录如下。

  借：销售费用   12 000
    贷：银行存款   12 000

(2) 记账后发现记账凭证中应借、应贷科目虽无错误，但记账凭证中错记金额大于应记金额。更正方法是：将多记的金额用红字填制一张与原错误记账凭证记载的借贷方向及应借、应贷会计科目相同的记账凭证，并据以入账，以冲销多记金额。

【例 2-10】 企业管理部门职员张红出差结束报销差旅费，会计人员在填制记账凭证时，误将 400 元记录为 4 000 元，但会计科目、借贷方向均无错误，并据以登记入账。错误的会计分录如下。

借：管理费用　　　　　　　　　　　　　　　　　　　　4 000
　　　　贷：其他应收款——张红　　　　　　　　　　　　　　　　4 000

上述凭证比实际金额多记了 3 600 元，更正时只需用红字填制记账凭证，并用红字登记入账即可。会计分录如下。

　　借：管理费用　　　　　　　　　　　　　　　　　　　　3 600
　　　　贷：其他应收款——张红　　　　　　　　　　　　　　　　3 600

第六节　对账与结账

一、对账

企业在每一会计期间终了时，为了保证账簿记录的正确和完整，提供真实可靠的会计核算资料，在结账前，必须进行对账。对账就是将账簿记录与有关的会计凭证记录、相关的账簿记录、有关的实物、债权、债务进行核对，主要包括以下三个方面。

1. 账证核对

账证核对是将账簿记录与登记账簿的依据即记账凭证、原始凭证相核对，主要检查各种账簿登记的内容与会计凭证所记录的经济业务内容是否相符。

2. 账账核对

账账核对是指各账簿之间的有关记录要相互核对，主要包括以下几个方面的内容。

（1）总分类账簿之间的核对。全部总分类账簿的期末借方余额合计数应同期末贷方余额合计数相等。

（2）总分类账簿与所属明细分类账簿核对。总分类账簿各账户的期末余额应与其所属各明细分类账簿的期末余额之和相等。

（3）总分类账簿与序时账簿核对。全部序时账簿的借、贷方发生额合计数与相应总账的借、贷方发生额合计数相等。

（4）会计部门账簿与财产物资保管、使用部门账册记录相核对。会计部门财产物资明细账余额应同财产物资保管、使用部门的明细账结存额相等。

3. 账实核对

账实核对是指各项财产物资、债权、债务等账面余额与实有数额之间的核对。账实核对的内容主要有以下几个方面。

（1）现金日记账账面余额与库存现金实有数额是否相符。

（2）银行存款日记账账面余额与银行对账单的余额是否相符。

（3）各项财产物资明细账账面余额与财产物资的实有数额是否相符。

（4）有关债权、债务明细账账面余额与对方单位的账面记录是否相符。

二、结账

各单位在每一会计期间终了时，都要对该期间的账簿记录进行全面归纳和整理，这项工作就是期末的结账。

(一)结账的含义

结账就是在把一定时期内所发生的经济业务全部登记入账的基础上,结算出每个账户的本期发生额和期末余额。为了总括地反映一定时期内(月份、季度、年度)账簿记录的情况,必须定期进行结账。

(二)结账的步骤

结账的具体步骤如下。

(1) 查明本期发生的经济业务是否全部登记入账,并保证其正确性。

(2) 根据权责发生制的要求,调整有关账项,合理确定本期应计的收入和应计的费用。具体包括两类情况。

① 应计收入和应计费用的调整。对于应由本期负担而未实际付出的费用,以及应属于本期应收而未实际收到货币资金的收入应加以预计。

② 收入分摊和成本分摊的调整。对于前期付出而应由本期负担的费用,以及前期收到的货币资金应属于本期的收入应进行分摊或结转。

(3) 损益类账户的结转。期末将"主营业务收入""其他业务收入""营业外收入"等账户的金额转入"本年利润"账户的贷方;将"主营业务成本""其他业务成本""税金及附加""营业外支出""管理费用""财务费用""销售费用""所得税费用"等账户的余额转入"本年利润"账户的借方。年度终了,将全年的利润总额自"本年利润"账户转入"利润分配"账户。

(4) 结算出资产、负债和所有者权益科目的本期发生额和余额,并结转下期。

(三)结账的方法

结账一般分为月结、季结和年结三种,具体方法如下。

(1) 月结。月末,计算出本月发生额和月末余额,记在本月最后一笔经济业务记录的下一行,在"摘要"栏中注明"本月发生额及余额"字样,并在月结上下行线上各划一道单红线,表示账簿记录已经结束。

(2) 季结。季度终了,结算出本季度三个月的发生额合计数和季末余额,记在本季最后一个月月结的下一行,在"摘要"栏中注明"本季发生额及余额"字样,并在季结记录下画一道单红线。

(3) 年结。年底,对账簿进行年度结账,结算出本年四个季度的发生额合计数,记在第四季度季结记录的下一行,在"摘要"栏中注明"本年发生额及余额"字样,并在其下端划双红线,表示本年度账簿记录已经结束。年度结账后,各账户的年末余额,应转入下年度的新账簿,并注明"结转下年"。

总之,设置账簿是为了取得准确的会计信息,为保证记账的正确无误要认真地进行对账;为了总结、掌握一段时期成本、费用和经营成果等一系列重要的经济指标,还要定期进行结账。只有将记账、对账和结账三者有机结合起来,才能完成会计资料整理、汇总工作,保证会计资料真实、可靠。

现金日记账的结账如表2-35所示。

表 2-35 现金日记账的结账

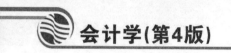

第七节 会计账务处理程序

一、会计账务处理程序的概念及意义

(一)会计账务处理程序的概念

会计账务处理程序也称会计核算形式，是指在会计核算过程中将会计凭证和账簿组织与记账程序和方法有机结合的会计核算方式。会计凭证和账簿组织，是指会计核算时所应用的会计凭证和会计账簿的种类、格式，以及各种凭证之间、凭证与账簿之间、各种账簿之间的关系。记账程序和方法，是指会计凭证的填制、审核和传递，会计账簿的登记直至编制财务报告的程序和方法。具体来讲，会计账务处理程序，是指会计人员从取得、填制和审核原始凭证开始，到填制记账凭证，登记账簿，最后编制财务报告，提供会计信息的一系列工作程序和方法。

(二)会计账务处理程序的意义

科学、合理地组织会计账务处理程序，对于提高会计工作效率和质量，充分发挥会计在经济管理中的作用具有重要意义。

1. 有利于会计工作的规范化

通过制定科学、合理的凭证、账簿与报表之间的工作步骤，可以保证会计信息加工过程的有序、规范进行，避免受到人为主观影响，有利于提高会计信息质量。

2. 有利于保证会计记录的完整性、正确性

在已确定的会计账务处理程序下，确保每一项经济业务都按规定的会计账务处理程序入账，通过凭证、账簿、报表三者之间的相互牵制，保证会计记录的完整性和正确性。

3. 有利于提高会计工作效率，保证会计信息的及时性

会计账务处理程序为会计核算工作提供了工作流程，可以减少不必要的环节和手续，有助于提高会计工作效率，保证会计信息披露的及时性。

二、账务处理程序的种类

在会计实务中,由于会计凭证、会计账簿、财务报告之间的组合方式不同,形成了不同的账务处理程序,不同的账务处理程序又有不同的方法、特点和适用范围。根据登记总账的依据不同,一般有四种会计账务处理程序:记账凭证账务处理程序、科目汇总表账务处理程序、汇总记账凭证账务处理程序、日记总账账务处理程序。

(一)记账凭证账务处理程序的特点及流程

1. 记账凭证账务处理程序的特点

记账凭证账务处理程序是指对于已经发生的经济业务,根据原始凭证或汇总原始凭证编制记账凭证,然后直接根据记账凭证登记总账的一种账务处理程序。其特点是,根据记账凭证逐笔登记总账。它是最基本的账务处理程序,其他各种账务处理程序都是在此基础上发展而来的。

2. 记账凭证账务处理程序的流程

在记账凭证账务处理程序下,记账凭证可以是通用格式的记账凭证,也可以是专用记账凭证,作为登记总分类账的依据;需要设置现金日记账、银行存款日记账、明细分类账和总分类账,其中现金日记账、银行存款日记账和总分类账一般采用三栏式,明细分类账可根据管理的需要采用三栏式、多栏式和数量金额式账簿。

记账凭证账务处理程序的工作流程如下。
① 根据原始凭证编制原始凭证汇总表。
② 根据各种原始凭证或原始凭证汇总表填制收款凭证、付款凭证和转账凭证。
③ 根据收款凭证和付款凭证逐笔登记现金日记账和银行存款日记账。
④ 根据原始凭证、原始凭证汇总表和各种记账凭证登记各种明细分类账。
⑤ 根据各种记账凭证直接逐笔登记总分类账。
⑥ 期末,现金日记账、银行存款日记账和明细分类账的余额分别与总分类账进行核对。
⑦ 期末,根据总分类账和明细分类账的记录,编制财务会计报告。

记账凭证账务处理程序如图 2-5 所示,双箭头表示核对关系。

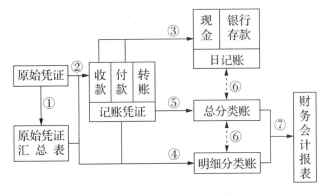

图 2-5 记账凭证账务处理程序

3. 记账凭证账务处理程序的优缺点及适用范围

记账凭证账务处理程序的优点是：账务处理程序简单明了，易于理解；总分类账直接根据各种记账凭证逐笔登记，因而总分类账登记详细，便于查账、对账。其缺点是：由于直接根据记账凭证逐笔登记总分类账，总分类账的登记工作量较大；明细账已经按照记账凭证逐笔登记，提供了反映会计要素增减变动的详细信息，总账也直接根据记账凭证逐笔登记，并没有增加更多信息量，反而造成人力、物力、财力的浪费。因此，记账凭证账务处理程序一般只适用于规模小、业务量少的单位。

(二)科目汇总表账务处理程序

1. 科目汇总表账务处理程序的特点及流程

1) 科目汇总表账务处理程序的特点

科目汇总表账务处理程序的主要特点是，根据记账凭证定期编制科目汇总表，再根据科目汇总表定期登记总分类账。

2) 科目汇总表账务处理程序的流程

科目汇总表根据一定时期内(如 5 天、10 天、15 天)的记账凭证汇总编制，将该期全部记账凭证按总分类账科目进行汇总，以便计算出每个总分类账科目的本期借方发生额合计和贷方发生额合计，按总分类账科目进行汇总后，加总借、贷方发生额，进行发生额的试算平衡。

科目汇总表账务处理程序的工作流程如下。

① 根据原始凭证编制原始凭证汇总表。
② 根据各种原始凭证或原始凭证汇总表编制收款凭证、付款凭证、转账凭证。
③ 根据收款凭证、付款凭证登记库存现金日记账、银行存款日记账。
④ 根据原始凭证、原始凭证汇总表和各种记账凭证登记各种明细分类账。
⑤ 根据各种记账凭证编制科目汇总表。
⑥ 根据科目汇总表登记总分类账。
⑦ 期末，现金日记账、银行存款日记账和明细分类账的余额分别与总分类账进行核对。
⑧ 期末，根据总分类账和明细分类账的记录，编制财务会计报告。

科目汇总表账务处理程序如图 2-6 所示，双箭头表示核对关系。

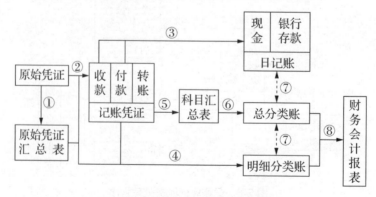

图 2-6 科目汇总表账务处理程序

2. 科目汇总表账务处理程序的优缺点及适用范围

科目汇总表账务处理程序的优点是：将记账凭证通过科目汇总表汇总后登记总分类账，大大减轻了登记总账的工作量；通过编制科目汇总表，可以对发生额进行试算平衡，从而及时发现错误，保证记账工作的质量。其缺点是：科目汇总表的编制不能体现各账户之间的对应关系；不便于了解经济业务的来龙去脉，也不便于对经济活动进行分析、检查。这种账务处理程序，适用范围较广，特别适用于规模大、业务量多的大中型企业。

【思政与德育】

客观公正，坚持准则——资产减值准备计提与转回的背后

2019年9月3日，A股某上市公司公布2018年度年报，某公司在经历连续两年的巨额亏损后，终于在2018年度安全着陆，除全年净利润再次过亿以外，更重要的是成功逃过连续三年亏损而被暂停上市的厄运。生死存亡的关键一年，该公司业绩逆势上扬，在2018年一举取得1亿元的净利润，并成功摘掉了"暂停上市风险警示"的帽子。

从连续3年的财务数据来看，管理层选择了将巨额资产减值损失释放在了2016年和2017年度，实际效果上，该公司2018年未确认一分钱的长期资产减值损失，反而坏账准备转回了近4 000万元，该公司2018年的合计高达3 879万元资产减值转回，直接贡献了当期营业利润。

该公司资产减值损失附注中，出现了令人诧异的一幕，在建工程减值损失被硬生生地转回了110 000元，深交所也在第一时间"对在建工程减值损失为负是否符合企业会计准则的规定"进行了专门问询。管理层解释"该负数是调整原暂估入账价值所致，并非在建工程减值准备的转回"。

从本案例中可以看出，资产减值损失的计提和转回会对企业损益产生巨大的影响，从而成为管理层进行盈余管理的一项重要手段。该案例中所提到的坏账准备和在建工程减值准备，在计提之后是否都允许转回呢？是否遵循谨慎性信息质量要求呢？

按现行企业会计准则的规定，企业对流动资产计提减值准备，在以后会计期间减值现象消失后可以转回，但对长期资产提取的减值准备，减值损失一经确认在以后会计期间不得转回。企业在确认资产减值损失时，按照经济性标准对资产发生减值进行确认和计量，需要综合考虑企业内外是否存在可能发生减值的迹象，并对资产减值迹象加以判断，确认资产减值损失，准则还强调不得设置秘密准备。

资料来源：疯狂计提减值损失的背后——解读上市公司教科书式盈余管理. 财融圈，2019(改编)

思 政 感 悟

思政感悟见右侧二维码。

> 小知识(见右侧二维码)
> 这些做账的细节，你注意到了吗？
> 细节1～细节7

自 测 题

一、单项选择题

1. ( )应以会计科目作为它的名称。
   A. 会计要素　　　　　　　　B. 会计报表的项目
   C. 账簿　　　　　　　　　　D. 账户

2. 一般情况下，在每个会计期末，所运用的会计恒等式为( )。
   A. 资产=负债+所有者权益
   B. 资产=负债−净资产
   C. 资产=负债+所有者权益+(收入−费用)
   D. 资产=负债+所有者权益+利润

3. 下列会计科目中属于损益类的是( )。
   A. 主营业务收入　　　　　　B. 生产成本
   C. 应收账款　　　　　　　　D. 应付利润

4. 当前世界各国普遍采用的复式记账法是( )。
   A. 增减记账法　　　　　　　B. 借贷记账法
   C. 收付记账法　　　　　　　D. 来去记账法

5. 由于每笔会计分录的借、贷方均以相等金额入账，因此全部会计分录过账后( )。
   A. 资产账户的借方发生额合计数必然等于资产账户的贷方发生额合计数
   B. 权益账户的借方发生额合计数必然等于权益账户的贷方发生额合计数
   C. 收入账户的贷方发生额合计数必然等于费用成本账户的借方发生额合计数
   D. 全部账户的本期借方发生额合计数必然等于全部账户的本期贷方发生额合计数

6. 借贷记账法下，企业对于发生的每一项经济业务，都以相等金额，在相互关联的两个或两个以上账户中进行记录的记账方法是( )。
   A. 复式记账法　　　　　　　B. 单式记账法
   C. 借贷记账法　　　　　　　D. 增减记账法

7. 资金占用类账户(如资产、成本、费用等账户)的期末余额计算公式是( )。
   A. 期末余额=借方本期发生额−贷方本期发生额−期初余额
   B. 期末余额=贷方本期发生额−借方本期发生额−期初余额
   C. 期末余额=期初余额+本期贷方发生额−本期借方发生额
   D. 期末余额=期初余额+本期借方发生额−本期贷方发生额

8. 资金来源类账户(如负债、所有者权益、收入等账户)的期末余额计算公式是( )。
   A. 期末余额=期初余额+本期借方发生额−本期贷方发生额
   B. 期末余额=期初余额+本期贷方发生额−本期借方发生额
   C. 期末余额=本期借方发生额+本期贷方发生额−期初余额
   D. 期末余额=本期贷方发生额−期初余额−本期借方发生额

9. 下列能引起资产和负债同时增加的业务是( )。
   A. 用银行存款购买原材料   B. 用银行存款偿还前欠货款
   C. 向银行借款存入银行   D. 收回应收账款存入银行

10. 某企业资产总额为 600 万元，如果发生以下经济业务：①收到外单位投资 40 万元存入银行；②以银行存款购买原材料 12 万元；③以银行存款偿还银行借款 10 万元。则企业资产总额应为( )。
    A. 636 万元   B. 618 万元   C. 648 万元   D. 630 万元

11. 借贷记账法的记账规则为( )。
    A. 有借可有贷，借贷可相等   B. 有借可有贷，借贷可不等
    C. 有借也有贷，借贷可不等   D. 有借必有贷，借贷必相等

12. 某企业本期期初资产总额为 100 000 元，本期期末负债总额比期初减少了 10 000 元，所有者权益比期初增加了 30 000 元，则该企业期末资产总额是( )。
    A. 90 000 元   B. 130 000 元
    C. 100 000 元   D. 120 000 元

13. 下面各项目中，属于明细分类科目的是( )。
    A. 制造费用   B. 甲原材料
    C. 库存商品   D. 主营业务收入

14. 原始凭证按其取得的来源不同，可以分为( )。
    A. 自制原始凭证和外来原始凭证   B. 单式记账凭证和复式记账凭证
    C. 收款凭证和付款凭证   D. 一次凭证和累计凭证

15. 下列属于自制原始凭证的是( )。
    A. 限额领料单   B. 发货票
    C. 经济合同   D. 银行收账通知单

16. 销售产品一批，货款金额共计陆万零肆元贰角，在填写发货票时小写金额应书写为( )。
    A. ¥60 004.20 元   B. ¥6 004.20 元
    C. ¥60 004.20   D. ¥60 004.2 元

17. 库存商品明细分类账的格式一般采用( )。
    A. 三栏式   B. 数量金额式
    C. 多栏式   D. 横线登记式

18. 会计人员在结账前发现账簿登记有错误，误将 600 元记成 6 000 元，而记账凭证没有错误，应采用( )。
    A. 补充登记法   B. 划线更正法

  C. 红字更正法   D. 蓝字更正法

19. 会计凭证的传递，是指( )整个过程中，在本单位内部各有关部门和人员之间的传递程序和传递时间。
  A. 会计凭证从取得到编制或记账凭证时止
  B. 从取得原始凭证到登记账簿时止
  C. 从填制记账凭证到编制会计报表时止
  D. 会计凭证从编制时到归档时止

20. 现金日记账属于( )。
  A. 序时账簿   B. 分类账簿
  C. 联合账簿   D. 备查账簿

21. 记账以后，如果发现记账凭证上应借、应贷的会计科目并无错误，但所填金额小于应填金额，可采用( )更正。
  A. 划线更正法   B. 红字更正法
  C. 补充登记法   D. 平行登记法

22. 不同账务处理程序的主要区别在于( )。
  A. 登记总分类账的依据不同   B. 登记明细分类账的方法不同
  C. 编制会计报表的依据不同   D. 编制记账凭证的依据不同

二、多项选择题

1. 会计科目与账户之间的关系有( )。
  A. 会计科目就是账户的名称
  B. 会计科目就是账户
  C. 账户按照会计科目所做的分类记录经济业务
  D. 企业可根据规定的会计科目有选择地开设账户
  E. 明细账户是按子科目或明细科目开设的

2. 一般情况下需要设置明细分类科目的总分类科目有( )。
  A. 现金   B. 银行存款   C. 应收账款
  D. 应付账款   E. 原材料

3. 编制会计分录时，必须考虑( )。
  A. 经济业务发生所涉及的会计要素是增加还是减少
  B. 在账簿中登记借方还是贷方
  C. 登记在哪些账户的借方还是贷方
  D. 账户的余额是在贷方还是在借方
  E. 各账户的增加额和减少额是多少

4. 会计分录的要素包括( )。
  A. 记账方法   B. 记账方向   C. 账户名称
  D. 账户结构   E. 应记金额

5. 总分类账户和明细分类账户的关系有( )。
  A. 总分类账户提供总括核算资料，明细分类账户提供详细核算资料

B. 总分类账户统驭、控制明细分类账户
C. 总分类账户和明细分类账户之间的平行登记
D. 所有账户必须设置明细分类账户
E. 明细分类账户补充说明与其相关的总分类账户

6. 在借贷记账法下用来检查账簿记录是否正确,所运用的试算平衡公式有( )。
A. 借方科目金额=贷方科目金额
B. 借方期末余额=借方期初余额+本期借方发生额-本期贷方发生额
C. 全部账户借方发生额合计=全部账户贷方发生额合计
D. 全部账户借方余额合计=全部账户贷方余额合计
E. 贷方期末余额=贷方期初余额+本期贷方发生额-本期借方发生额

7. 以下所列各项属于原始凭证的有( )。
A. 收料单   B. 领料单   C. 限额领料单
D. 发货单   E. 发料凭证汇总表

8. 涉及现金和银行存款之间收付款业务时,可以编制的记账凭证有( )。
A. 现金收款凭证   B. 现金付款凭证   C. 银行存款收款凭证
D. 银行存款付款凭证 E. 转账凭证

9. 会计凭证按其填制的程序和用途分类,可分为( )。
A. 原始凭证   B. 转账凭证   C. 记账凭证
D. 收款凭证   E. 付款凭证

10. 记账凭证按反映经济业务的内容分为( )。
A. 收款凭证   B. 付款凭证   C. 复式凭证
D. 单式凭证   E. 转账凭证

11. 原始凭证的审核内容主要有( )。
A. 原始凭证的合法性   B. 原始凭证的正确性
C. 会计科目的对应关系是否清楚 D. 审核应借、应贷科目是否正确
E. 审核原始凭证的完整性

12. 采用借方多栏式明细账的账户有( )。
A. 材料采购   B. 生产成本   C. 制造费用
D. 管理费用   E. 营业外支出

三、判断题

1. 会计科目是根据会计账户设置的。( )
2. 在会计核算中,为了满足企业内部经营管理和外部有关方面对会计信息的不同需要,有必要在所有总分类账户下开设若干明细分类账户。( )
3. 在借贷记账法下,账户哪一方记增加,哪一方记减少,根据账户所反映经济内容的性质决定。( )
4. 如果试算平衡结果发现借贷是平衡的,可以肯定记账没有错误。( )
5. 如果某个总分类账户余额为零,则其所属的各明细分类账户的余额也分别为零。( )

6. 原始凭证是由会计部门填制的,是登记账簿的直接依据。   （ ）

7. 将库存现金存入银行应该填制付款凭证,然后分别登记"库存现金"账户的贷方和"银行存款"账户的借方。   （ ）

8. 转账凭证登记与货币资金收付无关的经济业务。   （ ）

9. 会计人员审核原始凭证后,如发现经办人员对经济业务内容或所记金额填写有错误,应代其改正,然后才能填制记账凭证。   （ ）

10. 会计凭证保管期满后,即可由财会人员自行销毁。   （ ）

11. 销售产品一批,货款金额共计为伍万零玖元肆角,在填写发货票时小写金额应书写为¥50 009.40元。   （ ）

12. 账簿记录是编制会计报表的依据。   （ ）

13. 登记现金日记账要求"日清",是指每日终了须结出该账户的余额,并与实际库存现金加以核对。   （ ）

14. 科目汇总表账务处理程序适用于规模大、业务量多的大中型企业。   （ ）

四、业务处理题

1. 资料:假设某工厂2021年1月各资产、负债及所有者权益账户的期初如表2-36所示。

表2-36　资产、负债及所有者权益账户的期初余额　　　　　　　单位:元

账户名称	借方金额	账户名称	贷方金额
库存现金	1 500		
银行存款	682 500	短期借款	93 000
应收账款	165 000	应付账款	127 000
原材料	200 000	实收资本	2 475 000
库存商品	46 000	累计折旧	800 000
固定资产	2 400 000		
合　　计	3 495 000	合　　计	3 495 000

2021年1月该工厂发生下列经济业务。

(1) 以银行存款购入新设备一台,计价120 000元。

(2) 其他单位投入资本300 000元,存入银行。

(3) 收到购货单位前欠货款6 000元,存入银行。

(4) 从本单位银行存款账户中提取现金2 600元。

(5) 收到购货单位前欠货款20 000元,其中收到转账支票一张,金额为18 000元,另收现金2 000元。

(6) 用银行存款归还短期借款15 000元,偿还应付供应单位货款5 000元。

(7) 向银行取得期限为6个月的短期借款30 000元,直接偿还前欠某单位材料款。

(8) 企业管理部门从仓库领用维修材料2 000元。

(9) 用银行存款偿还应付供货单位材料款16 000元。

要求：

(1) 根据资料，用借贷记账法编制会计分录。

(2) 根据资料，开设各账户并登记期初余额，根据会计分录登记本期发生额，并结出期末余额。

(3) 编制总分类账户本期发生额及余额试算平衡表。

2. 资料：某企业将账簿记录与记账凭证进行核对时，发现下列经济业务的账簿记录有误。

(1) 结转本期产品销售收入 480 000 元，原记账凭证的会计分录如下。

借：本年利润　　　　　　　　　　　　　　　　　　　480 000
　　贷：主营业务收入　　　　　　　　　　　　　　　　　　480 000

(2) 用银行存款支付所欠供货单位货款 6 500 元，原记账凭证的会计分录如下。

借：应付账款　　　　　　　　　　　　　　　　　　　　5 600
　　贷：银行存款　　　　　　　　　　　　　　　　　　　　5 600

(3) 结算本月应付职工工资，其中：生产工人工资 127 000 元，车间管理人员工资 12 600 元，厂部管理人员工资 35 000 元。原记账凭证的会计分录如下。

借：生产成本　　　　　　　　　　　　　　　　　　　127 000
　　制造费用　　　　　　　　　　　　　　　　　　　　12 600
　　管理费用　　　　　　　　　　　　　　　　　　　　35 000
　　贷：应付职工工资　　　　　　　　　　　　　　　　　174 600

在利用该转账凭证登记"管理费用"账簿时，将借方金额误记为 53 000 元。

(4) 以现金支付车间管理人员出差预借差旅费 5 000 元，原记账凭证的会计分录如下。

借：其他应付款　　　　　　　　　　　　　　　　　　　5 000
　　贷：库存现金　　　　　　　　　　　　　　　　　　　　5 000

(5) 结转本月实际完工产品的生产成本 123 000 元，原记账凭证的会计分录如下。

借：库存商品　　　　　　　　　　　　　　　　　　　132 000
　　贷：生产成本　　　　　　　　　　　　　　　　　　　132 000

(6) 收到购货单位偿还上月所欠货款 9 800 元，原记账凭证的会计分录如下。

借：银行存款　　　　　　　　　　　　　　　　　　　　8 900
　　贷：应收账款　　　　　　　　　　　　　　　　　　　　8 900

(7) 以现金 900 元支付企业管理部门日常零星开支，原记账凭证的会计分录如下。

借：财务费用　　　　　　　　　　　　　　　　　　　　　900
　　贷：库存现金　　　　　　　　　　　　　　　　　　　　　900

要求：分别将以上(1)~(7)项经济业务的错误记录以适当的错账更正方法予以更正。

参 考 答 案

参考答案见右侧二维码。

第三章　货币资金与应收款项

【学习要点及目标】

本章主要介绍流动资产中的货币资金、应收款项的核算。通过学习本章内容，要求学生掌握库存现金、银行存款、其他货币资金的收付、清查业务，应收票据取得、收回和转让的核算，应收账款的计价方法、形成与收回的核算，坏账损失的核算；熟悉和理解银行的结算方式、预付账款和其他应收款的核算；了解国家对现金、银行存款的相关管理办法以及应收股利、应收利息的核算。

【知识框架图】

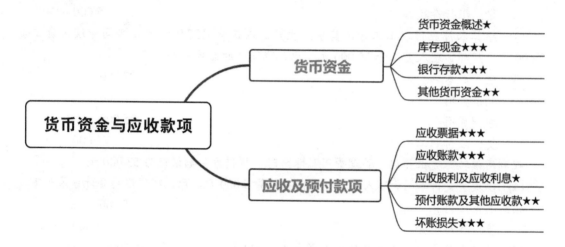

第一节　货　币　资　金

一、货币资金概述

(一)货币资金的内容

货币资金是指在企业生产经营过程中以货币形态存在的那部分资产。货币资金可以立即投入流通，用以购买商品、劳务，或者用来偿还债务。企业的货币资金包括库存现金、银行存款及其他货币资金。

(二)货币资金的基本特点

在企业所有的资产中，货币资金的流动性是最强的。持有货币资金是企业进行生产经营活动的基本条件，企业必须拥有一定数量的货币资金作为支付工具和偿债手段，因此，在企业的各项经济活动中，货币资金起着非常重要的作用。企业要按规定进行现金、银行存款和其他货币资金的会计处理,并加强对货币资金的清查、核对,以保证货币资金的安全、完整。

二、库存现金

库存现金是指企业、单位存放在财会部门,由出纳人员保管,作为企业日常零星开支使用的现款,包括人民币现金和外币现金。现金收付业务是各企业、单位经常发生的一种经济业务,出纳人员在办理现金收付业务时,必须严格遵守现金管理制度的规定。

(一)现金的管理

1. 现金的使用范围

企业在经济往来中的结算业务,凡是直接用现金收付的称为现金结算;不通过现金而是通过银行划拨转账的称为非现金结算,也称为转账结算。为了加强对现金的管理,加强对社会活动的监督,国务院颁布了《现金管理暂行条例》,明确规定了现金的收支范围。企业只能在规定的范围内收支现金,运用现金结算。允许企业使用现金结算的范围如下。

(1) 职工工资、津贴。
(2) 个人劳动报酬。
(3) 根据国家规定颁发给个人的科学技术、文化艺术、体育等各种奖金。
(4) 各种劳保、福利费用以及国家规定的对个人的其他支出。
(5) 向个人收购农副产品和其他物资的款项。
(6) 出差人员必须随身携带的差旅费。
(7) 结算起点(人民币 1 000 元)以下的零星支出。
(8) 中国人民银行确定需要支付现金的其他支出。

除上述情况可以用现金支付外,其他款项的支付应通过银行转账结算。

2. 库存现金限额

库存现金限额是指为了保证企业日常零星开支的需要,允许单位留存现金的最高数额。这一限额由开户银行根据开户单位的实际需要和距离远近的情况核定,一般按照单位 3~5 天日常零星开支的需要确定,边远地区和交通不便地区的开户单位的库存现金限额可以适当放宽,可按多于 5 天但最多不超过 15 天的日常零星开支的需要确定。核定后的库存现金限额,开户单位必须严格遵守,超过部分应于当日终了前存入银行。需要增加或减少库存现金限额的单位,应向开户银行提出申请,由开户银行核定。

3. 现金的管理与控制

现金作为支付工具和偿债手段,如果其收支不能很好地配合,很容易导致企业资金周转不畅。现金是企业流动性最强的资产,最易被挪用或侵占,因此,企业应特别重视现金的管理与控制,以保护其安全与完整。现金管理的主要内容包括以下几种。

(1) 坚持账钱分管的原则。企业现金的收付保管,应由专职或兼职的出纳人员负责。出纳人员除了登记现金日记账和银行存款日记账外,不得兼管费用、收入、债务、债权账簿的登记工作,以及稽核和会计档案的保管工作,即做到"管钱的不管账,管账的不管钱"。

(2) 出纳人员收付现金，必须以合法的原始凭证和记账凭证为依据；收付现金时，必须当面点清；收付以后，必须在凭证上加盖有日期的"现金收讫"或"现金付讫"戳记。

(3) 企业现金收入应于当日送存银行，当日送存有困难的，由银行确定送存时间。企业不得从现金收入中直接支付，即不得"坐支现金"，因特殊情况需要坐支现金的，应事先报开户银行审查批准，由开户银行确定坐支的数额等。

(4) 企业应设置内部稽核人员或单位，定期和不定期地进行现金盘点，确保现金账面余额与实际库存相符。不准用不符合制度的凭证顶替库存现金，即不得"白条抵库"；不准谎报用途套取现金；不准用银行账户代其他单位和个人存入或支取现金；不准用单位收入的现金以个人名义存储，不准保留账外公款，不得设置"小金库"等。

(5) 企业对从事现金管理和核算工作的人员，应实行定期轮岗制度，以减少舞弊的可能性。

(二)现金的核算

1. 现金核算应设置的账户

现金的总分类核算是通过设置"库存现金"账户进行的。该账户属于资产类账户，借方登记现金的收入额，贷方登记现金的支出额，期末借方余额表示库存现金结余额。库存现金总账可直接根据收付款凭证逐笔登记，也可定期或于月份终了时，根据汇总收付款凭证或科目汇总表登记。

现金的明细分类核算是通过设置库存现金日记账进行的。有外币现金的企业，应分别按人民币、外币现金设置库存现金日记账。库存现金日记账由出纳人员根据审核后的收付款凭证，按照业务发生顺序逐笔登记。每日终了，应计算当日库存现金收入、付出合计数和结余数，并且同实际现金库存数额进行核对，做到账款相符。每月终了，应将库存现金日记账的余额与库存现金总账的余额核对，做到账实相符。

2. 现金的会计处理

【例 3-1】 企业从开户银行提取现金 3 000 元备用。该企业应编制的会计分录如下。

借：库存现金　　　　　　　　　　　　　　　　　　3 000
　　贷：银行存款　　　　　　　　　　　　　　　　　3 000

【例 3-2】 企业管理部门购买办公用品支付现金 780 元。该企业应编制的会计分录如下。

借：管理费用　　　　　　　　　　　　　　　　　　780
　　贷：库存现金　　　　　　　　　　　　　　　　　780

【例 3-3】 企业职员张强出差，预借差旅费 5 000 元，以现金支付。该企业应编制的会计分录如下。

借：其他应收款——张强　　　　　　　　　　　　　5 000
　　贷：库存现金　　　　　　　　　　　　　　　　　5 000

【例 3-4】 职工张强出差回来报销差旅费 4 600 元，交回现金 400 元。该企业应编制的会计分录如下。

借：管理费用　　　　　　　　　　　　　　　　　　4 600

　　　　库存现金　　　　　　　　　　　　　　　　　　　　　400
　　　贷：其他应收款——张强　　　　　　　　　　　　　　　　　5 000

3. 现金清查的会计处理

企业应经常对现金进行清查，清查的基本方法是实地盘点法。现金清查既包括出纳人员每日营业终了时进行的清点核对，又包括清查小组进行的定期和不定期的盘点和核对。

对现金实存数进行盘点，必须以现金管理的有关规定为依据，不得以"白条"抵库，不得超限额保管现金。在清查中如发现账实不符，应立即查明原因，及时更正。对有待查明原因的现金短缺或溢余，应通过"待处理财产损溢"账户核算，待查明原因后，再根据不同的情况进行处理。

对于现金短缺，应按以下情况处理。

(1) 属于应由责任人赔偿的部分，转入"其他应收款——××个人"账户或"库存现金"账户。

(2) 属于应由保险公司赔偿的部分，转入"其他应收款——应收保险赔款"账户。

(3) 属于无法查明原因短缺的部分，根据管理权限，经批准后转入"管理费用"账户。

对于现金溢余，应按以下情况处理。

(1) 属于应支付给有关人员或单位的，转入"其他应付款——××个人或单位"账户。

(2) 属于无法查明原因的现金溢余，经批准后，转入"营业外收入——现金溢余"账户。

【例 3-5】 企业在现金清查中，发现现金短缺 400 元，原因待查。该企业应编制的会计分录如下。

　　借：待处理财产损溢——待处理流动资产损溢　　　　　400
　　　贷：库存现金　　　　　　　　　　　　　　　　　　　　400

经查，该现金短缺中有 150 元是因出纳员黄珊工作失职造成的，应由其负责赔偿；另外 250 元无法查明原因，经批准后转作管理费用。该企业应编制的会计分录如下。

　　借：其他应收款——黄珊　　　　　　　　　　　　　　150
　　　　管理费用——现金短缺　　　　　　　　　　　　　　250
　　　贷：待处理财产损溢——待处理流动资产损溢　　　　　　400

【例 3-6】 甲公司在现金清查中，发现库存现金较账面多出 280 元，原因待查。该企业应编制的会计分录如下。

　　借：库存现金　　　　　　　　　　　　　　　　　　　280
　　　贷：待处理财产损溢——待处理流动资产损溢　　　　　　280

经查，该现金溢余中有 180 元是业务员王易报销时少付，另 100 元无法查明原因，经批准，转作营业外收入。该企业应当编制的会计分录如下。

　　借：待处理财产损溢——待处理流动资产损溢　　　　　280
　　　贷：其他应付款——王易　　　　　　　　　　　　　　180
　　　　　营业外收入——现金溢余　　　　　　　　　　　　100

三、银行存款

按照国家《支付结算办法》的规定,企业应在银行开立账户,办理存款、取款和转账等结算。除按规定可以通过现金进行款项收支以外,都应通过银行存款进行收支结算,企业超过限额的现金也必须存入银行。企业在银行开立人民币存款账户,必须遵守中国人民银行《银行账户管理办法》的各项规定。

(一)银行存款账户

银行存款是企业存放在银行或其他金融机构的各种款项,包括人民币存款和外币存款。

根据《中国人民银行账户管理办法》的规定,凡是独立核算的单位都必须在当地银行开设账户,以便办理存款、取款和转账等结算。企业在银行开立的账户可分为基本存款账户、一般存款账户、临时存款账户和专用存款账户四种。

(1) 基本存款账户是企业办理日常转账结算和现金收付的账户。一个企业只能选择一家银行的一个营业机构开立一个基本存款账户,企业员工的工资、奖金等现金的支取只能通过该账户办理。

(2) 一般存款账户是企业在基本存款账户以外的银行借款转存、与基本存款账户的企业不在同一地点的附属非独立核算单位开立的账户。该账户可以办理转账结算和现金缴存,但不能支取现金。

(3) 临时存款账户是企业因临时经营活动的需要而开立的账户。该账户既可以办理转账结算,又可以根据国家现金管理制度规定办理现金收付。

(4) 专用存款账户是企业因特殊用途需要而开立的账户。

企业在银行开立账户后,可到开户银行购买各种银行往来使用的凭证(如进账单、转账支票、现金支票等)用以办理银行存款的收付款项。企业除了按规定留存的库存现金以外,所有货币资金都必须存入银行,企业与其他单位之间的一切收付结算款项,除制度规定可用现金支付的部分以外,都必须通过银行转账结算,也就是由银行按照事先规定的结算方式,将款项从付款单位的账户划出,转入收款单位的账户。因此,企业不仅要在银行开立账户,而且账户内必须要有可供支付的存款。

(二)银行存款的管理

企业通过银行办理支付结算时,应当认真执行国家各项管理办法和结算制度。银行存款管理的主要内容包括以下几种。

(1) 企业除了按规定留存的库存现金以外,所有货币资金都必须存入银行,企业的一切收付款项,除制度规定可用现金支付的部分外,都必须通过银行办理转账结算。

(2) 企业应当严格遵守银行结算纪律,不准签发没有资金保证的票据或远期支票,套取银行信用;不准签发、取得和转让没有真实交易和债权债务的票据,套取银行和他人资金;不准无理拒绝付款,任意占用他人资金;不准违反规定开立和使用银行账户。

(3) 企业应当及时核对银行账户,确保银行存款账面余额与银行对账单相符。对银行账户核对过程中发现的未达账项,应查明原因,及时处理。

(三)银行结算方式

银行结算即转账结算,是指通过银行或其他金融机构将款项从付款方账户划转至收款方账户的结算方式。银行是结算的中介机构,单位和个人是结算的收、付款当事人,票据和结算凭证是结算的工具。

银行、单位和个人在办理转账结算时,都必须遵守"恪守信用、履约付款;谁的钱进谁的账,由谁支配;银行不予垫款"的原则。

根据《支付结算办法》的规定,目前企业可以采用的支付结算方式有以下几种。

1. 银行汇票

银行汇票是出票银行签发的,由其在见票时按照实际结算金额无条件支付给收款人或者持票人的票据。

银行汇票的出票人为银行。按规定,银行应在收妥银行汇款申请人款项后,才签发银行汇票给申请人持往异地办理转账结算或支取现金。单位和个人的各种款项结算,均可使用银行汇票。银行汇票的提示付款期限自出票日起 1 个月。申请人取得银行汇票后即可持银行汇票向填明的收款单位办理结算。收款企业在收到付款单位送来的银行汇票时,应在出票金额以内,根据实际需要的款项办理结算。银行汇票的实际结算金额低于出票金额的,其多余金额由出票银行退交申请人。收款企业还应填写进账单,连同银行汇票和解讫通知一并交开户银行办理结算,银行审核无误后,办理转账。银行汇票的收款人也可以将银行汇票背书转让。银行汇票结算方式的票样与流程见右侧二维码(图 3-1、图 3-2)。

2. 银行本票

银行本票是银行签发的,承诺自己在见票时无条件支付确定的金额给收款人或者持票人的票据。银行本票分为定额本票和不定额本票,定额本票面额为 1 000 元、5 000 元、10 000 元和 50 000 元。

银行本票的出票人是银行。按规定,出票银行应在收妥银行本票申请人的款项后才签发银行本票,并保证见票付款。无论单位或个人,凡需要在同一票据交换区域支付款项的,都可以使用银行本票。银行本票可用于转账,注明"现金"字样的银行本票可用于支取现金。申请人或收款人为单位的,银行不得为其签发现金银行本票。银行本票的提示付款期限自出票日起最长不得超过 2 个月。申请人取得银行本票后,即可向填明的收款单位办理结算。收款企业在将收到的银行本票向开户银行提示付款时,应填写进账单,连同银行本票一并交开户银行办理转账。收款人也可以在票据交换区域内将银行本票背书转让。银行本票结算方式的票样与流程见右侧二维码(图 3-3、图 3-4)。

3. 商业汇票

商业汇票是出票人签发的,委托付款人在指定日期无条件支付确定的金额给收款人或者持票人的票据。

在银行开立存款账户的法人以及其他组织之间须具有真实的交易关系或债权债务关

系，才能使用商业汇票。商业汇票的出票人是交易中的收款人或付款人。商业汇票须经承兑人承兑。承兑是汇票的付款人承诺在汇票到期日支付汇票金额的票据行为。商业汇票按承兑人不同分为商业承兑汇票和银行承兑汇票。商业承兑汇票是指由收款人签发、付款人承兑或由付款人签发并承兑的票据。商业承兑汇票的承兑人是付款人，也是交易中的购货企业。银行承兑汇票是指由在承兑银行开立存款账户的存款人(承兑申请人)签发，并由承兑申请人向开户银行申请，经银行审查同意承兑的票据。银行承兑汇票的出票人是购货企业，承兑人和付款人是购货企业的开户银行，承兑银行应按票面金额向出票人收取万分之五的手续费。银行承兑汇票的票样如图3-5所示。

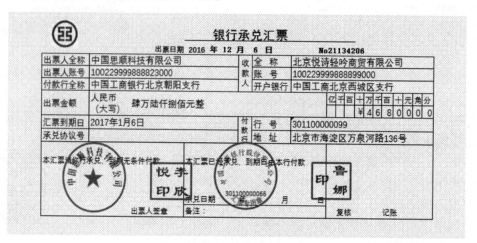

图3-5 银行承兑汇票票样

商业汇票的付款期限由交易双方商定，但最长不得超过6个月。商业汇票的提示付款期限自汇票到期日起10日内。商业承兑汇票到期时，如果付款人的存款不足支付票款或付款人存在合法抗辩事由拒绝支付的，付款人开户银行应填制付款人未付票款通知书或取得付款人的拒绝付款证明，连同商业承兑汇票邮寄持票人开户银行转持票人，银行不负责付款，由购销双方自行处理。银行承兑汇票的出票人应于汇票到期前将票款足额交存其开户银行。承兑银行应在汇票到期日或到期日后的见票当日支付票款。如果出票人于汇票到期日未能足额交存票款的，承兑银行除凭票向持票人无条件付款外，对出票人尚未支付的汇票金额按照每天万分之五计收罚息。

商业汇票可以背书转让，符合条件的商业汇票的持票人可持未到期的商业汇票连同贴现凭证向银行申请贴现，银行承兑汇票和商业承兑汇票结算方式的流程见右侧二维码(图3-6、图3-7)。

4. 支票

支票是出票人签发的，委托办理支票存款业务的银行在见票时无条件支付确定的金额给收款人或者持票人的票据。

我国《票据法》按照支付票款方式，将支票分为现金支票、转账支票和普通支票三种。支票上印有"现金"字样的为现金支票，现金支票可以支取现金，也可以办理转账。现金支票的票样如图3-8所示。支票上印有"转账"字样的为转账支票，转账支票只能用于转账。转账支票的票样如图3-9所示。支票上未印有"现金"或"转账"字样的为普通支票，普通支票既可用于支取现金，也可用于转账。普通支票的票样如图 3-10 所示。在普通支票左上角划两条平行线的为划线支票，划线支票只能用于转账，不得支取现金。划线支票的票样如图 3-11 所示。

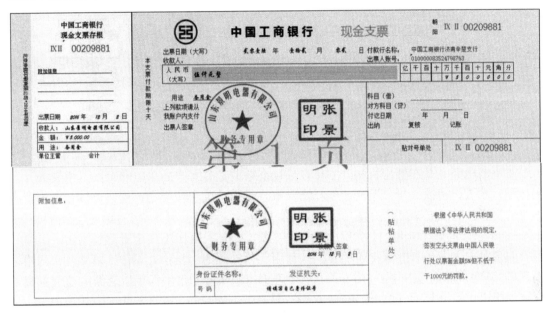

图 3-8　现金支票票样

图 3-9　转账支票票样

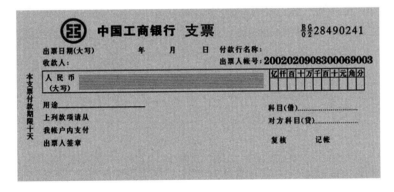

图 3-10　普通支票票样

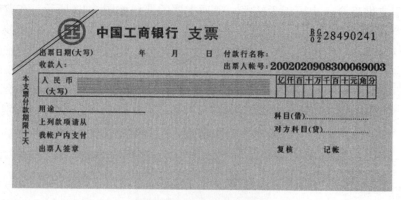

图 3-11 划线支票票样

支票的出票人是在银行机构开立可以使用支票的存款账户的单位和个人，出票人开户银行是付款人，付款人受出票人的委托从其账户支付票款。按规定，支票可以在全国范围内互通使用。签发支票时，出票人在付款人处的存款应足以支付支票金额，银行见票即付。出票人签发现金支票和用于支取现金的普通支票，必须符合国家现金管理的规定。出票人不得签发与其预留银行签章不符的支票；使用支付密码的，出票人不得签发支付密码错误的支票；禁止签发空头支票(空头支票是指签发的支票金额超过银行存款余额)。支票的提示付款期限自出票日起 10 日，但中国人民银行另有规定的除外。持票人可以委托开户银行收款或直接向付款人提示付款。用于支取现金的支票仅限于收款人向付款人提示付款。转账支票可以根据需要在票据交换区域内背书转让。

收款人持票结算方式的流程见右侧二维码(图 3-12)。

5. 信用卡

信用卡是指商业银行向个人和单位发行的，凭此向特约单位购物、消费和向银行存取现金，且具有消费信用的特制载体卡片。

信用卡按使用对象分为单位卡和个人卡，单位卡的使用对象为单位，个人卡的使用对象为个人。信用卡还可按信誉等级不同分为金卡和普通卡。凡在中国境内金融机构开立基本存款账户的单位可申请单位卡。单位卡账户的资金一律从其基本存款账户转账存入，在使用过程中，需要向其账户续存资金的，也一律从其基本存款账户转账存入，不得交存现金，不得将销售收入的款项存入其账户。持卡人可持信用卡在特约单位购物、消费。单位卡不得用于 10 万元以上的商品交易、劳务供应款项的结算，不得支取现金。持卡人不得出租或转借信用卡。

信用卡结算方式的流程见右侧二维码(图 3-13)。

6. 汇兑

汇兑是汇款人委托银行将其款项支付给收款人的结算方式，按款项划转方式不同可分为信汇和电汇两种。信汇是指汇款人委托银行通过邮寄方式将款项划转给收款人。电汇是指汇款人委托银行通过电报方式将款项划转给收款人。汇兑结算方式便于汇款人向异地的收款人主动付款，其手续简便、划款迅速、应用广泛，单位和个人的各种款项的结算均可使用汇兑结算方式。

采用这一结算方式,在汇款单位汇出款项时,应填写银行印发的汇款凭证,列明收款单位名称、汇款金额及汇款的用途等项目,送达开户银行,即汇出银行。汇出银行受理汇款单位签发的汇兑凭证,经审查无误后,应及时向汇入银行办理汇款,并向付款单位签发汇款回单。对开立存款账户的收款人,汇入银行应将汇给其的款项直接划转至收款人账户,并向其发出收账通知。汇兑结算方式的流程见右侧二维码(图3-14)。

7. 委托收款

委托收款是收款人委托银行向付款人收取款项的结算方式。委托收款按结算款项的划回方式不同,分为邮寄和电报两种,由收款人选用。

委托收款便于收款人主动收款,在同城异地均可以办理,且不受金额限制,无论是单位还是个人都可凭已承兑商业汇票、债券、存单等付款人债务证明,采用该结算方式办理款项的结算。委托收款还适用于收取电费、电话费等付款人众多、分散的公用事业费等有关款项。委托收款结算方式的流程见右侧二维码(图3-15)。

(四)银行存款的核算

1. 设置的账户

银行存款的总分类核算是通过设置"银行存款"账户进行的。该账户属于资产类账户,借方登记存款的增加数;贷方登记存款的减少数;期末借方余额表示期末存款的实际结存数。银行存款总账可直接根据收付款凭证逐笔登记,也可定期或于月份终了时,根据汇总收付款凭证或科目汇总表登记。

银行存款的明细分类核算是通过设置银行存款日记账进行的。银行存款日记账应当按银行和其他金融机构、存款种类等开设,对于外币存款,应按不同币种和开户银行分别设置日记账。银行存款日记账由企业出纳人员根据审核后的收付款凭证,按照业务发生的顺序逐笔登记,每日终了应结出余额。银行存款日记账应定期与银行对账单核对,月份终了时,银行存款日记账的余额必须与银行存款总账的余额核对相符。

2. 会计处理

【例 3-7】 企业收到甲公司归还前欠货款的转账支票一张,金额为 180 000 元,企业将支票和填制的进账单送交开户银行。根据银行盖章退回的进账单的第一联和有关原始凭证,该企业应编制的会计分录如下。

借:银行存款　　　　　　　　　　　　　　　180 000
　　贷:应收账款——甲公司　　　　　　　　　　　　180 000

【例 3-8】 企业购买办公用品,价值 1 200 元,开出转账支票支付款项。根据支票存根和有关发票,该企业应编制的会计分录如下。

借:管理费用　　　　　　　　　　　　　　　1 200
　　贷:银行存款　　　　　　　　　　　　　　　　1 200

【例 3-9】 企业销售商品一批，该批商品的货款为 20 000 元，增值税款为 2 600 元，款项存入银行。该企业应编制的会计分录如下。

借：银行存款　　　　　　　　　　　　　　　　22 600
　　贷：主营业务收入　　　　　　　　　　　　　　　20 000
　　　　应交税费——应交增值税(销项税额)　　　　2 600

【例 3-10】 甲企业向丁公司采购材料一批，价款 20 000 元，增值税 2 600 元，双方订明采用托收承付结算方式，验单付款。现甲企业收到银行转来的托收承付结算凭证和所附单据，经审核无误，在 3 天期满时承认付款，但材料尚未收到。根据托收承付结算凭证的承付支款通知和所附单据，该企业应编制的会计分录如下。

借：在途物资　　　　　　　　　　　　　　　　20 000
　　应交税费——应交增值税(进项税额)　　　　2 600
　　贷：银行存款　　　　　　　　　　　　　　　　22 600

【例 3-11】 企业销售产品给 A 公司，前已采用托收承付结算方式委托银行向 A 公司收取款项 15 000 元，现收到银行转来的托收承付收账通知。根据托收承付收账通知及有关单据，该企业应编制的会计分录如下。

借：银行存款　　　　　　　　　　　　　　　　15 000
　　贷：应收账款——A 公司　　　　　　　　　　　15 000

(五)银行存款的核对

为了保证银行存款核算的真实、准确，及时纠正银行存款账目可能发生的差错，准确掌握企业可运用的银行存款实有数，保证银行存款账实相符，企业应定期与银行进行对账，从而达到账实相符。在核对中，往往会出现不一致，原因主要有两个：一是双方各自的记账错误，这种错误应由双方及时查明原因，予以更正；二是存在未达账项。所谓未达账项，是指企业与银行之间由于凭证传递上的时间差，一方已登记入账，而另一方尚未入账的账项。未达账项具体有以下四种情况。

(1) 银行已收款入账，企业尚未收款入账的款项。如企业委托银行收取的款项，银行办妥收款手续后入账，而收款通知尚未到达企业，企业尚未记增加。

(2) 银行已付款入账，企业尚未付款入账的款项。如银行向企业收取的借款利息、代企业支付的公用事业费用、到期的商业汇票付款等，银行办妥付款手续后入账，而付款通知尚未到达企业，企业尚未记减少。

(3) 企业已收款入账，而银行尚未收到入账的款项。如企业收到外单位的转账支票，填好进账单，并经银行受理盖章，即可入账记增加，而银行则要办妥转账手续后，才能入账记增加。

(4) 企业已付款入账，而银行尚未支付入账的款项。如企业签发转账支票后记存款减少，而持票人尚未到银行办理转账手续，银行尚未记减少。

在核对中如发现未达账项，应编制"银行存款余额调节表"进行调节，使双方余额相等。

银行存款余额调节表是在银行存款日记账余额和银行存款对账单余额的基础上，加减双方各自的未达账项，使双方的余额达到平衡。

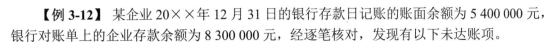

【例 3-12】 某企业 20×× 年 12 月 31 日的银行存款日记账的账面余额为 5 400 000 元，银行对账单上的企业存款余额为 8 300 000 元，经逐笔核对，发现有以下未达账项。

① 12 月 29 日，企业收到其他单位的转账支票 6 000 000 元，银行尚未入账。

② 12 月 30 日，企业开出转账支票 4 500 000 元，持票人尚未到银行办理转账，银行尚未入账。

③ 12 月 30 日，企业委托银行代收款项 4 800 000 元，银行已收妥入账，企业尚未接到银行的收账通知，所以企业尚未入账。

④ 12 月 30 日，银行代企业支付水费 400 000 元，企业尚未接到银行的付款通知，所以企业尚未入账。

根据以上未达账项，应编制的"银行存款余额调节表"如表 3-1 所示。

表 3-1 银行存款余额调节表

20×× 年 12 月 31 日　　　　　　　　　　　　　　　　　　　　单位：元

项　目	金　额	项　目	金　额
企业银行存款账户余额	5 400 000	银行对账单余额	8 300 000
加：银行已收、企业未收(托收款项)	4 800 000	加：企业已收、银行未收(转账支票)	6 000 000
减：银行已付、企业未付(水费)	400 000	减：企业已付、银行未付(转账支票)	4 500 000
调整后的存款余额	9 800 000	调整后的存款余额	9 800 000

表 3-1 调整后的余额相等，表示双方记账基本没有错误，调整后的余额就是企业目前银行存款的实有数。但"银行存款余额调节表"不能作为未达账项入账的依据，要待结算凭证到达后再进行会计处理，登记入账。

四、其他货币资金

(一)其他货币资金核算的内容

其他货币资金是指企业除库存现金、银行存款以外的其他各种货币资金，包括外埠存款、银行汇票存款、银行本票存款、信用卡存款、信用证保证金存款和存出投资款等。

从某种意义上说，其他货币资金也是一种银行存款，但它是承诺了专门用途的存款，所以专设"其他货币资金"账户对其进行核算。该账户属资产类账户，借方登记增加数；贷方登记减少数；期末借方余额反映其他货币资金的实存数。"其他货币资金"账户应设置"外埠存款""银行汇票""银行本票""信用卡""信用证保证金""存出投资款"等相应的明细账。

(二)其他货币资金的核算

1. 外埠存款

外埠存款是指企业到外地进行临时或零星采购时，汇往采购地银行用以开立采购专户的款项。企业将款项委托当地银行汇往采购地开立的采购专户，除采购员差旅费可以支取少量现金外，一律转账结算；采购专户只付不收，付完结束账户。企业在用以采购时，通过采购专户结算货款。采购结束后有结余款的，将其退回汇款企业开户银行。

【例 3-13】 企业派采购员到外地某市采购甲材料，委托当地开户银行汇款 46 330 元到采购地银行开立采购专户。根据收到的银行汇款回单联，该企业应编制的会计分录如下。

借：其他货币资金——外埠存款　　　　　　　　　46 330
　　贷：银行存款　　　　　　　　　　　　　　　　46 330

上述采购完成后，收到采购员交来供应单位发票账单，共支付甲材料款项 46 330 元，其中价款 41 000 元，增值税 5 330 元。根据收到的有关账单，该企业应编制的会计分录如下。

借：原材料——甲材料　　　　　　　　　　　　　41 000
　　应交税费——应交增值税(进项税额)　　　　　　5 330
　　贷：其他货币资金——外埠存款　　　　　　　　46 330

2. 银行汇票存款

银行汇票存款是指企业为取得银行汇票按规定存入银行的款项。企业将款项交存开户银行取得银行汇票后，可持往异地办理转账结算或支取现金，汇票使用后如有多余款或因汇票超过付款期未付出的，将其退回企业开户银行。

【例 3-14】 企业向银行提交《银行汇票申请书》并将款项 100 000 元交存开户银行，要求银行办理银行汇票并已取得汇票。根据银行盖章退回的申请书存根联，该企业应编制的会计分录如下。

借：其他货币资金——银行汇票　　　　　　　　100 000
　　贷：银行存款　　　　　　　　　　　　　　　100 000

企业持汇票往异地采购乙材料，实际使用汇票支付材料价款 70 000 元，增值税 9 100 元。根据发票账单等有关凭证，该企业应编制的会计分录如下。

借：原材料——乙材料　　　　　　　　　　　　　70 000
　　应交税费——应交增值税(进项税额)　　　　　　9 100
　　贷：其他货币资金——银行汇票　　　　　　　　79 100

银行汇票的多余款 20 900 元已退回企业开户银行。根据开户银行转来的银行汇票第四联(多余款收账通知)，该企业应编制的会计分录如下。

借：银行存款　　　　　　　　　　　　　　　　　20 900
　　贷：其他货币资金——银行汇票　　　　　　　　20 900

3. 银行本票存款

银行本票存款是指企业为取得银行本票按规定存入银行的款项。企业将款项交存开户银行取得银行本票后，可在同一票据交换区域内办理转账结算或取得现金。如企业因本票超过付款期等原因未曾使用的，可要求银行退款。

【例 3-15】 企业向银行提交《银行本票申请书》并将款项 3 000 元交存银行。取得银行本票时，根据银行盖章退回的申请书存根联，该企业应编制的会计分录如下。

借：其他货币资金——银行本票　　　　　　　　　　3 000
　　贷：银行存款　　　　　　　　　　　　　　　　　　3 000

企业使用本票购买办公用品，价值3 000元。根据发票账单等有关凭证，该企业应编制的会计分录如下。

借：管理费用　　　　　　　　　　　　　　　　　　3 000
　　贷：其他货币资金——银行本票　　　　　　　　　 3 000

如果企业因本票超过付款期等原因而要求退款时，应填制进账单一式两联，连同本票一并送交银行，根据银行盖章退回的进账单第一联，借记"银行存款"账户，贷记"其他货币资金——银行本票"账户。

4. 信用卡存款

信用卡存款是指企业为取得信用卡按照规定存入银行的款项。企业的信用卡存款一律从基本账户转账存入，持卡人可持信用卡在特约单位购货、消费，但不得支取现金。

【例3-16】 企业申请信用卡，将信用卡申请表连同40 000元的支票一并送交发卡银行。根据银行盖章退回的进账单第一联，该企业应编制的会计分录如下。

借：其他货币资金——信用卡　　　　　　　　　　　40 000
　　贷：银行存款　　　　　　　　　　　　　　　　　 40 000

企业用信用卡购货和支付费用共35 000元。根据银行转来的付款凭证及所附发票账单，经核对无误后，该企业应编制的会计分录如下。

借：管理费用　　　　　　　　　　　　　　　　　　35 000
　　贷：其他货币资金——信用卡　　　　　　　　　　 35 000

5. 信用证保证金存款

信用证保证金存款是指企业为取得信用证按规定存入银行的保证金。企业向银行申请开立信用证，应按规定向银行提交开证申请书、信用证申请人承诺书和购销合同，并向银行交纳保证金。企业用信用证保证金存款结算货款后，结余款可退回企业开户银行。

【例3-17】 某企业要求银行对境外甲公司开出信用证100 000元，按规定向银行提交开证申请书、信用证申请承诺书、购销合同及保证金100 000元。根据银行退回的进账单第一联，该企业应编制的会计分录如下。

借：其他货币资金——信用证保证金　　　　　　　　100 000
　　贷：银行存款　　　　　　　　　　　　　　　　　100 000

20天后，企业收到境外甲公司发来的材料及银行转来的信用证结算凭证及所附发票账单，共支付款项90 400元，其中价款80 000元，增值税10 400元。余款9 600元已退回企业开户银行。该企业应编制的会计分录如下。

借：原材料　　　　　　　　　　　　　　　　　　　80 000
　　应交税费——应交增值税(进项税额)　　　　　　 10 400
　　贷：其他货币资金——信用证保证金　　　　　　　 90 400
借：银行存款　　　　　　　　　　　　　　　　　　9 600
　　贷：其他货币资金——信用证保证金　　　　　　　 9 600

6. 存出投资款

存出投资款是指企业已存入证券公司但尚未进行短期投资的现金。

【例 3-18】 甲企业向证券公司存入资金 500 000 元，10 天后用该存款购买股票 450 000 元。该企业应编制的会计分录如下。

① 存入证券公司款项时。

借：其他货币资金——存出投资款　　　　　　　500 000
　　贷：银行存款　　　　　　　　　　　　　　　　　500 000

② 购买股票时。

借：交易性金融资产　　　　　　　　　　　　　　450 000
　　贷：其他货币资金——存出投资款　　　　　　　450 000

第二节　应收及预付款项

应收及预付款项，是指企业在日常生产经营过程中发生的各种债权，主要包括应收票据、应收账款、应收股利、应收利息、预付账款及其他应收款等。

一、应收票据

(一)应收票据概述

1. 应收票据的概念

应收票据是指企业因销售商品、提供劳务等而收到的商业汇票。商业汇票是一种由出票人签发的，委托付款人在指定日期无条件支付确定金额给收款人或持票人的票据。我国商业汇票的期限最长不超过 6 个月。

2. 应收票据的分类

商业汇票可以按照不同的标准进行分类。

(1) 按照票据承兑人的不同，应收票据可分为银行承兑汇票和商业承兑汇票两种。银行承兑汇票的承兑人是承兑申请人的开户银行，商业承兑汇票的承兑人是汇款人。

(2) 按照票据是否带息，应收票据可分为不带息应收票据和带息应收票据两种。不带息应收票据是指商业汇票到期时，承兑人只按票面金额(即面值)向收款人或被背书人支付款项的汇票；带息应收票据是指商业汇票到期时，承兑人必须按票面金额加上应计利息向收款人或被背书人支付款项的票据。

3. 应收票据的计价

按照现行制度的规定，企业收到的商业汇票应以票据的面值入账。对于带息票据，应于期末按应收票据的票面价格和确定的利率计提利息。

4. 应收票据到期日的确定

票据的期限一般有按月表示和按日表示两种。

票据期限按月表示时，应以到期月份中与出票日相同的那一天为到期日。如5月29日签发的一个月票据，到期日应为6月29日；月末签发的票据，不论月份大小，一律以到期月份的月末那一天为到期日，如9月30日签发的一个月票据，到期日应为10月31日。

票据期限按日表示时，应从出票日起按实际经历天数计算。但在计算天数时，出票日和到期日，只能计算其中一天，即"算头不算尾"或"算尾不算头"。例如，7月28日签发的90天票据其到期日应为10月26日[90天-7月份剩余天数-8月份实有天数-9月份实有天数=90-(31-28)-31-30=26(天)]。

(二)应收票据的核算

1. 设置的账户

为了反映企业应收票据的取得和收回情况，企业应设置"应收票据"账户。该账户是资产类账户，其借方登记收到的商业汇票的票面金额；贷方登记到期收回或未到期向银行申请贴现的商业汇票的账面价值；期末余额在借方，表示企业尚未到期、尚未贴现的应收票据的账面价值。

2. 会计处理

不带息应收票据的到期价值等于应收票据的面值。企业收到开出、承兑的商业汇票时，按应收票据的面值，借记"应收票据"账户；按实现的营业收入，贷记"主营业务收入"账户；按增值税专用发票上注明的增值税额，贷记"应交税费——应交增值税(销项税额)"账户。企业收到用以抵偿应收账款的应收票据时，借记"应收票据"账户，贷记"应收账款"账户。

应收票据到期收回款项时，按票面金额借记"银行存款"账户，贷记"应收票据"账户。商业承兑汇票到期，承兑人违约拒付或无力支付票款，企业收到银行退回的商业承兑汇票、委托收款凭证、未付票款通知书或拒绝付款证明等，应将到期票据的票面金额转入"应收账款"账户，借记"应收账款"账户，贷记"应收票据"账户。

【例3-19】 甲企业销售一批商品给乙企业，货已发出，增值税专用发票上注明的商品价款为200 000元，增值税销项税额为26 000元。当日收到乙企业签发的不带息商业承兑汇票一张，该票据的期限为3个月。甲企业应编制的会计分录如下。

借：应收票据　　　　　　　　　　　　　　　　　226 000
　　贷：主营业务收入　　　　　　　　　　　　　　200 000
　　　　应交税费——应交增值税(销项税额)　　　　 26 000

3个月后，应收票据到期，甲企业收回款项226 000元，存入银行，该企业应编制的会计分录如下。

借：银行存款　　　　　　　　　　　　　　　　　226 000
　　贷：应收票据　　　　　　　　　　　　　　　　226 000

如果该票据到期，乙企业无力偿还票款，甲企业应将到期票据的票面金额转入"应收账款"账户，该企业应编制的会计分录如下。

借：应收账款　　　　　　　　　　　　　　　　　226 000
　　贷：应收票据　　　　　　　　　　　　　　　　226 000

3. 应收票据背书转让的会计处理

企业可以将自己持有的商业汇票背书转让。背书是指持票人在票据背面签字，签字人称为背书人，背书人对票据的到期付款负连带责任。

企业将持有的应收票据背书转让以取得所需物资时，应按计入取得物资成本的价值，借记"材料采购""原材料""库存商品"等账户，按专用发票上注明的增值税额，借记"应交税费——应交增值税(进项税额)"账户；按应收票据的账面余额，贷记"应收票据"账户；如有差额，借记或贷记"银行存款"等账户。

如为带息应收票据，企业将持有的应收票据背书转让以取得所需物资时，应按计入取得物资成本的价值，借记"材料采购""原材料""库存商品"等账户，按专用发票上注明的增值税额，借记"应交税费——应交增值税(进项税额)"账户；按应收票据的账面余额，贷记"应收票据"账户，按尚未计提的利息，贷记"财务费用"账户；按借贷双方的差额，借记或贷记"银行存款"等账户。

【例3-20】 企业从甲厂购入材料一批，价款为64 000元，增值税为8 320元，款项共计72 320元，材料已验收入库。企业将一票面金额为70 000元的不带息应收票据转让，以偿付甲厂的货款，同时，差额2 320元当即以银行存款支付。该企业应编制的会计分录如下：

```
借：原材料                                    64 000
    应交税费——应交增值税(进项税额)              8 320
  贷：应收票据                                          70 000
      银行存款                                            2 320
```

二、应收账款

(一) 应收账款概述

应收账款是指企业因销售商品、提供劳务等经营活动，应向购货单位或接受劳务单位收取的款项。

应收账款应于收入实现时予以确认，即以收入确认日作为入账时间。关于收入实现的具体条件将在收入章节中介绍。

应收账款的计价就是确定应收账款的入账金额，通常应收账款按实际发生额计价入账。实际发生的金额包括货款和代税务部门征收的增值税，也包括代购货单位垫付的运杂费。由于企业在销售时往往实行折扣的办法，会不同程度地影响应收账款及相应的销售收入的计价，因此，企业对应收账款计价时，还需要考虑商业折扣、现金折扣等因素的影响。

1. 商业折扣

商业折扣是指企业根据市场供需情况，或针对不同的客户，在商品标价基础上给予的扣除。商业折扣可用百分比来表示，如5%、10%、20%的折扣等，也可用金额表示，如100元、200元等。商业折扣是企业常用的一种促销竞争手段，一般交易发生时即已确定，不需要在买卖双方任何一方的账上反映。因此，在存在商业折扣的情况下，企业应收账款的入账金额应按扣除商业折扣以后的实际售价确认。

2. 现金折扣

企业以赊销方式销售商品及提供劳务时,为了鼓励客户尽早付款,通常与债务人达成协议,规定债务人在不同的期限内付款,可享受不同比例的折扣。这种为鼓励债务人在不同的期限内付款,而向债务人提供的债务扣除称为现金折扣。现金折扣一般用符号"折扣/付款期限"表示。例如,符号"2/10,1/20,$n/30$"表示买方在10天内付款可按售价给买方2%的折扣;在11~20天内付款按售价给予1%的折扣;在21~30天付款,则不给折扣。

在存在现金折扣的情况下,应收账款入账金额的确认有两种方法:一种是总价法,另一种是净价法。

总价法是将未扣减现金折扣前的金额作为实际售价,据以确认应收账款的入账价值。在这种方法下,只有客户在折扣期内付款时,企业才确认现金折扣,并把它视为企业的一项理财费用,计入"财务费用"账户。我国的会计实务采用此方法。

净价法是将扣减现金折扣后的金额作为实际售价,据以确认应收账款的入账价值。在这种方法下,把客户为取得现金折扣而在折扣期内付款视为正常现象,将客户由于超过折扣期限付款而使销售方多收入的金额视为提供信贷获得的收入,在会计上作为利息收入入账。

(二)应收账款的核算

1. 设置的账户

为了反映应收账款的发生与收回情况,企业应设置"应收账款"账户。该账户是资产类账户,借方登记应收账款的发生;贷方登记收回的款项、改用商业汇票结算及转销为坏账的应收账款;期末借方余额反映企业尚未收回的应收账款。该账户应按不同的购货单位或接受劳务的单位设置明细账,进行明细核算。

2. 会计处理

【例3-21】 甲企业向A公司销售一批产品,发票价款100 000元,增值税为13 000元,代购货单位垫付运杂费3 000元,款项尚未收回。该企业应编制的会计分录如下。

借:应收账款——A公司　　　　　　　　　　　　116 000
　　贷:主营业务收入　　　　　　　　　　　　　　100 000
　　　　应交税费——应交增值税(销项税额)　　　　13 000
　　　　银行存款　　　　　　　　　　　　　　　　3 000

【例3-22】 某企业向B公司销售一批产品,按照价目表上标明的价格计算,其售价为30 000元。由于是老客户,企业给予10%的商业折扣,金额为3 000元。企业开出的发票上标明价款为27 000元,增值税税额为3 510元,产品发运时,企业以支票支付代垫运杂费850元。以上款项按合同规定采用托收承付结算方式结算。企业根据有关的发票账单向银行办妥托收手续后,应编制的会计分录如下。

借:应收账款——B公司　　　　　　　　　　　　31 360
　　贷:主营业务收入　　　　　　　　　　　　　　27 000
　　　　应交税费——应交增值税(销项税额)　　　　3 510
　　　　银行存款　　　　　　　　　　　　　　　　850

B公司验单或验货后承付款项。企业收到银行转来的收款通知,应编制的会计分录如下。

借:银行存款　　　　　　　　　　　　　　　　　　　31 360
　　贷:应收账款——B公司　　　　　　　　　　　　　　　　31 360

【例3-23】某企业向C公司销售一批产品,发票上价款50 000元,增值税为6 500元,付款条件为2/10,1/20,n/30。销售产品时,该企业应编制的会计分录如下。假设现金折扣考虑增值税。

借:应收账款——C公司　　　　　　　　　　　　　　　56 500
　　贷:主营业务收入　　　　　　　　　　　　　　　　　　50 000
　　　　应交税费——应交增值税(销项税额)　　　　　　　　6 500

如果C公司在10天内付款,付款额为55 370元(56 500-56 500×2%)。收到款项时,该企业应编制的会计分录如下。

借:银行存款　　　　　　　　　　　　　　　　　　　55 370
　　财务费用　　　　　　　　　　　　　　　　　　　 1 130
　　贷:应收账款——C公司　　　　　　　　　　　　　　　56 500

如果C公司在11~20天内付款,则付款额为55 935元(56 500-56 500×1%)。收到款项时,该企业应编制的会计分录如下。

借:银行存款　　　　　　　　　　　　　　　　　　　55 935
　　财务费用　　　　　　　　　　　　　　　　　　　　565
　　贷:应收账款——C公司　　　　　　　　　　　　　　　56 500

如果C公司超过20天付款,则不能享受现金折扣优惠,需按全额支付。收到款项时,该企业应编制的会计分录如下。

借:银行存款　　　　　　　　　　　　　　　　　　　56 500
　　贷:应收账款——C公司　　　　　　　　　　　　　　　56 500

如果应收账款改用商业汇票结算,在收到承兑的商业汇票时,按照票面价值,借记"应收票据"账户,贷记"应收账款"账户。期末,应收账款需计提坏账准备。

三、应收股利及应收利息

(一)应收股利

应收股利是指企业应收取的现金股利或应收取的其他单位分配的利润。为了反映和监督应收股利的增减变动及结存情况,企业应设置"应收股利"科目。"应收股利"科目的借方登记应收现金股利或利润的增加;贷方登记收到的现金股利或利润;期末余额一般在借方,反映企业尚未收到的现金股利或利润。"应收股利"应按投资单位设置明细账,进行明细核算。

例如,企业在持有以公允价值计量且其变动计入当期损益的金融资产(交易性金融资产)期间,被投资单位宣告发放现金股利,按应享有的份额,确认为当期投资收益,借记"应收股利"科目,贷记"投资收益"科目。

【例3-24】甲公司持有丙上市公司股票,且作为以公允价值计量且其变动计入当期损益的金融资产(交易性金融资产)进行管理和核算。5月10日,丙上市公司宣告发放上年现金股利,甲公司按其持有该上市公司股份计算确定的应分得的现金股利为 200 000 元。假定不考虑相关税费。甲公司应编制如下会计分录。

  借:应收股利——丙上市公司   200 000
    贷:投资收益——丙上市公司   200 000

【例 3-25】承例 3-24,5 月 30 日,甲公司收到丙上市公司发放的现金股利 200 000 元,已存入银行。假定不考虑相关税费,甲公司应编制如下会计分录。

  借:其他货币资金——存出投资款   200 000
    贷:应收股利——丙上市公司   200 000

(二)应收利息

应收利息是指企业根据合同或协议规定应向债务人收取的利息。为了反映和监督应收利息的增减变动及其结存情况,企业应设置"应收利息"科目。"应收利息"科目的借方登记应收利息的增加;贷方登记收到的利息;期末余额一般在借方,反映企业尚未收到的利息。"应收利息"科目应当按照借款人或被投资单位设置明细科目进行核算。

【例 3-26】甲公司持有庚公司债券投资,1 月 11 日,甲公司收到庚公司通知,拟向其支付上年利息 1 000 000 元,款项尚未支付。假定不考虑相关税费。甲公司应编制如下会计分录。

  借:应收利息——庚公司   1 000 000
    贷:投资收益——庚公司   1 000 000

四、预付账款及其他应收款

(一)预付账款

预付账款是指企业按照购货合同规定预付给供应单位的款项。预付账款按实际付出的金额入账。

企业应设置"预付账款"账户对预付款项的付出和结算情况进行核算。该账户是资产类账户,借方登记预付、补付的款项;贷方登记收到所购物资的应付金额及退回多付的款项;期末借方余额反映企业实际预付的款项;期末如为贷方余额,反映企业尚未补付的款项。该账户应按供应单位设置明细账,进行明细核算。

预付账款不多的企业,也可以不设置"预付账款"账户,而是将预付的款项直接记入"应付账款"账户的借方。但在期末编制资产负债表时,需分别填列"应付账款"和"预付账款"项目。

预付账款按实际付出的金额入账。企业按购货合同规定预付款项时,按预付金额借记"预付账款"账户,贷记"银行存款"账户。企业收到物资时,应根据发票账单等列明的应计入购入物资成本的金额,借记"材料采购""原材料""库存商品"等账户,按专用发票上注明的增值税额,借记"应交税费——应交增值税(进项税额)"账户,按应付的金额,贷记"预付账款"账户。补付货款时,借记"预付账款"账户,贷记"银行存款"账户;退回多付的款项时,借记"银行存款"账户,贷记"预付账款"账户。

【例 3-27】某企业向甲公司采购材料,按合同规定预付定金 30 000 元,以银行存款支付。该企业应编制的会计分录如下。

借：预付账款——甲公司　　　　　　　　　　　　30 000
　　贷：银行存款　　　　　　　　　　　　　　　　　　　30 000

以后收到甲公司的材料和专用发票等单据，材料价款为 45 000 元，增值税为 5 850 元，材料已验收入库。该企业应编制的会计分录如下。

借：原材料　　　　　　　　　　　　　　　　　　45 000
　　应交税费——应交增值税(进项税额)　　　　　 5 850
　　贷：预付账款——甲公司　　　　　　　　　　　　　 50 850

用银行存款补付款项 20 850 元。该企业应编制的会计分录如下。

借：预付账款——甲公司　　　　　　　　　　　　20 850
　　贷：银行存款　　　　　　　　　　　　　　　　　　　20 850

【例 3-28】 假设例 3-27 中甲公司发来的材料价款为 20 000 元，增值税为 2 600 元，退回预付货款余额 7 400 元。该企业应编制的会计分录如下。

借：原材料　　　　　　　　　　　　　　　　　　20 000
　　应交税费——应交增值税(进项税额)　　　　　 2 600
　　贷：预付账款——甲公司　　　　　　　　　　　　　 22 600
借：银行存款　　　　　　　　　　　　　　　　　 7 400
　　贷：预付账款——甲公司　　　　　　　　　　　　　　7 400

(二)其他应收款

其他应收款是指企业除应收票据、应收账款、应收股利、应收利息、预付账款以外，企业应收、暂付其他单位和个人的各种款项。其他应收款包括：应收的各种赔款、罚款；应收出租包装物的租金；应向职工收取的各种垫付款项；备用金(向企业各职能科室、车间等拨出的备用金)；存出的保证金，如租入包装物支付的押金；预付账款转入；其他各种应收、暂付款项。

为了反映和监督其他应收款的发生和结算情况，企业应设置"其他应收款"账户。该账户是资产类账户，借方登记各种其他应收款项的发生；贷方登记其他应收款项的收回；期末借方余额反映企业尚未收回的其他应收款。该账户应按其他应收款的项目分类，并按不同的债务人设置明细账，进行明细核算。企业发生其他应收款时，按应收金额借记"其他应收款"账户，贷记有关账户。收回各种款项时，借记有关账户，贷记"其他应收款"账户。期末，其他应收款需计提坏账准备。

【例 3-29】 某企业向甲公司购买物品，并借用了包装物，以银行存款支付包装物押金 800 元。该企业应编制的会计分录如下。

借：其他应收款——包装物押金(甲公司)　　　　　800
　　贷：银行存款　　　　　　　　　　　　　　　　　　　800

以后退还包装物，收回押金时，编制的会计分录如下。

借：银行存款　　　　　　　　　　　　　　　　　　800
　　贷：其他应收款——包装物押金(甲公司)　　　　　　 800

【例 3-30】 某企业因自然灾害造成材料毁损，保险公司已确认赔偿损失 100 000 元。

该企业应编制的会计分录如下。

借：其他应收款——应收保险赔款　　　　　　　　　　　100 000
　　贷：待处理财产损溢——待处理流动资产损溢　　　　　　100 000

以后收到赔款时，编制的会计分录如下。

借：银行存款　　　　　　　　　　　　　　　　　　　100 000
　　贷：其他应收款——应收保险赔款　　　　　　　　　　100 000

企业应该定期或者至少于每年年度终了，对其他应收款进行检查，预计其可能发生的坏账损失，并计提坏账准备。

五、坏账损失

(一)坏账的确认

1. 坏账及坏账损失的概念

坏账是指企业无法收回或收回的可能性极小的应收款项。因发生坏账而产生的损失，称为坏账损失。

企业确认坏账时，应具体分析各应收款项的特性、金额的大小、信用期限、债务人的信用和当时的经营情况等因素。一般来说，企业对有确凿证据表明确实无法收回的应收款项，如债务单位已撤销、破产、资不抵债、现金流量严重不足等，应根据企业管理权限，经股东大会或董事会，或经理(厂长)办公会或类似机构批准作为坏账损失。

应当指出，对已确认为坏账的应收款项，并不意味着企业放弃了对其的追索权，一旦重新收回，应及时入账。

2. 坏账损失的确认

(1) 企业应于会计期末对应收款项进行检查，具体分析各项应收款项的特性、金额的大小、信用期限、债务人的信誉和当时的经营情况等因素，确定各项应收款项的可收回性，预计可能产生的坏账损失。对预计可能产生的坏账损失，应计提坏账准备。

一般来讲，企业应收款项符合下列条件之一的，应确认为坏账。

① 因债务人破产或死亡，以其破产财产或遗产偿债后，确实不能收回；
② 因债务单位撤销、资不抵债或现金流量严重不足，确实不能收回；
③ 企业其他有确凿证据表明确实无法收回的应收款项。

除有确凿证据表明某项应收款项不能够收回或收回的可能性不大外(如债务单位已撤销、破产、资不抵债、现金流量严重不足等)，下列各种情况不能全额计提坏账准备：当年发生的应收款项；计划对应收款项进行重组；与关联方发生的应收款项；其他已逾期，但无确凿证据表明不能收回的应收款项。

(2) 企业计提坏账准备的方法由企业自行确定。企业应当制定计提坏账准备的政策，明确计提坏账准备的范围、提取方法、账龄的划分和提取比例，按照管理权限，经股东大会或董事会，或经理(厂长)办公会或类似机构批准，并按照法律、行政法规的规定报有关各方备案。

坏账准备计提方法一经确定，不得随意变更。如需变更，应按会计估计变更的程序和方法进行处理,并在会计报表附注中予以说明。在确定坏账准备的计提比例时,企业应根据以往的经验、债务单位的实际财务状况、现金流量等相关信息予以合理估计。

(3) 企业应当根据应收款项的实际可收回情况,合理计提坏账准备,不得多提或少提,否则视为重大会计差错进行会计处理。比如,企业滥用国家统一的会计制度给予的会计政策,不按规定的方法估计应收款项可能发生的坏账损失,而是大量计提坏账准备,甚至全额计提坏账准备。这样做的主要意图在于,待以后年度再转回多计提的坏账准备,从而可以增加以后年度的利润。这实质上是利用会计政策设置秘密准备,以达到操纵利润的目的。这种情况应作为重大会计差错进行会计处理。

(二)坏账损失的核算

坏账的核算方法一般有两种:直接转销法和备抵法。我国企业会计准则要求企业采用备抵法核算坏账损失。

1. 直接转销法

直接转销法是指日常核算中对于应收款项可能发生的坏账损失不予考虑,当实际发生坏账时,才确认坏账损失,并直接计入当期损益,同时注销相应的应收款项。

【例 3-31】 A 企业欠 B 企业的账款 20 000 元,断定无法收回,确认为坏账。B 企业应编制的会计分录如下。

借:信用减值损失　　　　　　　　　　　　20 000
　　贷:应收账款　　　　　　　　　　　　　　　20 000

若在以后会计期间收回这 20 000 元应收账款并存入银行,则编制会计分录如下。

借:应收账款　　　　　　　　　　　　　　20 000
　　贷:信用减值损失　　　　　　　　　　　　　20 000
借:银行存款　　　　　　　　　　　　　　20 000
　　贷:应收账款　　　　　　　　　　　　　　　20 000

采用这种方法确认资产减值损失的优点是会计处理比较简单,但其处理方法不符合权责发生制、配比原则和谨慎性原则,造成会计前期虚增资产和利润。

2. 备抵法

备抵法是指按期估计可能发生的坏账损失,形成坏账准备,当某一时期发生坏账时,应根据其金额冲减坏账准备,同时转销相应的应收款项金额的一种核算方法。

企业采用备抵法核算坏账损失时,应设置"坏账准备"账户,用以反映坏账准备的提取及使用情况。企业计提坏账准备时,贷记该账户;实际发生坏账时,借记该账户。

估计坏账损失的方法有账龄分析法、应收款项余额百分比法、销货百分比法等,前两种方法称为余额百分比法。

采用余额百分比法计提坏账准备时,当期应提取的坏账准备可按下列公式计算:

当期应提取的坏账准备=当期应收款项余额×估计坏账损失率−"坏账准备"账户的
贷方余额(或+"坏账准备"账户的借方余额)

1) 应收款项余额百分比法

应收款项余额百分比法,是根据会计期末应收款项的余额和估计的坏账损失率,确认坏账损失，计提坏账准备的方法。

(1) 计提坏账准备时：借记"信用减值损失"账户，贷记"坏账准备"账户。
(2) 发生坏账时：借记"坏账准备"账户，贷记"应收账款"账户。
(3) 已发生的坏账又收回时：借记"应收账款"账户，贷记"坏账准备"账户，同时，借记"银行存款"账户，贷记"应收账款"账户。
(4) 冲销已计提的坏账准备时：借记"坏账准备"账户，贷记"信用减值损失"账户。

【例3-32】某企业从20×1年开始计提坏账准备。20×1年年末应收账款余额为1 200 000元，该企业坏账准备的提取比例为5‰，则20×1年年末应计提的坏账准备为：坏账准备提取额=1 200 000×5‰=6 000(元)。该企业应编制的会计分录如下。

借：信用减值损失——计提的坏账准备　　　　6 000
　　贷：坏账准备　　　　　　　　　　　　　　　　6 000

20×2年11月，企业发现有1 600元的应收账款无法收回，按有关规定确认为坏账损失。该企业应编制的会计分录如下。

借：坏账准备　　　　　　　　　　　　　　　1 600
　　贷：应收账款　　　　　　　　　　　　　　　　1 600

20×2年12月31日，该企业应收账款余额为1 440 000元。按本年年末应收账款余额计算应计提的坏账准备全额(即坏账准备的余额)为：1 440 000×5‰=7 200(元)。

年末计提坏账准备前，"坏账准备"账户的贷方余额为：6 000-1 600=4 400(元)
年末应补提的坏账准备金额为：7 200-4 400=2 800(元)。该企业应编制的会计分录如下。

借：资产减值损失——计提的坏账准备　　　　2 800
　　贷：坏账准备　　　　　　　　　　　　　　　　2 800

20×3年5月20日，接银行通知，企业上年度已冲销的1 600元坏账又收回，款项已存入银行。该企业应编制的会计分录如下。

借：应收账款　　　　　　　　　　　　　　　1 600
　　贷：坏账准备　　　　　　　　　　　　　　　　1 600
借：银行存款　　　　　　　　　　　　　　　1 600
　　贷：应收账款　　　　　　　　　　　　　　　　1 600

20×3年12月31日，企业应收账款余额为1 000 000元。本年年末坏账准备余额应为1 000 000×5‰=5 000(元)。

至年末，计提坏账准备前的"坏账准备"账户的贷方余额为：7 200+1 600=8 800(元)
年末应冲销多提的坏账准备金额为：8 800-5 000=3 800(元)。该企业应编制的会计分录如下。

借：坏账准备　　　　　　　　　　　　　　　3 800
　　贷：资产减值损失——计提的坏账准备　　　　3 800

2) 账龄分析法
账龄分析法，是根据应收款项账龄的长短来估计坏账的方法。账龄是指客户所欠账款的时间。虽然应收账款能否收回以及能收回多少，不一定完全取决于时间的长短，但一般来说，账龄越长发生坏账的可能性就越大。

【例3-33】某企业20×6年12月31日应收账款账龄及估计的坏账损失如表3-2所示。

表 3-2　应收账款账龄分析表　　　　　　　　　　　　　　　单位：元

应收账款账龄	应收账款金额	估计损失(%)	估计损失金额
1年以内	60 000	5	3 000
1～2年以内(含1年)	40 000	10	4 000
2～3年以内(含2年)	30 000	30	9 000
3年以上(含3年)	10 000	100	10 000
合　　计	140 000		26 000

如表3-2所示，该企业20×6年12月31日估计的坏账损失为26 000元，所以，"坏账准备"账户的账面余额应为26 000元。

假设在20×6年12月31日估计坏账损失前，"坏账准备"账户有贷方余额24 000元，则该企业还应计提2 000(26 000-24 000)元。该企业应编制的会计分录如下。

　　借：信用减值损失——计提的坏账准备　　　　　　2 000
　　　　贷：坏账准备　　　　　　　　　　　　　　　　　　2 000

再假设20×6年12月31日在估计坏账损失前，"坏账准备"账户有贷方余额29 000元，则该企业应冲减3 000(29 000-26 000)元。该企业应编制的会计分录如下。

　　借：坏账准备　　　　　　　　　　　　　　　　　3 000
　　　　贷：信用减值损失——计提的坏账准备　　　　　　3 000

备抵法弥补了直接转销法的不足，符合权责发生制、配比原则和谨慎性原则的要求，它一方面将预计不能收回的应收款项作为坏账及时计入当期损益，避免企业虚增利润；另一方面在资产负债表上列示应收款项净额，避免企业虚列资产，能更真实地反映企业的财务状况，有利于加快企业资金周转，提高经济效益。

【思政与德育】

守法、诚信不可少——会计"吃"走110万公款

2006年新年来临，25岁的彭州市教育和体育局原会计王祝成，在父母及妻子的陪同下到检察院投案自首，坦白自己贪污公款110万元后潜逃78天的犯罪事实。据了解，王祝成出逃的每一天都惶惶不可终日，常常做噩梦。

2005年10月31日，彭州市教育和体育局设备室出纳和会计在银行取款时，被银行告知账户上的款项已被划走。11月29日，彭州市检察院接到该局报案称，会计王祝成涉嫌贪污巨款后出走，杳无音讯。

检察官立即对王祝成经手的账目进行全面清理，并通过警方发布网上追逃信息。很快，检察官查清并提取到王祝成涉嫌贪污公款110万元的相关证据。证据显示，2004年8月至2005年10月，王祝成利用自己保管银行空白现金支票、财务专用章的便利，擅自开出现金支票，偷盖设备室主任印鉴和单位公章，并利用平日的工作之便获取了出纳的取款密码，先后26次从银行提取彭州市教育和体育局设备室账户资金110万元。

资料来源：网易新闻，《会计"吃"走110万公款逃亡78天自首》

第三章 货币资金与应收款项

思 政 感 悟

思政感悟见右侧二维码。

小知识(见右侧二维码)

电子货币、数字货币和虚拟货币的区别?
1. 电子货币
2. 数字货币
3. 虚拟货币

自 测 题

一、单项选择题

1. 企业将款项汇往异地银行开立采购专户,编制该业务的会计分录时应当(   )。
    A. 借记"应收账款"科目,贷记"银行存款"科目
    B. 借记"其他货币资金"科目,贷记"银行存款"科目
    C. 借记"其他应收款"科目,贷记"银行存款"科目
    D. 借记"材料采购"科目,贷记"其他货币资金"科目

2. 某企业销售商品一批,增值税专用发票上注明的价款为60万元,适用的增值税税率为13%,为购买方代垫运杂费2万元,款项尚未收回。该企业确认的应收账款为(   )万元。
    A. 60   B. 62   C. 67.8   D. 69.8

3. 某企业在2020年10月8日销售商品100件,增值税专用发票上注明的价款为10 000元,增值税额为1 300元。企业为了及早收回货款而在合同中规定的现金折扣条件为:2/10,1/20,n/30。假定计算现金折扣时不考虑增值税,如买方2020年10月14日付清货款,该企业实际收款金额应为(   )元。
    A. 11 074   B. 11 100   C. 11 583   D. 11 600

4. 预付款项情况不多的企业,可以不设置"预付账款"科目,预付货款时,借记的会计科目是(   )。
    A. "应收账款"   B. "预收账款"
    C. "其他应收款"   D. "应付账款"

5. 企业已计提坏账准备的应收账款确实无法收回,按管理权限报经批准作为坏账转销时,应编制的会计分录是(   )。
    A. 借记"信用减值损失"科目,贷记"坏账准备"科目
    B. 借记"管理费用"科目,贷记"应收账款"科目

C. 借记"坏账准备"科目，贷记"应收账款"科目
D. 借记"坏账准备"科目，贷记"信用减值损失"科目

6. 长江公司2020年2月10日销售商品应收大海公司的一笔应收账款1 200万元，2020年6月30日计提坏账准备150万元，2020年12月31日，该笔应收账款的未来现金流量现值为850万元。2020年12月31日，该笔应收账款应计提的坏账准备为(　　)万元。
   A. 300　　　　B. 200　　　　C. 350　　　　D. 250

7. 应通过"应收票据"科目核算的票据有(　　)。
   A. 银行本票　　B. 银行汇票　　C. 支票　　　　D. 商业承兑汇票

8. 某企业对基本生产车间所需备用金采用定额备用金制度，当基本生产车间报销日常管理支出而补足其备用金定额时，应借记的会计科目是(　　)。
   A. "其他应收款"　　　　　　　B. "其他应付款"
   C. "制造费用"　　　　　　　　D. "生产成本"

9. "坏账准备"科目借方发生额反映(　　)。
   A. 实际发生的坏账损失　　　　B. 尚未动用的坏账准备
   C. 提取的坏账准备　　　　　　D. 收回已作为坏账核销的应收账款

10. 某企业年末应收账款余额为500 000元，"坏账准备"科目贷方余额为2 000元，按3‰提取坏账准备，则应冲减的坏账准备为(　　)元。
    A. 1 500　　　B. 2 000　　　C. 3 500　　　D. 500

11. 对于银行已经入账而企业尚未入账的未达账项，企业应当(　　)。
    A. 在编制"银行存款余额调节表"的同时入账
    B. 根据"银行对账单"记录的金额入账
    C. 根据"银行对账单"编制自制凭证入账
    D. 待结算凭证到达后入账

12. 甲公司2020年7月6日销售产品一批，货款为1 000万元，增值税税率为13%，该公司为增值税一般纳税人。销售当日甲公司收到购货方寄来的一张5个月到期的商业承兑汇票，则甲公司应收票据的入账金额是(　　)万元。
    A. 1 034　　　B. 870　　　　C. 1 130　　　D. 1 000

13. 当企业预付货款小于采购货物所需支付的款项时，应将不足部分补付，借记(　　)科目，贷记"银行存款"科目。
    A. 预付账款　　B. 应付账款　　C. 其他应付款　　D. 其他应收款

14. 2020年12月初某企业"应收账款"科目借方余额为300万元，相应的"坏账准备"科目贷方余额为20万元，本月实际发生坏账损失6万元，2020年12月31日经减值测试，该企业应补提坏账准备11万元。假定不考虑其他因素，2020年12月31日该企业资产负债表中"应收账款"项目的金额为(　　)万元。
    A. 269　　　　B. 274　　　　C. 275　　　　D. 280

15. 下列各项中，在确认销售收入时不影响应收账款入账的金额是(　　)。
    A. 销售价款　　　　　　　　　B. 增值税销项税额
    C. 现金折扣　　　　　　　　　D. 销售产品代垫的运杂费

二、多项选择题

1. 编制银行存款余额调节表时，下列未达账项中，会导致企业银行存款日记账的账面余额小于银行对账单余额的有(　　)。
   A. 企业开出支票，银行尚未支付
   B. 企业送存支票，银行尚未入账
   C. 银行代收款项，企业尚未接到收款通知
   D. 银行代付款项，企业尚未接到付款通知

2. 根据承兑人不同，商业汇票分为(　　)。
   A. 商业承兑汇票   B. 银行承兑汇票
   C. 银行本票   D. 银行汇票

3. 下列事项中，通过"其他应收款"科目核算的有(　　)。
   A. 应收的各种赔款、罚款   B. 应收的出租包装物租金
   C. 存出保证金   D. 企业代购货单位垫付包装费、运杂费

4. 下列各项中，应计提坏账准备的有(　　)。
   A. 应收账款   B. 应收票据
   C. 预付账款   D. 其他应收款

5. 下列各项中，会引起应收账款账面价值发生变化的有(　　)。
   A. 计提坏账准备   B. 收回应收账款
   C. 转销坏账准备   D. 收回已转销的坏账

6. 下列各项中，应记入"坏账准备"科目贷方的有(　　)。
   A. 提取坏账准备   B. 冲回多提的坏账准备
   C. 收回以前确认并转销的坏账 D. 备抵法下实际发生的坏账

7. 出纳人员不能兼任的工作有(　　)。
   A. 稽核   B. 会计档案保管
   C. 收入账目的工作   D. 债权账目的登记工作

8. 下列各项中，构成应收账款入账价值的有(　　)。
   A. 销售商品时尚未收到的价款 B. 代购货方垫付的包装费
   C. 代购货方垫付的运杂费   D. 销售商品发生的商业折扣

9. 下列各项中，应通过"其他应收款"科目核算的内容有(　　)。
   A. 应收保险公司的赔款   B. 代购货单位垫付的运杂费
   C. 应收出租包装物的租金   D. 向职工收取的各种垫付款项

10. 下列各项中减少应收账款账面价值有(　　)。
    A. 计提坏账准备   B. 收回转销的应收账款
    C. 收回应收账款   D. 转销无法收回的采用备抵法的应收账款

11. 现金日记账应根据(　　)登记。
    A. 现金收款凭证   B. 现金付款凭证
    C. 银行存款收款凭证   D. 银行存款付款凭证

12. 现金短缺的会计核算中有可能涉及的科目是(　　)。

A. 待处理财产损溢　　　　　　B. 营业外支出
C. 管理费用　　　　　　　　　D. 其他应收款

13. 企业现金清查的主要内容有(　　)。
    A. 是否存在贪污或挪用　　　　B. 是否存在白条抵库
    C. 是否存在未达账项　　　　　D. 是否存在超限额库存现金

14. 关于现金管理，下列说法正确的有(　　)。
    A. 在国家规定的范围内使用现金结算
    B. 库存限额一经确定，不得变更
    C. 收入的现金必须当天送存银行
    D. 必须每天登记现金日记账

15. 企业银行存款科目的余额与银行科目中企业存款的余额不一致的原因有(　　)。
    A. 存在未达账项　　　　　　　B. 存在记账错误
    C. 报表编制错误　　　　　　　D. 以上都正确

三、判断题

1. 现金清查中，对于无法查明原因的现金短缺，经批准后应计入营业外支出。(　　)
2. 企业银行存款账面余额与银行对账单余额因未达账项存在差额时，应按照银行存款余额调节表调整银行存款日记账。(　　)
3. 企业应收款项发生减值时，应将该应收款项账面价值高于预计未来现金流量现值的差额，确认为减值损失，计入当期损益。(　　)
4. 在存在商业折扣的情况下，企业应收账款入账金额应按扣除商业折扣后的实际售价确认。(　　)
5. 如果已确认并转销的坏账以后又收回，则不影响收回当期应收账款的账面价值。(　　)
6. 平时"坏账准备"账户既可以是借方余额，也可以是贷方余额，但是会计期末"坏账准备"账户一定为贷方余额，并且等于本期估计坏账损失。(　　)
7. 银行存款余额调节表不仅为了核对账目，还应作为调整银行存款账面余额的原始凭证。(　　)
8. 企业可以直接用当日收到的销售收入款项来报销差旅费。(　　)
9. 应收和预收款项属于企业的短期债权。(　　)
10. 某企业银行存款期初借方余额为10万元，本期借方发生额为5万元，本期贷方发生额为3万元，则期末借方余额为12万元。(　　)

四、业务处理题

1. 2020年5月，甲公司发生以下业务：
(1) 5月6日，从银行提取现金90 000元，以备发放本月工资。
(2) 5月7日，以现金支付业务招待费340元。
(3) 5月9日，以现金发放工资90 000元。
(4) 5月28日，张兰出差预借差旅费900元，以现金支付。

(5) 5月29日，对现金清查，溢余236元。
(6) 5月31日，溢余的现金236元无法查明原因。
(7) 5月31日，张兰出差回来，报销差旅费750元，余款退回。

要求：
(1) 根据上述业务编制会计分录。
(2) 甲公司月初库存现金余额为1 500元，计算库存现金月末余额。

2. 2020年6月30日，甲企业月末银行存款日记账余额为19 825元，比银行对账单多1 370元，经逐笔核对，发现有以下未达账项及错误记录。
(1) 银行代企业收取货款4 900元，企业尚未入账。
(2) 银行代付水电费2 450元，企业尚未入账。
(3) 企业收入转账支票一张，价值10 420元，尚未送交银行。
(4) 企业开出转账支票7 500元，银行尚未入账。
(5) 企业将存款收入7 800元误记为8 700元(记账凭证无误)。

要求：编制银行存款余额调节表。

3. 2020年1月1日，甲企业应收账款余额为3 000万元，坏账准备余额为150万元。2020年度，甲企业发生了如下相关业务。
(1) 销售商品一批，增值税专用发票上注明的价款为5 000万元，增值税税额为650万元，货款尚未收到。
(2) 因某客户破产，该客户所欠货款10万元不能收回，确认为坏账损失。
(3) 收回上年度已转销为坏账损失的应收账款8万元并存入银行。
(4) 收到某客户以前所欠货款4 000万元并存入银行。
(5) 2020年12月31日，甲企业对应收账款进行减值测试，确定按5%计提坏账准备。

要求如下：
(1) 编制2020年确认坏账损失的会计分录。
(2) 编制收到上年度已转销为坏账损失的应收账款的会计分录。
(3) 计算2020年年末"坏账准备"科目余额。
(4) 编制2020年年末计提坏账准备的会计分录。

(答案中的金额单位用万元表示)

4. 某企业按照应收账款余额的3%提取坏账准备。该企业第一年末的应收账款余额为100 000元；提取坏账准备前"坏账准备"科目余额为0。第二年发生坏账6 000元，其中甲单位1 000元，乙单位5 000元，年末应收款余额为1 200 000元；第三年，已冲销的上年乙单位的应收账款5 000元又收回，期末应收账款余额为1 300 000元。

要求：根据上述材料，计算企业每年提取的坏账准备，并编制有关会计分录。

参 考 答 案

参考答案见右侧二维码。

第四章 存 货

【学习要点及目标】

本章主要介绍存货的会计核算。通过学习本章内容，要求学生掌握存货取得成本的确定、发出存货的计价方法、原材料的实际成本法、委托加工物资及存货期末计量的核算；熟悉和理解库存商品的核算、原材料的计划成本法、存货的盘存制度以及存货可变现净值的确定；了解存货的概念及分类。

【知识框架图】

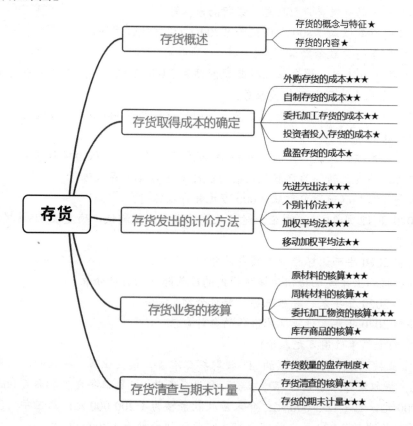

第一节 存货概述

一、存货的概念与特征

(一)存货的概念

存货是指企业在日常活动中持有的以备出售的产成品或商品，处在生产过程中的在产品，在生产过程或提供劳务过程中耗用的材料、物料等。存货包括各类材料、商品、在产品、半成品、产成品以及包装物、低值易耗品、委托加工物资等。

(二)存货的特征

存货具有明显的流动性，属于企业的流动资产。在大多数企业中，存货在流动资产中占有较大比重，是流动资产的重要组成部分。与其他资产相比，存货具有以下特征。

(1) 存货是有形资产。

(2) 存货具有较强的流动性。在企业中，存货经常处于不断销售、耗用、购买或重置中，具有较快的变现能力和明显的流动性。

(3) 存货具有实效性和发生潜在损失的可能性。在正常的生产经营活动下，存货能够有规律地转换为货币资产或其他资产，但长期不能耗用的存货有可能变为积压物资或被降价销售，从而造成企业的损失。

按照存货准则的规定，存货同时满足下列条件的，才能予以确认。

(1) 与该存货有关的经济利益很可能流入企业；

(2) 该存货的成本能够可靠地计量。

某项资产要确认为存货，首先要符合存货的概念，在此前提下，应当符合上述存货确认的两个条件。

确定存货的范围时应特别注意以下几点。

第一，关于代销商品的归属。代销商品在售出之前应作为委托方的存货处理。但为了使受托方加强对代销商品的核算和管理，存货会计准则也要求受托方对其受托代销的商品纳入账内核算，同时确认一项负债。

第二，关于在途商品的处理。对于销售方按销售合同协议规定已确认销售，而尚未发运给购货方的商品，应作为购货方的存货；对于购货方已收到商品但尚未收到销货方结算发票等的商品，应作为购货方的存货；对于购货方已经确认购进而尚未到达入库的在途商品，应作为购货方的存货处理。

第三，对于约定未来购入的商品，不能作为购入方的存货处理。

二、存货的内容

企业的存货通常包括以下内容。

(一)原材料

原材料是指企业在生产过程中经加工改变其形态或性质并构成产品主要实体的各种原料及主要材料、辅助材料、外购半成品(外购件)、修理用备件(备品备件)、包装材料、燃料等。为建造固定资产等各项工程而储备的各种材料，由于用于建造固定资产等各项工程，不符合存货的定义，因此不能作为企业的存货进行核算。

(二)在产品

在产品是指企业正在制造的尚未完工的产品，包括正在各个生产工序加工的产品，以及已加工完毕但尚未检验或已检验但尚未办理入库手续的产品。

(三)半成品

半成品是指经过一定生产过程并已检验合格交付半成品仓库保管，但尚未制造完工成为产成品，仍需进一步加工的中间产品。

(四)产成品

产成品是指工业企业已经完成全部生产过程并验收入库，可以按照合同规定的条件送交订货单位或者可以作为商品对外销售的产品。企业接受外来原材料加工制造的代制品和为外单位加工修理的代修品，制造和修理完成验收入库后，应视同企业的产成品。

(五)商品

商品是指商品流通企业外购或委托加工完成验收入库用于销售的各种产品。

(六)周转材料

周转材料是指企业能够多次使用，逐渐转移其价值但仍保持原有形态不确认为固定资产的材料，如包装物和低值易耗品，企业(建造承包商)的钢模板、木模板、脚手架和其他周转材料等。其中，包装物是指为了包装本企业商品而储备的各种包装容器，如桶、箱、瓶、坛、袋等，其主要作用是盛装、装潢产品或商品；低值易耗品是指不符合固定资产确认条件的各种用具物品，如工具、管理用具、玻璃器皿、劳动保护用品以及在经营过程中周转使用的容器等，其特点是单位价值较低，或使用期限相对于固定资产较短，在使用过程中保持其原有实物形态基本不变。

(七)委托代销商品

委托代销商品是指企业委托其他单位代销的商品。

(八)委托加工物资

委托加工物资是指企业委托外单位加工的存货，包括各种原材料、包装物、低值易耗品、半成品、产成品、商品等物资。

第二节　存货取得成本的确定

存货应当按照成本进行初始计量。存货成本包括外购存货的采购成本、自制存货的加工成本、委托加工存货的成本、投资者投入存货成本、盘盈存货成本等。企业取得的各种存货，应当按取得时的实际成本入账。存货实际成本的构成，因存货取得方式的不同而有所不同。

第四章 存货

一、外购存货的成本

外购的存货，其成本由采购成本构成。存货的采购成本，包括购买价款、相关税费、运输费、装卸费、保险费以及其他可归属于存货采购成本的费用。

其中，其他可归属于存货采购成本的费用是指采购成本中除上述各项以外的可归属于存货采购的费用，如在存货采购过程中发生的仓储费、包装费、运输途中的合理损耗、入库前的挑选整理费用等。

商品流通企业在采购商品过程中发生的运输费、装卸费、保险费以及其他可归属于存货采购成本的费用等进货费用，应当计入存货采购成本，也可先进行归集，期末再根据所购商品的存销情况进行分摊。对于已售商品的进货费用，计入当期损益；对于未售商品的进货费用，计入期末存货成本。企业采购商品的进货费用金额较小的，可以在发生时直接计入当期损益。

(一)采购价格

采购价格是指企业购入的材料或商品的发票账单上列明的价款，但不包括按规定可以抵扣的增值税额。

(二)相关税费

相关税费是指企业购买存货发生的进口关税、消费税、资源税和不能从销项税额中抵扣的增值税进项税额以及相应教育费附加等应计入存货采购成本的税费。

(三)其他可归属于存货采购成本的费用

其他可归属于存货采购成本的费用，一般是指为使外购存货达到预定可使用状态所支付的除采购价格以及相关税费以外的费用，包括运输费、装卸费、保险费、包装费、仓储费、运输途中的合理损耗、入库前的挑选整理费用等。

仓储费是指企业在存货采购入库后发生的储存费用，应在发生时计入当期损益。但是，在生产过程中为了达到下一个生产阶段所必需的仓储费用应计入存货成本。如某种酒类产品生产企业为使生产的酒达到规定的产品质量标准而必须发生的仓储费用，应计入酒的成本，而不应计入当期损益。

运输途中的合理损耗，是指商品在运输过程中因商品性质、自然条件及技术设备等因素，所发生的自然的或不可避免的损耗。例如汽车在运输煤炭、化肥等的过程中自然散落以及易挥发产品在运输过程中的自然挥发。

入库前的挑选整理费用包括挑选整理中发生的工费支出和必要的损耗。存货入库后发生的费用作为期间费用处理。

二、自制存货的成本

自制存货的成本为产品的生产成本，包括生产过程中耗用的直接材料和存货的加工成本。存货的加工成本是指存货在加工过程中发生的追加费用，包括直接人工以及按照一定方法分配的制造费用。直接人工是指企业在生产产品和提供劳务过程中发生的直接从事产品生产和劳务提供人员的职工薪酬;制造费用是指企业为生产产品和提供劳务而发生的各项间接费用。

企业在存货加工过程中发生的直接人工和制造费用,如果能够直接计入有关的成本核算对象,应直接计入;否则,应按照一定方法分配计入有关成本核算对象。分配方法一经确定,不得随意变更。存货加工成本在于产品和完工产品之间的分配,应通过成本核算方法进行计算确定。

三、委托加工存货的成本

企业委托外单位加工的存货,以加工过程中实际耗用的材料或半成品的实际成本、加工费用和往返运杂费及应负担的税金等作为实际成本。

四、投资者投入存货的成本

投资者投入的存货,应按照投资合同或协议约定的价值确定,但合同或协议约定不公允的除外。

五、盘盈存货的成本

盘盈的存货,以同类或类似存货的市场价格即重置成本,作为实际成本。

第三节　存货发出的计价方法

存货发出的计价方法是指对发出存货和每次发出后的结存存货价值的计算确定方法。发出存货价值的确定是否正确,直接影响到当期损益、有关税金及各期期末存货价值的确定,从而影响到资产负债表中的相关项目。按照《企业会计准则——存货》的规定,在实际成本法下,存货发出的计价方法包括先进先出法、个别计价法、加权平均法、移动加权平均法等。企业应当根据各类存货的实物流转方式、企业管理的要求、存货的性质等实际情况,合理地选择适当的存货发出的计价方法,以便正确计算当期存货的实际成本。存货计价方法一经确定,前后各期应当保持一致,并在会计报表附注中予以披露。

一、先进先出法

先进先出法是以先购入的存货应先发出这样一种存货实物流转假设为前提,对发出存货进行计价的方法。采用这种方法,先购入的存货成本在后购入存货成本之前转出,据此确定发出存货和期末存货的成本。

先进先出法便于日常计算发出存货及结存存货的成本,但在存货收发业务频繁、单价经常变动的情况下,企业计算的工作量较大。另外,期末存货成本比较接近现行的市场价值,优点是企业不随意挑选存货价格以调整当期利润,但当物价上涨时,用早期较低的成本与现行收入相配比,会高估企业当期利润,反之则低估当期利润。

【例 4-1】 假设某企业 2020 年 7 月份乙材料收发结存资料如表 4-1 所示,采用先进先出法计算甲材料发出金额和结存金额,如表 4-2 所示。

表 4-1 乙材料收发结存资料

业　务	收　入		发出数量/千克	结存数量/千克
	数量/千克	单价/元		
7 月 1 日存货				1 500(单价 10 元)
7 月 2 日发出			800	700
7 月 8 日购入	1 000	11.75		1 700
7 月 10 日发出			1 200	500
7 月 18 日购入	1 500	11.5		2 000
7 月 25 日发出			1 000	1 000

表 4-2 材料明细分类账(先进先出法)

名称及规格:乙材料

2020 年		凭证字号	摘要	收　入			发　出			结　存		
月	日			数量	单价	金额	数量	单价	金额	数量	单价	金额
7	1	略	月初结存							1 500	10	15 000
	2		发出				800	10	8 000	700	10	7 000
	8		购入	1 000	11.75	11 750				700 1 000	10 11.75	7 000 11 750
	10		发出				700 500	10 11.75	7 000 5 875	500	11.75	5 875
	18		购入	1 500	11.50	17 250				500 1 500	11.75 11.50	5 875 17 250
	25		发出				500 500	11.75 11.50	5 875 5 750	1 000	11.50	11 500
	31		本月合计	25 00		29 000	3 000		32 500	1 000	11.50	11 500

注:单价为元/千克;金额为元;数量为千克。

由表 4-2 可以得出,本月发出原材料的成本为:

(800×10)+(700×10+500×11.75)+(500×11.75+500×11.50)
=8 000+7 000+5 875+5 875+5 750=32 500(元)

月末结存成本为:

15 000+29 000−32 500=11 500(元)

二、个别计价法

个别计价法,亦称个别认定法、具体辨认法、分批实际法,采用这一方法是假定存货具体项目的实物流转与成本流转相一致,按照各种存货逐一辨认各批发出存货和期末存货所属的购进批别或生产批别,分别按其购入或生产时所确定的单位成本作为计算各批发出存货和期末存货的成本。

采用这种方法,能准确计算发出存货和期末存货的成本,但须分批认定和记录存货的批次及各批次的单价、数量,工作量较大;另外,容易出现企业随意选用较高或较低价格的存货以调整当期利润的现象。个别计价法一般适用于不能替代使用的存货,以及为特定项目专门购入或制造的存货,如珠宝、名画等贵重的物品。

【例 4-2】 仍以例 4-1 的资料为例,假设月初只结存一批次的材料,7 月 2 日发出材料是月初结存存货;7 月 10 日发出材料 1 200 千克,其中 600 千克是月初结存的存货,另外 600 千克是 7 月 8 日购入的存货;7 月 25 日发出的材料均是 7 月 18 日购入的存货。采用个别计价法计算乙材料的发出成本和结存成本,如表 4-3 所示。

表 4-3 材料明细分类账(个别计价法)

名称及规格:乙材料

2020年		凭证字号	摘要	收入			发出			结存		
月	日			数量	单价	金额	数量	单价	金额	数量	单价	金额
7	1	略	月初结存							1 500	10	15 000
	2		发出				800	10	8 000	700	10	7 000
	8		购入	1 000	11.75	11 750				700	10	7 000
										1 000	11.75	11 750
	10		发出				600	10	6 000	100	10	1 000
							600	11.75	7 050	400	11.75	4 700
	18		购入	1 500	11.50	17 250				100	10	1 000
										400	11.75	4 700
										1 500	11.50	17 250
	25		发出				1 000	11.50	11 500	100	10	1 000
										400	11.75	4 700
										500	11.50	5 750
	31		本月合计	2 500		29 000	3 000		32 550	100	10	1 000
										400	11.75	4 700
										500	11.50	5 750

注:单价为元/千克;金额为元;数量为千克。

三、加权平均法

加权平均法,亦称全月一次加权平均法,是指以本月全部进货数量加上月初存货数量作为权数,减去当月全部进货成本加上月初存货成本,计算出存货的加权平均单位成本,以此为基础计算当月发出存货的成本和期末存货的成本的一种方法。计算存货的加权平均单位成本的公式为

存货加权平均单位成本=(月初库存存货的实际成本+∑本月各批进货的实际单位成本×本月各批进货的数量)/(月初库存存货数量+本月各批进货数量)

发出存货的成本=本月发出存货的数量×存货加权平均单位成本

本月月末库存存货成本=月末库存存货的数量×存货加权平均单位成本

采用加权平均法能简化核算工作，而且在市场价格上涨或下跌时计算出来的单位成本平均化，对存货成本的分摊较为平均。但采用这种方法全部计算工作集中在月末进行，平时不能从账上反映发出和结存存货的单价及金额，不利于加强对存货的管理。

【例4-3】 以例4-1的资料为例，采用加权平均法计算乙材料发出成本和期末结存成本，如表4-4所示。

表4-4 材料明细分类账(加权平均法)

名称及规格：乙材料

2020年		凭证字号	摘要	收入			发出			结存		
月	日			数量	单价	金额	数量	单价	金额	数量	单价	金额
7	1	略	月初结存							1 500	10	15 000
	2		发出				800			700		
	8		购入	1 000	11.75	11 750				1 700		
	10		发出				1 200			500		
	18		购入	1 500	11.50	17 250				2 000		
	25		发出				1 000			1 000		
	31		本月合计	2 500		29 000	3 000	11	33 000	1 000	11	11 000

注：单价为元/千克；金额为元；数量为千克。

加权平均单位成本=(15 000+29 000)/(1 500+2 500)=11(元)

本月发出材料成本=3 000×11=33 000(元)

月末结存成本=1 000×11=11 000(元)

四、移动加权平均法

移动加权平均法，是指以本次进货的成本加上原有库存存货的成本，除以本次进货数量与原有库存存货的数量之和，据以计算加权平均单位成本，作为计算发出存货成本依据的一种方法。计算存货的移动加权平均单位成本的公式为

移动加权平均单位成本=(原有库存存货的实际成本+本次进货的实际成本)/(原有库存存货的数量+本次进货的数量)

本次发出存货的成本=本次发出存货的数量×本次发出存货前存货的加权平均单位成本

本月月末库存存货成本=月末库存存货的数量×本月月末存货加权平均单位成本

采用移动加权平均法能及时并比较客观地反映发出及结存存货的成本，但由于每次收货后都要计算一次平均单位成本，因此计算工作量较大。

【例4-4】 仍以例4-1的资料为例，采用移动加权平均法计算乙材料发出成本和结存成本，如表4-5所示。

表 4-5 材料明细分类账(移动加权平均法)

名称及规格：乙材料

2020年		凭证字号	摘要	收入			发出			结存		
月	日			数量	单价	金额	数量	单价	金额	数量	单价	金额
7	1	略	月初结存							1 500	10	15 000
	2		发出				800	10	8 000	700	10	7 000
	8		购入	1 000	11.75	11 750				1 700	11.03	18 750
	10		发出				1 200	11.03	13 236	500	11.03	5 514
	18		购入	1 500	11.50	17 250				2 000	11.38	22 764
	25		发出				1 000	11.38	11 380	1 000	11.38	11 384
	31		本月合计	2 500		29 000	3 000	11	32 615	1 000	11.38	11 384

第一批发出材料的成本=800×10=8 000(元)
发货后结存的材料成本=700×10=7 000(元)
第一批购入材料后的平均单位成本=(7 000+11 750)/(700+1 000)≈11.03(元)
第二批发出材料的成本=1 200×11.03=13 236(元)
第二批发货后结存的材料成本=18 750-13 236=5 514(元)
第二批购入材料后的平均单位成本=(5 515+17 250)/(500+1 500)≈11.38(元)
第三批发出材料的成本=1 000×11.38=11 380(元)
第三批发货后结存的材料成本=22 764-11 380=11 384(元)
本月发出材料成本=8 000+13 236+11 380=32 615(元)
月末结存成本为 11 304 元。

第四节　存货业务的核算

存货业务的核算一般有两种方法：一是按实际成本核算；二是按计划成本核算。企业可以根据自身的生产经营特点和管理的要求，选择其中一种方法进行核算。下面以原材料为例讲述存货业务的实际成本与计划成本核算。

一、原材料的核算

(一)原材料按实际成本核算

原材料是指企业库存的各种材料，包括原料及主要材料、辅助材料、外购半成品、修理用备件、包装材料、燃料等。

原材料按实际成本计价核算的特点是从原材料的收发凭证到明细分类账和总分类账全部按实际成本计价。

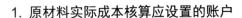

1. 原材料实际成本核算应设置的账户

在实际成本法下，取得的原材料应通过"原材料""在途物资""应付账款""应付票据""预付账款"等账户核算。

"原材料"账户是用来核算各种原材料的增减变动及结余情况的资产类账户。其借方登记入库原材料的实际成本；贷方登记发出原材料的实际成本；期末借方余额为库存原材料的实际成本。该账户应按材料的保管地点(仓库)、材料类别和规格设置材料明细账，进行明细分类核算。

"在途物资"账户是用来核算企业已付款，尚未验收入库的材料等存货的资产类账户。其借方登记已付款尚未验收入库的各种物资的实际成本；贷方登记已验收入库的各种在途物资的实际成本；期末借方余额为各种在途物资的实际成本。

2. 原材料取得的会计处理

(1) 外购原材料。企业外购材料时，由于结算方式和采购地点的不同，材料入库和货款的支付在时间上不一定完全同步，相应地，其会计处理也有所不同。

第一，对于发票账单与材料同时到达的采购业务，企业在赊购、支付货款或开出、承兑商业汇票，材料验收入库后，应根据发票账单等结算凭证确定的材料成本，借记"原材料"账户，根据取得的增值税专用发票上注明的(不计入材料采购成本的)税额，借记"应交税费——应交增值税(进项税额)"(一般纳税人，下同)账户，按照赊购金额、实际支付的款项或应付票据面值，贷记"应付账款""银行存款"或"应付票据"等账户。

第二，对于已经付款或已开出、承兑商业汇票，但材料尚未到达或尚未验收入库的采购业务，应根据发票账单等结算凭证，借记"在途物资""应交税费——应交增值税(进项税额)"等账户，贷记"银行存款"或"应付票据"等账户；待材料到达并验收入库后，再根据收料单，借记"原材料"账户，贷记"在途物资"账户。

第三，对于材料已到达并已验收入库，但发票账单等结算凭证未到，货款尚未支付的采购业务，应于月末，按材料的暂估价值，借记"原材料"账户，贷记"应付账款——暂估应付账款"账户。下月初用红字作同样的记账凭证予以冲回，以便下月付款或开出、承兑商业汇票后，按正常程序，借记"原材料""应交税费——应交增值税(进项税额)"等账户，贷记"应付账款""银行存款"或"应付票据"等账户。

第四，采用预付货款的方式采购材料，应在预付材料价款时，按照实际预付金额，借记"预付账款"账户，贷记"银行存款"账户；已经预付货款的材料验收入库后，根据发票账单等结算凭证所列的价款、税额等，借记"原材料""应交税费——应交增值税(进项税额)"等账户，贷记"预付账款"账户；预付款项不足补付货款的，按补付金额，借记"预付账款"账户，贷记"银行存款"账户；退回多预付的款项，借记"银行存款"账户，贷记"预付账款"账户。

【例4-5】某企业经有关部门核定为一般纳税人，某日该企业购入原材料一批，取得的增值税专用发票上注明的原材料价款为200 000元，增值税税额为26 000元，发票账单等结算凭证已经收到，货款已通过银行转账支付，原材料已验收入库。根据上述资料，该公司应编制的会计分录如下。

借：原材料	200 000	
应交税费——应交增值税(进项税额)	26 000	
贷：银行存款		226 000

【例 4-6】沿用例 4-5 的资料，并假设购入材料业务中的发票账单等结算凭证已到，货款已经支付，但材料尚未运到。于收到发票等结算凭证时，该公司应编制的会计分录如下。

借：在途物资	200 000	
应交税费——应交增值税(进项税额)	26 000	
贷：银行存款		226 000

上述材料到达入库时，该公司应编制的会计分录如下。

借：原材料	200 000	
贷：在途物资		200 000

【例 4-7】假设例 4-5 中购入材料业务的材料已经运到，并验收入库，但发票等结算凭证尚未收到，货款尚未支付。月末，按照暂估价入账，假设其暂估价为 180 000 元，该公司应编制的会计分录如下。

借：原材料	180 000	
贷：应付账款——暂估应付账款		180 000

下月初用红字将上述分录原账冲回，编制的会计分录如下。

借：原材料	180 000	
贷：应付账款——暂估应付款		180 000

收到有关结算凭证并支付货款时，编制的会计分录如下。

借：原材料	200 000	
应交税费——应交增值税(进项税额)	26 000	
贷：银行存款		226 000

(2) 自制的原材料。自制并已验收入库的原材料，按实际成本，借记"原材料"账户，贷记"生产成本"账户。

【例 4-8】某电机厂的基本生产车间本月生产完工产品一批，并将该批产品作为生产用原材料，已入原材料仓库，该批产品的实际成本为 300 000 元。该厂应编制的会计分录如下。

借：原材料	300 000	
贷：生产成本——基本生产成本		300 000

(3) 投资者投入的原材料。投资者投入的存货，按投资合同或协议约定的价值，借记"原材料"等账户，按增值税专用发票上注明的增值税额，借记"应交税费——应交增值税(进项税额)"账户，按以上两项金额合计数在注册资本中所占的份额，贷记"实收资本"(或"股本")等账户，按其差额，贷记"资本公积"账户。

【例 4-9】嘉艺公司收到 A 股东作为资本投入的原材料一批，原材料的计税价格为 850 000 元，增值税专用发票上注明的税额为 110 500 元，投资各方确认按该金额作为 A 股东的投入资本，可以折算成嘉艺公司每股面值 1 元的普通股股票 900 000 股。该公司应编制的会计分录如下。

借：原材料	850 000	
应交税费——应交增值税(进项税额)	110 500	
贷：实收资本		900 000
资本公积		60 500

3. 原材料发出的会计处理

由于企业材料的日常领发业务比较频繁，为了简化日常核算工作，平时一般只登记材料明细账，反映各种材料的收发和结存金额，月末根据实际成本计价的发料凭证，按领用部门和用途，汇总应编制的"发料凭证汇总表"，据以登记总分类账，进行材料发出的总分类核算。

根据"发料凭证汇总表"，按实际成本，借记"生产成本""销售费用""管理费用"等账户，贷记"原材料"等账户；企业发出的委托外单位加工的原材料，借记"委托加工物资"账户，贷记"原材料"账户。

企业出售的原材料，应当按已收或应收的价款，借记"银行存款"或"应收账款"等账户，按实现的营业收入，贷记"其他业务收入"等账户，按应交的增值税额，贷记"应交税费——应交增值税(销项税额)"账户；月度终了，按出售原材料的实际成本，借记"其他业务成本"账户，贷记"原材料"账户。

【例4-10】 嘉艺公司2020年1月根据领用凭证编制的"材料发出汇总表"，如表4-6所示。该公司属于一般纳税人，增值税税率为13%。

表4-6 材料发出汇总表

嘉艺公司　　　　　　　　　　　2020年1月　　　　　　　　　　　单位：元

材料用途＼材料类别	原 材 料	其他材料(略)
基本生产车间生产产品领用	110 000	
辅助生产车间生产产品领用	35 000	
车间一般性耗用	23 000	
管理部门领用	14 000	
对外销售	20 000	
合计	202 000	

根据表4-6，结转发出材料实际成本时，该公司应编制的会计分录如下。

借：生产成本——基本生产成本	110 000	
生产成本——辅助生产成本	35 000	
制造费用	23 000	
管理费用	14 000	
其他业务成本	20 000	
贷：原材料		202 000

按实际成本计价的材料收发核算，具有一定的缺点：一是对于材料收发业务频繁的企业，材料计价工作量非常繁重；二是在实际成本计价方法下，很难看出收发材料的实际成本与计划成本相比是节约了还是超支了，很难从账簿中反映材料采购业务的经营成果。因

此,这种方法一般适用于规模小、存货品种简单、材料收发业务不多的企业。对于材料收发业务频繁,并且具备较好的材料计划成本资料的企业,则应采用计划成本计价的方法。

(二)原材料按计划成本核算

企业会计准则规定,存货的日常核算也可以按计划成本核算。计划成本法是指存货的日常收、发、结存都按预先确定的计划成本计价,计划成本与实际成本之间的差额,通过"材料成本差异"账户核算,月末计算出发出存货应负担的材料成本差异,将发出材料的计划成本调整为实际成本。存货按计划成本核算,要求存货的总分类核算和明细分类核算均按计划成本核算计价,一般适用于存货品种繁多、收发频繁、计划管理水平高的企业。

1. 原材料计划成本核算应设置的账户

原材料按计划成本进行核算时,应设置"原材料""材料采购""材料成本差异"等账户。

"原材料"账户用来核算各种原材料的增减变动及结存情况,该账户属于资产类账户。其借方登记入库原材料的计划成本,贷方登记发出原材料的计划成本,期末借方余额为库存原材料的计划成本。

"材料采购"账户核算企业购入材料的采购成本。其借方登记已付款材料的实际采购成本;贷方登记已验收入库材料的计划成本;期末借方余额为已收到发票账单并付款,但材料尚未到达或尚未验收入库的在途物资的实际成本。

"材料成本差异"账户核算企业各种材料的实际成本与计划成本的差异。其借方登记取得材料的实际成本大于计划成本的差异(超支差异)和结转发出材料应负担的节约差异;贷方登记取得材料的实际成本小于计划成本的差异(节约差异)和结转发出材料应负担的超支差异。期末,借方余额为库存材料实际成本大于计划成本的差异(超支差异);贷方余额为实际成本小于计划成本的差异(节约差异)。

2. 原材料取得的会计处理

(1) 外购原材料。

【例 4-11】 永新公司为增值税一般纳税人,材料日常核算按计划成本法核算,某月份 2 日,购入一批材料,取得的增值税专用发票上注明的价款为 100 000 元,增值税税额为 13 000 元,发票等结算凭证已经收到,货款已通过银行转账支付。材料已验收入库。该批材料的计划成本为 110 000 元。

购入时,该公司应编制的会计分录如下。

借:材料采购 100 000
　　应交税费——应交增值税(进项税额) 13 000
　　贷:银行存款 113 000

验收入库时,该公司应编制的会计分录如下。

借:原材料 110 000
　　贷:材料采购 100 000
　　　　材料成本差异 10 000

(2) 自制的原材料。自制并已验收入库的原材料，按计划成本，借记"原材料"账户，贷记"生产成本"账户，借记或贷记"材料成本差异"账户。

【例 4-12】 永新公司的基本生产车间本月生产完工产品一批，本企业将该批产品作为生产用原材料，该批产品的实际成本为 500 000 元，已入原材料仓库，计划成本为 498 000 元。该公司应编制的会计分录如下。

借：原材料　　　　　　　　　　　　　　　　　　498 000
　　材料成本差异　　　　　　　　　　　　　　　　2 000
　　贷：生产成本——基本生产成本　　　　　　　　　　　500 000

3. 原材料发出的会计处理

为了简化日常核算工作，平时一般只登记材料明细分类账，反映各种材料的收发和结存金额，月末根据计划成本计价的发料凭证，按领用部门和用途，汇总应编制的"发料凭证汇总表"，据以登记总分类账，进行材料发出的总分类核算。

原材料采用计划成本发出的总分类核算，包括两方面内容：一是按计划成本结转发出材料的成本，二是结转发出材料应负担的成本差异。发出材料的计划成本加上(减去)应负担的成本差异，就是发出材料的实际成本。

$$材料成本差异率 = \frac{月初结存材料成本差异额 + 本月收入材料成本差异额}{月初结存材料计划成本 + 本月收入材料计划成本} \times 100\%$$

发出材料应负担的成本差异 = 发出材料的计划成本 × 材料成本差异率
发出材料实际成本 = 发出材料的计划成本 ± 发出材料应负担的成本差异

【例 4-13】 某企业采用计划成本法进行材料的核算，某月份甲材料"发料凭证汇总表"列明，基本生产车间领用 100 000 元，辅助生产车间领用 50 000 元，车间管理部门领用 20 000 元，厂部领用 10 000 元，销售部门领用 1 000 元。该月该材料的成本差异率为 1%。根据上述资料，该企业应编制的会计分录如下。

① 发出材料时，编制的会计分录如下。
借：生产成本——基本生产成本　　　　　　　　　　100 000
　　　　　　——辅助生产成本　　　　　　　　　　　50 000
　　制造费用　　　　　　　　　　　　　　　　　　20 000
　　管理费用　　　　　　　　　　　　　　　　　　10 000
　　销售费用　　　　　　　　　　　　　　　　　　 1 000
　　贷：原材料　　　　　　　　　　　　　　　　　　　181 000

② 月末，结转材料成本差异，编制的会计分录如下。
借：生产成本——基本生产成本　　　　　　　　　　 10 000
　　　　　　——辅助生产成本　　　　　　　　　　　 5 000
　　制造费用　　　　　　　　　　　　　　　　　　 2 000
　　管理费用　　　　　　　　　　　　　　　　　　 1 000
　　销售费用　　　　　　　　　　　　　　　　　　　 100
　　贷：材料成本差异　　　　　　　　　　　　　　　　18 100

按计划成本计价的材料收发核算，具有如下优点：①能够简化日常会计核算工作，平时登记材料明细账，只登记收入、发出、结存的数量，而不必登记收入、发出、结存的金额,需要了解某项存货的收入、发出、结存的金额时,以该项存货的单位计划成本乘以相应的数量即可求得,避免了实际成本法下烦琐的发出存货计价方法;②有利于考核采购部门的工作业绩,加强存货管理,促进降低存货成本。鉴于以上优点,计划成本法在我国大中型企业中得到了广泛应用。

二、周转材料的核算

(一)低值易耗品

低值易耗品是指单位价值较低、使用年限较短,不能作为固定资产核算的劳动资料,一般划分为一般工具、专用工具、替换设备、管理用具、劳动保护用品、其他用具等。低值易耗品可以多次服务于生产经营过程而保持原有的实物形态,其价值随其磨损程度逐渐地转移到有关的成本费用中,且报废时往往会有残值,所有这些特点都与固定资产相似,但低值易耗品同时又具有使用期限较短、价值较低、流动性大等特点,因此,在会计实务中,通常将其列为存货进行核算和管理。

为了反映和监督低值易耗品的增减变化及其结存情况,企业应当设置"周转材料——低值易耗品"账户,借方登记低值易耗品的增加;贷方登记低值易耗品的减少;期末余额在借方,通常反映企业期末结存低值易耗品的金额。

1. 取得低值易耗品的会计处理

企业购入、自制、委托外单位加工完成等验收入库的低值易耗品,其会计处理比照原材料的会计处理方法。

2. 发出低值易耗品的会计处理

低值易耗品等企业的周转材料符合存货定义的,可以按照使用次数分次计入成本费用,金额较小的,也可以在领用时一次计入成本费用,因此对于发出的低值易耗品的处理有一次摊销法、五五摊销法等方法。

(1) 一次摊销法。一次摊销法是指在领用低值易耗品时,就将其全部价值一次计入有关成本、费用的摊销方法。这种方法比较简单,但成本、费用负担不够均衡,主要适用于一次领用数量不多、价值较低、使用期限较短或者容易破损的低值易耗品的摊销。

一次摊销的低值易耗品,在领用时将其全部价值摊入有关成本、费用,借记有关账户,贷记"周转材料——低值易耗品"账户;低值易耗品报废时,将报废低值易耗品的残料价值作为当月低值易耗品摊销额的减少,冲减有关成本费用,借记"原材料"等账户,贷记"制造费用""管理费用"等账户。

【例4-14】某企业生产车间领用专用工具一批,实际成本1 300元;厂部管理部门领用办公用品一批,实际成本1 100元。该企业应编制的会计分录如下。

借:制造费用　　　　　　　　　　　　　　　　　1 300
　　管理费用　　　　　　　　　　　　　　　　　1 100
　　贷:周转材料——低值易耗品　　　　　　　　　　 2 400

(2) 五五摊销法。采用五五摊销法摊销低值易耗品,是指低值易耗品在领用时先摊销其账面价值的一半,在报废时再摊销其账面价值的另一半,即低值易耗品分两次各按50%

进行摊销。五五摊销法通常既适用于价值较低、使用期限较短的低值易耗品，也适用于每期领用数量大致相等的低值易耗品。在五五摊销法下，需要设置"周转材料——低值易耗品(在用)""周转材料——低值易耗品(在库)"和"周转材料——低值易耗品(摊销)"明细账户。

【例4-15】某企业的管理部门3月8日领用全新的低值易耗品一批，实际成本1 000 000元。9月30日上述低值易耗品全部报废，取得残料价值200 000元并验收入库。该企业的低值易耗品核算采用五五摊销法。

① 3月8日，领用低值易耗品时，编制会计分录如下。

借：周转材料——低值易耗品(在用)　　　　　　1 000 000
　　贷：周转材料——低值易耗品(在库)　　　　　　　　1 000 000
借：管理费用　　　　　　　　　　　　　　　　　500 000
　　贷：周转材料——低值易耗品(摊销)　　　　　　　　500 000

② 9月30日，低值易耗品报废时，编制会计分录如下。

借：原材料　　　　　　　　　　　　　　　　　　200 000
　　管理费用　　　　　　　　　　　　　　　　　300 000
　　贷：周转材料——低值易耗品(摊销)　　　　　　　　500 000
借：周转材料——低值易耗品(摊销)　　　　　　　1 000 000
　　贷：周转材料——低值易耗品(在用)　　　　　　　　1 000 000

(二)包装物

包装物是指为了包装本企业商品而储存的各种包装容器，如桶、箱、瓶、坛、袋等。其核算内容包括：生产过程中用于包装产品作为产品组成部分的包装物；随同商品出售而不单独计价的包装物；随同商品出售而单独计价的包装物；出租或出借给购买单位使用的包装物。

下列各项不属于包装物核算的范围。

(1) 各种包装材料，如纸、绳、铁丝等，这些属于一次性使用的包装材料，应作为原材料进行核算。

(2) 用于储存和保管产品、材料而不对外出售的包装物，这类包装物应按其价值的大小和使用年限的长短，分别作为固定资产或低值易耗品管理和核算。

(3) 计划上单独列作企业商品的自制包装物，应作为库存商品进行管理和核算。

为了反映和监督包装物的增减变化及其价值损耗、结存等情况，企业应当设置"周转材料——包装物"账户进行核算，借方登记包装物的增加；贷方登记包装物的减少；期末余额在借方，通常反映企业期末结存包装物的金额。

1. 取得包装物的会计处理

企业购入、自制、委托外单位加工完成等验收入库的包装物，其会计处理可以比照原材料的会计处理方法。

2. 发出包装物的会计处理

企业发出包装物的核算，应按发出包装物的不同用途分别进行处理。

(1) 生产领用包装物。企业生产部门领用的用于包装产品的包装物，构成产品的组成部分，因此应将包装物的成本计入产品生产成本。生产领用包装物时，借记"生产成本"等账户，贷记"周转材料——包装物"账户。

【例 4-16】 某企业生产车间为包装产品，领用包装物一批，实际成本 3 500 元。该企业应编制的会计分录如下。

借：生产成本——基本生产成本　　　　　　　　　3 500
　　贷：周转材料——包装物　　　　　　　　　　　　　　3 500

(2) 随同商品出售不单独计价的包装物。随同商品出售但不单独计价的包装物，应于包装物发出时，按其实际成本计入销售费用中，借记"销售费用"账户，贷记"周转材料——包装物"账户。

【例 4-17】 某企业在商品销售过程中领用包装物一批，成本 2 300 元，该批包装物随同商品出售而不单独计价。该企业应编制的会计分录如下。

借：销售费用　　　　　　　　　　　　　　　　　2 300
　　贷：周转材料——包装物　　　　　　　　　　　　　　2 300

(3) 随同商品出售单独计价的包装物。随同商品出售单独计价的包装物，在随同商品出售时要单独计价，单独反映其销售收入，相应地也应单独反映其销售成本，因此，应于商品出售时，将单独计价的包装物视同材料销售处理，借记"其他业务成本"账户，贷记"周转材料——包装物"账户。

【例 4-18】 某企业在商品销售过程中领用包装物一批，实际成本为 4 000 元，该批包装物随同商品出售，单独计算售价为 4 800 元，应收取的增值税税额为 624 元，款项已收到。该企业应编制的会计分录如下。

取得出售包装物收入时。

借：银行存款　　　　　　　　　　　　　　　　　5 424
　　贷：其他业务收入　　　　　　　　　　　　　　　　　4 800
　　　　应交税费——应交增值税(销项税额)　　　　　　　624

结转出售包装物成本时。

借：其他业务成本　　　　　　　　　　　　　　　4 000
　　贷：周转材料——包装物　　　　　　　　　　　　　　4 000

(4) 出租、出借包装物。企业多余或闲置未用的包装物可以出租、出借给外单位使用。出租、出借包装物，在第一次领用新包装物时，按出租、出借包装物的实际成本，借记"周转材料——包装物(出租包装物或出借包装物)"账户，贷记"周转材料——包装物(库存包装物)"账户；对包装物进行摊销时，借记"其他业务成本"(出租包装物)、"销售费用"(出借包装物)账户，贷记"周转材料——包装物(包装物摊销)"账户。

收到出租包装物的租金，借记"库存现金""银行存款"等账户，贷记"其他业务收入"等账户。

收到出租、出借包装物的押金，借记"库存现金""银行存款"等账户，贷记"其他应付款"账户，退回押金做相反的会计分录；对于逾期未退包装物，按没收的押金，借记"其他应付款"账户，贷记"应交税费——应交增值税(销项税额)"账户，按其差额，贷记"其他业务收入"账户。

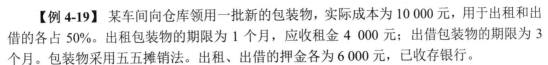

【例4-19】 某车间向仓库领用一批新的包装物,实际成本为10 000元,用于出租和出借的各占50%。出租包装物的期限为1个月,应收租金4 000元;出借包装物的期限为3个月。包装物采用五五摊销法。出租、出借的押金各为6 000元,已收存银行。

① 发出包装物,该企业应编制的会计分录如下。

借:周转材料——包装物(出租包装物)　　　　　　5 000
　　　　　　——包装物(出借包装物)　　　　　　5 000
　　贷:周转材料——包装物(库存包装物)　　　　　　　　10 000

② 收到押金时,该企业应编制的会计分录如下。

借:银行存款　　　　　　　　　　　　　　　　　12 000
　　贷:其他应付款——存入保证金(某单位)　　　　　　　12 000

③ 1个月后按期如数收回出租的包装物,在6 000元的押金中扣除应收取的租金4 000元和按规定应交的增值税520元后,余额1 480元已通过银行转账退回。该企业应编制的会计分录如下。

借:其他应付款——存入保证金(某单位)　　　　　6 000
　　贷:其他业务收入——包装物出租　　　　　　　　　　4 000
　　　　应交税费——应交增值税(销项税额)　　　　　　　520
　　　　银行存款　　　　　　　　　　　　　　　　　　1 480

同时:

借:其他业务成本　　　　　　　　　　　　　　　2 500
　　贷:周转材料——包装物(包装物摊销)　　　　　　　　2 500

④ 3个月后按期如数收回出借的包装物,押金6 000元已通过银行转账退回。该企业应编制的会计分录如下。

借:其他应付款——存入保证金(某单位)　　　　　6 000
　　贷:银行存款　　　　　　　　　　　　　　　　　　6 000

同时:

借:销售费用　　　　　　　　　　　　　　　　　2 500
　　贷:周转材料——包装物(包装物摊销)　　　　　　　　2 500

三、委托加工物资的核算

在企业的生产经营活动中,为满足生产用料的特殊需求,往往会从企业自身工艺设备条件的限制或为降低成本等方面考虑,需要对自有的物资委托外单位进行加工,制成企业所需的物资,这种发放受托单位进行加工的材料物资,会计上称为委托加工物资。

委托外单位加工完成的存货,以实际耗用的原材料或者半成品、加工费、运输费、装卸费等费用以及按规定应计入成本的税金,作为实际成本,其在会计处理上主要包括发出加工物资、支付加工费用、税金、收回加工物资、剩余物资等几个环节。

为了反映和监督委托加工物资的增减变动及其结存情况,应设置"委托加工物资"账户,借方登记委托加工物资的实际成本;贷方登记加工完毕入库的物资的实际成本和退回物资的实际成本;余额在借方,表示尚未完工的委托加工物资的实际成本。

1. 发出委托加工物资

企业发给外单位加工的物资，应将发出物资的实际成本由"原材料""库存商品"等账户转入"委托加工物资"账户，借记"委托加工物资"账户，贷记"原材料""库存商品"等账户。

2. 支付加工费、增值税等

企业支付的加工费、应负担的运杂费、增值税等，借记"委托加工物资""应交税费——应交增值税(进项税额)"账户，贷记"银行存款"等账户。

3. 缴纳的消费税

需要缴纳消费税的委托加工物资，其由受托方代收代缴的消费税，应分以下情况处理。

第一，委托加工的物资收回后直接用于销售的，委托方应将受托方代收代缴的消费税计入委托加工物资的成本，借记"委托加工物资"账户，贷记"应付账款""银行存款"等账户。

第二，委托加工的物资收回后用于连续生产应税消费品的，委托方应按准予抵扣的受托方代收代缴的消费税额，借记"应交税费——应交消费税"账户，贷记"应付账款""银行存款"等账户。

4. 加工完成收回加工物资

加工完成验收入库的物资和剩余物资，按加工收回物资的实际成本和剩余物资的实际成本，借记"原材料""库存商品"等账户，贷记"委托加工物资"账户。

【例 4-20】 A 企业委托 B 企业加工材料一批(属于应税消费品)。原材料成本 100 000 元，支付的加工费为 80 000 元(不含增值税)，消费税为 20 000 元。材料加工完成验收入库，加工费用等均已通过银行存款支付，双方适用的增值税税率为 13%，A 企业按实际成本对原材料进行日常核算。

① 发出委托加工材料时，编制会计分录如下。

借：委托加工物资　　　　　　　　　　　　　　　100 000
　　贷：原材料　　　　　　　　　　　　　　　　　　　100 000

支付加工费用时，应纳增值税如下。

应纳增值税=80 000×13%=10 400(元)

② 委托加工的材料收回后，编制的会计分录如下。

借：委托加工物资　　　　　　　　　　　　　　　80 000
　　应交税费——应交增值税(进项税额)　　　　　10 400
　　　　　　——应交消费税　　　　　　　　　　20 000
　　贷：银行存款　　　　　　　　　　　　　　　　　　110 400

委托加工的材料收回后直接用于销售时，编制会计分录如下。

借：委托加工物资　　　　　　　　　　　　　　　100 000
　　应交税费——应交增值税(进项税额)　　　　　10 400
　　贷：银行存款　　　　　　　　　　　　　　　　　　110 400

③ 加工完成收回委托加工材料，编制的会计分录如下。

A 企业收回加工后的材料用于连续生产应税消费品时。

借：原材料　　　　　　　　　　　　　　　　　180 000
　　贷：委托加工物资　　　　　　　　　　　　　　　180 000

A 企业收回加工后的材料直接用于销售时。

借：原材料(或库存商品等)　　　　　　　　　　　200 000
　　贷：委托加工物资　　　　　　　　　　　　　　　200 000

四、库存商品的核算

(一)库存商品的内容

库存商品是指企业完成全部生产过程并已验收入库，符合标准规格和技术条件，可以按照合同规定的条件送交订货单位，或可以作为商品对外销售的产品以及外购或委托加工完成验收入库用于销售的各种商品。

库存商品具体包括库存产成品、外购商品、存放在门市部准备出售的商品、发出展览的商品、寄存在外的商品、接受来料加工制造的代制品和为外单位加工修理的代修品等。已完成销售手续但购买单位在月末未提取的产品，不应作为企业的库存商品，而应作为代管商品处理，单独设置"代管商品"备查簿进行登记。

为了反映和监督库存商品的增减变动及其结存情况，企业应当设置"库存商品"科目，借方登记验收入库的库存商品成本；贷方登记发出的库存商品成本；期末余额在借方，反映各种库存商品的实际成本。"库存商品"科目应按库存商品的种类、品种和规格设置明细科目进行核算。

(二)库存商品的账务处理

1. 验收入库商品

对于库存商品采用实际成本核算的企业，当库存商品生产完成并验收入库时，应按实际成本，借记"库存商品"账户，贷记"生产成本——基本生产成本"账户。

【例 4-21】 A 企业"商品入库汇总表"记载，某月已验收入库甲产品 100 台，实际单位成本为 6 000 元，共计 600 000 元，A 企业应编制的会计分录如下。

借：库存商品——甲产品　　　　　　　　　　　600 000
　　贷：生产成本——基本生产成本(甲产品)　　　　600 000

2. 发出商品

企业销售产成品按规定确认收入的同时，应计算、结转与收入相关的产成品成本。产成品销售成本的计算与结转，通常是在期(月)末进行。采用实际成本进行产成品日常核算的，应根据本期(月)销售产品数量及其相应的单位生产成本(按先进先出法、加权平均法或个别计价法计算)计算确定本期产品销售成本总额，借记"主营业务成本"科目，贷记"库存商品"科目。

【例 4-22】 A 企业月末汇总发出商品中，当月已实现销售的甲产品有 50 台。该月甲产品实际单位成本为6 000元。在结转其销售成本时，A企业应编制的会计分录如下。

  借：主营业务成本   300 000
    贷：库存商品——甲产品   300 000

第五节　存货清查与期末计量

一、存货数量的盘存制度

存货期末计量是否正确，取决于存货数量的确定是否准确以及存货计量方法的选择是否得当。而企业存货的数量要靠盘存制度来确定，常用的存货盘存制度主要有实地盘存制和永续盘存制两种。

(一)实地盘存制

实地盘存制又称定期盘存制，是指会计期末通过对全部存货进行实地盘点确定期末存货的数量，再乘以各项存货的单价，计算出期末存货的成本，并据以计算出本期耗用或已销存货成本的一种存货盘存方法。采用这一盘存方法时，平时只记录存货购进的数量和金额，不记录发出的数量，期末通过实地盘点确定存货的实际结存数量，并据以计算出期末存货的成本和当期耗用或已销存货的成本。这一方法通常也称为"以存计耗"或"以存计销"。

实地盘存制的主要优点是：简化了存货的日常核算工作。其主要缺点是：不能随时反映存货的发出、结存动态，不便于管理人员掌握情况；容易掩盖存货管理存在的自然和人为的损失，影响对存货的控制和管理，影响成本计算和利润确定的正确性。采用这种方法只能到期末盘点时结转耗用或销货成本，加大了期末的核算工作量。因此，它适用于自然损耗大、数量不确定的鲜活商品等。

(二)永续盘存制

永续盘存制也称为账面盘存制，是指通过设置详细的存货明细账，逐笔或逐日记录存货收入、发出的数量和金额，以随时结出结余存货的数量和金额的一种存货盘存方法。采用这一存货盘存方法时，要求对企业的存货分别以品名、规格等设置详细的明细账，逐笔逐日登记收入、发出存货的数量和金额，并结出结余存货的数量和金额。采用这一方法时，为了核对存货账面记录，加强对存货的管理，企业应视具体情况对存货进行不定期的盘存，每年至少应全面盘存一次。

永续盘存制的主要优点是有利于加强对存货的管理。在各种存货明细记录中，可以随时反映每一存货收入、发出和结存的状态。通过账簿记录中的账面结存数，结合不定期的实地盘点，将实际数与账存数相核对，可以查明其是否存在溢余或短缺的情况，以便清查相关原因，改善管理；通过账簿记录还可以随时反映出存货是否过多或不足，以便及时合理地组织货源，加快资金周转。永续盘存制的缺点是存货明细记录的工作量较大，存货品种规格繁多的企业更是如此。

二、存货清查的核算

存货清查通常采用实地盘点的方法,即通过盘点确定各种存货的实际库存数,并与账面结存数相核对。盘点结果如与账面记录不符,应于期末前查明原因,并根据企业的管理权限,经股东大会或董事会或经理(厂长)会议或类似机构批准后,在期末结账前处理完毕。企业盘盈或盘亏的存货,如在期末结账前尚未处理的,应在对外提供财务会计报告时先按上述规定进行处理,并在会计报表附注中做出说明;如果其后批准处理的金额与已处理的金额不一致,应按其差额调整会计报表相关项目的年初数。

(一)存货盘盈的会计处理

发生盘盈的存货,经查明是由于收发计量或核算上的误差等原因造成的,应及时办理存货入账的手续,按同类或类似存货的市场价格调整增加存货的实存数。按规定程序报经有关部门批准后,转销待处理存货盘盈,冲减管理费用。

企业发生存货盘盈时,借记"原材料""库存商品"等账户,贷记"待处理财产损溢"账户;在按管理权限报经审批后,借记"待处理财产损溢"账户,贷记"管理费用"账户。

【例4-23】 H公司在财产清查中盘盈甲材料1 000千克,实际单位成本为80元。经查属于材料收发计量方面的错误。

① 批准处理前,应编制的会计分录如下。

借:原材料   80 000
    贷:待处理财产损溢——待处理流动资产损溢   80 000

② 批准处理后,应编制的会计分录如下。

借:待处理财产损溢——待处理流动资产损溢   80 000
    贷:管理费用   80 000

(二)存货盘亏及毁损的会计处理

企业存货的盘亏或毁损,在报经批准前,应根据"存货盘点报告表",及时办理存货销账手续,调整减少存货的实存数。一般纳税人对于购进的货物、在产品、产成品发生非正常损失(自然灾害除外)引起盘亏存货应负担的增值税,应一并转入"待处理财产损溢"账户。

在报经有关部门批准后,对于已入账的存货盘亏、毁损,应根据不同的情况分别处理。

(1) 属于自然灾害等非常原因造成的存货毁损,应先扣除处置收入(如残料价值)、可以收回的保险赔偿和过失人赔偿,然后将净损失计入营业外支出。

(2) 属于计量收发差错和管理不善等原因造成的存货短缺或毁损,应先扣除残料价值、可以收回的保险赔偿和过失人造成的赔偿,然后将净损失计入管理费用。

企业发生存货盘亏时,借记"待处理财产损溢"账户,贷记"原材料""库存商品"等账户;在按管理权限报经审批后,借记"管理费用""其他应收款""营业外支出"等账户,贷记"待处理财产损溢"账户。

【例4-24】 企业因水灾损失一批乙材料,价值6 000元,根据保险公司责任范围及保险合同规定,应由保险公司赔偿2 000元。

① 批准处理前,应编制的会计分录如下。
借:待处理财产损溢——待处理流动资产损溢　　　　6 000
　　贷:原材料　　　　　　　　　　　　　　　　　　　　　6 000
② 批准处理后,应编制的会计分录如下。
借:其他应收款——保险公司　　　　　　　　　　　2 000
　　营业外支出——非常损失　　　　　　　　　　　　4 000
　　贷:待处理财产损溢——待处理流动资产损溢　　　　　　6 000

三、存货的期末计量

(一)成本与可变现净值孰低法的含义

会计期末,存货应按照成本与可变现净值孰低进行计量。其中,成本是指期末存货的实际成本,如企业在存货成本的日常核算中采用计划成本法等核算方法,则成本应为调整后的实际成本。可变现净值是指在日常活动中,存货的估计售价减去至完工时估计将要发生的成本、估计的销售费用以及相关税费后的金额。可变现净值的特征表现为存货的预计未来净现金流量,而不是存货的售价或合同价。

(二)存货减值的迹象

当存在下列情况之一时,存货有减值迹象,企业应当计提存货跌价准备。
(1) 市价持续下跌,并且在可预见的未来无回升的希望。
(2) 企业使用该项原材料生产的产品的成本大于产品的销售价格。
(3) 企业因产品更新换代,原有库存原材料已不适应新产品的需要,而该原材料的市场价格又低于其账面成本。
(4) 因企业所提供的商品或劳务过时或消费者偏好改变而使市场需求发生变化,导致其市场价格逐渐下跌。
(5) 其他足以证明该项存货实质上已经发生减值的情形。

(三)成本与可变现净值孰低法的核算

1. 存货跌价准备的计提

企业应当设置"存货跌价准备"账户,核算存货的跌价准备,贷方登记计提的存货跌价准备金额;借方登记实际发生的存货跌价损失金额和冲减的存货跌价准备金额;期末金额一般在贷方,反映企业已计提但尚未转销的存货跌价准备。

2. 存货跌价准备的确认和转回

企业应在每一会计期末,比较成本与可变现净值并计算出应计提的存货跌价准备,再与已提数进行比较。若应提数大于已提数,应予补提,借记"资产减值损失——计提的存货跌价准备"账户,贷记"存货跌价准备"账户;反之,应将已提数大于应提数之间的差额冲销已提数,借记"存货跌价准备"账户,贷记"资产减值损失——计提的存货跌价准备"账户。

当减记存货价值的影响因素已经消失，使得已计提跌价准备的存货的价值又得以恢复的，应冲减存货跌价准备，冲减的跌价准备金额，应以存货跌价准备账户的余额冲减至零为限。

【例 4-25】 某企业采用成本与可变现净值孰低法对存货进行期末计价。2017 年年末存货的账面成本为 100 000 元，可变现净值为 95 000 元，"存货跌价准备"账户的余额为零，应计提的存货跌价准备为 5 000 元。该企业应编制的会计分录如下。

借：资产减值损失——计提的存货跌价准备　　　　　　5 000
　　贷：存货跌价准备　　　　　　　　　　　　　　　　　　5 000

假设 2018 年年末存货的种类和数量、账面成本和已计提的存货跌价准备均未发生变化(下同)，且存货的可变现净值为 90 000 元，计算出应计提的存货跌价准备为 10 000 元。由于前期已计提 5 000 元，故应补提存货跌价准备 5 000 元。该企业应编制的会计分录如下。

借：资产减值损失——计提的存货跌价准备　　　　　　5 000
　　贷：存货跌价准备　　　　　　　　　　　　　　　　　　5 000

假设其他条件不变，2019 年年末存货的可变现净值为 97 000 元，计算出应计提的存货跌价准备为 3 000 元。由于该存货已计提存货跌价准备 10 000 元，因此，应冲减已计提的存货跌价准备 7 000 元。该企业应编制的会计分录如下。

借：存货跌价准备　　　　　　　　　　　　　　　　　　7 000
　　贷：资产价值损失——计提的存货跌价准备　　　　　　7 000

假设其他条件不变，2020 年年末存货的可变现净值为 101 000 元，根据以上资料，2020 年年末应冲减已计提的存货跌价准备 3 000 元(以"存货跌价准备"账户余额冲减至零为限)。该企业应编制的会计分录如下。

借：存货跌价准备　　　　　　　　　　　　　　　　　　3 000
　　贷：资产减值损失——计提的存货跌价准备　　　　　　3 000

3. 存货跌价准备的结转

企业计提了存货跌价准备，如果其中有部分存货已经销售，则企业在结转销售成本的同时，应结转对其已计提的存货跌价准备。生产领用存货时，可不同时结转相应的存货跌价准备，待期末一并调整。

【例 4-26】 某企业销售商品一批，该批商品账面余额为 50 000 元，已计提存货跌价准备 5 000 元，企业应编制如下会计分录。

借：主营业务成本　　　　　　　　　　　　　　　　　45 000
　　存货跌价准备　　　　　　　　　　　　　　　　　　5 000
　　贷：库存商品　　　　　　　　　　　　　　　　　　　50 000

【思政与德育】

提高职业修养与责任心——小岗位，大作用

某公司存货主要包括原材料、包装物、五金材料、委托加工材料和产成品等。存货入库的基本流程是：实物到厂—产品检验—入库—保管填写入库单—开票室录入进销存系统。财务人员平时不登记存货明细账，由开票室根据各仓库保管员填写的出库单、入库单，在

进销存辅助账套中填列实物数量。财务人员每月定期依据此辅助账生成数据结算存货。

实际操作中存货入库时，由于保管员责任心不强，入库单往往不能及时交给开票人，从而不能及时录入进销存辅助账套；存货出库时，各生产车间领料人员直接开具手工出库单交仓库保管员提货，保管员汇总领料单据后传递给开票室录入进销存辅助账套。出、入库单不及时录入进销存辅助账套，且丢票、入错仓库、入错品种的现象时有发生，造成进销存辅助账套生成的存货数量与实物不符，从而影响到会计核算，影响对当期损益的确定。2020 年 12 月 31 日，存货实际盘点数比账面数少 130 万元，对公司的会计信息披露有较大影响。

资料来源：经济观察报，《小岗位》(改编)

思 政 感 悟

思政感悟见右侧二维码。

 小知识(见右侧二维码)

开发票谁都懂，但"备注栏"怎么填你知道吗？

1. 出口发票
2. 建筑服务发票
3. 销售不动产发票
4. 出租不动产发票
5. 货运发票
6. 单用途卡发票
7. 多用途卡发票
8. 代收车船税发票

自 测 题

一、单项选择题

1. 某企业 2020 年 3 月 31 日，乙存货的实际成本为 100 万元，加工该存货至完工产成品估计还将发生成本 20 万元，估计销售费用和相关税费为 2 万元，估计用该存货生产的产成品售价为 110 万元。假定乙存货月初"存货跌价准备"科目余额为 0，2020 年 3 月 31 日应计提的存货跌价准备为(   )万元。
　　　A. -10　　　　　B. 0　　　　　C. 10　　　　　D. 12
2. 企业对于已记入"待处理财产损溢"科目的存货盘亏及毁损事项进行会计处理时，应计入管理费用的是(   )。
　　　A. 管理不善造成的存货净损失
　　　B. 自然灾害造成的存货净损失

C. 应由保险公司赔偿的存货损失

D. 应由过失人赔偿的存货损失

3. 某商场采用毛利率法计算期末存货成本。甲类商品2020年4月1日期初成本为3 500万元，当月购货成本为500万元，当月销售收入为4 500万元。甲类商品第一季度实际毛利率为25%。2020年4月30日，甲类商品结存成本为( )万元。

  A. 500   B. 1 125   C. 625   D. 3 375

4. 某企业对材料采用计划成本核算。2020年12月1日，结存材料的计划成本为400万元，材料成本差异贷方余额为6万元；本月入库材料的计划成本为2 000万元，材料成本差异借方发生额为12万元；本月发出材料的计划成本为1 600万元。该企业2020年12月31日结存材料的实际成本为( )万元。

  A. 798   B. 800   C. 802   D. 1 604

5. 甲、乙公司均为增值税一般纳税人，甲公司委托乙公司加工一批应交消费税的半成品，收回后用于连续生产应税消费品。甲公司发出原材料实际成本为210万元，支付加工费6万元、增值税0.78万元、消费税24万元。假定不考虑其他相关税费，甲公司收回该半成品的入账价值为( )万元。

  A. 216   B. 216.78   C. 240   D. 240.78

6. 某工业企业为增值税小规模纳税人，2020年10月9日购入材料一批，取得的增值税专用发票上注明的价款为10 000元，增值税税额为1 300元。材料入库前的挑选整理费为100元，材料已验收入库。则该企业取得的该材料的入账价值应为( )元。

  A. 11 300   B. 11 400   C. 10 000   D. 10 100

7. 某商品流通一般纳税人采购甲商品100件，每件售价2万元，取得的增值税专用发票上注明的增值税为26万元，另支付采购费用10万元。该企业采购的该批商品的单位成本为( )万元。

  A. 2   B. 2.1   C. 2.26   D. 2.36

8. 某企业为增值税小规模纳税人，本月购入甲材料2 060千克，每千克单价(含增值税)50元，另外支付运杂费3 500元，运输途中发生合理损耗60千克，入库前发生挑选整理费用620元。该批材料入库的实际单位成本为每千克( )元。

  A. 50   B. 51.81   C. 52   D. 53.56

9. 出租包装物发生修理费时，应通过( )科目核算。

  A. 销售费用   B. 其他业务成本   C. 生产成本   D. 管理费用

10. 当企业预付货款小于采购货物所需支付的款项时，应将不足部分补付，借记( )科目，贷记"银行存款"科目。

  A. 预付账款   B. 应付账款   C. 其他应付款   D. 其他应收款

二、多项选择题

1. 下列各项中，关于企业存货的表述正确的有( )。

  A. 存货应按照成本进行初始计量

  B. 存货成本包括采购成本、加工成本和其他成本

C. 存货期末计价应按照成本与可变现净值孰低计量
D. 存货采用计划成本核算的，期末应将计划成本调整为实际成本

2. 下列各项中，构成工业企业外购存货入账价值的有(　　)。
   A. 买价
   B. 运杂费
   C. 运输途中的合理损耗
   D. 入库前的挑选整理费用

3. 下列项目中，一般纳税人应计入存货成本的有(　　)。
   A. 购入存货支付的关税
   B. 商品流通企业采购过程中发生的保险费
   C. 委托加工材料发生的增值税
   D. 自制存货生产过程中发生的直接费用

4. 下列各项中，构成企业委托加工物资成本的有(　　)。
   A. 加工中实际耗用物资的成本
   B. 支付的加工费用和保险费
   C. 收回后直接销售物资的代收代缴消费税
   D. 收回后继续加工物资的代收代缴消费税

5. 下列各项中，不应计入销售费用的有(　　)。
   A. 商业企业采购商品过程中发生的运杂费
   B. 随同商品出售单独计价的包装物成本
   C. 摊销的出租包装物成本
   D. 摊销的出借包装物成本

6. 企业期末编制资产负债表时，下列各项应包括在"存货"项目的有(　　)。
   A. 生产成本
   B. 发出商品
   C. 为在建工程购入的工程物资
   D. 未来约定购入的商品

7. 下列各项业务中，可以引起期末存货账面价值发生增减变动的有(　　)。
   A. 计提存货跌价准备
   B. 已确认销售收入但尚未发出的商品
   C. 已发出商品但尚未确认销售收入
   D. 已收到发票账单并支付货款但尚未收到材料

8. 企业为外购货物发生的下列各项支出中，应计入存货成本的有(　　)。
   A. 入库前的挑选整理费
   B. 运输途中的合理损耗
   C. 不能抵扣的增值税进项税额
   D. 运输途中因自然灾害发生的损失

9. "材料成本差异"科目贷方核算的内容有(　　)。
   A. 购入材料实际成本大于计划成本的差异
   B. 购入材料实际成本小于计划成本的差异
   C. 发出材料实际成本大于计划成本的差异
   D. 发出材料实际成本小于计划成本的差异

10. 下列各项中，应作为原材料进行核算和管理的是(　　)。
    A. 原料及主要材料
    B. 修理用备件

C. 包装材料　　　　　　　　D. 出租包装物

11. 存货的成本包括( )。
    A. 采购成本　　B. 加工成本　　C. 主营业务成本　　D. 其他成本

12. 企业出租包装物摊销时，可以采用的摊销方法有( )。
    A. 实际成本法　　B. 一次摊销法　　C. 计划成本法　　D. 五五摊销法

13. 用于储存和保管产品、材料而不对外出售的包装物，应按其价值大小和使用年限长短，分别在( )或( )科目核算。
    A. 周转材料——包装物　　　　　　B. 原材料
    C. 固定资产　　　　　　　　　　　D. 周转材料——低值易耗品

14. 在"周转材料——包装物"科目核算的包装物是指( )。
    A. 一次性消耗的包装材料
    B. 用于储存和保管产品、材料而不对外出售、出租和出借的包装物
    C. 用于包装本企业产品，并对外出租和出借的包装物
    D. 用于包装本企业产品，并对外出售的包装物

15. 下列属于发出存货计价方法的是( )。
    A. 先进先出法　　B. 后进先出法　　C. 加权平均法　　D. 个别计价法

16. 下列应计入存货采购成本的是( )。
    A. 买价　　　　　　　　　　　B. 运输途中的合理损耗
    C. 增值税　　　　　　　　　　D. 进口关税

17. 下列业务中，通过"其他业务收入"科目核算的是( )。
    A. 销售材料取得的收入　　　　　　B. 出租包装物的租金收入
    C. 随商品出售，单独计价的包装物收入　　D. 出借包装物收到的押金

18. 下列项目中，应作为销售费用处理的有( )。
    A. 销售材料的成本
    B. 出租包装物的摊销额
    C. 随商品出售，不单独计价的包装物的成本
    D. 出借包装物的摊销额

19. 在计划成本法下，以下会计处理正确的有( )。
    A. 购入材料时，借方按照实际成本登记"材料采购"科目，相关税费，贷方登记"银行存款"科目
    B. 材料入库时，借方按照实际成本登记"原材料"科目，贷方按照计划成本冲销"材料采购"科目，差额记入"材料成本差异"科目
    C. 领用材料时，根据受益对象计入相关成本费用
    D. 发出材料期末负担的差异如为节约差异，则在借方增加相关成本费用，贷记"材料成本差异"科目

20. 以下对于存货损毁的说法不正确的有( )。
    A. 如为管理不善导致的存货毁损，企业管理层批准后，应当计入营业外支出
    B. 存货毁损属于非正常损失，经批准后，损失应当计入管理费用

C. 自然灾害导致的存货毁损，进项税额不需要转出
D. 存货毁损在批准前应当先通过"待处理财产损溢"科目核算

三、判断题

1. 企业采用计划成本对材料进行日常核算，应按月分摊发出材料应负担的成本差异，不应在季末或年末一次计算分摊。（   ）
2. 委托加工的物资收回后用于连续生产的，应将受托方代收代缴的消费税计入委托加工物资的成本。（   ）
3. 商业企业与工业制造业企业，对于购入的存货发生的运杂费，均应计入存货采购成本。（   ）
4. 对于盘亏的存货，如果在期末结账前尚未批准处理的，应作为资产负债表中的资产"待处理财产净损失"项目列示。（   ）
5. 企业已计提跌价准备的存货在结转销售成本时，应一并结转相关的存货跌价准备。（   ）
6. 随同产品出售单独计价的包装物应按出售包装物的收入记入"主营业务收入"。（   ）
7. 盘盈存货的计价应以同类或类似存货的市场价格作为实际成本。（   ）
8. 同一项资产，在不同的企业可能分属存货和固定资产。（   ）
9. 购入材料在运输途中发生的合理损耗不需单独进行账务处理。（   ）
10. 当存货的可变现净值高于其实际成本时，应将原存货跌价准备中已有的金额全部冲减，但最多将存货跌价准备冲减至零为止。（   ）

四、业务处理题

1. 某工业企业为增值税一般纳税人，材料按计划成本计价核算。甲材料计划单位成本为每千克10元。该企业2020年4月份有关资料如下。

（1）"原材料"账户月初余额为40 000元，"材料成本差异"账户月初借方余额为500元。

（2）4月5日，企业发出100千克甲材料委托A公司加工成新的物资(注：发出材料时应计算确定其实际成本)。

（3）4月15日，从外地A公司购入甲材料6 000千克，增值税专用发票上注明的材料价款为61 000元，增值税税额为7 930元，企业已用银行存款支付上述款项，材料尚未到达。

（4）4月20日，从A公司购入的甲材料到达，验收入库时发现短缺20千克，经查明为途中定额内自然损耗。按实收数量验收入库。

（5）4月30日，汇总本月发料凭证，本月共发出甲材料5 000千克，全部用于产品生产。

要求：根据上述业务编制相关的会计分录，并计算本月材料成本差异率、本月发出材料应负担的成本差异额及月末库存材料的实际成本。

2. 2020年3月1日，甲公司存货数量为3 000件，单价均为5元，成本共计15 000元，3月期末结存5 100件，3月份购货情况如下表。

单位：元

购入日期	数量/件	单 价	金 额	发出日期	数量/件
3月4日	1 500	5.00	7 500	3月10日	1000
3月8日	2 400	5.10	12 240	3月15日	1000
3月12日	3 000	5.20	15 600	3月28日	8000
3月16日	2 500	5.15	12 875		
3月26日	2 700	5.16	13 932		

要求：(1)用先进先出法、加权平均法计算发出存货成本，并登记材料明细分类账。

(2)假设发出存货的20%车间领用，80%生产领用，做出相关会计处理。

3. 甲企业出租包装物一批，实际成本为30 000元，收到押金35 000元存入银行，同时每月收到租金2 500元。经一段时间后企业退还包装物押金，同时报废包装物，收到残料1 500元并验收入库。

要求：做出相关账务处理。

4. 甲企业2020年3月18日发出A材料委托乙企业加工，发出材料的计划成本为20 000元，应负担的材料成本差异额为节约额300元；本企业通过银行支付来往运杂费1 000元及委托加工单位加工费4 000元；加工返回验收入库，计划成本为25 000元。月末结转委托加工物资的实际成本与计划成本的差异。

要求：假设运杂费和加工费均不考虑增值税，根据业务编制会计分录。

5. 某批发公司月初存货200 000元，本月购货400 000元，本月商品销售收入净额为500 000元，上季度该类商品毛利率为20%。要求计算本月已销售存货和月末存货的成本。

参 考 答 案

参考答案见右侧二维码。

第五章 投 资

【学习要点及目标】

本章主要介绍金融资产、长期股权投资的会计核算。通过学习本章内容，要求学生了解投资的概念、特点以及投资的分类；理解金融资产的含义、分类、重分类，长期股权投资的概念，取得长期股权投资的企业与被投资企业的关系以及长期股权投资的减值与处置；掌握以摊余成本计量的金融资产、以公允价值计量且其变动计入其他综合收益的金融资产、以公允价值计量且其变动计入当期损益的金融资产的确认与计量；掌握各类金融资产的账务处理，长期股权投资的取得，以及成本法、权益法的核算。

【知识框架图】

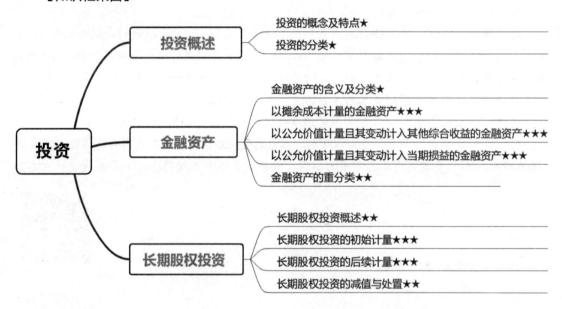

第一节 投资概述

一、投资的概念及特点

(一)投资的概念

会计实务中的投资有广义和狭义之分。广义的投资不仅包括对外投资，如企业购买股票、基金、债券等进行的投资，还包括对内投资，比如企业投资购买固定资产、无形资产等。狭义的投资仅指对外投资。本章所阐述的投资，仅指狭义的对外投资。

从概念上说，投资是指企业为通过分配来增加财富，或为谋求其他利益，而将资产让渡给其他单位所获得的另一项资产。

(二)投资的特点

从投资的定义可见，投资是企业为了获得收益或实现资本增值而向被投资单位投放资金的经济行为。投资具有以下特点。

(1) 投资是以让渡其他资产而换取的另一项资产。即企业将所拥有的货币资金、存货、固定资产、无形资产等让渡给其他单位使用，以换取债权投资或股权投资。这项资产与其他资产一样，能为投资者带来未来经济利益，这种经济利益是指能直接或间接地增加流入企业的现金或现金等价物的能力。

(2) 投资所流入的经济利益与其他资产不同。投资通常是指企业的部分资产转让给其他单位使用，通过其他单位使用投资者的投入资产创造效益后分配取得的。投资企业经济利益的流入受到被投资单位经营状况好坏和其利润分配政策的影响。

二、投资的分类

投资按照不同的标准有不同的分类。

1. 按照投资性质的不同分为权益性投资、债权性投资和混合性投资

(1) 权益性投资。权益性投资是指企业为获得被投资企业的权益或净资产所做的投资。企业进行权益性投资，其目的并不是为了获得高于银行存款利息的利息收入，而是为了获得被投资企业的控制权，或对被投资企业施加影响，或为了获得高额的投资回报等。如购买普通股股票，通过联营的方式获得联营企业相应的股权等，均属于权益性投资。这种投资一般具有投资风险较高的特点，其收益与被投资企业的经营业绩密切相关。

(2) 债权性投资。债权性投资是指企业为取得债权所做的投资。企业进行债权性投资，其目的是为了获得高于同期银行存款利息的利息收入，并保证到期收回本金。如购买国库券、金融债券、企业债券等，均属于债权性投资。这种投资一般具有投资风险低收益稳定的特点。其收益与本金和约定的利息率有关，与被投资企业的经营业绩并无直接的关系。

(3) 混合性投资。混合性投资往往表现为混合性证券投资，是指既有权益性又有债权性的投资，如购买可转换公司债券等。这种投资兼具权益性投资和债权性投资的特点，其投资风险比权益性投资低，且收益比较稳定。

2. 按照出资的具体形态的不同分为货币资金投资、实物资产投资和无形资产投资

(1) 货币资金投资。货币资金投资是指通过投出货币资金所取得的投资，如以银行存款进行投资。

(2) 实物资产投资。实物资产投资是指通过投出实物资产所取得的投资，如利用原材料、固定资产等进行投资。

(3) 无形资产投资。无形资产投资是指通过投出无形资产所取得的投资，如利用专利权、土地使用权、专有技术等进行投资。

3. 按照投资的目的不同分为金融资产投资和长期股权投资

金融资产投资的目的主要在于出售获利，而长期股权投资的目的主要在于控制、共同

控制或重大影响。其中，金融资产以企业管理金融资产的业务模式和金融资产的合同现金流量特征作为标准，可以分为以摊余成本计量的金融资产、以公允价值计量且其变动计入其他综合收益的金融资产以及以公允价值计量且其变动计入当期损益的金融资产三类。金融资产遵循《企业会计准则第 22 号——金融工具确认与计量》《企业会计准则第 23 号——金融资产转移》和《企业会计准则第 24 号——套期会计》的规定；长期股权投资遵循《企业会计准则第 2 号——长期股权投资》的规定。本章将按照《企业会计准则》对投资的分类，分别对以摊余成本计量的金融资产、以公允价值计量且其变动计入其他综合收益的金融资产、以公允价值计量且其变动计入当期损益的金融资产以及长期股权投资的相关业务加以介绍。

第二节 金融资产

一、金融资产的含义及分类

(一)金融资产的含义

金融资产属于企业资产的重要组成部分，是指企业持有的现金、其他方的权益工具以及符合下列条件之一的资产。

(1) 从其他方收取现金或其他金融资产的合同权利。例如：企业的银行存款、应收账款、应收票据、贷款等均属于金融资产。但应注意的是，预付账款不是金融资产，因为其产生的未来经济利益是商品或劳务，不是收取现金或其他金融资产的权利。

(2) 在潜在有利条件下，与其他方交换金融资产或金融负债的合同权利。例如：企业持有的看涨期权或看跌期权等。

(3) 将来须用或可用企业自身权益工具进行结算的非衍生工具合同，且企业根据该合同将收到可变数量的自身权益工具。

(4) 将来须用或可用企业自身权益工具进行结算的衍生工具合同(不包括固定数量的自身权益工具交换固定金额的现金或其他金融资产的衍生工具合同)。

(二)金融资产的分类

金融资产包括的内容很多，可以从经济内容、计量方法等角度进行分类，分类角度不同，分成的类别也不尽相同。根据《企业会计准则第 22 号——金融工具确认和计量》的规定，企业应根据其管理金融资产的业务模式和金融资产的合同现金流量特征，基于后续计量视角将金融资产分为以摊余成本计量的金融资产、以公允价值计量且其变动计入其他综合收益的金融资产和以公允价值计量且其变动计入当期损益的金融资产三类。

二、以摊余成本计量的金融资产

(一)以摊余成本计量的金融资产的确认条件

金融资产同时符合下列条件的，应当分类为以摊余成本计量的金融资产。

(1) 企业管理该金融资产的业务模式是以收取合同现金流量为目标。

(2) 该金融资产的合同条款规定，在特定日期产生的现金流量，仅为对本金和以未偿付本金金额为基础的利息的支付。

例如：企业购买某3年期固定利率的国债，该国债的合同现金流量是到期收回本金和按约定的利率在合同期间按时收取固定利息。在没有其他特殊安排的情况下，该国债的合同现金流量一般情况下符合仅对本金和未偿付本金金额为基础的利息支付的要求，如果企业管理该债券投资的业务模式是以收取合同现金流量为目标，则企业对该国债应当分类为以摊余成本计量的金融资产。

(二)以摊余成本计量的金融资产的核算

1. 账户设置

为了核算企业以摊余成本计量的金融资产价值的增减变动情况，应设置"债权投资"总账账户。该账户应当按照以摊余成本计量的金融资产的类别和品种，分别通过"成本""利息调整""应计利息"等账户进行明细核算。

2. 核算特点

(1) 以摊余成本计量的金融资产应当按取得时的公允价值和相关交易费用之和作为初始确认金额，其中交易费用在"债权投资——利息调整"账户核算。支付的价款中包含的已到付息期但尚未领取的债券利息，应单独确认为应收项目。

交易费用，是指可直接归属于购买、发行或处置金融工具的增量费用。增量费用是指企业没有发生购买、发行或处置相关金融工具的情形就不会发生的费用，包括支付给代理机构、咨询公司券商、证券交易所、政府有关部门等的手续费佣金、相关税费及其他必要支出，不包括债券溢价、折价、融资费用、内部管理成本和持有成本等与交易不直接相关的费用。

(2) 以摊余成本计量的金融资产应当采用实际利率法，按摊余成本进行计量。在持有期间按照摊余成本和实际利率计算的利息收入，计入投资收益。

实际利率法，是指计算金融资产或金融负债的摊余成本以及将利息收入或利息费用分摊计入各会计期间的方法。金融资产或金融负债的摊余成本，应当以该金融资产或金融负债的初始确认金额经下列调整后的结果确定：①扣除已偿还的本金；②加上或减去采用实际利率法将该初始确认金额与到期日金额之间的差额进行摊销形成的累计摊销额；③扣除累计计提的减值准备。

(3) 处置以摊余成本计量的金融资产时，应将所取得价款与该投资账面价值之间的差额计入投资收益。

3. 以摊余成本计量的金融资产的主要账务处理

以摊余成本计量的金融资产的会计处理主要应解决实际利率的计算、摊余成本的确定、持有期间的收益确认及将其处置时损益的处理。以摊余成本计量的金融资产的主要账务处理如下。

(1) 企业取得以摊余成本计量的金融资产(债券投资)时。

借：债权投资——成本　　　　　　(取得债券的面值)

应收利息　　　　　　　　　　　(支付价款中包含已到付息期尚未领取的利息)
　　借(或贷)：债权投资——利息调整　(差额)
　　　　　贷：银行存款等　　　　　(实际支付的金额)
　(2) 企业在资产负债表日或计息日，确认利息收入(计提债券利息)时，应分以下情况处理。
　　① 以摊余成本计量的金融资产为分期付息、到期一次还本的债券投资。
　　借：应收利息　　　　　　　　　(债券面值×票面利率)
　　借(或贷)：债权投资——利息调整　(差额)
　　　　　贷：投资收益　　　　　　(金融资产账面余额或摊余成本×实际利率)
　　② 以摊余成本计量的金融资产为到期一次还本付息的债券投资。
　　借：债权投资——应计利息　　　　(债券面值×票面利率)
　　借(或贷)：债权投资——利息调整　(差额)
　　　　　贷：投资收益　　　　　　(金融资产的账面余额×实际利率)
　(3) 企业处置以摊余成本计量的金融资产(债券投资)时，应将所取得的价款与以摊余成本计量的金融资产(债券投资)账面价值之间的差额，计入当期损益(投资收益)，做如下会计分录。
　　借：银行存款　　　　　　　　　(实际收到的价款)
　　　　债权投资减值准备　　　　　(已计提的减值准备)
　　　　贷：债权投资——成本　　　(处置债券投资的面值)
　　　　　　　　　　——应计利息　(处置债券投资已计提的利息)
　　　　贷(或借)：债权投资——利息调整　(处置债券投资尚未摊销的利息调整金额)
　　　　　　　　投资收益　　　　　(差额)
　以摊余成本计量的金融资产(分次付息到期还本的债券投资)的会计处理程序如图 5-1 所示。

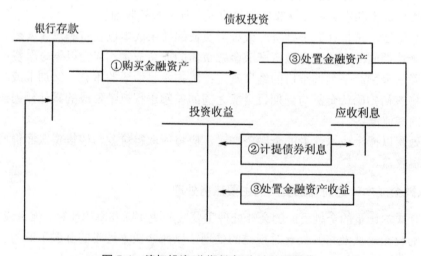

图 5-1　债权投资(分期付息)会计处理程序

【例 5-1】 20×1 年 1 月 1 日，甲公司支付价款 1 000 万元(含交易费用)从活跃市场上购入某公司 5 年期债券，面值 1 250 万元，票面年利率为 4.72%，实际利率为 10%，按年支付利息(即每年利息为 59 万元),本金最后一次支付。合同约定,该债券的发行方在遇到特定情况时可以将债券赎回,且不需要为提前赎回支付额外款项。甲公司在购买该债券时,预计发行方不会提前赎回。甲公司根据其管理该债券的业务模式和该债券的合同现金流量特征,将该债券归类为以摊余成本计量的金融资产,不考虑所得税、减值损失等因素。

根据实际利率计算 5 年的利息收入及期末摊余成本,具体计算结果见表 5-1。

表 5-1 利息收入及期末摊余成本计算表　　　　　　　　　单位:万元

年份	期初摊余成本(a)	实际利息(b) 按 10%计算	现金流入(c)	期末摊余成本 (d)=(a)+(b)-(c)
20×1	1 000	100	59	1 041
20×2	1 041	104	59	1 086
20×3	1 086	109	59	1 136
20×4	1 136	114	59	1 191
20×5	1 191	119	1 250+59	0

注意:数字四舍五入取整数,数字考虑了计算过程中出现的尾数。

根据上述数据,甲公司做如下会计分录。

① 20×1 年 1 月 1 日,购入债券。

借:债权投资——成本　　　　　　　　　　　　　1 250
　　贷:银行存款　　　　　　　　　　　　　　　　　　1 000
　　　　债权投资——利息调整　　　　　　　　　　　　250

② 20×1 年 12 月 31 日,确认实际利息收入,收到票面利息。

借:应收利息　　　　　　　　　　　　　　　　　59
　　债权投资——利息调整　　　　　　　　　　　　41
　　贷:投资收益　　　　　　　　　　　　　　　　　　100
借:银行存款　　　　　　　　　　　　　　　　　59
　　贷:应收利息　　　　　　　　　　　　　　　　　　59

③ 20×2 年 12 月 31 日,确认实际利息收入,收到票面利息。

借:应收利息　　　　　　　　　　　　　　　　　59
　　债权投资——利息调整　　　　　　　　　　　　45
　　贷:投资收益　　　　　　　　　　　　　　　　　　104
借:银行存款　　　　　　　　　　　　　　　　　59
　　贷:应收利息　　　　　　　　　　　　　　　　　　59

④ 20×3 年 12 月 31 日,确认实际利息收入,收到票面利息。

借:应收利息　　　　　　　　　　　　　　　　　59
　　债权投资——利息调整　　　　　　　　　　　　50
　　贷:投资收益　　　　　　　　　　　　　　　　　　109
借:银行存款　　　　　　　　　　　　　　　　　59
　　贷:应收利息　　　　　　　　　　　　　　　　　　59

⑤ 20×4年12月31日，确认实际利息收入，收到票面利息。

借：应收利息　　　　　　　　　　　　　　59
　　债权投资——利息调整　　　　　　　　55
　　贷：投资收益　　　　　　　　　　　　　　　114
借：银行存款　　　　　　　　　　　　　　59
　　贷：应收利息　　　　　　　　　　　　　　　59

⑥ 20×5年12月31日，确认实际利息收入，收到票面利息和本金等。

借：应收利息　　　　　　　　　　　　　　59
　　债权投资——利息调整　　　　　　　　60
　　贷：投资收益　　　　　　　　　　　　　　　119
借：银行存款　　　　　　　　　　　　　　59
　　贷：应收利息　　　　　　　　　　　　　　　59
借：银行存款　　　　　　　　　　　　　1 250
　　贷：债权投资——成本　　　　　　　　　　1 250

三、以公允价值计量且其变动计入其他综合收益的金融资产

(一)以公允价值计量且其变动计入其他综合收益的金融资产的确认条件

金融资产同时符合下列条件的，应当分类为以公允价值计量且其变动计入其他综合收益的金融资产。

(1) 企业管理该金融资产的业务模式既以收取合同现金流量为目标，又以出售该金融资产为目标。

(2) 该金融资产的合同条款规定，在特定日期产生的现金流量，仅为对本金和以未偿付本金金额为基础的利息的支付。

例如：企业购买某3年期固定利率的国债，该国债的合同现金流量是到期收回本金和按约定的利率在合同期间按时收取固定利息。在没有其他特殊安排的情况下，该国债的合同现金流量一般情况下符合仅对本金和未偿付本金金额为基础的利息支付的要求。如果企业管理该债券投资的业务模式是既以收取合同现金流量为目标，又以出售该国债为目标，则企业对该国债应当分类为以公允价值计量且其变动计入其他综合收益的金融资产。

(二)以公允价值计量且其变动计入其他综合收益的金融资产的核算

1. 账户设置

为了核算企业持有的以公允价值计量且其变动计入其他综合收益的金融资产的价值变动情况，企业应设置"其他债权投资"和"其他权益工具投资"总账账户。"其他债权投资"账户应当按照债权资产的类别和品种，分别按"成本""利息调整""应计利息""公允价值变动"等账户进行明细核算。"其他权益工具投资"账户按权益工具的类别和品种，分别按"成本""公允价值变动"等账户进行明细核算。"其他债权投资"和"其他权益工具投资"账户的期末借方余额，反映企业持有以公允价值计量且其变动计入其他综合收益的金融资产的公允价值。

2. 核算特点

(1) 取得时应当以其公允价值和相关交易费用之和作为初始确认金额。支付的价款中包含的已宣告但尚未发放的现金股利或已到付息期但尚未领取的债券利息，应单独确认为应收项目。

(2) 资产负债表日以公允价值计量且其变动计入其他综合收益的金融资产所产生的所有利得或损失，除减值损失和汇兑损益外，均应当计入其他综合收益，直至该金融资产终止被确认或被重分类，但是采用实际利率法计算的该金融资产的利息应当计入当期损益。

(3) 指定为以公允价值计量且其变动计入其他综合收益的非交易性权益工具投资，除了获得的股利计入当期损益外，其他的利得和损失(包括汇兑损益)均应当计入其他综合收益，且后续不得转入当期损益。当其终止确认时，之前计入其他综合收益的累计利得或损失应当从其他综合收益中转出，计入留存收益。

3. 以公允价值计量且其变动计入其他综合收益的金融资产的主要账务处理

以公允价值计量且其变动计入其他综合收益的金融资产的主要账务处理可分为取得、持有期间和出售三个步骤，具体账务处理如下。

(1) 企业取得以公允价值计量且其变动计入其他综合收益的金融资产时，应区分债权投资和指定为以公允价值计量且其变动计入其他综合收益的非交易性权益工具投资。

① 企业取得以公允价值计量且其变动计入其他综合收益的金融资产为债权投资。

借：其他债权投资——成本　　　　(购买债券投资的面值)
　　应收利息　　　　　　　　　　(支付价款中包含已到付息期但尚未领取的利息)
借(或贷)：其他债权投资——利息调整　(差额)
　　贷：银行存款等　　　　　　　　(实际支付的金额)

② 企业取得指定为以公允价值计量且其变动计入其他综合收益的非交易性权益工具投资。

借：其他权益工具投资——成本　　(股票的公允价值与交易费用之和)
　　应收股利　　　　　　　　　　(支付价款中包含的已宣告发放但尚未发放的现金股利)
　　贷：银行存款等　　　　　　　　(实际支付的金额)

(2) 资产负债表日以公允价值计量且其变动计入其他综合收益的金融资产为债权投资的，则应期末计提利息，计提利息的会计处理因债券付息方式的不同而有所不同(具体计算与以摊余成本计量的金融资产相同)。

借：应收利息(其他债权投资——应计利息) (债券投资的面值× 票面利率)
借(或贷)：其他债权投资——利息调整　(差额)
　　贷：投资收益　　　　　　　　　(债券投资期初账面余额或摊余成本×实际利率)

(3) 资产负债表日确认以公允价值计量且其变动计入其他综合收益的金融资产公允价值变动的金额。

① 以公允价值计量且其变动计入其他综合收益的金融资产的公允价值高于其账面余额。

借：其他债权投资——公允价值变动
　　贷：其他综合收益——其他债权投资公允价值变动

若金融资产为指定为以公允价值计量且其变动计入其他综合收益的非交易性权益工具投资，则应做如下会计分录。

借：其他权益工具投资——公允价值变动
　　贷：其他综合收益——其他权益工具投资公允价值变动

② 以公允价值计量且其变动计入其他综合收益的金融资产的公允价值低于其账面余额。

借：其他综合收益——其他债权投资公允价值变动
　　贷：其他债权投资——公允价值变动

若金融资产为指定为以公允价值计量且其变动计入其他综合收益的非交易性权益工具投资，则应做如下会计分录。

借：其他综合收益——其他权益工具投资公允价值变动
　　贷：其他权益工具投资——公允价值变动

(4) 出售以公允价值计量且其变动计入其他综合收益的金融资产。

① 出售以公允价值计量且其变动计入其他综合收益的金融资产为债券投资，应将取得的价款与该金融资产账面价值之间的差额，计入"投资损益"。

借：银行存款等　　　　　　　　　　　　　　(实际收到的金额)
　　贷：其他债权投资——成本　　　　　　　(出售债券投资的面值)
　　　　　　　　　　——应计利息　　　　　(出售债券投资已计提的利息)
　　贷(或借)：其他债权投资——公允价值变动　(出售债券投资公允价值变动金额)
　　　　　　　　　　　　　——利息调整　　(出售债券投资尚未摊销的金额)
　　贷(或借)：投资收益　　　　　　　　　　(差额)

同时：结转原直接计入其他综合收益的公允价值变动的累计金额，即做如下会计分录。

借(或贷)：其他综合收益——其他债权投资公允价值变动
　　　贷(或借)：投资收益

② 出售指定为以公允价值计量且其变动计入其他综合收益的非交易性权益工具投资时，取得的价款与该金融资产账面价值之间的差额，应当计入留存收益。

借：银行存款等　　　　　　　　　　　　　　(实际收到的金额)
　　贷：其他权益工具投资——成本　　　　　(出售投资的成本)
　　贷(或借)：其他权益工具投资——公允价值变动 (出售投资的公允价值变动金额)
　　贷(或借)：盈余公积——法定盈余公积　　(差额×10%)
　　　　　　　利润分配——未分配利润　　　(差额×90%)

同时：之前计入其他综合收益的累计利得或损失应当从其他综合收益中转出，计入留存收益，即做如下会计分录。

借(或贷)：其他综合收益——其他权益工具投资公允价值变动
　　　贷(或借)：盈余公积——法定盈余公积
　　　　　　　　利润分配——未分配利润

以公允价值计量且其变动计入其他综合收益的金融资产(债券投资)的会计处理如图 5-2 所示。

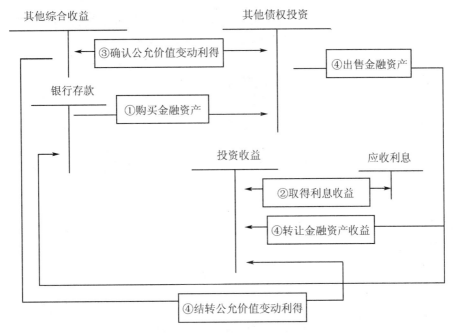

图 5-2 其他债权投资会计处理程序

【例 5-2】2020 年 1 月 1 日甲公司支付价款 1 027.755 万元购入某公司发行的 3 年期公司债券,该公司债券的票面总金额为 1 000 万元,票面利率为 5%,实际利率为 4%,利息每年年末支付,本金到期支付。甲公司将该公司债券归类为以公允价值计量且其变动计入其他综合收益的金融资产。2020 年 12 月 31 日,该债券的市场价格为 1 002.865 2 万元。假定无交易费用和其他因素的影响,甲公司的会计处理如下。

① 2020 年 1 月 1 日,购入债券。

借:其他债权投资——成本　　　　　　　　　　　　　　10 000 000
　　　　　　　　——利息调整　　　　　　　　　　　　　　277 550
　　贷:银行存款　　　　　　　　　　　　　　　　　　　10 277 550

② 2020 年 12 月 31 日,收到债券利息确认公允价值变动。

实际利息=1 027.755×4%=41.110 2(万元)

年末摊余成本=1 027.755+41.110 2-50=1 018.865 2(万元)

借:应收利息　　　　　　　　　　　　　　　　　　　　500 000
　　贷:投资收益　　　　　　　　　　　　　　　　　　　411 102
　　　　其他债权投资——利息调整　　　　　　　　　　　　88 898
借:银行存款　　　　　　　　　　　　　　　　　　　　500 000
　　贷:应收利息　　　　　　　　　　　　　　　　　　　500 000
借:其他综合收益——其他债权投资公允价值变动　　　　 160 000
　　贷:其他债权投资——公允价值变动　　　　　　　　　160 000

【例 5-3】甲股份有限公司(以下简称甲公司)有关投资资料如下。

(1) 2019 年 2 月 5 日,甲公司从二级市场购入 A 公司股票 100 000 股,每股买价 12 元,同时支付相关税费 10 000 元,款项均以银行存款支付。甲公司根据管理金融资产的业务模式，将该股票投资指定为以公允价值计量且其变动计入其他综合收益的金融资产。

(2) 2019 年 4 月 10 日，A 公司宣告发放现金股利，每股 0.5 元。

(3) 2019 年 4 月 20 日，收到 A 公司发放的现金股利 50 000 元。

(4) 2019 年 12 月 31 日，A 公司股票市价为每股 14 元。

(5) 2020 年 12 月 31 日，A 公司股票市价为每股 13 元。

(6) 2021 年 1 月 18 日，甲公司出于某些原因，出售 A 公司股票 100 000 股，取得价款 1 460 000 元(已扣除相关税费)。

甲公司每年按净利润的 10%计提法定盈余公积。假定不考虑其他因素，甲公司的有关账务处理如下。

(1) 2019 年 2 月 5 日，甲公司购入 A 公司股票。

借：其他权益工具投资——成本　　　　　　　　　　1 210 000
　　贷：银行存款　　　　　　　　　　　　　　　　　　　1 210 000

(2) 2019 年 4 月 10 日，A 公司宣告发放现金股利。

借：应收股利　　　　　　　　　　　　　　　　　　　　50 000
　　贷：投资收益　　　　　　　　　　　　　　　　　　　　50 000

(3) 2019 年 4 月 20 日，收到 A 公司发放的现金股利。

借：银行存款　　　　　　　　　　　　　　　　　　　　50 000
　　贷：应收股利　　　　　　　　　　　　　　　　　　　　50 000

(4) 2019 年 12 月 31 日，确认公允价值变动。

借：其他权益工具投资——公允价值变动　　　　　　　190 000
　　贷：其他综合收益——其他权益工具投资公允价值变动　　190 000

(5) 2020 年 12 月 31 日，确认公允价值变动。

借：其他综合收益——其他权益工具投资公允价值变动　100 000
　　贷：其他权益工具投资——公允价值变动　　　　　　　100 000

(6) 2021 年 1 月 18 日，甲公司出售 A 公司股票。

借：银行存款　　　　　　　　　　　　　　　　　　　1 460 000
　　贷：其他权益工具投资——成本　　　　　　　　　　　1 210 000
　　　　　　　　　　　　——公允价值变动　　　　　　　　90 000
　　　　盈余公积——法定盈余公积　　　　　　　　　　　　16 000
　　　　利润分配——未分配利润　　　　　　　　　　　　　144 000

同时，结转原已确认的公允价值变动金额。

借：其他综合收益——其他权益工具投资公允价值变动　90 000
　　贷：盈余公积——法定盈余公积　　　　　　　　　　　　9 000
　　　　利润分配——未分配利润　　　　　　　　　　　　　81 000

四、以公允价值计量且其变动计入当期损益的金融资产

(一)以公允价值计量且其变动计入当期损益的金融资产的确认条件

按照准则要求，分类为以摊余成本计量的金融资产和以公允价值计量且其变动计入其

他综合收益的金融资产之外的金融资产，企业应当将其归类为以公允价值计量且其变动计入当期损益的金融资产。例如，企业持有的普通股股票的合同现金流量是收取被投资企业未来股利分配以及其清算时获得剩余收益的权利。由于股利及获得剩余收益的权利均不符合本金和利息的定义，因此企业持有的普通股股票应当归类为以公允价值计量且其变动计入当期损益的金融资产。

金融资产满足下列条件之一的，表明企业持有该金融资产的目的是交易性的。

(1) 取得相关金融资产或承担相关金融负债的目的，主要是为了近期出售或回购。

(2) 相关金融资产在初始确认时属于集中管理的可辨认金融工具组合的一部分，且有客观证据表明近期实际存在短期获利行为。

(3) 相关金融资产属于衍生工具。但符合财务担保合同定义的衍生工具以及被指定为有效套期工具的衍生工具除外。

以公允价值计量且其变动计入当期损益的金融资产，包括交易性金融资产和直接指定为以公允价值计量且其变动计入当期损益的金融资产。其中，在企业出现较多的是交易性金融资产，所以本节重点介绍交易性金融资产。

(二)以公允价值计量且其变动计入当期损益的金融资产的核算

1. 账户设置

为了核算交易性金融资产的取得、收取股利或利息、处置等业务，企业应设置以下账户对交易性金融资产进行核算。

1) "交易性金融资产"账户

该账户核算和监督交易性金融资产的增减变化及其结存情况。该账户属于资产类账户，借方登记取得的交易性金融资产的成本，以及资产负债表日其公允价值高于账面余额的差额等；贷方登记资产负债表日其公允价值低于账面余额的差额，以及企业出售交易性金融资产时结转的成本和公允价值变动损益；余额在借方，表示期末交易性金融资产的公允价值。企业应当按照交易性金融资产的类别和品种，分别设置"成本""公允价值变动"等明细账户进行核算。

2) "公允价值变动损益"账户

该账户核算交易性金融资产等由于公允价值变动而形成的应计入当期损益的利得或损失。该账户属于损益类账户，借方登记资产负债表日企业持有的交易性金融资产等公允价值低于账面余额的差额；贷方登记资产负债表日企业持有的交易性金融资产等公允价值高于账面余额的差额；期末，应将本账户余额转入"本年利润"账户，结转后该账户无余额。该账户按"交易性金融资产""交易性金融负债""投资性房地产"等账户进行明细核算。

3) "投资收益"账户

"投资收益"账户核算持有交易性金融资产等期间取得的投资收益以及处置交易性金融资产等实现的投资收益或投资损失。该账户属于损益类账户，借方登记企业出售交易性金融资产等发生的投资损失；贷方登记企业出售交易性金融资产等实现的投资收益；期末，应将本账户余额转入"本年利润"账户，结转后本账户无余额。该账户按投资项目进行明细核算。

2. 核算特点

(1) 交易性金融资产在初始确认时，应按其公允价值计入成本，所发生的交易费用，应计入投资收益的借方，支付的价款中包含已宣告但尚未发放的现金股利或已到付息期但尚未领取的债券利息，应单独确认为应收项目。

(2) 持有期间获取的股利等收益计入当期损益。

(3) 在会计期末，交易性金融资产以公允价值计量，因公允价值变动形成的利得或损失，应当计入当期损益。

3. 以公允价值计量且其变动计入当期损益的金融资产的主要账务处理

以公允价值计量且其变动计入当期损益的金融资产的主要账务处理可分为取得、持有期现金股利及利息的处理，期末计量以及交易性金融资产的处置。

1) 交易性金融资产取得的会计处理

企业取得交易性金融资产时，应当以该金融资产取得时的公允价值作为其初始确认金额，记入"交易性金融资产——成本"账户。取得交易性金融资产支付的价款中包含已宣告发放但尚未发放的现金股利或已到付息期但尚未领取的债券利息的，应当单独确认为应收项目，记入"应收股利"或"应收利息"账户。

取得交易性金融资产所发生的相关交易费用应当在发生时计入投资收益。交易费用是指可直接归属于购买、发行或处置金融工具新增的费用，包括支付给代理机构、咨询公司、券商等的手续费和佣金及其他必要支出。

借：交易性金融资产——成本　　　（金融资产的公允价值）
　　应收股利　　　　　　　　　　（支付价款中所含已宣告但尚未发放的现金股利）
　　应收利息　　　　　　　　　　（支付价款中所含已到付息期尚未领取的利息）
　　投资收益　　　　　　　　　　（支付的相关交易费用）
　贷：银行存款等　　　　　　　　（实际支付的金额）

【例5-4】2021年2月17日，乙公司委托某证券公司从深圳证券交易所购入B公司股票500万股，并将其划分为交易性金融资产。该笔股票投资在购买日的公允价值为100万元。另支付相关交易费用金额为1.5万元。丙公司应编制的会计分录如下：

借：交易性金融资产——成本　　　　1 000 000
　　投资收益　　　　　　　　　　　　　15 000
　贷：其他货币资金——存出投资款　　　　　　1 015 000

2) 交易性金融资产现金股利及利息的账务处理

企业持有交易性金融资产期间，对于被投资单位宣告发放的现金股利或企业在资产负债表日按分期付息、一次还本的债券投资的票面利率计算的利息收入，应当确认为应收项目，计入"应收股利"或"应收利息"账户，并计入"投资收益"账户。

借：应收股利或应收利息
　贷：投资收益

【例5-5】2018年1月2日，润华公司购入华科公司2017年1月1日发行的面值为5 000万元、票面利率为2%的债券，债券利息按年支付。润华公司将其划分为交易性金融资产，支付价款为5 200万元(其中包含已到付息期尚未领取的债券利息100万元)，另支付交易费用20万元，款项均已通过银行存款支付。2018年1月15日，润华公司收到该笔债券利息100万元。2019年1月10日，润华公司收到债券利息100万元。润华公司应编制的会计分录如下。

① 2018年1月2日，润华公司购入华科公司的债券时，编制的会计分录如下。

借：交易性金融资产——成本　　　　　　　　　　51 000 000
　　应收利息　　　　　　　　　　　　　　　　　 1 000 000
　　投资收益　　　　　　　　　　　　　　　　　　 200 000
　　贷：银行存款　　　　　　　　　　　　　　　　　　　　52 200 000

② 2018年1月15日，润华公司收到购买时包含的债券利息时，编制的会计分录如下。

借：银行存款　　　　　　　　　　　　　　　　　 1 000 000
　　贷：应收利息　　　　　　　　　　　　　　　　　　　　 1 000 000

③ 2018年12月31日，润华公司确认债券利息收入，编制的会计分录如下。

利息收入=50 000 000×2%=1 000 000(元)

借：应收利息　　　　　　　　　　　　　　　　　 1 000 000
　　贷：投资收益　　　　　　　　　　　　　　　　　　　　 1 000 000

④ 2019年1月10日，润华公司收到持有的债券利息收入，编制的会计分录如下。

借：银行存款　　　　　　　　　　　　　　　　　 1 000 000
　　贷：应收利息　　　　　　　　　　　　　　　　　　　　 1 000 000

3) 交易性金融资产的期末计量

资产负债表日，交易性金融资产应当按照公允价值计量，公允价值与账面余额之间的差额计入当期损益。企业应当在资产负债表日按照交易性金融资产公允价值与其账面余额之间的差额，借记或贷记"交易性金融资产——公允价值变动"账户，贷记或借记"公允价值变动损益"账户。

① 交易性金融资产的公允价值高于其账面余额。

借：交易性金融资产——公允价值变动
　　贷：公允价值变动损益

② 公允价值低于其账面余额时，做相反会计分录。

【例5-6】承例5-5，假定2020年6月30日,润华公司购买的该笔债券的市价为5 130万元；2020年12月31日，润华公司购买的该笔债券的市价为5 110万元。润华公司应编制的会计分录如下。

① 2020年6月30日，确认该笔债券的公允价值变动损益时，编制的会会分录如下。

公允价值变动损益=51 300 000-51 000 000=300 000(元)

借：交易性金融资产——公允价值变动　　　　　　　 300 000
　　贷：公允价值变动损益　　　　　　　　　　　　　　　　　 300 000

② 2020年12月31日，确认该笔债券的公允价值变动损益时，编制的会计分录如下。

公允价值变动损益=51 100 000-51 300 000=-200 000(元)

借：公允价值变动损益　　　　　　　　　　　　　　 200 000
　　贷：交易性金融资产——公允价值变动　　　　　　　　　　 200 000

4) 交易性金融资产的处置

出售交易性金融资产时,应当将该金融资产出售时的公允价值与其账面余额之间的差额确认为投资收益。

借:银行存款　　　　　　　　　　　　　　(实际收到的金额)
　　贷:交易性金融资产——成本　　　　　　(处置金融资产的入账成本)
　　贷(或借):交易性金融资产——公允价值变动　(公允价值累计变动金额)
　　贷(或借):投资收益　　　　　　　　　　(差额)

【例5-7】 接例5-6,假定2021年1月12日,润华公司出售了所持有的华科公司的债券,售价为5 115万元。该公司应编制的会计分录如下。

借:银行存款　　　　　　　　　　　　　　51 150 000
　　贷:交易性金融资产——成本　　　　　　　　51 000 000
　　　　交易性金融资产——公允价值变动　　　　100 000
　　　　投资收益　　　　　　　　　　　　　　　50 000

以公允价值计量且其变动计入当期损益的金融资产的会计处理程序如图5-3所示。

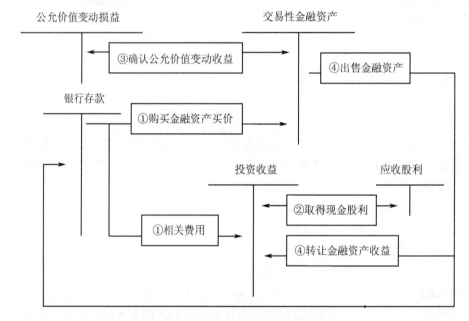

图5-3　交易性金融资产会计处理程序

五、金融资产的重分类

企业改变其管理金融资产的业务模式时,应当按照规定对所有受影响的相关金融资产进行重分类,即企业对于金融资产(非衍生债权资产)可以在以摊余成本计量、以公允价值计量且其变动计入其他综合收益和以公允价值计量且其变动计入当期损益的金融资产之间进行重分类。

应注意的是,企业对于权益工具投资的金融资产一般不能进行重分类,因为,一是权益工具投资不符合以摊余成本计量的条件(对本金和以未偿付本金金额为基础的利息的支付)，因而不能分类为以摊余成本计量的金融资产；二是非交易性权益工具投资可以指定为以公允价值计量且其变动计入其他综合收益的金融资产，但该指定一经做出，不得撤销。所以，权益工具投资一般只能分类为以公允价值计量且其变动计入当期损益的金融资产。金融资产重分类如图 5-4 所示。

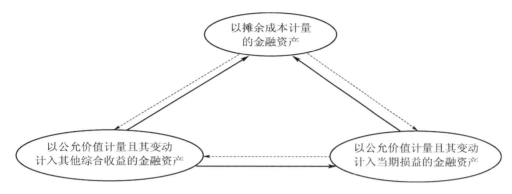

图 5-4　金融资产重分类示意图

第三节　长期股权投资

一、长期股权投资概述

(一)长期股权投资的含义

长期股权投资是指投资方对被投资单位实施控制、施加重大影响的，以及对其合营企业的权益性投资。企业进行长期股权投资后，成为被投资企业的股东，有参与或者决定被投资企业经营决策的权利。长期股权投资的最终目标是为了获得较大的经济利益，这种经济利益可以通过分得股利、利润或者其他的方式予以实现。

(二)长期股权投资的内容

按照投资企业对被投资企业的影响程度，长期股权投资主要包括能够对被投资单位实施控制的权益性投资，即对子公司投资；能够对被投资单位实施共同控制的权益性投资，即对合营企业投资；能够对被投资单位施加重大影响的权益性投资，即对联营企业投资。

1. 投资企业能够对被投资单位实施控制的权益性投资

能够对被投资单位实施控制的权益性投资，即对子公司投资。能够对被投资单位实施控制的股权投资又称为"控股合并"，形成长期股权投资。

控制是指投资方拥有对被投资方的权力，通过参与被投资方的相关活动而享有可变回报，并且有能力运用对被投资方的权力影响其回报金额。

投资方在判断其是否控制被投资方时，应考虑相关的事实和情况。一般而言，投资方持有被投资方半数以上的表决权的，通常表明其拥有对被投资方的权力。如果投资方持有被投资方半数或以下的表决权，但通过与其他表决权持有人之间的协议能够控制半数以上表决权行使的，通常视为投资方拥有对被投资方的权力。

2. 投资企业能够对被投资单位实施共同控制的权益性投资

能够对被投资单位实施共同控制的权益性投资是指投资方与其他合营方一同对被投资单位实施共同控制且对被投资单位净资产享有权利的权益性投资，即对合营企业投资。

共同控制是指按照相关约定对某项安排所共有的控制，并且该安排的相关活动必须经过分享控制权的参与方一致同意后才能决策。在判断是否存在共同控制时，应当首先判断所有参与方或参与方组合是否集体控制该安排；其次再判断该安排相关活动的决策是否必须经过这些集体控制该安排的参与方一致同意。

3. 投资企业能够对被投资单位施加重大影响的权益性投资

能够对被投资单位施加重大影响的权益性投资是指投资方对被投资单位具有重大影响的权益性投资，即对联营企业投资。

重大影响，是指对一个企业的财务和经营政策有参与决策的权力，但并不能够控制或者与其他方一起共同控制这些政策的制定。当投资企业直接或通过子公司间接拥有被投资单位20%～50%的表决权时，一般认为对被投资单位具有重大影响。此外，虽然投资企业只直接拥有被投资单位20%以下的表决权资本，但符合特定情况的，也应确认为其对被投资单位具有重大影响，除非有明确的证据表明该种情况下不能参与被投资单位的生产经营决策，不形成重大影响。

二、长期股权投资的初始计量

(一)长期股权投资的初始计量原则

长期股权投资在取得时应按照初始投资成本入账。长期股权投资既可以通过企业合并(控股合并)取得，也可以通过企业合并以外的其他方式取得。其中，企业合并形成的长期股权投资又可分为同一控制下控股合并形成的长期股权投资和非同一控制下控股合并形成的长期股权投资。不同方式取得的长期股权投资，其初始投资成本的确定方法有所不同。

(二)企业合并(控股合并)形成的长期股权投资

企业合并是指将两个或者两个以上单独的企业合并形成一个报告主体的交易或事项。我国企业合并准则中根据参与合并的企业在合并前后是否受同一方或相同的多方最终控制，将企业合并划分为同一控制下的企业合并和非同一控制下的企业合并。

1. 同一控制下企业合并形成的长期股权投资

同一控制下的企业合并，是指参与合并的企业在合并前后均受同一方或相同多方的最终控制，并且该控制并非暂时性的。同一控制下的企业合并一般并非合并双方的自愿行为，而是由控制方所主导。这种合并不属于交易行为，合并对价并不公允，而是参与合并各方资产和负债的重新组合。因此，合并方应按照被合并方的所有者权益账面价值为基础进行初始计量，以在合并日享有的被合并方所有者权益账面价值的份额作为初始计量金额。

2. 非同一控制下企业合并形成的长期股权投资

非同一控制下的控股合并是指参与合并的各方在合并前后不受同一方或相同的多方最终控制的，为非同一控制下的企业合并。非同一控制下的控股合并中，购买方应当以确定的企业合并成本作为长期股权投资的初始投资成本。该类合并中，参与合并的各方在合并前后不存在任何关联关系，其合并是合并各方自愿进行和完成的，是一种交易行为，交易作价相对公平合理。因此，非同一控制下控股合并取得的长期股权投资是以购买方为进行企业合并支付的现金或非现金资产、发行或承担的债务、发行的权益性证券等在购买日的公允价值作为初始计量的金额。

(三)非企业合并方式取得的长期股权投资

除控股合并以外其他方式形成的长期股权投资，即对合营企业和联营企业的股权投资，其初始投资成本的确定与非同一控制下的企业合并取得长期股权投资的成本的确定方法基本相同，但发生的审计、评估、咨询、法律等相关直接费用应计入长期股权投资的初始投资成本。

1. 以支付现金取得的长期股权投资

以支付现金取得的长期股权投资，应当以实际支付的购买价款作为初始投资成本，包括购买过程中支付的手续费等必要支出，但所支付价款中包含的被投资单位已宣告但尚未发放的现金股利或利润应作为应收项目核算，不构成取得长期股权投资的成本。

【例5-8】甲公司于2021年2月10日，自公开市场中买入乙公司20%的股份，实际支付价款8 000万元。另外，在购买过程中支付手续费等相关费用200万元。甲公司能够对乙公司的生产经营决策施加重大影响。甲公司应编制的会计分录如下。

甲公司应当以实际支付的购买价款作为长期股权投资的成本。

甲公司实际支付的价款=8 000+200=8 200(万元)

借：长期股权投资——乙公司　　　　　　　　82 000 000
　　贷：银行存款　　　　　　　　　　　　　　　　82 000 000

【例5-9】A公司2021年1月1日以每股1.5元的价格购入B企业每股面值1元的股票500万股，占B公司总股本的50%，用银行存款实际支付价款755万元，其中包括已宣告发放但尚未发放的现金股利5万元。A公司应编制的会计分录如下。

借：长期股权投资——B企业　　　　　　　　7 500 000
　　应收股利　　　　　　　　　　　　　　　　　50 000
　　贷：银行存款　　　　　　　　　　　　　　　　7 550 000

2. 以发行权益性证券方式取得的长期股权投资

以发行权益性证券方式取得的长期股权投资，其成本为所发行权益性证券的公允价值，但不包括应自被投资单位收取的已宣告发放但尚未发放的现金股利或利润。为发行权益性证券支付给有关证券承销机构等的手续费、佣金等与权益性证券发行直接相关的费用，不构成取得长期股权投资的成本，应自权益性证券的溢价发行收入中扣除，溢价收入不足冲减的，应冲减盈余公积和未分配利润。

【例5-10】2020年5月10日，A公司通过定向增发2 000万股(每股面值1元)本公司普通股取得对B公司20%的股权。按照增发前后的平均股价计算，该2 000万股股份的公允价值为6 800万元。为增发该部分股份，A公司支付了300万元的佣金和手续费。假定A

公司取得该部分股权后,能够对 B 公司的生产经营决策施加重大影响。

根据以上资料,A 公司应当以所发行股份的公允价值作为取得长期股权投资的成本,其会计处理如下。

借:长期股权投资——B 公司　　　　　　　　　　　　　68 000 000
　　贷:股本　　　　　　　　　　　　　　　　　　　　20 000 000
　　　　资本公积——股本溢价　　　　　　　　　　　　48 000 000

发行权益性证券过程中支付的佣金和手续费,应自权益性证券的溢价发行收入中扣除,其会计处理如下。

借:资本公积——股本溢价　　　　　　　　　　　　　　3 000 000
　　贷:银行存款　　　　　　　　　　　　　　　　　　 3 000 000

三、长期股权投资的后续计量

长期股权投资在持有期间,根据投资企业对被投资单位的影响程度及是否存在活跃市场、公允价值能否可靠取得等进行划分,将长期股权投资的核算方法分为两种:一是成本法,二是权益法。

(一)长期股权投资核算的成本法

1. 成本法及其适用范围

成本法是指长期股权投资的价值按照初始成本计量,除追加或收回投资外,一般不对长期股权投资的账面价值进行调整的一种会计处理方法。长期股权投资的成本法适用于投资企业对被投资单位实施控制的长期股权投资(即对子公司的长期股权投资)。

2. 成本法核算的特点

采用成本法核算的长期股权投资具有以下特点。

(1) 投资时,以初始投资成本作为长期股权的入账价值。投资后,追加或减少投资时才能调整长期股权投资的账面价值,长期股权投资的账面价值一般保持不变。

(2) 持有期间。

① 被投资单位实现利润或发生亏损时,投资企业均不需要做任何会计处理。

② 被投资单位宣告分派现金股利或利润时,投资单位应当按照享有的部分确认投资收益,不管有关利润分配是属于取得投资前还是取得投资后的。

③ 被投资单位宣告分派股票股利时,投资企业只做备查登记,调整持股数量,不做账务处理。

(3) 如果长期股权投资发生减值时(可收回金额低于长期股权投资账面价值的),应当计提长期股权投资减值准备。

3. 成本法的会计处理

(1) 取得投资时,增加长期股权投资的账面价值,借记"长期股权投资"账户,贷记"银行存款"等账户。

(2) 被投资单位宣告发放现金股利或利润时，投资单位按享有的份额，借记"应收股利"账户，贷记"投资收益"账户。

(3) 收到现金股利时，借记"银行存款"账户，贷记"应收股利"账户。

【例5-11】A公司于2019年1月1日，以银行存款购入C公司股票1 000 000元，占C公司60%的股份，并取得控制权。2020年2月10日，C公司宣告分派现金股利，A公司按照持股比例可取得100 000元。2020年C公司实现利润2 000 000元。A公司应编制的会计分录如下。

① 取得长期股权投资时。

借：长期股权投资——C公司　　　　　　　　1 000 000
　　贷：银行存款　　　　　　　　　　　　　　　　1 000 000

② C公司宣告股利时。

借：应收股利　　　　　　　　　　　　　　　100 000
　　贷：投资收益　　　　　　　　　　　　　　　　100 000

③ 收到股利时。

借：银行存款　　　　　　　　　　　　　　　100 000
　　贷：应收股利　　　　　　　　　　　　　　　　100 000

④ 2020年C公司实现利润2 000 000元，A公司采用成本法核算，不做账务处理。

(二)长期股权投资核算的权益法

权益法是指长期股权投资以初始投资成本计量后，在投资持有期间根据投资企业享有被投资单位所有者权益份额的变动对投资的账面价值进行调整的方法。长期股权投资的权益法适用于以下两种情况。

(1) 企业对被投资单位具有共同控制的长期股权投资，即企业对其合营企业的长期股权投资。

(2) 企业对被投资单位具有重大影响的长期股权投资，即企业对其联营企业的长期股权投资。

1. 设置账户

采用权益法核算长期股权投资，应设置"长期股权投资"账户，并下设"投资成本""损益调整""其他综合收益""其他权益变动"等明细账户。

其中"投资成本"明细账户用来核算长期股权投资的投资成本的增减变动；"损益调整"明细账户用来核算因被投资单位实现净损益或分派现金股利而调整长期股权投资的账面价值的金额；"其他综合收益"明细账户用来核算因被投资单位其他综合收益发生变动而调整长期股权投资账面价值的金额；"其他权益变动"明细账户用来核算因被投资方发生除净损益、利润分配、其他综合收益之外的其他权益变动时，按持股比例确认长期股权投资的变动金额。

2. 会计处理

1) 长期股权投资的取得

取得长期股权投资时，分以下两种情况进行处理。

(1) 长期股权投资的初始投资成本大于投资时应享有被投资单位可辨认净资产公允价值份额的，不调整已确认的初始投资成本，借记"长期股权投资——××公司(投资成本)"账户，贷记"银行存款"等账户。

(2) 长期股权投资的初始投资成本小于投资时应享有被投资单位可辨认净资产公允价值份额的，借记"长期股权投资——××公司(投资成本)"账户，贷记"银行存款"等账户，并按其差额，贷记"营业外收入"账户。

【例 5-12】 A 企业于 2019 年 1 月 1 日取得 B 企业发行的股票 3 000 万元，准备长期持有，占 B 企业 30%的股份，购买该股票时发生有关税费 50 万元，款项用银行存款支付。取得投资时 B 企业所有者权益的账面价值为 10 000 万元(假定被投资单位各项可辨认资产、负债的公允价值与其账面价值相同)。

初始投资成本：购买价款+相关税费=30 000 000+500 000=30 500 000

在本例中，长期股权投资的初始投资成本 30 500 000 元大于投资时应享有被投资单位可辨认净资产公允价值份额 30 000 000 元(100 000 000×30%)，其差额 500 000 元不调整长期股权投资的账面价值。

借：长期股权投资—— B 企业(投资成本)　　　30 500 000
　　贷：银行存款　　　　　　　　　　　　　　　　30 500 000

若本例中取得投资时被投资单位可辨认净资产的公允价值为 12 000 万元，A 企业按持股比例 30%计算确定应享有 3 600 万元，则初始投资成本与应享有被投资单位可辨认净资产公允价值份额之间的差额 550 万元应计入取得投资当期的营业外收入，A 企业应编制的会计分录如下。

借：长期股权投资——B 企业(投资成本)　　　36 000 000
　　贷：银行存款　　　　　　　　　　　　　　　　30 500 000
　　　　营业外收入　　　　　　　　　　　　　　　　5 500 000

2) 投资损益的确认

投资企业取得长期股权投资后，应当按照应享有或应分担被投资单位实现净利润或发生净亏损的份额，调整长期股权投资的账面价值，并确认为当期损益。投资企业根据被投资单位实现的净利润计算应享有的份额时，借记"长期股权投资——损益调整"账户，贷记"投资收益"账户。被投资单位发生净亏损做相反的会计分录。

被投资单位以后宣告发放现金股利或利润时，企业计算应分得的部分，借记"应收股利"账户，贷记"长期股权投资——损益调整"账户。投资企业收到被投资单位宣告发放的股票股利，不进行账务处理，但应在备查簿中登记。

【例 5-13】 承例 5-12，2019 年 B 企业实现净利润 1 000 万元，A 企业按照持股比例确认投资收益 300 万元。2020 年 5 月 10 日，B 企业宣告分派现金股利 500 万元，A 企业可分派到 150 万元。2020 年 6 月 10 日，A 企业收到 B 企业分派的现金股利。A 企业应编制的会计分录如下。

① B 企业实现净利润时，编制的会计分录如下。

借：长期股权投资——损益调整　　　　　　　3 000 000
　　贷：投资收益　　　　　　　　　　　　　　　　3 000 000

② B 企业宣告分派现金股利时，编制的会计分录如下。

借：应收股利　　　　　　　　　　　　　　　　1 500 000

    贷：长期股权投资——损益调整　　　　　　　　　　　　　　　　1 500 000
  ③ 收到B企业分派的现金股利时，编制的会计分录如下。
  借：银行存款　　　　　　　　　　　　　　　　　　　　　　1 500 000
    贷：应收股利　　　　　　　　　　　　　　　　　　　　　　　1 500 000

注意：本教材都是在相应假定的情况下进行的。第一，假定被投资单位与投资单位采用的会计政策及会计期间是一致的；第二，假定取得投资时被投资单位有关资产、负债的公允价值与其账面价值是相同的，投资单位在确认相关损益时不需要进行调整。

3) 被投资单位除净损益以外所有者权益的其他变动

企业对于被投资单位除净损益、发放现金股利或利润以外所有者权益的其他变动，在持股比例不变的情况下，按照持股比例与被投资单位除净损益、发放现金股利或利润以外所有者权益的其他变动额计算应享有或承担的部分，调整长期股权投资的账面价值，同时增加或减少资本公积——其他资本公积或其他综合收益，即企业按持股比例计算应享有的份额，借记或贷记"长期股权投资——其他权益变动(或其他综合收益)"账户，贷记或借记"资本公积——其他资本公积"或"其他综合收益"账户。

【例5-14】 承例5-12，2020年8月B企业资本公积增加了400万元，A企业按照持股比例确认相应的资本公积120万元，被投资单位其他权益工具投资公允价值上升确认其他综合收益为200万元，A企业按照持股比例确认相应的其他综合收益120万元。A企业应编制的会计分录如下。

借：长期股权投资——其他权益变动　　　　　　　　　　　　　600 000
　　　　　　　　——其他综合收益　　　　　　　　　　　　　1 200 000
　　贷：资本公积——其他资本公积　　　　　　　　　　　　　　　600 000
　　　　其他综合收益　　　　　　　　　　　　　　　　　　　1 200 000

权益法下长期股权投资的一般会计处理程序如图5-5所示。

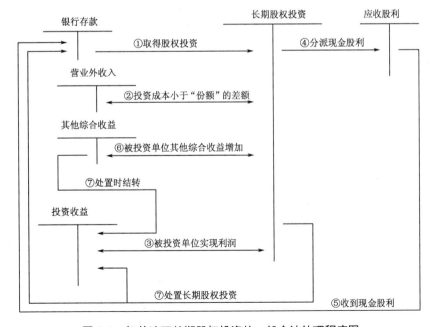

图5-5　权益法下长期股权投资的一般会计处理程序图

四、长期股权投资的减值与处置

(一)长期股权投资的减值

长期股权投资在持有期间如果存在减值迹象的,应当按照相关准则的要求进行减值测试。长期股权投资的减值应当按照企业会计准则的有关规定确定其可收回金额及应计提的减值准备。长期股权投资减值损失一经确认,在以后期间不得转回。投资企业在计提长期股权投资减值准备时,应按确认的减值损失金额借记"资产减值损失",贷记"长期股权投资减值准备"。处置长期股权投资时,应同时结转已计提的长期股权投资减值准备。

【例 5-15】 2020 年 1 月 1 日 A 公司购买 B 公司股票,准备长期持有,采用成本法核算,投资成本为 1 000 万元;B 公司在 2020 年度发生严重亏损,其股票市价已低于账面价值。2020 年 12 月 31 日,A 公司对 B 公司投资可收回金额为 700 万元。2020 年 12 月 31 日 A 公司应编制的会计分录如下。

  借:资产减值损失   3 000 000
    贷:长期股权投资减值准备   3 000 000

(二)长期股权投资的处置

企业在持有长期股权投资的过程中,出于各方面的考虑,决定将所持有的对被投资单位的股权投资全部或部分对外出售时,应结转与所售股权投资相对应的长期股权投资的账面价值,出售所得价款与处置长期股权投资账面价值之间的差额,应确认为处置当期的投资损益。企业处置长期股权投资时,应按实际收到的金额,借记"银行存款"等账户;按原已计提的减值准备,借记"长期股权投资减值准备"账户;按该长期股权投资的账面余额,贷记"长期股权投资"账户;按尚未领取的现金股利或利润,贷记"应收股利"账户;按其差额,贷记或借记"投资收益"账户。

处置采用权益法核算的长期股权投资时,应同时结转已确认的其他综合收益(不能结转损益的除外)和资本公积——其他资本公积至当期损益即"投资收益"账户。部分处置的,应将与所出售股权相对应的其他综合收益或资本公积按比例结转至当期损益。

【例 5-16】 承例 5-12~例 5-15,假设 2020 年 10 月 1 日,A 企业出售所持有 B 企业的全部股票,价款 3 500 万元,款项存入银行。A 企业应编制的会计分录如下。

  借:银行存款   35 000 000
    长期股权投资减值准备   3 000 000
    贷:长期股权投资——投资成本   30 500 000
       ——损益调整   1 500 000
       ——其他权益变动   1 200 000
       ——其他综合收益   600 000
     投资收益   4 200 000
  同时,
  借:资本公积——其他资本公积   1 200 000

其他综合收益		600 000
贷：投资收益		1 800 000

【思政与德育】

勤勉尽责、自律守法——花样操纵股市

2018年4月2日至7月28日期间，李某某利用其所控制的"徐某某"等19个证券账户，通过连续买卖HD股票，拉抬股价，操纵市场，至2018年12月23日，李某某合计买卖股票1.2亿余股，违法所得1.68亿余元。

2018年4月2日至7月28日，李某某在自己实际控制的19个证券账户之间连续交易HD股票，交易量较大且占该股票市场成交量比重较高。据统计，李某某操纵买卖HD股票的72个交易日中，交易量排名占该股票当日交易量第一的有52个交易日，交易数量占该股票市场成交量比例超过20%的有10个交易日。其中，李某某交易量占该股票市场成交量比例最高日达到50.14%。2018年6月11日至7月28日的25个交易日，是李某某操纵市场最为频繁、交易量最大的时期，在这25个交易日中，李某某集其所控制的账户，集中大量买卖HD股票，拉高股价，交易HD股票量达657万余股。通过一系列的拉抬动作，HD股票价格从2018年4月1日的14.09元(收盘价)上升至2018年7月28日的19.54元，股价上升38.68%，该股在这期间最高时达到20.51元，较4月1日上升45.56%。

资料来源：东方财富(改编)

思 政 感 悟

思政感悟见右侧二维码。

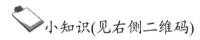

识别操纵股价的常用手段

1. 挖空心思，炮制题材
2. 上市公司，倾力配合
3. 内幕交易，暗箱操作
4. 控盘操作，虚拟价格
5. 多开账户，逃避监管
6. 打老鼠仓，送大礼包

自 测 题

一、单项选择题

1. 下列金融资产中，应按公允价值进行初始计量，且交易费用计入当期损益的是

( )。
   A. 应收款项
   B. 以摊余成本计量的金融资产
   C. 以公允价值计量且其变动计入当期损益的金融资产
   D. 以公允价值计量且其变动计入其他综合收益的金融资产

2. 企业取得金融资产时支付的价款中包含的已到付息期但尚未领取的利息应计入( )科目。
   A. 交易性金融资产   B. 应收利息
   C. 公允价值变动损益   D. 资本公积

3. 甲公司将其持有的交易性金融资产全部出售,售价为 3 000 万元;出售前该金融资产的账面价值为 2 800 万元(其中成本 2 500 万元,公允价值变动 300 万元)。假定不考虑其他因素,甲公司对该交易应确认的投资收益为( )万元。
   A. 200   B. -200   C. 500   D. -500

4. "债权投资"科目核算以( )进行后续计量的金融资产。
   A. 历史成本   B. 成本与市价孰低
   C. 摊余成本   D. 现值

5. 以摊余成本计量的金融资产在期末确认的实际利息收入应计入( )科目。
   A. 其他综合收益   B. 投资收益
   C. 其他债权投资   D. 应收利息

6. 资产负债表日,"其他权益工具投资"科目核算的金融资产的公允价值高于账面价值的差额,会计处理为,应贷记( )科目。
   A. 其他综合收益   B. 投资收益
   C. 资产减值损失   D. 公允价值变动损益

7. 甲公司 2018 年购入面值为 500 万元的债券确认为"债权投资"科目核算,实际支付价款 575 万元,其中含手续费 2 万元,已经到期尚未领取的利息 23 万元。该项债券投资应计入"债权——成本"科目的金额为( )万元。
   A. 550   B. 573   C. 552   D. 500

8. 甲公司 2018 年购入面值为 500 万元的债券确认为"其他债权投资"科目核算,实际支付价款 575 万元,其中含手续费 2 万元,已经到期尚未领取的利息 23 万元。该项债券投资应计入"其他债权投资——成本"科目的金额为( )万元。
   A. 550   B. 573   C. 500   D. 575

9. 长期股权投资采用权益法核算时,下列各项中,应当确认投资收益的是( )。
   A. 被投资企业实现净利润
   B. 被投资企业提取盈余公积
   C. 收到被投资企业分配的股票股利
   D. 收到被投资企业分配的现金股利

10. 股份有限公司取得长期股权投资时支付的下列款项中,不得计入其初始投资成本的是( )。

A. 购买价款　　B. 税金　　C. 手续费　　D. 发行股票的手续费

二、多项选择题

1. 下列项目中，属于金融资产的有(　　)。
   A. 银行存款　　　　　　　　B. 持有至到期投资
   C. 应收款项　　　　　　　　D. 应付款项

2. 在非企业合并情况下，下列各项中，不应作为长期股权投资取得时初始成本入账的有(　　)。
   A. 为取得长期股权投资而发生的间接相关费用
   B. 投资时支付的不含应收股利的价款
   C. 投资时支付的款项中所含的已宣告而尚未领取的现金股利
   D. 投资时支付的税金、手续费

3. 对长期股权投资采用权益法核算时，被投资企业发生的下列事项中，投资企业应该调整长期股权投资账面价值的有(　　)。
   A. 被投资企业宣告发放股票股利
   B. 被投资企业宣告分配现金股利
   C. 被投资企业所有者权益总额发生变动
   D. 被投资企业实现净利润

4. 甲公司采用成本法核算对丙公司的长期股权投资，甲公司对丙公司投资的账面余额只有在发生下列(　　)情况下，才应做相应的调整。
   A. 追加投资　　　　　　　　B. 收回投资
   C. 被投资企业接受非现金资产捐赠　　D. 被投资单位对外捐出资产

5. 采用权益法核算时，下列各项中，不会引起长期股权投资账面价值发生变动的有(　　)。
   A. 收到被投资单位分派的股票股利　　B. 被投资单位实现净利润
   C. 被投资单位以资本公积转增资本　　D. 计提长期股权投资减值准备

6. 根据《企业会计准则》，以摊余成本计量的金融资产包括(　　)。
   A. 应收票据　　　　　　　　B. 债权投资
   C. 其他债权投资　　　　　　D. 贷款和应收账款

7. 下列属于以公允价值计量且其变动计入当期损益的金融资产的有(　　)。
   A. 以赚取差价为目的从二级市场购入的股票
   B. 以赚取差价为目的从二级市场购入的债券
   C. 以赚取差价为目的从二级市场购入的基金
   D. 不作为有效套期工具的衍生工具

8. 企业购入一项以公允价值计量且其变动计入当期损益的金融资产，下列项目中不应计入"交易性金融资产——成本"科目的是(　　)。
   A. 支付的购买价格　　　　　B. 支付的相关税金
   C. 支付的手续费　　　　　　D. 支付价款中包含的应收利息

9. 企业购入一项债券确认为以公允价值计量且其变动计入其他综合收益的金融资产，在核算时可能使用的会计科目包括(　　)。

   A. 债权投资　　　　　　　　　　B. 其他债权投资
   C. 其他权益工具投资　　　　　　D. 其他综合收益

10. 以摊余成本计量的金融资产在核算时，应作为该金融资产初始入账的有(　　)。

    A. 投资时支付已到付息期尚未领取的应收利息
    B. 投资时支付的手续费
    C. 投资时支付的相关税费(不含交易费用增值税)
    D. 投资时支付的债权的本金

11. 下列各项中，会引起"债权投资"科目发生增减变动的有(　　)。

    A. 计提债权投资减值准备　　　　B. 确认分期付息的利息
    C. 确认到期一次付息的利息　　　D. 摊销溢价或折价

12. 下列属于"债权投资"明细科目的是(　　)。

    A. 成本　　　B. 利息调整　　　C. 应计利息　　　D. 公允价值变动

13. 下列属于"其他债权投资"明细科目的是(　　)。

    A. 成本　　　B. 利息调整　　　C. 应计利息　　　D. 公允价值变动

14. 在金融资产的初始计量中，关于交易费用的处理叙述正确的有(　　)。

    A. 以公允价值计量且变动计入当期损益的金融资产发生的相关交易费用应当计入初始确认金额
    B. 以公允价值计量且变动计入其他综合收益的金融资产发生的相关交易费用应当计入初始确认金额
    C. 以摊余成本计量的金融资产发生的相关交易费用应当计入初始确认金额
    D. 以公允价值计量且变动计入当期损益的金融资产发生的相关交易费用直接计入当期损益

15. 下列各项中，采用权益法核算的有(　　)。

    A. 对子公司投资
    B. 对合营企业投资
    C. 对联营企业投资
    D. 对被投资单位不具有控制、共同控制或重大影响，且在活跃市场中没有报价、公允价值不能可靠计量的权益性投资

16. 下列事项中可以计入当期损益的有(　　)。

    A. 非同一控制下的企业合并，合并方为进行企业合并发生的各项直接相关费用，包括为进行企业合并而支付的审计费用、评估费用、法律服务费用
    B. 非同一控制下取得的股权投资时，发生的审计费、评估费
    C. 长期股权投资采用成本法核算，投资企业按被投资单位宣告分派的利润或现金股利确认的应享有的份额
    D. 长期股权投资采用权益法核算，投资企业应享有的被投资单位实现的净损益的份额

17. 企业采用权益法核算时,下列事项中将引起长期股权投资账面价值发生增减变动的有( )。
    A. 长期股权投资的初始投资成本小于投资时应享有被投资单位可辨认净资产公允价值份额
    B. 计提长期股权投资减值准备
    C. 被投资单位其他综合收益发生变化
    D. 获得被投资单位的股票股利
18. 处置长期股权投资时,下列项目中,会影响投资收益的有( )。
    A. 长期股权投资账面余额   B. 长期股权投资减值准备
    C. 取得的转让价款   D. 权益法下计入所有者权益的金额
19. 同一控制下的企业合并,长期股权投资初始投资成本与支付的合并对价之间的差额可能调整( )。
    A. 资本公积   B. 盈余公积   C. 未分配利润   D. 营业外收入
20. 权益法下,长期股权投资应当设置的明细科目有( )。
    A. 投资成本   B. 损益调整   C. 其他综合收益   D. 其他权益变动

三、判断题

1. 企业为取得交易性金融资产发生的交易费用应计入交易性金融资产初始确认金额。( )
2. 资产负债表日,企业应将交易性金融资产的公允价值变动计入其他资本公积。( )
3. 交易性金融资产持有期间收到的现金股利和利息,除取得时已计入应收项目的现金股利或利息外,应作为投资收益确认。( )
4. 长期股权投资在采用成本法下,不确认被投资企业发生的损益,权益法下按投资份额确认被投资企业发生的损益。( )
5. 对被投资单位的影响力在重大影响以下,且在活跃市场中有报价、公允价值能可靠计量的投资应采用成本法核算。( )
6. 持有以摊余成本计量的金融资产在持有期间应当按照摊余成本和票面利率计算确认利息收入。( )
7. "债权投资"科目借方的期末余额,反映该金融资产的公允价值。( )
8. 长期股权投资属于企业的一项金融资产,期末一般按公允价值计量。( )
9. 对子公司的长期股权投资由于金额较大,按照重要性原则,应当采用权益法核算。( )
10. 处置长期股权投资时,确认的投资损益的数额应为收到的价款与长期股权投资账面价值的差额。( )

四、业务处理题

1. 2020年3月至5月,甲上市公司发生的交易性金融资产业务如下。
(1) 3月1日,向D证券公司划出投资款1 000万元,款项已通过开户行转入D证券公司银行账户。

(2) 3月2日，委托D证券公司购入A上市公司股票100万股，每股8元，另发生相关交易费用2万元，并将该股票划分为交易性金融资产。

(3) 3月31日，该股票在证券交易所的收盘价格为每股7.70元。

(4) 4月30日，该股票在证券交易所的收盘价格为每股8.10元。

(5) 5月10日，将所持有的该股票全部出售，取得价款825万元，已存入银行。假定不考虑相关税费。

要求：逐笔编制甲上市公司上述业务的会计分录。

2. 某一公司从证券市场上购入债券作为交易性金融资产，有关情况如下。

(1) 2020年1月1日购入A公司债券，共支付价款1 025万元(含债券应该发放的2019年下半年的利息)，另支付交易费用4万元。该债券面值为1 000万元，于2019年1月1日发行，4年期，票面利率为5%，每年1月2日和7月2日付息，到期时归还本金和最后一次利息。

(2) 2020年1月2日收到该债券2019年下半年的利息。

(3) 2020年6月30日，该债券的公允价值为990万元(不含利息)。

(4) 2020年7月2日，收到2020年上半年的利息。

(5) 2020年12月31日，该债券的公允价值为980万元(不含利息)。

(6) 2021年1月2日，收到该债券2020年下半年的利息。

(7) 2021年3月31日，该公司将该债券以1 015万元的价格售出，扣除手续费5万元后，将收款净额1 010万元存入银行。

要求：编制该公司上述经济业务有关的会计分录(答案中金额单位用万元表示)。

3. 2020年10月1日，甲企业购入乙公司10万股股票，每股市价10.5元(包含已宣告发放的现金股利每股0.5元)，交易费用1万元，甲企业将其划分为以公允价值计量且其变动计入其他综合收益的金融资产。2020年10月16日收到最初支付价款中所包含的现金股利5万元。2020年12月31日，该股票的公允价值为112万元。2021年1月20日，甲企业出售了全部股票，价款净额为110万元。

要求：编制甲企业以上业务会计分录。

4. 某公司于2020年1月1日以每股1.4元的价格购入A公司每股面值1元的股票400万股，准备长期持有，占A公司总股本的40%，用银行存款实际支付价款565万元，其中包括已宣告发放尚未发放的现金股利5万元。初始投资时A公司可辨认净资产的公允价值为1 350万元。2020年1月15日收到现金股利5万元；2020年A公司实现净利120万元；2021年1月20日宣告发放现金股利80万元。2021年2月10日收到现金股利。

要求：根据上述资料编制有关的会计分录。

5. 甲企业于2020年1月1日以一项固定资产作为合并对价取得乙企业70%的股权。该固定资产的原值为1 000万元，累计折旧200万元，未提取减值准备，公允价值为840万元。甲企业为取得该长期股权投资以银行存款支付评估费、律师费20万元。投资时乙企业可辨认净资产的账面价值为1 000万元，公允价值为1 200万元，甲公司"资本公积——资本溢价"科目贷方余额为70万元，"盈余公积"科目贷方余额为100万元。

(1) 假设该企业合并属于同一控制下的企业合并，甲公司应当如何进行账务处理。

(2) 假设该企业合并属于非同一控制下的企业合并，甲公司应当如何进行账务处理。

参 考 答 案

参考答案见右侧二维码。

第六章　固定资产与无形资产

【学习要点及目标】

本章主要介绍固定资产与无形资产的会计核算。通过学习本章内容，要求学生理解固定资产、无形资产的初始计量；掌握固定资产的折旧、后续计量、减值和处置的会计处理；掌握无形资产摊销、减值以及处置的会计处理；熟悉固定资产、无形资产的概念、分类及其会计核算的内容。

【知识框架图】

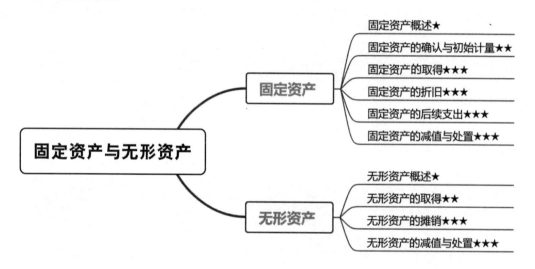

第一节　固定资产

企业在生产经营过程中，离不开各种各样有形的和无形的资产，如流动资产、固定资产、无形资产，有的企业还拥有生物资产等其他资产。其中，固定资产是企业从事生产经营活动不可缺少的重要劳动资料，包括生产性固定资产(如机器设备、生产工具等)、管理性的固定资产(如办公楼、交通工具等)。因此，固定资产是企业中一项非常重要的能给企业带来经济利益的经济资源。

一、固定资产概述

(一)固定资产的定义

固定资产是指企业为生产产品、提供劳务、出租或经营管理而持有的，使用寿命超过一个会计年度的有形资产。

(二)固定资产的特征

从固定资产的定义来看,固定资产具有以下三个特征。

1. 为生产商品、提供劳务、出租或经营管理而持有的——非出售的

只有为了用于生产商品或提供劳务、出租他人,或为了经营管理目的而持有的具有实物形态的企业资产,才是企业的固定资产。因此,凡不是服务于企业经营目的的任何有形资产都不是企业的固定资产。例如,企业长期持有的大型机器设备如果是为了日后销售,而不是为生产经营活动服务,就只能列为存货,而不能作为企业的固定资产。

2. 使用寿命超过一个会计年度

使用寿命,是指企业使用固定资产的预计期间,或者该固定资产所能生产产品或提供劳务的数量。按照费用配比原则,某项支出应在该项支出的有效服务期内费用化,并与相关联的收入进行配比。这样,任何效用短于一个会计年度的支出,即使数额较大,也会被费用化或作为流动资产。固定资产属于长期耐用资产,使用寿命至少超过一个会计年度,其实物形态不会因为使用而发生变化或显著损耗。这也是固定资产与存货的区别。

3. 固定资产是有形资产

固定资产是以实体存在的,这就与企业的无形资产不同。例如,专利权、商标权、土地使用权等,尽管是为生产经营目的而持有的,使用年限较长,单位价值也很高,但由于其不具备实物形态,故不属于固定资产的范畴。

由于企业的经营内容、经营规模等各不相同,固定资产的标准也不可能被强求绝对一致,各企业应根据《企业会计准则》中规定的固定资产标准,并结合本企业的具体情况加以确定。

(三)固定资产的分类

企业固定资产的种类繁多,性质和用途各不相同。为了正确地核算固定资产,应对固定资产进行科学合理的分类。固定资产的分类方法一般有以下几种。

1. 按所有权性质不同分类

按所有权性质不同,固定资产可分为自有的固定资产和租入的固定资产。

(1) 自有的固定资产,是指所有权归属于本企业的,可供企业自由支配使用的固定资产。

(2) 租入的固定资产,是指企业采取租赁的方式从其他单位租入的固定资产。租入的固定资产对于企业来说,没有所有权和最终处置权,而只是以定期支付租金的方式向资产所有者租入,在一定时期内使用的固定资产。这其中又根据租赁方式的不同,分为短期、低价值租入的固定资产和除短期、低价值租赁之外租入的固定资产。前者租赁期较短,期满后需归还,因而会计上一般不作为本企业的固定资产处理;而后者租赁期较长,并且在期满后支付一笔名义购买价,通常情况下即取得了该项固定资产的所有权。在租赁期内,按照实质重于形式原则在会计核算上将其视为企业自有的固定资产进行会计处理。

2. 按经济用途分类

按经济用途的不同，固定资产可分为生产经营用固定资产和非生产经营用固定资产。

(1) 生产经营用固定资产，是指参加生产经营过程或直接服务于生产经营过程的各种房屋及建筑物、机器设备、运输设备和工具器具等。

(2) 非生产经营用固定资产，是指不直接服务于生产经营过程的用于职工住宅、公用事业、文化生活、卫生保障以及科研试验等方面的房屋及建筑物和器具等。

3. 按使用情况分类

按使用情况不同，固定资产可分为使用中固定资产、未使用固定资产和不需用固定资产。

(1) 使用中固定资产，是指正在使用中的固定资产，既包括经营性质的，也包括非经营性质的。由于季节性经营或大修理等原因，暂时停止使用的固定资产仍属于使用中固定资产。

(2) 未使用固定资产，是指已完工或已购建的尚未交付使用的新增固定资产，或因扩建而暂停使用的固定资产。

(3) 不需用固定资产，是指本企业多余或不适用，需要调配处理的各种固定资产。

4. 综合分类

在会计实务中，按固定资产的经济用途和使用情况一般将固定资产综合分为以下七大类。

(1) 生产经营用固定资产。
(2) 非生产经营用固定资产。
(3) 租出固定资产。
(4) 未使用固定资产。
(5) 不需用固定资产。
(6) 土地，是指过去已经估价单独入账的土地。因征地而支付的补偿费，应计入与土地有关的房屋、建筑物的价值内，不单独作为土地价值入账。企业取得的土地使用权不能作为固定资产管理。
(7) 租入固定资产，是指除短期租赁和低价值资产租赁之外租入的固定资产。在租赁期内视同企业固定资产进行管理。

(四)固定资产计价

固定资产计价，是指用货币计量单位表示固定资产的价值。对固定资产一般采用以下计价标准(亦称计价基础)。

1. 原始价值

原始价值亦称原值或历史成本，是指企业购置、建造某项固定资产达到预定可使用状态前所发生的必要支出。它是固定资产基本的计价基础，是新购建固定资产时采用的计价标准。固定资产按原始价值计价是计提固定资产折旧的依据。这种计价标准，是以实际发生并有支付凭证为支出依据，具有客观性和可验证性。其缺点是：当经济环境和社会物价水平发生变化时，它不能反映固定资产的真实价值。

2. 净值

净值亦称折余价值，是指固定资产原始价值减去已提折旧额后的余额。它可以反映固定资产尚未损耗的价值，反映企业实际占用在固定资产上的资金数额，将其与原始价值对比，可以了解固定资产的新旧程度，便于安排固定资产的更新改造。

3. 重置成本

重置成本，是指在当前条件下，重新购置同样的全新固定资产所发生的全部合理支出。一般在购入旧的固定资产、固定资产盘盈、接受捐赠固定资产等无法确定其原始成本的情况下，或者在接受旧的固定资产投资时，采用重置成本计价。

二、固定资产的确认与初始计量

(一)固定资产的确认条件

固定资产在符合其定义的同时还应满足以下两个条件。

(1) 与该固定资产有关的经济利益很可能流入企业。企业在确认固定资产时，需要判断与该固定资产有关的经济利益是否很可能流入企业。在会计实务中，主要通过判断与该固定资产所有权相关的风险和报酬是否转移到了企业来确定。其中，与固定资产所有权相关的风险，是指由于经营情况发生变化造成的相关收益的变动，以及由于资产闲置、技术陈旧等原因造成的损失；与固定资产所有权相关的报酬，是指在固定资产使用寿命内直接使用该资产获得的收入，以及处置该资产实现的利得等。

(2) 该固定资产的成本能够可靠地计量。企业要对某一项有形资产确认为固定资产，取得该固定资产所发生的支出必须能够可靠地计量。如果该固定资产的成本不能可靠地计量，就不能确认为企业的固定资产。如对于已达到预定可使用状态的固定资产，虽然尚未办理竣工决算手续，但是企业可以根据工程预算、工程造价或工程实际发生的成本等资料，按暂估价确定固定资产的成本，待到办理竣工决算手续后再做相应的调整。

企业在对固定资产进行确认时，应当按照固定资产定义和确认条件，结合企业的具体情形加以判断。对于固定资产的各组成部分，如果各自具有不同的使用寿命或者以不同的方式为企业提供经济利益，从而适用不同的折旧率或折旧方法的，应当分别将各组成部分确认为单独固定资产，而不应作为一项固定资产确认。

(二)固定资产的初始计量

固定资产的初始计量是指确定固定资产取得时的成本。固定资产应当按照取得成本进行初始计量。

在取得固定资产时，应以取得时的实际成本作为入账价值。取得时的实际成本包括买价、运杂费、进口关税、保险费和安装成本等相关费用，以及为使固定资产达到预定可使用状态前所发生的必要支出。由于企业取得固定资产的途径和方式不同，其入账价值的确定也有所差异。

(1) 外购固定资产的成本，包括购买价款、相关税费，以及使固定资产达到预定可使用状态前所发生的可归属于该项资产的运输费、装卸费、安装费和专业人员服务费等。

企业用一笔款项购入多项没有单独标价的固定资产时，应按各项固定资产公允价值的比例对总成本进行分配，以确定各项固定资产的入账价值。

(2) 自行建造的固定资产的成本，按建造该项资产达到预定可使用状态前所发生的必要支出，作为入账价值。符合资本化原则的借款费用应计入固定资产成本。

(3) 投资者投入的固定资产成本，应当按照投资合同或协议约定的价值确定，但合同或协议约定价值不公允的除外。

(4) 在原有固定资产基础上进行改建、扩建的固定资产，按原有固定资产账面价值减去改建、扩建过程中替换的零部件等的账面价值，加上由于改建、扩建而使该项固定资产达到预定可使用状态前发生的支出，作为入账价值。

(5) 盘盈的固定资产，按同类或类似固定资产的市场价格，减去按该项资产的新旧程度估计的价值损耗后的余额，作为入账价值。

(6) 接受捐赠的固定资产，按以下方法确定固定资产和营业外收入的入账价值。
① 有捐赠凭证的按凭证上标明的金额加上应当支付的相关税费，确认入账价值。
② 无捐赠凭证的按以下顺序入账：一是有同类或类似固定资产存在活跃市价的，按同类或类似固定资产同类市价加上应当支出的相关税费入账；二是没有同类或类似固定资产活跃市价的，按预计未来现金流量现值加上应当支出的相关税费入账。

固定资产的入账价值中，还应当包括企业为取得固定资产而缴纳的契税、耕地占用税、车辆购置税等相关税费。

企业购置计算机硬件所附带的、未单独计价的软件，与所购置的计算机硬件一并作为固定资产管理。

三、固定资产的取得

由于来源方式的不同，固定资产的取得，主要有外购、自行建造、投资者投入、租入、盘盈等。不同来源方式取得的固定资产，其会计处理方法也有所不同。

(一)账户设置

固定资产应通过"固定资产"账户核算，该账户属于资产类账户，借方反映固定资产的增加额；贷方反映固定资产的减少额；余额在借方，表示企业现有的固定资产原值。为了反映固定资产的明细资料，企业应设置"固定资产登记簿"和"固定资产卡片"，按固定资产类别、使用部门等进行明细核算。对低价值或短期租入的固定资产，应另设"固定资产备查簿"进行登记，不在本账户核算。

企业进行的固定资产新建工程、改建工程、扩建工程和外购需要安装的固定资产，应通过"在建工程"账户核算，工程完工经验收交付使用时再转入"固定资产"账户。"在建工程"账户属于资产类账户，借方反映发生的各项实际支出；贷方反映工程完工结转的实际成本；借方余额表示企业尚未完工的基建工程发生的各项实际支出。该账户应按基建工程项目的类别设置明细账户，进行明细核算。

企业为在建工程准备的物资，应设置"工程物资"总账账户，核算各项工程物资实际成本的增减变动和结存情况。

(二)购入的固定资产

企业购入的固定资产包括购入不需要安装的固定资产和购入需要安装的固定资产。购入不需要安装的固定资产,借记"固定资产""应交税费——应交增值税(进项税额)"账户,贷记"银行存款"等账户;购入需要安装的固定资产,先记入"在建工程"账户,安装完毕交付使用时再转入"固定资产"账户。

【例 6-1】 A 企业以银行存款购入一台不需要安装的生产用设备,发票上的价格为 100 000 元,增值税进项税额为 13 000 元,包装费、运杂费为 3 000 元,该设备已经交付使用。A 企业应编制的会计分录如下。

借:固定资产——生产设备　　　　　　　　　103 000
　　应交税费——应交增值税(进项税额)　　　13 000
　　　贷:银行存款　　　　　　　　　　　　　　　　116 000

【例 6-2】 A 企业从丙公司购入需要安装的设备一台,买价 100 000 元,适用增值税税率 13%,运输费为 1 000 元,增值税额为 90 元,购入后发生安装费 2 000 元。所有款项均以银行存款支付。该设备安装完毕后交付使用。A 企业应编制的会计分录如下。

① 购入机器时,编制会计分录如下。
借:在建工程　　　　　　　　　　　　　　　101 000
　　应交税费——应交增值税(进项税额)　　　13 090
　　　贷:银行存款　　　　　　　　　　　　　　　　114 090

② 发生安装费时,编制会计分录如下。
借:在建工程　　　　　　　　　　　　　　　2 000
　　　贷:银行存款　　　　　　　　　　　　　　　　2 000

③ 安装完毕交付使用时,编制会计分录如下。
借:固定资产　　　　　　　　　　　　　　　103 000
　　　贷:在建工程　　　　　　　　　　　　　　　　103 000

(三)自行建造的固定资产

企业根据生产经营需要,利用自有的人力、物力等条件制造生产经营所需的机器设备,自行建造房屋建筑物、各种设施等,为自行建造的固定资产。企业自行建造固定资产的成本,应按建造该项资产达到预定可使用状态前所发生的必要支出来核算,包括工程物资、人工成本、交纳的相关税费、应予以资本化的借款费用以及应分摊的间接费用等。按其建造实施方式的不同,自行建造的固定资产可分为自营工程和出包工程两种。

1. 自营工程

企业自营工程主要通过"工程物资"和"在建工程"账户进行核算。

企业自营的基建工程,购入工程物资时,借记"工程物资""应交税费——应交增值税(进项税额)"账户,贷记"银行存款"等账户;领用工程物资时,按实际成本借记"在建工程——××工程"账户,贷记"工程物资"账户;领用本企业原材料时应按原材料的实际成本,借记"在建工程——××工程"账户,贷记"原材料"账户。领用本企业的产品时,按产品的实际成本,借记"在建工程——××工程"账户,贷记"库存商品"账户。结转基建工程应负担的职工工资时,借记"在建工程——××工程"账户,贷记"应付职工薪酬"账户。

自营工程达到预定可使用状态时,企业应计算固定资产的成本,编制交付使用固定资产明细表,借记"固定资产"账户,贷记"在建工程"账户。

【例 6-3】 某企业自行建造一栋生产用的厂房,建造期间发生下列经济业务,根据经济业务编制会计分录。

① 购入为工程准备的物资一批,买价 200 000 元,增值税额为 26 000 元,运杂费为 600 元,以银行存款支付,编制会计分录如下。

```
借:工程物资                                200 600
    应交税费——应交增值税(进项税额)         26 000
    贷:银行存款                                    226 600
```

② 领用工程物资 200 600 元,编制会计分录如下。

```
借:在建工程——厂房                        200 600
    贷:工程物资                                    200 600
```

③ 支付在建工程人员工资 20 000 元,编制会计分录如下。

```
借:在建工程——厂房                         20 000
    贷:应付职工薪酬                                 20 000
```

④ 建造生产用厂房工程完工,达到预定可使用状态并交付使用,编制会计分录如下。

```
借:固定资产——厂房                        220 600
    贷:在建工程——厂房                            220 600
```

2. 出包工程

企业通过出包工程方式建造的固定资产,其工程价款作为工程成本,通过"在建工程"账户进行核算。企业按合理估计的出包工程进度和合同规定向建造承包商结算进度款时,借记"在建工程"账户,贷记"银行存款"等账户;工程完成时按合同规定补付工程款时,借记"在建工程"账户,贷记"银行存款"等账户;工程达到预定可使用状态交付使用时,按其成本,借记"固定资产"账户,贷记"在建工程"账户。

【例 6-4】 2019 年 3 月 1 日,甲公司将一幢新建厂房工程出包给丙公司承建;2019 年 12 月 31 日,按合理估计的发包工程进度和合同规定向承包单位结算工程进度款 500 000 元,以银行存款转账支付;2020 年 4 月 8 日,按完工情况收到承包单位的有关工程结算单据,补付工程款 172 000 元,以银行存款转账支付;2020 年 5 月 31 日,工程达到预定可使用状态,通过验收后交付使用。甲公司应编制的会计分录如下。

① 2019 年 12 月 31 日,按合理估计的发包工程进度和合同规定结算进度款时,编制会计分录如下。

```
借:在建工程                                500 000
    贷:银行存款                                    500 000
```

② 2020 年 4 月 5 日,甲公司补付工程款时,编制会计分录如下。

```
借:在建工程                                172 000
    贷:银行存款                                    172 000
```

第六章 固定资产与无形资产

③ 2020年5月31日，工程达到预定可使用状态时，编制会计分录如下。

借：固定资产　　　　　　　　　　　　　　　672 000
　　贷：在建工程　　　　　　　　　　　　　　　　672 000

(四)投资者投入的固定资产

企业接受投资者投入的固定资产，按照投资合同或协议约定的价值，借记"固定资产""应交税费——应交增值税(进项税额)"账户，贷记"实收资本"(或股本)等账户，但合同或协议约定的价值不公允的除外。

【例6-5】 某企业接受丙公司投入设备一台，合同约定的价值为300 000元，进项税额为39 000元，并取得相关票据。该企业应编制的会计分录如下。

借：固定资产——非生产用固定资产　　　　　300 000
　　应交税费——应交增值税(进项税额)　　　　39 000
　　贷：实收资本——丙公司　　　　　　　　　　　339 000

(五)盘盈的固定资产

企业在财产清查中，若发现盘盈的固定资产，作为前期会计差错处理，在按管理权限报经批准处理前，应先通过"以前年度损益调整"账户核算。

四、固定资产的折旧

(一)固定资产折旧的性质

固定资产折旧是指在固定资产的使用寿命期限内，按照确定的方法对应计折旧额进行的系统分摊，具体计算公式如下：

$$应计折旧额=固定资产原价-预计净残值-固定资产计提减值准备$$

从本质上讲，折旧是一种费用，是固定资产在使用过程中因逐渐损耗而减少的那部分价值。固定资产损耗分为有形损耗和无形损耗两种。有形损耗是指固定资产因使用和自然力的影响而引起的使用价值和价值的损失；无形损耗是指固定资产因科学技术进步而引起的价值上的损失。根据配比原则，对固定资产损耗的价值，应在固定资产的预计使用寿命内，以计提折旧的方式计入各期成本费用，并从各期营业收入中逐步得到补偿。

(二)影响固定资产折旧的因素及计提范围

1. 影响固定资产折旧的因素

1) 固定资产的原值

固定资产的原值是指企业计提固定资产折旧时的基数，即固定资产取得时的入账价值。

2) 固定资产的预计净残值

固定资产的预计净残值是指假定固定资产预计使用寿命已满，并处于使用寿命终了时的预期状态，企业目前从该项资产处置中获得的扣除预计处置费用后的金额。因此，在计算折旧时，应从固定资产原值中扣除。企业所得税暂行条例及其细则规定，残值比例在原价的5%以内，由企业自行确定。

3) 固定资产的使用寿命

固定资产的使用寿命是指固定资产预期使用的期限。固定资产的使用寿命，可根据不同固定资产的特点，分别以下述方式表示：①使用年数或月数；②工作时间数；③工作量或产品产量。

4) 固定资产减值准备

固定资产计提减值准备后，应当在剩余使用寿命内根据调整后的固定资产的账面价值和预计残值重新确定折旧率和折旧额。

企业应当根据固定资产的性质和使用情况，合理确定固定资产的使用寿命和预计净残值。一经确定，不得随意变更，但符合规定的除外。

2. 固定资产计提折旧的范围

除以下情况外，企业应对所有固定资产计提折旧。

(1) 已提足折旧仍继续使用的固定资产；

(2) 按规定单独作为固定资产入账的土地。

在确定固定资产计提折旧时，应说明以下几条。

(1) 固定资产提足折旧后，仍继续使用的，不再计提折旧；

(2) 提前报废的固定资产，不再补提折旧；

(3) 已达到预定可使用状态但尚未办理竣工决算的固定资产，应按估计价值确定其成本，并计提折旧；待办理竣工决算后，再按实际成本调整原来的暂估价值，但不需要调整原已计提的折旧额。

企业会计准则规定固定资产按月计提折旧，即企业在实际计提固定资产折旧时，当月增加的固定资产，当月不提折旧，从下月起计提折旧；当月减少的固定资产，当月仍提折旧，从下月起停止计提折旧。

(三)固定资产的折旧方法

企业应当根据固定资产的性质和消耗方式，合理地确定固定资产的预计使用寿命和预计净残值，并根据科技发展、环境及其他因素，选择合理的固定资产折旧方法，按照管理权限经股东大会或董事会，或经理(厂长)会议或类似机构的批准，作为计提折旧的依据。同时，按照法律、行政法规的规定报送有关各方备案，并备置于企业所在地，以供投资者等有关各方查阅。

固定资产折旧方法可以采用年限平均法、工作量法、双倍余额递减法、年数总和法等。企业应当根据固定资产所含经济利益预期实现方式选择上述折旧方法。

1. 年限平均法

年限平均法又称直线法，是指将固定资产的折旧额均衡地分摊到各期的一种方法。采用这种方法计算的每期折旧额均是相等的。其计算公式如下：

年折旧额=(固定资产原价-预计净残值)÷预计使用寿命(年)

年折旧率=[(1-预计净残值率)÷预计折旧年限]×100%

月折旧率=年折旧率÷12=月折旧额÷固定资产原价×100%

月折旧额=固定资产原值×月折旧率

【例6-6】某企业某项固定资产原值为120 000元，预计使用年限为10年，预计净残值率为4%，则：

净残值=120 000×4%=4 800(元)
年折旧额=(120 000-4 800)÷10=11 520(元)
月折旧额=11 520÷12=960(元)
或者：年折旧率=[(1-4%)÷10]×100%=9.6%
月折旧率=9.6%÷12=0.8%
月折旧额=120 000×0.8%=960(元)

2. 工作量法

工作量法又称作业量法，是根据固定资产在使用期间完成的总工作量平均计算折旧的一种方法。工作量法和年限平均法都是平均计算折旧的方法，都属于直线法。工作量法的基本计算公式为

每单位工作量折旧额=固定资产原值×(1-净残值率)÷预计总工作量

某项固定资产月折旧额=该项固定资产当月工作量×每单位工作量折旧额

【例6-7】某企业的一辆机器设备的原值为60 000元，预计可使用时间为15 000小时，预计报废时的净残值率为5%，本月共使用250小时。该机器设备的月折旧额计算如下：

每单位小时折旧额=60 000×(1-5%)÷15 000=3.8(元/小时)
本月折旧额=250×3.8=950(元)

3. 双倍余额递减法

双倍余额递减法是加速折旧的一种方法。它是按直线折旧率的两倍，乘以固定资产在每个会计期间的期初账面净值来计算折旧，在计算折旧率时通常不考虑固定资产预计净残值。相关计算公式为

年折旧率=2÷预计折旧年限×100%
月折旧率=年折旧率÷12
月折旧额=期初固定资产账面净值×月折旧率

采用双倍余额递减法计提折旧的固定资产，如果某一折旧年度，按双倍余额递减法计算的折旧额小于按直线法计算的折旧额，则应改为直线法计提折旧。相关法规规定，在固定资产使用寿命的最后两年里，将固定资产账面净值扣除预计净残值后的净值平均摊销。

【例6-8】某企业一项固定资产的原值为120 000元，预计使用年限为5年，预计净残值为4 000元。按双倍余额递减法计算折旧，每年的折旧额计算如下：

双倍直线年折旧率=2÷5×100%=40%
第1年应提的折旧额=120 000×40%=48 000(元)
第2年应提的折旧额=(120 000-48 000)×40%=28 800(元)
第3年应提的折旧额=(72 000-28 800)×40%=17 280(元)
从第4年起改用年限平均法(直线法)计提折旧
第4、5年的年折旧额=[(43 200-17 280)-4 000]÷2=10 960(元)

4. 年数总和法

年数总和法又称年限合计法,是以固定资产的原值减去预计净残值后的净值为基数乘以一个逐年递减的分数计算每年的折旧额,这个分数的分子代表固定资产尚可使用的年数,分母代表使用年限的年数总和。其计算公式如下:

年折旧率=尚可使用年限÷预计使用年限的年数总和

月折旧率=年折旧率÷12

月折旧额=(固定资产原值-预计净残值)×月折旧率

年折旧额=(固定资产原值-预计净残值)×年折旧率

【例6-9】 根据例6-8的资料,采用年数总和法,计算的各年折旧额见表6-1。

表6-1 年数总和法折旧表　　　　　　　　　　　　单位:元

年 度	账面原值	折旧基础	折旧率	折旧费用	累计折旧	期末账面净值
1	120 000	116 000	5/15	38 667	38 667	81 333
2	120 000	116 000	4/15	30 933	69 600	50 400
3	120 000	116 000	3/15	23 200	92 800	27 200
4	120 000	116 000	2/15	15 467	108 267	11 733
5	120 000	116 000	1/15	7 733	116 000	4 000

固定资产按月计提折旧时,应根据用途计入相关资产的成本或者当期损益。企业至少应当于每年年度终了,对固定资产的使用寿命、预计净残值和折旧方法进行复核。

【例6-10】 公司2015年12月31日购入的一台管理用设备,原始价值为84 000元,原估计使用年限为8年,预计净残值为4 000元,按直线法计提折旧。

由于技术因素以及更新办公设施的原因,已不能继续按原定使用年限计提折旧,于2020年1月1日将该设备的折旧年限改为6年,预计净残值为2 000元。甲公司的管理用设备已计提折旧4年,累计折旧40 000元,固定资产净值44 000元,2020年1月1日起,改按新的使用年限计提折旧,每年折旧费用=(44 000-2 000)÷(6-4)=21 000(元),每月的折旧费用=21 000÷12=1 750(元)。

(四)固定资产折旧的会计处理

企业计提固定资产折旧时,根据固定资产使用部门,借记"制造费用""销售费用""管理费用"等账户,贷记"累计折旧"账户。

【例6-11】 某企业采用年限平均法提取固定资产折旧。2020年5月份根据"固定资产折旧计算表",确定的各车间及厂部管理部门应分配的折旧额为:A车间30 000元,B车间24 000元,C车间30 000元,厂部管理部门6 000元。企业应编制的会计分录如下。

借:制造费用——A车间　　　　　　　　　30 000
　　　　　　——B车间　　　　　　　　　24 000
　　　　　　——C车间　　　　　　　　　30 000
　　管理费用　　　　　　　　　　　　　　6 000
　贷:累计折旧　　　　　　　　　　　　　　　90 000

第六章 固定资产与无形资产

五、固定资产的后续支出

固定资产后续支出，是指固定资产在使用过程中发生的更新改造支出、修理费用等。

(一)资本化的后续支出

企业的固定资产投入使用后，为了适应新技术发展的需要，或者为维护，或者为提高固定资产的使用效能，往往需要对现有的固定资产进行维护、改建、扩建或者改良。

企业将固定资产进行更新改造的，如符合资本化的条件，应将该固定资产的原价、已计提的累计折旧和减值准备转销，将其账面价值转入在建工程，并停止计提折旧。固定资产发生的可资本化的后续支出，通过"在建工程"账户核算。待更新改造等工程完工并达到预定可使用状态时，再从在建工程转为固定资产，并按重新确定的使用寿命、预计净残值和折旧方法计提折旧。如有被替换的部分，应同时将被替换部分的账面价值从该固定资产原账面价值中扣除。

(二)费用化的后续支出

一般情况下，固定资产投入使用后，由于固定资产磨损、各组成部分耐用程度不同，可能会导致固定资产的局部损坏，为了维持固定资产的正常运转和使用，充分发挥其使用效能，企业会对固定资产进行必要的日常维护支出，不满足固定资产确认条件的修理费用等应当在发生时计入当期损益，借记"管理费用"(企业生产车间或部门、行政管理部门发生的修理费用等)、"销售费用"(销售机构发生的修理费用)账户，贷记"银行存款"等账户。

【例6-12】 2021年1月15日，A公司对其办公楼进行维修，维修过程中领用原材料一批，价值为100 000元，应支付维修人员薪酬为6 000元。不考虑其他因素，A公司应做如下会计分录。

借：管理费用　　　　　　　　　　　　　　106 000
　　贷：原材料　　　　　　　　　　　　　　　100 000
　　　　应付职工薪酬　　　　　　　　　　　　6 000

六、固定资产的减值与处置

(一)固定资产减值

固定资产的初始入账价值是历史成本，由于固定资产使用年限较长，市场条件和经营环境的变化、科学技术的进步以及企业经营管理不善等原因，都可能导致固定资产创造未来经济利益的能力大大下降。因此，固定资产的真实价值有可能低于账面价值，在期末必须对固定资产减值损失进行确认。

固定资产在资产负债表日存在可能发生减值的迹象时，其可收回金额低于账面价值的，企业应当将该固定资产的账面价值减记至可收回金额，减记金额确认为减值损失，计入当期损益。企业发生固定资产减值时，借记"资产减值损失——计提的固定资产减值准备"账户，贷记"固定资产减值准备"账户。

已全额计提减值准备的固定资产，不再计提折旧。

已计提减值准备的固定资产，应当按照该固定资产的账面价值以及尚可使用寿命重新计算确定折旧率和折旧额；如果已计提减值准备的固定资产价值又得以恢复，不得转回已提的减值准备，不需对减值后已提折旧进行调整。

【例 6-13】 2020 年 12 月 31 日，A 公司的一条生产线由于技术的原因，该机器的可收回金额为 560 万元，账面价值为 770 万元，以前年度未对该生产线计提减值准备。A 公司应编制的会计分录如下。

该生产线发生的减值金额=770-560=210(万元)

借：资产减值损失——计提的固定资产减值准备　　2 100 000
　　贷：固定资产减值准备　　2 100 000

(二)固定资产清查的核算

企业应定期或者至少于每年年末对固定资产进行清查、盘点。在固定资产清查过程中，如果发现盘盈、盘亏的固定资产，应填制固定资产盘盈盘亏报告表。

对于盘盈的固定资产，应按前期差错更正进行处理，按照重置成本入账，通过"以前年度损益调整"账户进行处理。

对于盘亏的固定资产，按其账面价值，借记"待处理财产损溢——待处理固定资产损溢"账户，按已提折旧，借记"累计折旧"账户，按该项固定资产已计提的减值准备，借记"固定资产减值准备"账户，按固定资产原价，贷记"固定资产"账户；按管理权限报经批准后处理时，按可收回的保险赔偿或过失人赔偿，借记"其他应收款"账户，按应计入营业外支出的金额，借记"营业外支出——盘亏损失"账户，贷记"待处理财产损溢——待处理固定资产损溢"账户。

【例 6-14】 某企业在期末财产清查中，发现盘亏机器一台，其账面原值为 55 000 元，已提累计折旧 21 000 元。报经批准后转为营业外支出处理。企业应编制的会计分录如下。

① 发现盘亏固定资产时。

借：待处理财产损溢——待处理固定资产损溢　　34 000
　　累计折旧　　21 000
　　贷：固定资产——生产经营用固定资产　　55 000

② 报经批准后。

借：营业外支出——固定资产盘亏　　34 000
　　贷：待处理财产损溢——待处理固定资产损溢　　34 000

(三)固定资产的处置

企业固定资产的处置，主要包括固定资产的出售、转让、报废和毁损、对外投资转出、非货币性资产交换、债务重组等。处置固定资产应通过"固定资产清理"账户核算。

企业出售、转让、报废、毁损的固定资产，应当将处置收入扣除账面价值和相关税费后的金额计入当期损益。

企业出售、转让、报废、毁损等固定资产的核算，一般包括以下几个步骤。

第一步，将固定资产转入清理。按固定资产账面价值，借记"固定资产清理"账户；按已提折旧，借记"累计折旧"账户；按已计提的减值准备，借记"固定资产减值准备"

账户；按固定资产原价，贷记"固定资产"账户。

第二步，在清理过程中发生的费用，借记"固定资产清理"账户，贷记"银行存款"等账户。

第三步，收回出售固定资产的价款、残料价值和变价收入等，借记"银行存款""原材料"等账户，贷记"固定资产清理"账户。

第四步，应当由保险公司或过失人赔偿的损失，借记"其他应收款"等账户，贷记"固定资产清理"账户。

第五步，固定资产清理后净损益的处理。固定资产清理后的净损益，属于销售、转让等原因产生的固定资产处置利得或损失，计入损益，借记"固定资产清理"账户，贷记"资产处置损益——处置非流动资产利得"账户，或做相反的会计分录；属于生产经营期间由于自然灾害等非正常原因造成的损失，借记"营业外支出——非常损失"账户，贷记"固定资产清理"账户；属于生产经营期间正常的报废损失，借记"营业外支出——处置非流动资产净损失"账户，贷记"固定资产清理"账户。

【例6-15】 丙企业有一台生产用设备，因特殊原因经批准报废，设备原价为2 500 000元，已提折旧700 000元，已提减值准备10 000元。发生清理费用3 000元以存款支付，残料收入2 000元，增值税税率为13%，款项存入银行。企业应编制的会计分录如下。

① 转入清理时。

借：固定资产清理　　　　　　　　　　　　　　　1 790 000
　　累计折旧　　　　　　　　　　　　　　　　　　 700 000
　　固定资产减值准备　　　　　　　　　　　　　　　10 000
　　　贷：固定资产　　　　　　　　　　　　　　　　　　　2 500 000

② 支付清理费用时。

借：固定资产清理　　　　　　　　　　　　　　　　　3 000
　　　贷：银行存款　　　　　　　　　　　　　　　　　　　　3 000

③ 残料收入时。

借：银行存款　　　　　　　　　　　　　　　　　　　2 260
　　　贷：固定资产清理　　　　　　　　　　　　　　　　　　2 000
　　　　　应交税费——应交增值税(销项税额)　　　　　　　　260

④ 结转净损失时。

净损失：1 790 000 + 3 000 - 2 000=1 791 000(元)

借：营业外支出——处置非流动资产净损失　　　　1 791 000
　　　贷：固定资产清理　　　　　　　　　　　　　　　　　1 791 000

第二节 无 形 资 产

一、无形资产概述

(一)无形资产的概念及特征

无形资产是指企业拥有或者控制的没有实物形态的可辨认非货币性资产。

无形资产与其他资产相比,具有以下特征。

1. 没有实物形态

无形资产区别于固定资产和存货等其他资产的显著特征是:没有实物形态,摸不着、看不见,但却具有极大的潜在价值。无形资产通常表现为某种权力、技术或获取超额利润的综合能力,如土地使用权、非专利技术等。

2. 具有可辨认性

资产满足下列条件之一的,符合无形资产定义中的可辨认性标准。

(1) 能够从企业中分离或者划分出来,并能单独或者与相关合同、资产或负债一起,用于出售、转移、授予许可、租赁或者交换。

(2) 源自合同性权利或其他法定权利,无论这些权利是否可以从企业或其他权利和义务中转移或者分离,如通过法律程序申请可以获得某项商标权或专利权。

商誉是与企业整体价值联系在一起的,无法与企业自身分离,不具有可辨认性,不属于本章所指的无形资产。

土地使用权通常作为无形资产核算,但属于投资性房地产或者作为固定资产核算的土地使用权,应当按投资性房地产或固定资产核算原则进行会计处理。

3. 非货币性长期资产

银行存款、应收账款、应收票据等货币性资产,虽然也没有实物形态,但它们与无形资产有着本质的区别。货币性资产的共同特点是直接表现为固定的货币数额,或在将来有收到一定货币数额的要求权;而无形资产的价值是不确定的,企业为取得其所发生的支出属于资本性支出。

4. 持有的目的是使用而非出售的资产

企业持有无形资产不是为了出售而是为了生产经营,即利用无形资产来提供商品、提供劳务、出租给他人或为企业经营管理服务。

(二)无形资产的确认条件

某项资产要确认为无形资产,除了符合无形资产的定义外,还应同时满足两个条件。

1. 与该无形资产有关的经济利益很可能流入企业

通常情况下,无形资产产生的未来经济利益可能包括在销售商品、提供劳务的收入当中,或者体现在企业使用该项无形资产而减少或节约了成本,或者体现在获得的其他利益当中。例如,生产加工企业在生产工序中使用了某种知识产权,使其降低了未来生产成本。

2. 该无形资产的成本能够可靠地计量

在判断无形资产产生的经济利益是否很可能流入企业时,企业管理部门应对无形资产在预计使用年限内存在的各种因素做出稳健的估计。例如,高科技人才的知识能给企业创造经济效益,但难以准确、合理辨认,所发生的支出更是难以计量,因而无法作为企业的无形资产加以确认。再如，企业自创商誉以及内部产生的品牌、报刊名等，因其成本无法可靠计量，也不能作为企业的无形资产。

(三)无形资产的内容

无形资产一般包括专利权、非专利技术、商标权、著作权、土地使用权、特许权等。

1. 专利权

专利权是指专利发明人经过专利申请获得批准，从而得到法律保护的，对某一产品的设计、造型、配方、结构、制造工艺或程序等拥有的专门权利。

2. 非专利技术

非专利技术也称专有技术，是指专利权未经申请的没有公开的专门技术、工艺规程、经验和产品设计等。非专利技术因为未经法定机关按法律程序批准和认可，所以不受法律保护。非专利技术没有法律上的有效年限，但事实上具有专利权的效用。

3. 商标权

商标权是商标所有者将某类指定的产品或商品上使用的特定名称或图案(即商标)，依法注册登记后，取得的受法律保护的独家使用权利。商标权的内容包括独占使用权和禁止使用权。商标是用来辨认特定商品和劳务的标记，代表着企业的一种信誉，从而具有相应的经济价值。根据我国商标法规定，注册商标的有效期限为10年，期满可依法延长。

4. 著作权

著作权又称版权，是指作者对其创作的文学、科学和艺术作品依法享有的某些特殊权利。著作权可以转让、出售或者赠与。著作权包括发表权、署名权、修改权、保护作品完整权、使用权和获得报酬的权利等。

5. 土地使用权

土地使用权是某一企业按照法律规定所取得的在一定时期对国有土地进行开发、利用和经营的权利。根据法律规定，在我国境内的土地都属于国家或集体所有，任何单位和个人不得侵占、买卖、出租或非法转让。国家和集体可以依照法定程序对土地使用权实行有偿出让，企业也可以依照法定程序取得土地使用权，或将已取得的土地使用权依法转让。企业取得土地使用权的方式大致有划拨取得、外购取得、投资者投入取得等。

6. 特许权

特许权，又称特许经营权、专营权，是指企业在某一地区经营或销售某种特定商品的权利或是一家企业接受另一家企业使用其商标、商号、技术秘密等权利。前者一般是由政府机构授权准许企业使用或在一定地区享有经营某种业务的特权，如烟草专卖权，水、电、邮电通信等专营权；后者指企业间依照签订的合同，使用另一家企业的某些权利，如连锁店分店使用总店的名称等。

会计上，只有花费了代价取得的特许权才能作为无形资产进行核算。

(四)无形资产的分类

无形资产可以按不同标准进行分类。

1. 按无形资产的取得方式

按照取得方式,无形资产可以分为外来无形资产和自创无形资产。

(1) 外来无形资产是指企业用货币资金或者以其他资产相交换,从其他科研单位或其他企业引进的无形资产、接受投资或接受捐赠的无形资产。

(2) 自创无形资产是指由企业所属科研机构或职能部门研制开发出来的无形资产。

2. 按期限分类

按照是否具备确定的寿命期限,可以把无形资产分为期限确定的无形资产和期限不确定的无形资产。

(1) 期限确定的无形资产,是在法律允许的一定期限内,其占有权受法律保护的无形资产,如专利权、著作权、商标权、土地使用权、特许权等。

(2) 期限不确定的无形资产,是没有相应法律规定其有效期限,其经济寿命难以预先准确估计的无形资产,如专有技术属此类。

3. 按经济内容分类

按经济内容的不同,无形资产可以分为专利权、非专利技术、商标权、著作权、特许权、土地使用权等。

二、无形资产的取得

(一)无形资产初始成本的计量

无形资产应当按照成本进行初始计量,对于不同来源取得的无形资产,其成本构成也不尽相同。

1. 外购无形资产的成本

外购无形资产的成本,包括买价、与其相关的税费以及直接归属于使该项资产达到预定用途所发生的其他支出(如专业服务费用、测试费用等)。

2. 自行开发无形资产的成本

自行开发无形资产的成本包括自满足无形资产研究、开发确认的条件及相关规定后至达到预定用途前所发生的支出总额,但是对于以前期间已经费用化的支出不再调整。其入账价值除了依法取得时发生的注册费、律师费等费用外,还包括准予资本化的开发费用。

3. 投资者投入无形资产的成本

投资者投入的无形资产,应当按投资合同或协议约定的价值确定,但合同或协议约定价值不公允的除外。如果无形资产的入账价值大于投资方在企业注册资本中占有的份额,其差额应计入"资本公积——资本(股本)溢价"账户。

(二)无形资产取得的核算

为了核算无形资产的取得、摊销和处置等情况,应当设置"无形资产""累计摊销""无形资产减值准备"等账户。

"无形资产"账户属于资产类账户,反映企业持有无形资产的成本。其借方反映取得的无形资产成本;贷方反映无形资产转出的金额;期末余额在借方,反映尚未摊销的无形资产账面余额。该账户应按无形资产的项目设置明细账,进行明细核算。

1. 外购无形资产

企业购入各项无形资产时,应按实际支出,借记"无形资产""应交税费——应交增值税(进项税额)"账户,贷记"银行存款"账户。

【例 6-16】 甲企业为增值税一般纳税人,从外部某单位购入一项商标权,支付的价款为 100 000 元,增值税税额为 6 000 元,款项用银行存款付讫。甲企业应编制的会计分录如下。

借:无形资产——专利权　　　　　　　　　100 000
　　应交税费——应交增值税(进项税额)　　　6 000
　　贷:银行存款　　　　　　　　　　　　　　　　106 000

2. 自行研究开发的无形资产

企业自行研发的无形资产,应区分研究阶段支出和开发阶段支出。相对于研究阶段而言,开发阶段应当是已完成研究阶段的工作,在很大程度上具备了形成新产品或新技术的基本条件。此时,如果企业能够证明开发支出符合无形资产的定义及相关确认条件,则可将其确认为无形资产,否则应当计入当期损益(管理费用)。

为了核算企业研究与开发无形资产过程中发生的各项支出,企业应设置"研发支出"账户,该账户为成本类账户,借方反映实际发生的研发支出;贷方反映转为无形资产和管理费用的金额;借方余额反映企业正在进行的研究开发项目中满足资本化条件的支出。企业应当按照研究开发项目,区分"费用化支出"与"资本化支出"进行明细核算。

(1) 费用化支出。在研究阶段的支出全部费用化,在发生时,借记"研发支出——费用化支出"账户,贷记"银行存款""原材料""应付职工薪酬"等账户。

期末,应将"研发支出——费用化支出"账户归集的金额转入"管理费用"账户,借记"管理费用"账户,贷记"研发支出——费用化支出"账户。

(2) 资本化支出。在开发阶段的支出符合资本化条件的予以资本化,借记"研发支出——资本化支出"账户,贷记"银行存款""原材料""应付职工薪酬"等账户。

研究开发项目达到预定用途形成无形资产的,应按"研发支出——资本化支出"账户的余额,借记"无形资产"账户,贷记"研发支出——资本化支出"账户。

(3) 不符合资本化条件。在开发阶段的支出不符合资本化条件的计入当期损益,借记"管理费用"账户,贷记"银行存款"账户等。

(4) 无法区分的支出。如果确实无法区分研究阶段的支出和开发阶段的支出,应将其发生的研发支出全部费用化,计入当期损益,借记"管理费用"账户,贷记"银行存款"等账户。

(5) 支付的专利申请费、律师费用等,应计入无形资产的成本,借记"无形资产"账户,贷记"银行存款"账户等。

【例 6-17】 甲企业正在研究和开发一项新工艺,截至 2019 年 12 月 31 日以前发生各项研究、调查、试验等费用共计 200 000 元,经测试该项研发活动完成了研究阶段;从 2020 年 1 月 1 日开始进入开发阶段,共支出研发费用 300 000 元,假定符合资本化条件;2020 年 6 月 30 日,该项研发活动结束,形成一项非专利技术。甲企业应编制的会计分录如下。

① 2019 年,发生的研发支出。

借:研发支出——费用化支出 200 000
　　贷:银行存款 200 000

② 2019 年 12 月 31 日,将研究阶段发生的全部研发支出转入当期损益。

借:管理费用 200 000
　　贷:研发支出——费用化支出 200 000

③ 2020 年,发生开发支出并满足资本化确认条件。

借:研发支出——资本化支出 300 000
　　贷:银行存款 300 000

④ 2020 年 6 月 30 日,该技术研发完成并形成无形资产。

借:无形资产 300 000
　　贷:研发支出——资本化支出 300 000

3. 投资者投入的无形资产

按照合同或协议约定的价值入账,但不公允的除外。

【例 6-18】 甲企业 2021 年 1 月 1 日接受某公司投资的一项 A 专利权,该项专利权经评估后,双方确认的价值为 250 000 元。甲企业应编制的会计分录如下。

借:无形资产——A 专利权 250 000
　　贷:实收资本 250 000

三、无形资产的摊销

(一)摊销期、摊销方法和摊销金额的确定

1. 摊销期

企业应当于取得无形资产时分析判断其使用寿命。对使用寿命有限的无形资产进行摊销,而使用寿命不确定的无形资产不应进行摊销。使用寿命有限的无形资产的摊销期自其可使用(即其达到预定用途)当月起开始进行摊销,处置当月不再摊销。

2. 摊销方法

在无形资产的使用寿命内系统地分摊其应摊销金额,摊销方法包括直线法、生产总量法等。企业选择的无形资产摊销方法,应当能够反映与该项无形资产有关的经济利益的预期实现方式,并一致地运用于不同会计期间;无法可靠确定其预期实现方式的,应当采用

直线法进行摊销。

3. 摊销金额

无形资产的应摊销金额为其成本扣除预计残值后的金额(通常其残值视为零)。已计提减值准备的无形资产,还应扣除已计提的无形资产的减值准备累计金额。

企业应当按月对无形资产进行摊销。摊销额一般应当计入当期损益。自用的无形资产,其摊销额计入管理费用;出租的无形资产,其摊销额计入其他业务成本;某项无形资产包含的经济利益通过所生产的产品或其他资产实现的,其摊销额计入相关资产成本(制造费用)。

(二)残值的确定

使用寿命有限的无形资产,其残值应当视为零,但下列情况除外。
(1) 有第三方承诺在无形资产使用寿命结束时购买无形资产。
(2) 可以根据活跃市场得到预计残值信息,并且该市场在无形资产使用寿命结束时很可能存在。

残值确定以后,在持有无形资产的期间内,至少应于每年年末进行复核,预计其残值与原估计金额不同的,应按照会计估计变更进行处理。如果无形资产的残值重新估计以后高于其账面价值的,则无形资产不再摊销,直至残值低于账面价值时再恢复摊销。

(三)使用寿命有限的无形资产摊销的会计处理

企业应对使用寿命有限的无形资产,根据其使用寿命,采用一定的摊销方法进行摊销。企业按月计提无形资产摊销额时,应借记"管理费用""制造费用""其他业务成本"等账户,贷记"累计摊销"账户。"累计摊销"账户属于无形资产的调整(备抵)账户,反映企业对使用寿命有限的无形资产计提的累计摊销,贷方反映企业计提的无形资产摊销,借方反映处置无形资产转出的累计摊销,期末贷方余额反映无形资产的累计摊销额。

【例6-19】若甲企业本年的专利权 A 价值为 480 000 元,摊销期为 10 年,在摊销期内平均摊销,每月摊销额为 4 000 元。甲企业应编制的会计分录如下。

借:管理费用　　　　　　　　　　　　　　4 000
　　贷:累计摊销——专利权 A　　　　　　　　　　4 000

【例6-20】2021年1月1日,丙公司将其自行开发的非专利技术出租给丁公司,其成本为 3 600 000 元,双方协商租赁期限为 10 年,丙公司月摊销额为 30 000 元(3 600 000÷10÷12)。每月摊销时,丙公司应编制的会计分录如下。

借:其他业务成本　　　　　　　　　　　　30 000
　　贷:累计摊销——专利权 A　　　　　　　　　　30 000

(四)使用寿命不确定的无形资产

此类无形资产在使用期间不需要摊销,但应当在每个会计期间进行减值测试,如表明已发生减值,则需要计提减值准备。

四、无形资产的减值与处置

(一)无形资产的减值

如果无形资产为企业创造的经济利益还不足以弥补无形资产的成本(摊余成本),则说明无形资产发生了减值,具体表现为无形资产的账面价值超过了其可收回金额。

1. 检查账面价值

企业应定期对无形资产的账面价值进行检查,至少于每年年末检查一次。在检查中,如果发现以下情况,则应对无形资产的可收回金额进行估计,并将该无形资产账面价值超过可收回金额的部分确认为减值准备。

(1) 该无形资产已被其他新技术等所替代,使其为企业创造经济利益的能力受到重大不利影响。

(2) 该无形资产的市价在当期大幅下跌,在剩余摊销年限内预期不会恢复。

(3) 某项无形资产已超过法律保护期限,但仍然具有部分使用价值。

(4) 其他足以表明该无形资产实质上已经发生了减值的情形。

2. 确定无形资产可收回金额

无形资产可收回金额的估计,应当根据公允价值减去处理费用后的净额与该资产预计未来现金流量的现值两者之间较高者确定。通常情况下,是指以下两项金额中的较高者。

(1) 在公平交易下,无形资产的销售净额。即该无形资产的销售协议价格减去因处置该无形资产所发生的法律费用、相关税费、搬运费以及为使该资产达到可销售状态所发生的直接费用等,但是财务费用和所得税费用等不包括在内。

(2) 无形资产预计未来现金流量的现值。即预计从无形资产的持续利用过程中和最终处置时所产生的预计未来现金流量的现值。

以上两项中,只要有一项超过了无形资产的账面价值,则表明该资产没有发生减值。

3. 计提减值的会计处理

如果无形资产的账面价值超过其可收回金额,则应按超过部分确认无形资产减值准备。企业计提的无形资产减值准备计入当期的资产减值损失,借记"资产减值损失——计提的无形资产减值准备"账户,贷记"无形资产减值准备"账户。

【**例 6-21**】2017 年 1 月 1 日,购入一项专利权,实际成本为 300 000 元,预计使用 10 年。2020 年 12 月 31 日,该项专利权发生减值,预计未来现金流量的现值为 120 000 元,公允价值为 110 000 元。根据以上资料,编制专利权减值的会计分录如下。

① 计算该项专利权在 2020 年 12 月 31 日计提减值准备前的累计摊销和账面余额。

年摊销额=300 000÷10=30 000(元)

累计摊销=30 000×4= 120 000(元)

账面余额=300 000-120 000=180 000(元)

② 计提减值准备。

可收回金额= 120 000(元)

应计提的减值准备=180 000 −120 000=60 000(元)

借：资产减值损失　　　　　　　60 000
　　贷：无形资产减值准备　　　　　　60 000

无形资产的价值受许多因素的影响。以前年度导致无形资产发生减值的迹象，可能已经全部消失或部分消失。《企业会计准则》规定，企业不能将以前年度已确认的减值损失予以转回。

(二)无形资产的处置

无形资产的处置，主要包括无形资产的出售、出租、对外捐赠等，如果无形资产无法给企业带来经济利益，则应将其予以终止确认并转销。

1. 无形资产出售

企业出售无形资产，应将出售所得的不含增值税价款扣除无形资产账面价值后的差额确认为当期损益。企业出售无形资产时，应按出售无形资产的全部价款，借记"银行存款"等账户；按应缴纳的增值税，贷记"应交税费——应交增值税(销项税额)"账户；按无形资产的累计摊销额，借记"累计摊销"账户；按无形资产的原始价值，贷记"无形资产"账户(如果计提了减值准备，还应借记"无形资产减值准备"账户)；并按其差额，借记或贷记"资产处置损益"账户。

【例6-22】 某企业将拥有的商标权出售，取得收入85 000元，增值税税率为6%，该商标权的成本为120 500元，已摊销金额为62 000元，已计提的减值准备为10 000元。该企业应编制的会计分录如下。

借：银行存款　　　　　　　　　　　　85 000
　　无形资产减值准备　　　　　　　　10 000
　　累计摊销　　　　　　　　　　　　62 000
　　贷：无形资产　　　　　　　　　　　　　120 500
　　　　应交税费——应交增值税(销项税额)　　5 100
　　　　资产处置损益　　　　　　　　　　　　31 400

2. 无形资产的出租

企业将所拥有的无形资产的使用权让渡给他人并收取租金，在满足收入确认条件的情况下，应确认相关的收入，结转摊销成本。取得租金时，借记"银行存款"等账户，贷记"其他业务收入""应交税费——应交增值税(销项税额)"等账户；摊销出租无形资产成本并发生与转让该无形资产有关的各种费用支出时，借记"其他业务成本"账户，贷记"累计摊销""银行存款"等账户。

【例6-23】 2021年1月1日，A企业将一项专利权出租给B企业使用，该专利权初始成本为600万元，摊销期限为10年，采用直线法摊销。出租合同规定，每月租金为10万元，增值税税率为6%。A企业应编制的会计分录如下。

① 取得租金时，编制的会计分录如下。

借：银行存款　　　　　　　　　　　　106 000

贷：其他业务收入　　　　　　　　　　　　　　　　　　100 000
　　　　应交税费——应交增值税(销项税额)　　　　　　　　6 000
② 按月摊销时，编制的会计分录如下。
月摊销=6 000 000÷10÷12=50 000(元)
　　借：其他业务成本　　　　　　　　　　　　　　　　　　50 000
　　　　贷：累计摊销　　　　　　　　　　　　　　　　　　　　50 000

3. 无形资产报废

无形资产预期不能为企业带来经济利益，就不再符合无形资产的定义，应将其报废并予以转销，其账面价值转作当期损益。转销时，按已摊销的金额，借记"累计摊销"账户；按其账面余额，贷记"无形资产"账户；按其差额，借记"营业外支出"账户；已计提减值准备的，还应同时结转减值准备。

【例 6-24】 某企业的专利权 A，根据市场调查，用其生产的产品已没有市场，决定予以转销。该项专利权的成本为 500 万元，摊销期限为 10 年，采用直线法进行摊销，已摊销了 5 年。假定该项专利权的残值为零，不考虑其他相关因素。该企业应编制的会计分录如下。

　　借：累计摊销　　　　　　　　　　　　　　　　　　　　2 500 000
　　　　营业外支出——处置无形资产损失　　　　　　　　　　2 500 000
　　　　贷：无形资产——专利权 A　　　　　　　　　　　　　　5 000 000

【思政与德育】

树立正确的企业价值观、财务观——世通财务舞弊案

世通公司是美国第二大长话公司。它的前身叫"长途电话减价服务公司"，成立于1983年，总部设在密西西比州的克林顿市。在强手如林的美国电信业中，该公司当时实属无名之辈。1985 年，该公司股东之一的伯纳德艾伯斯出任总裁，随后开始了一系列公司并购活动，并积极准备上市。1995 年，公司更名为"世界通讯公司"，此时该公司已成为 20 世纪 90 年代美国"新经济"中的一个亮点。1998 年世通公司以 400 亿美元的天价与 MCI 通信公司(微波通信公司)进行合并，此举创造了当时美国企业兼并的记录。"在其财务丑闻曝光前，世通拥有员工 8.5 万人。2001 年，营业额号称为 352 亿美元。

2000 年 10 月和 2001 年 2 月，在审阅了 2000 年第三季度和第四季度的财务报表后，发现其在收购兼并过程中利用所谓的未完工研发支出进行报表粉饰。世通公司利用创造并购会计，武断地将收购价格分摊至未完工研究开发支出。1998 年 9 月 14 日，世通以 370 亿美元的代价(其中股票约 330 亿美元，其余为现金)收购了微波通信公司(MCI)。收购 MCI 时，世通原计划将 370 亿美元收购价格中的 31 亿美元分摊至未完工研发支出，并确认为当期损失，以降低商誉的确认额。不仅如此，世通一方面通过确认 31 亿美元的未完工研发支出压低商誉，另一方面通过计提 34 亿美元的固定资产减值准备虚增未来期间的利润。收购 MCI 时，世通将 MCI 固定资产的账面价值由 141 亿美元调减为 107 亿美元，此举使收购 MCI 的商誉虚增了 34 亿美元。按照 MCI 的会计政策，固定资产的平均折旧年限约为 4.36 年，通过计提 34 亿美元的固定资产减值损失，使世通在收购 MCI 后的未来 4 年内，每年可减少约 7.8 亿美元的折旧。而虚增的 34 亿美元商誉则分 40 年摊销，每年约 0.85 亿美元。每年

少提的 7.8 亿美元折旧和多计提的 0.85 亿商誉摊销相抵后，世通在 1999 年至 2001 年每年约虚增了 6.95 亿美元的税前利润。

资料来源：新浪网，《世通公司财务舞弊案》

思 政 感 悟

思政感悟见右侧二维码。

小知识(见右侧二维码)

外汇固定资产贷款那些事，你知道吗？

一、申请外汇固定资产贷款的条件及特点
1. 申请外汇固定资产贷款的条件
2. 外汇固定资产贷款的特点
二、申请外汇固定资产贷款的部门及提供的文件

自 测 题

一、单项选择题

1. 在我国会计实务中固定资产的计价均采用(　　)。
   A. 市价　　　　　　　　　　B. 历史成本
   C. 重置完全价值　　　　　　D. 净值

2. 一般纳税人，购入固定资产支付的增值税应计入(　　)。
   A. 应交税费　　　　　　　　B. 固定资产原价
   C. 管理费用　　　　　　　　D. 制造费用

3. 企业购入的待安装的生产设备安装完毕达到预定可使用状态后应计入(　　)账户。
   A. 固定资产　　　　　　　　B. 制造费用
   C. 在建工程　　　　　　　　D. 工程物资

4. 下列各项中，属于企业的经营用固定资产的是(　　)。
   A. 职工宿舍　　　　　　　　B. 职工食堂
   C. 机器设备　　　　　　　　D. 浴室用的锅炉

5. 企业采用出包方式购建固定资产，按合同规定预付的工程款，应通过"(　　)"科目核算。
   A. 预付账款　　　　　　　　B. 应付账款
   C. 其他应付款　　　　　　　D. 在建工程

6. 下列固定资产折旧方法中，在计算折旧率时前期不需要考虑固定资产净残值的方

法是( )。
    A. 工作量法   B. 平均年限法
    C. 双倍余额递减法   D. 年数总和法
7. 某固定资产使用年限为5年,在采用年数总和法计提折旧的情况下,第一年的折旧率为( )。
    A. 20%   B. 40%   C. 50%   D. 33.33%
8. 企业对仓库进行扩建,账面原价6 000元,已提折旧1 200元,改建中发生支出2 300元,变价收入100元。则改建后仓库原值为( )元。
    A. 4 800   B. 7 100   C. 7 000   D. 7 200
9. 企业生产车间使用固定资产计提的折旧额,应借记( )科目,贷记"累计折旧"科目。
    A. 管理费用 B. 销售费用 C. 制造费用 D. 生产成本
10. 企业短期、低价值租入的固定资产在交付使用时,应( )。
    A. 进行备查登记   B. 记入"固定资产"科目
    C. 记入"其他长期资产"科目 D. 记入"递延资产"科目
11. 专门用于生产某种产品的无形资产摊销价值应计入( )。
    A. 生产成本 B. 管理费用 C. 制造费用 D. 营业外支出
12. 企业转让无形资产使用权取得的收益应计入( )。
    A. 主营业务收入   B. 其他业务收入
    C. 营业外收入   D. 资产处置损益
13. 企业转让无形资产所有权取得的净收益应计入( )。
    A. 主营业务收入   B. 其他业务收入
    C. 营业外收入   D. 资产处置损益
14. 下列各项中,企业应作为无形资产入账的是( )。
    A. 开办费   B. 广告费
    C. 为获得土地使用权支付的出让金 D. 开发新技术过程中发生的研究费用
15. 投资者投入的无形资产的入账价值为( )。
    A. 同类无形资产的市价
    B. 该无形资产可能带来的未来现金流量的现值
    C. 投资各方确认的价值,不公允的除外
    D. 该无形资产可能带来的未来现金流量
16. 企业在研究某项专利时所发生的各种费用,应计入( )。
    A. 长期待摊费用   B. 待摊费用
    C. 管理费用   D. 无形资产的价值
17. 当某项无形资产的预计可收回金额低于其账面价值时,应计提的无形资产减值准备计入( )。
    A. 管理费用 B. 营业费用 C. 财务费用 D. 资产减值损失
18. 期末,企业所持有的无形资产的账面价值高于其可收回金额的,按其差额应编制的会计分录为( )。
A. 借记"营业外支出"科目,贷记"无形资产"科目
B. 借记"资产减值损失"科目,贷记"无形资产减值准备"科目
C. 借记"营业外支出"科目,贷记"无形资产减值准备"科目
D. 借记"管理费用"科目,贷记"无形资产减值准备"科目

19. 2020年12月31日,甲公司某项固定资产计提减值准备前的账面价值为1 000万元,公允价值为980万元,预计处置费用为80万元,预计未来现金流量的现值为1 050万元。2020年12月31日,甲公司应对该项固定资产计提的减值准备为( )万元。
A. 0	B. 20	C. 50	D. 100

20. 企业对账面原值为15万元的固定资产进行清理,累计折旧为10万元,已计提减值准备1万元,清理时发生清理费用0.5万元,清理收入6万元,不考虑增值税,该固定资产的清理净收益为( )万元。
A. 5.5	B. 6	C. 1.5	D. 6

二、多项选择题

1. 下列固定资产中,不计提折旧的有( )。
A. 大修理停用的固定资产	B. 未提足折旧提前报废的固定资产
C. 当月增加的固定资产	D. 土地

2. 下列固定资产中,需要计提折旧的固定资产有( )。
A. 未使用的行政管理用房屋	B. 使用中的机器设备
C. 融资租入的机器设备	D. 经营租入的固定资产

3. 在固定资产使用前几年,提取固定资产折旧时,需要考虑固定资产净残值的折旧方法有( )。
A. 平均年限法	B. 双倍余额递减法
C. 工作量法	D. 年数总和法

4. 计提折旧需要考虑的因素有( )。
A. 固定资产预计残值	B. 固定资产原值
C. 估计使用年限	D. 固定资产减值准备

5. 企业对固定资产进行清理核算时,可能涉及的会计科目有( )。
A. 累计折旧	B. 固定资产
C. 资产处置损益	D. 营业外支出

6. 下列固定资产中,当期应计提折旧的有( )。
A. 本月减少的固定资产
B. 季节性及大修理停用的设备
C. 本月增加的固定资产
D. 已投入使用但尚未办理竣工结算的固定资产

7. 固定资产按其经济用途分类,可以分为( )。
A. 经营用固定资产	B. 使用中固定资产
C. 非经营用固定资产	D. 未使用固定资产

8. 下列业务中，需要通过"固定资产清理"科目核算的内容有（　　）。
   A. 固定资产盘亏　　　　　　　　B. 固定资产出售
   C. 固定资产报废　　　　　　　　D. 固定资产毁损
9. 下列各项中，属于非生产经营用固定资产的有（　　）。
   A. 职工宿舍　　　　　　　　　　B. 食堂用房屋
   C. 生产工具　　　　　　　　　　D. 生产经营用机器设备
10. 下列各项中，属于企业无形资产核算内容的有（　　）。
    A. 购入的专利权　　　　　　　　B. 地理位置
    C. 购入的土地使用权　　　　　　D. 自创的商誉
11. 企业在接受捐赠资产时，可能涉及的会计科目有（　　）。
    A. 银行存款　　　　　　　　　　B. 营业外收入
    C. 资本公积　　　　　　　　　　D. 库存现金
12. 外购固定资产，其入账价值包括（　　）。
    A. 支付的安装费　　　　　　　　B. 支付的专业人员服务费
    C. 领用本企业产品交纳的资源税　D. 支付的购买设备的价款
13. 下列方法中属于加速折旧的有（　　）。
    A. 工作量法　　　　　　　　　　B. 年限平均法
    C. 年数总和法　　　　　　　　　D. 双倍余额递减法
14. 下列各项中，影响固定资产处置损益的有（　　）。
    A. 固定资产原价　　　　　　　　B. 固定资产清理费用
    C. 固定资产处置收入　　　　　　D. 固定资产减值准备
15. 下列各项中，会引起固定资产账面价值发生变化的有（　　）。
    A. 计提固定资产减值准备　　　　B. 计提固定资产折旧
    C. 固定资产费用化的后续支出　　D. 固定资产资本化的后续支出

三、判断题

1. 双倍余额递减法下，企业各年负担的折旧费用逐步增加。　　　　　　　　　　（　）
2. 固定资产的磨损包括有形损耗和无形损耗。　　　　　　　　　　　　　　　　（　）
3. 出租和租入的固定资产都应计提折旧。　　　　　　　　　　　　　　　　　　（　）
4. 企业的固定资产产生减值，应计提固定资产减值准备。　　　　　　　　　　　（　）
5. 企业自创的商誉应当按评估确认的价值入账。　　　　　　　　　　　　　　　（　）
6. 其他单位投资转入的无形资产，应按投资方原账面价值记账。　　　　　　　　（　）
7. 出售一项不需用的固定资产的净损益通过"资产处置损益"科目核算。　　　　（　）
8. 对于固定资产的大修理费用和日常修理费用，通常不符合固定资产确认条件，金额较小时应在发生时计入当期管理费用，金额较大时采用预提或待摊方式处理。（　）
9. 无法区分研究阶段支出和开发阶段支出时，应当将其所发生的研发支出全部资本化，计入无形资产成本。　　　　　　　　　　　　　　　　　　　　　　　（　）
10. 企业自行研发无形资产的，研究阶段的支出应当费用化，开发阶段的支出应当资本化。　　　　　　　　　　　　　　　　　　　　　　　　　　　　　　　（　）

第六章 固定资产与无形资产

四、业务处理题

1. 某企业出售一台不需用的新机器，原值 119 500 元，双方议定价格为 110 000 元，增值税税率为 13%，款项已存入银行。编制注销、取得收入、结转净损失的会计分录。

2. 某企业购入需要安装的生产用的机器一台，买价 150 000 元，增值税税率为 13%，包装费为 1 800 元，运杂费为 2 000 元，购入后发生安装费 2 700 元，款项以银行存款支付。该机器安装完毕后交付使用。编制相关的会计分录。

3. 某企业购置用于生产的现代化设备，原值 2 450 000 元，预计净残值率为 4%，预计使用年限为 6 年。分别采用年数总和法和双倍余额递减法计提折旧。计算各年折旧并编制相关的会计分录。

4. 某一般纳税人购买需要安装的生产用设备一台，价款为 234 000 元，增值税税率为 13%，支付运杂费 2 000 元，均以银行存款支付。该设备直接交付安装，安装时领用库存商品 8 000 元，销项税额 1 040 元，支付安装人员工资 5 000 元。该设备安装完毕，达到预定可使用状态。该设备预计使用 5 年，净残值率为 2%，采用年数总和法计提折旧。该设备交付使用后第三年年初出售，售价为 150 000 元，增值税税率为 13%，支付清理费 1 000 元。

要求：根据上述资料编制有关的会计分录。

5. 某一般纳税人企业购入一项新产品的特许使用权，以银行存款支付价款 100 000 元，增值税税率为 6%，该项特许使用权已由生产车间用于生产产品。该项专利权的有效期限为 10 年。编制购入时、年摊销时的会计分录。

6. 甲股份有限公司 2014 年至 2020 年无形资产业务有关的资料如下。

(1) 2014 年 12 月 1 日，以银行存款 300 万元购入一项无形资产(不考虑相关税费)，该无形资产的预计使用年限为 10 年。

(2) 2018 年 12 月 31 日，预计该无形资产的可收回金额为 142 万元。该无形资产发生减值后，原预计使用年限不变。

(3) 2019 年 12 月 31 日，预计该无形资产的可收回金额为 129.8 万元，调整该无形资产减值准备后，原预计使用年限不变。

(4) 2020 年 4 月 1 日，将该无形资产对外出售，取得价款 130 万元并收存银行(不考虑相关税费)。

要求：根据以上的经济业务编制会计分录。

7. 2020 年 4 月企业研发部门准备研究开发一项专有技术。在研究阶段，企业为了研究以银行存款支付相关费用 800 万元，不考虑其他相关税费。2020 年 5 月该专有技术研究成功，转入开发阶段，开发阶段以银行存款支付相关费用 100 万元，全部符合无形资产资本化的条件。不考虑其他相关税费。

要求：根据以上的经济业务编制会计分录。

参 考 答 案

参考答案见右侧二维码。

第七章 负　　债

【学习要点及目标】

本章主要介绍各种负债的基本概念及其核算方法。通过学习本章内容，要求学生掌握短期借款、应付账款、应付票据、预收账款、其他应付款、应付职工薪酬、应交税费以及长期借款的含义和核算方法；熟悉负债的特征、流动负债的分类等相关内容。

【知识框架图】

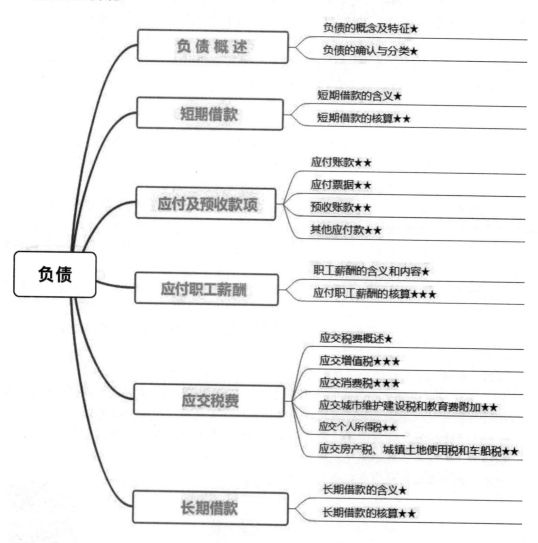

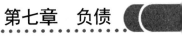

第七章　负债

第一节　负债概述

一、负债的概念及特征

我国《企业会计准则》对负债的定义是:"负债是指企业过去的交易或事项形成的、预期会导致经济利益流出企业的现时义务。"它是企业资产总额中属于债权人的那部分权益。

根据负债的定义,负债具有以下几个方面的特征。

(1) 负债是由企业过去的交易或事项形成的。过去的交易或事项是指已发生或完成的经济业务。例如,企业向银行取得借款、企业向购货单位赊购商品等,这些经济业务的发生,会导致企业的负债增加。对于今后发生的交易或事项,不确认为负债。例如,赊购货物意向书,在交易或事项尚未发生前,这种预期可能发生的负债不能成立。

(2) 负债是企业承担的现时义务。现时义务是指企业在现行条件下已承担的义务。负债属于具有约束力的合同、协议的法定要求,因而不能履行义务时,在法律上可以强制执行。例如,企业购入货物后必须向销货企业支付货款,对购货企业而言,支付货款是一项强制性的义务,只有在付款后负债才可能消失。

(3) 现时义务的履行会导致企业经济利益的流出。负债的清偿一般通过向债权人支付货币资金、非货币性资产、提供劳务等方式来偿还;也可以通过债转股或者举借新债偿还旧债来了结现有的负债。这些最终都会以牺牲企业的经济利益为代价。

二、负债的确认与分类

(一)负债的确认

将一项现时义务确认为负债,除了需要符合负债的定义,还需要同时满足以下两个条件。
(1) 与该义务有关的经济利益很可能流出企业。
(2) 未来流出的经济利益的金额能够可靠地计量。
符合负债定义和确认条件的项目,才能列入资产负债表。

(二)负债的分类

负债按其流动性,分为流动负债和非流动负债两大类。
(1) 流动负债是指将在1年(含1年)或者超过1年的一个营业周期内偿还的债务,包括短期借款、应付账款、应付票据、应交税费(按税种设明细账进行核算)、应付职工薪酬、预收账款、其他应付款等。
(2) 非流动负债是指偿还期在1年或者超过1年的一个营业周期以上的债务,包括长期借款、应付债券等。

第二节 短期借款

一、短期借款的含义

短期借款是指企业从银行或其他金融机构借入的,期限在 1 年以下(含 1 年)的各种借款。短期借款一般是企业为维持正常生产经营所需资金而借入的或者为抵偿某项债务而借入的款项。

二、短期借款的核算

(一)设置账户

为了核算企业借入的各种短期借款(本金)的增减变动及其结余情况,企业应设置"短期借款"账户。该账户属于负债类账户,贷方登记取得的短期借款(短期借款的增加);借方登记短期借款的偿还(短期借款的减少);期末余额在贷方,表示企业尚未偿还的短期借款的本金结余额。短期借款应按照债权人的不同设置明细账。

(二)账务处理

(1) 取得借款时,借记"银行存款"账户,贷记"短期借款"账户。
(2) 按月计提利息时,借记"财务费用"账户,贷记"应付利息"账户。
(3) 支付本息时,借记"短期借款""财务费用"账户,贷记"银行存款""应付利息"账户。

【例 7-1】 某企业于 2021 年 1 月 1 日从银行借入短期借款 15 000 元,期限半年,年利率为 4%,利息按月计提,分季支付,到期归还借款本金。该企业应编制的会计分录如下。

① 1 月 1 日借入款项时。

借:银行存款　　　　　　　　　　　　15 000
　　贷:短期借款　　　　　　　　　　　　　15 000

② 1 月末计提当月利息时。

本月利息费用=15 000×4%÷12×1=50(元)

借:财务费用　　　　　　　　　　　　50
　　贷:应付利息　　　　　　　　　　　　　50

③ 2 月末计提当月利息同 1 月末。

④ 3 月末支付本季度应付利息时。

借:财务费用　　　　　　　　　　　　50
　　应付利息　　　　　　　　　　　　100
　　贷:银行存款　　　　　　　　　　　　　150

⑤ 下一个季度的账务处理与上一个季度相同。

⑥ 7 月 1 日借款到期归还本金时。

借：短期借款 15 000
　　贷：银行存款 15 000

第三节　应付及预收款项

一、应付账款

(一)应付账款的含义

应付账款是指企业因购买材料、商品、接受劳务等经营活动应付而未付的款项。应付账款是买卖双方在购货活动中因取得物资与支付货款在时间上不一致而产生的负债。

(二)应付账款的核算

1. 设置账户

企业应设置"应付账款"账户用于核算企业因购买材料、商品和接受劳务供应等经营活动应支付的款项。该账户属于负债类账户，贷方登记应付未付款项；借方登记偿还的应付账款；余额一般在贷方，表示企业尚未偿还的应付账款。该账户应按供应单位设置明细账，进行明细核算。

2. 账务处理

(1) 企业购入材料、商品和接受劳务而发生的应付未付款项，根据供应单位的发票账单，借记"材料采购""在途物资"等账户；按可抵扣的增值税额，借记"应交税费——应交增值税(进项税额)"等账户；按应付的金额，贷记"应付账款"账户。偿还应付账款时，借记"应付账款"账户，贷记"银行存款"账户。

(2) 企业开出、承兑商业汇票抵付应付账款，借记"应付账款"账户，贷记"应付票据"账户。

(3) 企业如有将应付账款划转出去或者确实无法支付的应付账款，应按账面余额，借记"应付账款"账户，贷记"营业外收入"账户。

【例 7-2】某企业为增值税一般纳税人，购入原材料一批，货款 200 000 元，增值税为 26 000 元，对方代垫运杂费 2 600 元。材料已验收入库，但款项尚未支付。企业应编制的会计分录如下。

① 赊购材料时。
借：原材料 202 600
　　应交税费——应交增值税(进项税额) 26 000
　　贷：应付账款 228 600
② 偿还材料款时。
借：应付账款 228 600
　　贷：银行存款 228 600

二、应付票据

(一)应付票据的含义

应付票据是由出票人签发的,委托付款人在指定日期无条件支付确定的金额给收款人或者持票人的商业汇票。我国非电子商业汇票的付款期限最长不超过 6 个月,因此,将应付票据列入流动负债。同时,由于应付票据的偿付时间较短,在会计实务中,一般均按照开出、承兑的应付票据的面值入账。

(二)应付票据的核算

1. 设置账户

企业应设置"应付票据"账户,用于核算因企业购买材料、商品和接受劳务供应等而开出、承兑的商业汇票。该账户属于负债类账户,贷方登记应付票据签发金额;借方登记应付票据到期支付的款项;期末贷方余额反映企业尚未到期的商业汇票的本息数。并设置"应付票据备查簿",详细登记每一应付票据的种类、号数、签发日期、到期日、票面金额、票面利率、合同交易号、收款人姓名或单位名称,以及付款日期和金额等内容。应付票据到期结清时,应当在备查簿中逐笔注销。

2. 账务处理

(1) 企业开出商业汇票或以商业汇票抵付货款、应付账款时,借记"原材料""库存商品""应付账款""应交税费——应交增值税(进项税额)"等账户,贷记"应付票据"账户。

(2) 支付银行承兑汇票的手续费时,借记"财务费用"账户,贷记"银行存款"账户。

(3) 支付款项时,借记"应付票据"账户,贷记"银行存款"账户。若应付票据到期,企业无力支付票款,按应付票据的票面价值,借记"应付票据"账户,贷记"应付账款"账户。

(4) 带息票据,期末计算应付利息时,借记"财务费用"账户,贷记"应付票据"账户。票据到期支付本息时,按票据面额和已计提利息,借记"应付票据"账户;按未计提的利息,借记"财务费用"账户;按实际支付的金额,贷记"银行存款"账户。

【例 7-3】某企业于 2021 年 1 月 1 日购入一批价值为 60 000 元的材料,开出了一张期限为 4 个月的银行承兑汇票,假如银行承兑汇票的手续费按面值的 1%收取,增值税税率为13%。企业应编制的会计分录如下。

① 1 月 1 日购入材料时,编制的会计分录如下。

借:原材料　　　　　　　　　　　　　　　　　60 000
　　应交税费——应交增值税(进项税额)　　　　7 800
　　贷:应付票据　　　　　　　　　　　　　　　　　67 800

② 支付银行承兑汇票手续费时,编制的会计分录如下。

借:财务费用　　　　　　　　　　　　　　　　678
　　贷:银行存款　　　　　　　　　　　　　　　　　678

③ 5 月 1 日到期付款时,编制的会计分录如下。

借：应付票据	67 800
贷：银行存款	67 800

三、预收账款

(一)预收账款的含义

预收账款是买卖双方协议商定，由购货方预先支付一部分货款给供应方而发生的一项负债。企业预收的货款待实际出售商品、产品或者提供劳务时再行冲减。

(二)预收账款的核算

1. 设置账户

企业应设置"预收账款"账户，用于核算企业按照合同规定向购货单位预收的款项。该账户属于负债类账户，贷方登记预收货款的金额和购货企业补付的金额；借方登记企业向购货方发货后应冲销的预收货款的金额和退回购货企业多付货款的金额；余额一般在贷方，表示向购货单位预收的货款；如期末为借方余额，表示应由购货单位补付的货款。"预收账款"账户应按购货单位进行明细核算。

2. 账务处理

预收账款业务发生不多的企业，也可不设置"预收账款"账户，而将预收的款项直接记入"应收账款"账户的贷方。

(1) 企业向购货单位预收的款项，借记"银行存款"账户，贷记"预收账款"账户。

(2) 销售实现时，按实现的收入和应交的增值税销项税额，借记"预收账款"账户；按实现的营业收入，贷记"主营业务收入"账户；按专用发票上注明的增值税额，贷记"应交税费——应交增值税(销项税额)"等账户。

(3) 购货单位补付的款项，借记"银行存款"账户，贷记"预收账款"账户，退回多付的款项时做相反的会计处理。

【例7-4】 某企业为增值税一般纳税人，向A公司销售商品一批，货款50 000元，应交增值税6 500元，价税合计56 500元。合同规定，A公司应先支付货款的60%(56 500×60%=33 900)，企业在提货时付清余款。该企业应编制的会计分录如下。

① 收到60%预先支付的货款时。

借：银行存款	33 900
贷：预收账款——A公司	33 900

② 向A公司发出商品并确认销售实现时。

借：预收账款——A公司	56 500
贷：主营业务收入	50 000
应交税费——应交增值税(销项税额)	6 500

③ 收到A公司补付货款(56 500-33 900=22 600)时。

借：银行存款	22 600
贷：预收账款——A公司	22 600

四、其他应付款

(一)其他应付款的含义

其他应付款是指企业除应付账款、应付票据、预收账款等经营活动以外的其他各项应付、暂收的款项,如应付租入包装物租金、存入保证金等。

(二)其他应付款的核算

1. 设置账户

企业应设置"其他应付款"账户,核算其他应付款的增减变动及其结存情况,并按其他应付款的项目和对方单位(或个人)设置明细账户进行核算。该账户属于负债类账户,贷方登记发生的各种应付、暂收款项;借方登记偿还或转销的各种应付、暂收款项;该账户期末贷方余额反映企业应付未付的其他应付款项。

2. 账务处理

(1) 企业发生其他各种应付、暂收款项时,借记"管理费用"等账户,贷记"其他应付款"账户。

(2) 支付或退回其他各种应付、暂收款项时,借记"其他应付款"账户,贷记"银行存款"等账户。

【例7-5】某企业从2020年1月1日起,以短期租赁方式租入管理用办公设备一批,每月租金6 000元,按季支付。3月31日,以银行存款支付应付租金18 000元,增值税进项税额为2 340元。企业应编制的会计分录如下。

① 1月31日、2月29日计提应付短期租入固定资产租金时。
借:管理费用　　　　　　　　　　　　　　6 000
　　贷:其他应付款　　　　　　　　　　　　　　6 000
② 3月31日实际支付时。
借:其他应付款　　　　　　　　　　　　　12 000
　　管理费用　　　　　　　　　　　　　　6 000
　　应交税费——应交增值税(进项税额)　　2 340
　　贷:银行存款　　　　　　　　　　　　　　20 340

第四节　应付职工薪酬

一、职工薪酬的含义和内容

(一)职工薪酬的含义

职工薪酬是指企业为获得职工提供的服务或解除劳动关系而给予各种形式的报酬或者补偿。职工薪酬包括短期薪酬、离职后福利、辞退福利和其他长期职工福利。企业提供给职工配偶、子女、受赠养人、已故员工遗嘱及其他受益人等的福利,也属于职工薪酬。

这里所称职工的概念比较宽泛,主要有三类人员:一是与企业签订正式劳动合同的所有人员,含全职、兼职和临时职工;二是未与企业签订正式劳动合同,但由企业正式任命的企业治理层和管理层人员,如董事会成员、监事会成员等;三是在企业的计划、领导和控制下,虽未与企业签订正式劳动合同或企业未正式任命,但为企业提供了与职工类似服务的人员。

(二)职工薪酬的内容

1. 短期薪酬

短期薪酬是指企业在职工提供相关服务的年度报告期间结束后12个月内需要全部予以支付的职工薪酬,因解除与职工的劳动关系给予的补偿除外。短期薪酬具体包括以下内容。

1) 职工工资、奖金、津贴和补贴

职工工资、奖金、津贴和补贴是指构成工资总额的计时工资、计件工资,支付给职工的超额劳动报酬和增收节支的劳动报酬,为了补偿职工特殊或额外的劳动消耗和因其他特殊原因支付给职工的津贴,以及为了保证职工工资水平不受物价影响支付给职工的物价补贴等。

2) 职工福利费

职工福利费是指企业为职工提供的生活困难补助、丧葬补助费、抚恤费、职工异地安家费等职工福利支出。

3) 医疗保险费、养老保险费、失业保险费、工伤保险费和生育保险费等社会保险费

医疗保险费、养老保险费、失业保险费、工伤保险费和生育保险费等社会保险费是指企业按照国务院、各地方政府规定的基准和比例计算,向社会保险经办机构缴纳的医疗保险费、养老保险费、失业保险费、工伤保险费和生育保险费。

4) 住房公积金

住房公积金是指企业按照国家规定的基准和比例计算,向住房公积金管理机构缴存的住房公积金。

5) 工会经费和职工教育经费

工会经费和职工教育经费是指企业为了改善职工文化生活、提高职工文化水平和业务素质,用于开展工会活动和职工教育及职业技能培训等所发生的相关支出。

6) 短期带薪缺勤

短期带薪缺勤是指职工虽然缺勤但企业仍向其支付报酬的安排,包括年休假、病假、婚假、产假等。

7) 短期利润分享计划

短期利润分享计划是指因职工提供服务而与职工达成的基于利润或其他经营成果提供薪酬的协议。

8) 其他短期薪酬

其他短期薪酬是指除了上述薪酬以外的其他为获得职工提供的服务而给予的短期薪酬。

2. 离职后福利

离职后福利是指企业为获得职工提供的服务而在职工退休或与企业解除劳动关系后，提供的各种形式的报酬和福利，短期薪酬和辞退福利除外。

3. 辞退福利

辞退福利是指企业在职工劳动合同到期之前解除与职工的劳动关系，或者为鼓励职工自愿接受裁减而给予职工的补偿。

4. 其他长期职工福利

其他长期职工福利是指除短期薪酬、离职后福利、辞退福利之外所有的职工薪酬，包括长期带薪缺勤、长期残疾福利、长期利润分享计划等。

二、应付职工薪酬的核算

(一)设置账户

企业应设立"应付职工薪酬"账户进行职工薪酬的核算。该账户属于负债类账户，贷方登记已分配计入有关成本费用项目的应付职工薪酬的数额；借方登记实际发放职工薪酬的数额；余额在贷方，反映应发未发的职工薪酬。同时，本账户应当按照"工资""职工福利""社会保险费""住房公积金""工会经费""非货币性福利""带薪缺勤"等应付职工薪酬项目进行明细核算。

(二)确认应付职工薪酬的账务处理

1. 货币性职工薪酬

企业应当在职工为其提供服务的会计期间，根据职工提供服务的受益对象，将应确认的职工薪酬计入相关资产成本或当期损益，同时确认应付职工薪酬。

(1) 生产部门人员的职工薪酬，借记"生产成本""制造费用""劳务成本"账户，贷记"应付职工薪酬"账户。

(2) 管理部门人员的职工薪酬，借记"管理费用"账户，贷记"应付职工薪酬"账户。

(3) 销售人员的职工薪酬，借记"销售费用"账户，贷记"应付职工薪酬"账户。

(4) 应由在建工程、研发支出负担的职工薪酬，借记"在建工程""研发支出"账户，贷记"应付职工薪酬"账户。

(5) 因解除与职工劳动关系给予的补偿，借记"管理费用"账户，贷记"应付职工薪酬"账户。

(6) 国家规定了职工福利费、社会保险费、住房公积金、工会经费、职工教育经费等计提基础和计提比例的，按国家规定计提，借记"相关成本费用"账户，贷记"应付职工薪酬——职工福利""应付职工薪酬——社会保险费""应付职工薪酬——住房公积金""应付职工薪酬——工会经费""应付职工薪酬——职工教育经费"等明细账户。

【例7-6】甲企业2020年7月份应付工资总额693 000元，"工资费用分配汇总表"中列示的产品生产人员工资为480 000元，车间管理人员工资为105 000元，企业行政管理人员工资为 90 600 元，专设销售机构人员工资为 17 400 元。甲企业应编制的会计分录如下。

借：生产成本——基本生产成本　　　　　　　　　　　　480 000
　　　制造费用　　　　　　　　　　　　　　　　　　　　105 000
　　　管理费用　　　　　　　　　　　　　　　　　　　　 90 600
　　　销售费用　　　　　　　　　　　　　　　　　　　　 17 400
　　　贷：应付职工薪酬——工资　　　　　　　　　　　　　　　693 000

【例 7-7】 承例 7-6，2020 年 7 月份，甲企业根据相关规定，分别按照职工工资总额的 2% 和 2.5% 的计提标准，确认应付工会经费和职工教育经费。甲企业应编制的会计分录如下。

借：生产成本——基本生产成本　　　　　　　　　　　　 21 600
　　　制造费用　　　　　　　　　　　　　　　　　　　　 4 725
　　　管理费用　　　　　　　　　　　　　　　　　　　　 4 077
　　　销售费用　　　　　　　　　　　　　　　　　　　　　 783
　　　贷：应付职工薪酬——工会经费　　　　　　　　　　　　 13 860
　　　　　　　　　　　　——职工教育经费　　　　　　　　　 17 325

本例中，应确认的应付职工薪酬=(480 000+105 000+90 600 +17 400)×(2%+2.5%)= 31 185(元)，其中，工会经费为 13 860 元，职工教育经费为 17 325 元。

本例中，应记入"生产成本"账户的金额为 480 000×(2%+2.5%)=21 600(元)；应记入"制造费用"账户的金额为 105 000×(2%+2.5%) =4 725(元)；应记入"管理费用"账户的金额为 90 600×(2%+2.5%) =4 077(元)；应记入"销售费用"账户的金额为 17 400×(2%+ 2.5%)=783(元)。

【例 7-8】 乙企业下设一所职工食堂，每月根据在岗职工数量及岗位分布情况、相关历史经验数据等计算需要补贴食堂的金额，从而确定企业每月因补贴职工食堂需要承担的福利费金额。2020 年 12 月，企业在岗职工共计 200 人，其中管理部门 30 人，生产车间 170 人。企业的历史经验数据表明，每个职工每月需补贴食堂 150 元。乙企业应编制的会计分录如下。

借：生产成本　　　　　　　　　　　　　　　　　　　　 25 500
　　　管理费用　　　　　　　　　　　　　　　　　　　　 4 500
　　　贷：应付职工薪酬——职工福利费　　　　　　　　　　　 30 000

本例中，乙企业应当计提的职工福利费=150×200 =30 000(元)

【例 7-9】 2020 年 12 月，丙企业根据国家规定的计提标准，计算应向社会保险经办机构缴纳职工基本医疗保险费共计 97 020 元，其中，应计入基本生产车间生产成本的金额为 67 200 元，应计入制造费用的金额为 14 700 元，应计入管理费用的金额为 15 120 元。丙企业应编制的会计分录如下。

借：生产成本——基本生产成本　　　　　　　　　　　　 67 200
　　　制造费用　　　　　　　　　　　　　　　　　　　　 14 700
　　　管理费用　　　　　　　　　　　　　　　　　　　　 15 120
　　　贷：应付职工薪酬——社会保险费——基本医疗保险　　　　 97 020

2. 非货币性职工薪酬

企业向职工提供的非货币性职工薪酬，应当分以下情况处理。

(1) 企业以其自产产品作为非货币性福利发放给职工的，应当根据受益对象，按照该产品的公允价值，计入相关资产成本或当期损益，同时确认应付职工薪酬。借记"管理费用""生产成本""制造费用"等账户，贷记"应付职工薪酬——非货币性福利"账户。

【例 7-10】 某企业为一家冰箱生产企业，共有职工 1 000 名，其中生产冰箱的生产工人 700 人，生产车间管理人员 100 人，企业管理人员 200 人。2020 年 12 月，公司以自己生产的 I 型号冰箱作为福利发放给公司每名职工。I 型号冰箱的单位生产成本为 2 500 元，售价为每台 4 000 元，企业适用的增值税税率为 13%。确认薪酬时，企业应编制的会计分录如下。

应计入生产成本的应付职工薪酬=700×4 000×1.13=3 164 000(元)
应计入制造费用的应付职工薪酬=100×4 000×1.13=452 000(元)
应计入管理费用的应付职工薪酬=200×4 000×1.13=904 000(元)

借：生产成本　　　　　　　　　　　　　　　3 164 000
　　制造费用　　　　　　　　　　　　　　　　452 000
　　管理费用　　　　　　　　　　　　　　　　904 000
　　贷：应付职工薪酬——非货币性福利　　　　　　4 520 000

(2) 企业将拥有的房屋等资产无偿提供给职工使用的，应当根据受益对象，将该住房每期应计提的折旧计入相关资产成本或当期损益，同时确认应付职工薪酬。借记"管理费用""生产成本""制造费用"等账户，贷记"应付职工薪酬——非货币性福利"账户。并同时借记"应付职工薪酬——非货币性福利"账户，贷记"累计折旧"账户。

【例 7-11】 某企业为其职工免费提供职工集体宿舍，该集体宿舍楼每月计提折旧 5 000元。计提的折旧视同给员工的福利，该公司应编制的会计分录如下。

借：制造费用　　　　　　　　　　　　　　　　5 000
　　贷：应付职工薪酬——非货币性福利　　　　　　　5 000
借：应付职工薪酬——非货币性福利　　　　　　5 000
　　贷：累计折旧　　　　　　　　　　　　　　　　5 000

(3) 企业租赁住房等资产供职工无偿使用的，应当根据受益对象，将每期应付的租金计入相关资产成本或当期损益，并确认应付职工薪酬。借记"管理费用""生产成本""制造费用"等账户，贷记"应付职工薪酬——非货币性福利"账户。

【例 7-12】 某企业为经理级别以上的职工和高级工程师租赁了几套公寓住宅供他们免费使用，公司每月需支付租金共计 40 000 元。由于为上述人员发生的 40 000 元租金费用，无法认定受益对象，则按规定直接计入管理费用。按受益期计提租金时，应编制的会计分录如下。

借：管理费用　　　　　　　　　　　　　　　　40 000
　　贷：应付职工薪酬——非货币性福利　　　　　　　40 000

(三)发放职工薪酬的账务处理

1. 支付工资、奖金、津贴等

(1) 企业按照有关规定向职工支付工资、奖金、津贴和补贴等，借记"应付职工薪酬——工资"账户，贷记"银行存款""库存现金"等账户。

(2) 企业从应付职工薪酬中扣还的各种款项(代垫的家属药费、个人所得税等)，借记"应付职工薪酬"账户，贷记"其他应收款""应交税费——应交个人所得税"等账户。

【例 7-13】 某企业根据"工资结算汇总表"结算本月应付职工工资总额为 600 000 元，代扣职工房租 200 000 元，企业代垫职工家属医药费 20 000 元，实发工资 380 000 元。企业应编制的会计分录如下。

① 向银行提取现金时。
借：库存现金　　　　　　　　　　　　　　　380 000
　　贷：银行存款　　　　　　　　　　　　　　　　380 000

② 发放工资时。
借：应付职工薪酬——工资　　　　　　　　　380 000
　　贷：库存现金　　　　　　　　　　　　　　　　380 000

③ 代扣款项时。
借：应付职工薪酬——工资　　　　　　　　　220 000
　　贷：其他应收款——职工房租　　　　　　　　200 000
　　　　　　　　　　——代垫医药费　　　　　　　20 000

2. 支付职工福利费

企业向职工支付职工福利费，借记"应付职工薪酬——职工福利"账户，贷记"银行存款""库存现金"账户。

【例 7-14】 2020 年 3 月 21 日，某企业给下设的职工浴池支付补贴款 400 000 元，企业应编制的会计分录如下。

借：应付职工薪酬——职工福利　　　　　　　400 000
　　贷：库存现金　　　　　　　　　　　　　　　　400 000

3. 支付工会经费、交纳社会保险费和住房公积金

企业支付工会经费用于工会活动和职工教育经费用于职工培训，或按照国家有关规定交纳社会保险费和住房公积金时，借记"应付职工薪酬——工会经费(或职工教育经费、社会保险费、住房公积金)"账户，贷记"银行存款"等账户。

【例 7-15】 某企业以银行存款交纳参加职工医疗保险的医疗保险费用 268 000 元，企业应编制的会计分录如下。

借：应付职工薪酬——社会保险费　　　　　　268 000
　　贷：银行存款　　　　　　　　　　　　　　　　268 000

4. 发放非货币性福利

企业以自产产品作为职工薪酬发放给职工时，应确认主营业务收入，借记"应付职工

薪酬——非货币性福利"账户，贷记"主营业务收入"账户，同时结转相关成本，涉及增值税销项税额的，还应进行相应的处理。此外，企业支付租赁住房等资产供职工无偿使用发生的租金，借记"应付职工薪酬——非货币性福利"账户，贷记"银行存款"等账户。

【例7-16】承例7-10，企业有职工1 000人，Ⅰ型号冰箱的单位生产成本为2 500元，售价为每台4 000元，该公司适用的增值税税率为13%。则发放冰箱时，企业应编制的会计分录如下。

借：应付职工薪酬——非货币性福利　　　　　4 520 000
　　贷：主营业务收入　　　　　　　　　　　　　　　4 000 000
　　　　应交税费——应交增值税(销项税额)　　　　　520 000
借：主营业务成本　　　　　　　　　　　　2 500 000
　　贷：库存商品　　　　　　　　　　　　　　　　　2 500 000

第五节　应交税费

一、应交税费概述

企业在一定时期取得的营业收入和实现的利润或发生特定经营行为，要按照规定向国家交纳各种税费，主要包括：增值税、消费税、资源税、土地增值税、城市维护建设税、所得税、房产税、土地使用税、车船税、印花税、耕地占用税等。这些应交的税费在未交纳之前暂时停留在企业，形成企业的一项负债。

为了总括地核算和监督企业应交税费的计算和交纳情况，企业应设置"应交税费"科目进行核算。该科目的贷方登记企业应交纳的各种税费，借方登记企业已交纳的各种税费，期末贷方余额表示企业尚未交纳的税费，期末借方余额表示企业多交的税费。该科目按各种税费分别设置明细账户进行核算。

企业代扣代交的个人所得税，也通过"应交税费"科目核算，而企业交纳的印花税、耕地占用税等不需要预计应交数的税金，不通过"应交税费"科目核算。

二、应交增值税

(一)增值税概述

1. 增值税征税范围和纳税义务人

增值税是以商品(含应税劳务、应税行为)在流转过程中实现的增值额作为计税依据而征收的一种流转税。我国增值税相关法规规定，在我国境内销售货物，提供加工修理或修配劳务(简称应税劳务)，销售应税服务、无形资产和不动产(简称应税行为)以及进口货物的企业单位和个人为增值税纳税人。其中，"应税服务"包括交通运输服务、建筑服务、邮政服务、电信服务、金融服务、现代服务、生活服务。

根据经营规模大小及会计核算水平的健全程度，增值税纳税人分为一般纳税人和小规模纳税人。

一般纳税人是指年应税销售额超过财政部、国家税务总局规定标准的增值税纳税人。

小规模纳税人是指年应税销售额未超过规定标准,并且会计核算不健全、不能够提供准确税务资料的增值税纳税人。

2. 增值税的计税办法

计算增值税的方法分为一般计税方法和简易计税方法。

1) 增值税的一般计税方法

增值税的一般计税方法,是先按当期销售额和适用的税率计算出销项税额,然后以该销项税额对当期购进项目支付的税款(即进项税额)进行抵扣,从而间接算出当期的应纳税额。当期应纳税额的计算公式如下:

$$当期应纳税额=当期销项税额-当期进项税额$$

公式中的"当期销项税额"是指纳税人当期销售货物、提供应税劳务、发生应税行为时按照销售额和增值税税率计算并收取的增值税税额。销项税额的计算公式如下:

$$销项税额=销售额×增值税税率$$

公式中的"当期进项税额"是指纳税人当期购进货物,接受加工修理或修配劳务、应税服务、无形资产和不动产所支付或承担的增值税税额。通常包括以下内容。

(1) 从销售方取得的增值税专用发票上注明的增值税税额;

(2) 海关进口增值税专用缴款书上注明的增值税税额;

(3) 购进农产品,按照农产品收购发票或者销售发票上注明的农产品买价和9%的扣除率计算的进项税额,如用生产销售或委托加工13%税率货物的农产品,按照农产品收购发票或者销售发票上注明的农产品买价和10%的扣除率计算的进项税额;

(4) 从境外单位或者个人购进服务、无形资产或者不动产,从税务机关或者扣缴义务人处取得的解缴税款的完税凭证上注明的增值税税额;

(5) 一般纳税人支付的道路、桥、闸通行费,凭取得的通行费发票上注明的收费金额和规定的方法计算的可抵扣的增值税进项税额。

当期销项税额小于当期进项税额不足抵扣时,其不足部分可以结转下期继续抵扣。

一般纳税人采用的税率分为13%、9%、6%和零税率。具体税率如下。

(1) 一般纳税人销售货物、劳务、有形动产租赁服务或者进口货物,税率为13%。

(2) 一般纳税人销售或者进口粮食等农产品、食用植物油、食用盐、自来水、暖气、冷气、热水、煤气、石油液化气、天然气、沼气、居民用煤炭制品、图书、报纸、杂志、饲料、化肥、农药、农机、农膜以及国务院及其有关部门规定的其他货物,税率为9%。

(3) 一般纳税人提供交通运输、邮政、基础电信、建筑、不动产租赁服务,销售不动产,转让土地使用权,税率为9%。

(4) 一般纳税人其他应税行为,税率为6%。

(5) 一般纳税人出口货物,税率为零;但是,国务院另有规定的除外。境内单位和个人发生的跨境应税行为税率为零,具体范围由财政部和国家税务总局另行规定。

2) 增值税的简易计税方法

增值税的简易计税方法是按照销售额与征收率的乘积计算应纳税额。应纳税额的计算公式如下:

$$应纳税额=销售额×征收率$$

公式中的销售额不包括其应纳税额,如果纳税人采用销售额和应纳税额合并定价方法,应按照公式"销售额=含税销售额÷(1+征收率)"还原为不含税销售额计算。采用简易计税办法的增值税征收率为3%,国家另有规定的除外。

增值税一般纳税人计算增值税大多采用一般计税方法;小规模纳税人一般采用简易计税方法;一般纳税人发生财政部和国家税务总局规定的特定应税销售行为,也可以选择简易计税方式计税,但是不得抵扣进项税额。

(二)一般纳税人的核算

1. 设置账户

为了核算企业应交增值税的发生、抵扣、交纳、退税及转出等情况,增值税一般纳税人应当在"应交税费"科目下设置"应交增值税""未交增值税"等明细科目。

(1) "应交增值税"明细科目核算一般纳税人进项税额、已交税金、转出未交(多交)增值税、销项税额、进项税额转出、简易计税等情况,该明细账设置以下专栏。

① "进项税额"专栏:记录一般纳税人购进货物、加工修理修配劳务、服务、无形资产或不动产而支付或负担的、准予从当期销项税额中抵扣的增值税额;

② "已交税金"专栏:记录一般纳税人已交纳的当月应交增值税额;

③ "转出未交增值税"和"转出多交增值税"专栏:分别记录一般纳税人月度终了转出当月应交未交或多交的增值税额;

④ "销项税额"专栏:记录一般纳税人销售货物、加工修理修配劳务、服务、无形资产或不动产应收取的增值税额;

⑤ "进项税额转出"专栏:记录一般纳税人购进货物、加工修理修配劳务、服务、无形资产或不动产等发生非正常损失以及其他原因而不应从销项税额中抵扣,按规定转出的进项税额;

⑥ "简易计税"专栏:记录一般纳税人采用简易计税方法应交纳的增值税额。

(2) "未交增值税"明细科目,核算一般纳税人月度终了从"应交增值税"或"预交增值税"明细科目转入当月应交未交、多交或预交的增值税额,以及当月交纳以前期间未交的增值税额。

2. 取得资产、接受应税劳务或应税行为的账务处理

1) 一般纳税人购进货物、接受加工修理修配劳务或者服务、取得无形资产或者不动产

(1) 一般纳税人购进货物、接受加工修理修配劳务或者服务、取得无形资产或者不动产,按应计入相关成本费用的金额,借记"在途物资""原材料""库存商品""生产成本""无形资产""固定资产""管理费用"等账户;按可抵扣的增值税额,借记"应交税费——应交增值税(进项税额)"账户;按应付或实际支付的金额,贷记"应付账款""应付票据""银行存款"等账户。

(2) 购进货物等发生的退货,应根据税务机关开具的红字增值税专用发票编制相反的会计分录。

(3) 企业购进农产品,借记"应交税费——应交增值税(进项税额)"科目;按农产品买

价扣除进项税额后的差额,借记"材料采购""在途物资""原材料""库存商品"等科目;按照应付或实际支付的价款,贷记"应付账款""应付票据""银行存款"等科目。

【例7-17】甲公司为增值税一般纳税人,适用的增值税税率为13%,原材料按实际成本核算,销售商品价格为不含增值税的公允价格。2020年6月份甲公司发生的交易或事项以及相关的会计分录如下。

① 5日,购入原材料一批,增值税专用发票上注明的价款为120 000元,增值税税额为20 400元,材料尚未到达,全部款项已用银行存款支付。

借:在途物资　　　　　　　　　　　　　　　　　　120 000
　　应交税费——应交增值税(进项税额)　　　　　 15 600
　　贷:银行存款　　　　　　　　　　　　　　　　 135 600

② 10日,收到5日购入的原材料并验收入库,实际成本总额为120 000元。同日,与运输公司结清运输费用,增值税专用发票上注明的运输费用为5 000元,增值税税额为450元,运输费用和增值税税额已通过转账支票付讫。

借:原材料　　　　　　　　　　　　　　　　　　　125 000
　　应交税费——应交增值税(进项税额)　　　　　　　 450
　　贷:银行存款　　　　　　　　　　　　　　　　　5 450
　　　　在途物资　　　　　　　　　　　　　　　　120 000

③ 15日,购入不需要安装的生产设备一台,增值税专用发票上注明的价款为30 000元,增值税税额为3 900元,款项尚未支付。

借:固定资产　　　　　　　　　　　　　　　　　　 30 000
　　应交税费——应交增值税(进项税额)　　　　　　 3 900
　　贷:应付账款　　　　　　　　　　　　　　　　　33 900

④ 20日,购入农产品一批,农产品收购发票上注明的买价为200 000元,规定的扣除率为9%,货物尚未到达,价款已用银行存款支付。

借:在途物资　　　　　　　　　　　　　　　　　　182 000
　　应交税费——应交增值税(进项税额)　　　　　　18 000
　　贷:银行存款　　　　　　　　　　　　　　　　200 000
　　进项税额=购买价款×扣除率= 200 000×9%=18 000(元)

⑤ 25日,生产车间委托外单位修理机器设备,对方开具的增值税专用发票上注明的修理费用为20 000元,增值税税额为2 600元,款项已用银行存款支付。

借:管理费用　　　　　　　　　　　　　　　　　　 20 000
　　应交税费——应交增值税(进项税额)　　　　　　 2 600
　　贷:银行存款　　　　　　　　　　　　　　　　　22 600

2) 货物等已验收入库但尚未取得增值税扣税凭证

(1) 企业购进的货物等已到达并验收入库,但尚未收到增值税扣税凭证并未付款的,应在月末按货物清单或相关合同协议上的价格暂估入账,不需要将增值税的进项税额暂估入账。

(2) 下月初,用红字冲销原暂估入账金额,待取得相关增值税扣税凭证并经认证后,按应计入相关成本费用或资产的金额,借记"原材料""库存商品""无形资产""固定资产"

等科目；按可抵扣的增值税额，借记"应交税费——应交增值税(进项税额)"科目；按应付或实际支付的金额，贷记"应付账款""应付票据""银行存款"等科目。

【例 7-18】 承例 7-17，2020 年 6 月 25 日，该公司购进原材料一批已验收入库，但尚未收到增值税扣税凭证，款项也未支付。随货同行的材料清单列明的原材料销售价格为 260 000 元。该公司应编制的会计分录如下。

借：原材料　　　　　　　　　　　　　　　　　260 000
　　贷：应付账款　　　　　　　　　　　　　　　　　260 000

下月初，用红字冲销原暂估入账金额，应编制会计分录如下。

借：原材料　　　　　　　　　　　　　　　　　260 000
　　贷：应付账款　　　　　　　　　　　　　　　　　260 000

7 月 2 日，取得相关增值税专用发票上注明的价款为 260 000 元，增值税税额为 33 800 元，增值税专用发票已认证。全部款项以银行存款支付。该企业应编制如下会计分录。

借：原材料　　　　　　　　　　　　　　　　　260 000
　　应交税费——应交增值税(进项税额)　　　　33 800
　　贷：银行存款　　　　　　　　　　　　　　　　　293 800

3) 进项税额转出

企业已单独确认进项税额的购进货物、加工修理修配劳务或者服务、无形资产或者不动产但其事后改变用途(如用于简易计税方法计税项目、免征增值税项目、非增值税应税项目等)，或发生非正常损失，企业应将已记入"应交税费——应交增值税(进项税额)"科目的金额转入"应交税费——应交增值税(进项税额转出)"科目。这里所说的"非正常损失"，是指因管理不善造成被盗、丢失、霉烂变质的损失，以及被执法部门依法没收或者强令自行销毁的货物。

进项税额转出的会计处理为：借记"待处理财产损溢""应付职工薪酬""固定资产"等科目，贷记"应交税费——应交增值税(进项税额转出)"科目。属于转作待处理财产损失的进项税额，应与非正常损失的购进货物、在产品或库存商品、固定资产和无形资产的成本一并处理。

【例 7-19】 承例 7-17，2020 年 6 月份，该公司发生进项税额转出事项及相关的会计分录如下。

① 10 日，库存材料因管理不善发生意外火灾损失，有关增值税专用发票上注明的材料成本为 20 000 元，增值税税额为 2 600 元。该公司将毁损库存材料作为待处理财产损溢入账。

借：待处理财产损溢——待处理流动资产损溢　　22 600
　　贷：原材料　　　　　　　　　　　　　　　　　　20 000
　　　　应交税费——应交增值税(进项税额转出)　　　2 600

② 18 日，领用一批外购原材料用于集体福利消费，价款 60 000 元，购入时支付的增值税进项税额为 7 800 元。

借：应付职工薪酬——职工福利费　　　　　　　67 800
　　贷：原材料　　　　　　　　　　　　　　　　　　60 000
　　　　应交税费——应交增值税(进项税额转出)　　　7 800

3. 销售等业务的账务处理

1) 销售货物、提供应税劳务、发生应税行为

企业销售货物、提供加工修理修配劳务、服务、无形资产或不动产,应当按应收或已收的金额,借记"应收账款""应收票据""银行存款"等科目;按取得的收入金额,贷记"主营业务收入""其他业务收入""固定资产清理"等科目;按现行增值税制度规定计算的销项税额(或采用简易计税方法计算的应纳增值税额),贷记"应交税费——应交增值税(销项税额或简易计税)"科目。企业销售货物等发生销售退回的,应根据税务机关开具的红字增值税专用发票做相反的会计分录。

【例7-20】承例7-17,2020年6月份,该公司发生与销售相关的交易以及相关的会计分录如下。

① 15日,销售产品一批,开具的增值税专用发票上注明的价款为500 000元,增值税税额为65 000元,提货单和增值税专用发票已交给买方,款项尚未收到。

借:应收账款　　　　　　　　　　　　　　565 000
　　贷:主营业务收入　　　　　　　　　　　　500 000
　　　　应交税费——应交增值税(销项税额)　　65 000

② 28日,为外单位代加工电脑桌500个,每个收取加工费80元,已加工完成。开具的增值税专用发票上注明的价款为40 000元,增值税税额为5 200元,款项已收到并存入银行。

借:银行存款　　　　　　　　　　　　　　45 200
　　贷:主营业务收入　　　　　　　　　　　　40 000
　　　　应交税费——应交增值税(销项税额)　　5 200

2) 视同销售

企业有些交易和事项从会计角度看不属于销售行为,不能确认销售收入,但按照税法规定,应视同对外销售处理,计算应交增值税。视同销售需要交纳增值税的事项有:企业将自产或委托加工的货物用于集体福利或个人消费;将自产、委托加工的货物作为投资、分配给股东或投资者、无偿赠送他人等。在这些情况下,企业应当根据视同销售的具体内容,按照现行增值税制度规定计算的销项税额(或采用简易计税方法计算的应纳增值税额),借记"利润分配""长期股权投资""应付职工薪酬""营业外支出"等科目,贷记"应交税费——应交增值税(销项税额或简易计税)"科目等。

【例7-21】承例7-17,2020年6月份,该公司发生的视同销售的交易或事项,以及相关的会计分录如下。

① 10日,将自己生产的产品对外捐赠,该批产品的成本为180 000元,计税价格为250 000元,开具的增值税专用发票上注明的增值税额为32 500元。

借:营业外支出　　　　　　　　　　　　　212 500
　　贷:库存商品　　　　　　　　　　　　　　180 000
　　　　应交税费——应交增值税(销项税额)　　32 500

② 25日,用一批原材料对外进行长期股权投资。该批原材料实际成本为600 000元,双方协商不含税价值为750 000元,开具的增值税专用发票上注明的增值税额为97 500元。

借:长期股权投资　　　　　　　　　　　　847 500

贷：其他业务收入　　　　　　　　　　　　　　　　　750 000
　　　　应交税费——应交增值税(销项税额)　　　　　　 97 500
借：其他业务成本　　　　　　　　　　　　　　　　　600 000
　　贷：原材料　　　　　　　　　　　　　　　　　　　600 000

公司对外投资原材料的销项税额=750 000×13%=97 500(元)。

4. 交纳增值税的账务处理

企业交纳当月应交的增值税，借记"应交税费——应交增值税(已交税金)"科目，贷记"银行存款"科目；企业交纳以前期间未交的增值税，借记"应交税费——未交增值税"科目，贷记"银行存款"科目。

【例 7-22】 2020 年 6 月份，甲公司发生销项税额合计为 200 200 元，进项税额转出合计为 10 400 元，进项税额合计为 74 350 元。该公司当月应交增值税计算结果如下。

应交增值税= 200 200 +10 400－74 350 =136 250 元

当月，该公司用银行存款交纳增值税 100 000 元，应编制会计分录如下。

借：应交税费——应交增值税(已交税金)　　　　　　　100 000
　　贷：银行存款　　　　　　　　　　　　　　　　　　100 000

5. 月末转出多交(未交)增值税的账务处理

月度终了，企业应当将当月应交未交或多交的增值税自"应交增值税"明细科目转入"未交增值税"明细科目。

(1) 对于当月应交未交的增值税，借记"应交税费——应交增值税(转出未交增值税)"科目，贷记"应交税费——未交增值税"科目；

(2) 对于当月多交的增值税，借记"应交税费——未交增值税"科目，贷记"应交税费——应交增值税(转出多交增值税)"科目。

【例 7-23】 承例 7-22，月末，该公司将尚未交纳的其余增值税税款 36 250(136 250-100 000)元转账。应编制会计分录如下。

借：应交税费——应交增值税(转出未交增值税)　　　　 36 250
　　贷：应交税费——未交增值税　　　　　　　　　　　 36 250

次月初，该公司交纳上月未交增值税 36 250 元时，应编制如下会计分录。

借：应交税费——未交增值税　　　　　　　　　　　　 36 250
　　贷：银行存款　　　　　　　　　　　　　　　　　　 36 250

需要说明的是，企业购入材料等不能取得增值税专用发票的，发生的增值税应计入材料采购成本，借记"材料采购""在途物资""原材料"等科目，贷记"银行存款"等科目。

(三)小规模纳税人的核算

小规模纳税人销售货物或者应税劳务，按照销售额和《增值税暂行条例》规定的3%征收率计算应纳税额，不得抵扣进项税额。应纳税额的计算公式如下：

$$应纳税额=不含税销售额×征收率$$

小规模纳税人销售货物或者应税劳务采用销售额和应纳税额合并定价方法的，按下列公式计算销售额。

不含税销售额=含税销售额÷(1+征收率)

1. 设置账户

小规模纳税人进行账务处理时，只需在"应交税费"科目下设置"应交增值税"明细科目，该明细科目不再设置增值税专栏。"应交税费——应交增值税"科目贷方登记应交纳的增值税；借方登记已交纳的增值税；期末贷方余额，反映小规模纳税人尚未交纳的增值税；期末借方余额，反映小规模纳税人多交纳的增值税。

2. 账务处理

(1) 小规模纳税人购进货物、接受应税服务或应税行为，按照应付或实际支付的全部款项(包括支付的增值税税额)，借记"材料采购""原材料""库存商品"等科目，贷记"应付账款""应付票据""银行存款"等科目；

(2) 小规模纳税人销售货物、提供应税服务或应税行为，应按全部价款(包括支付的增值税税额)，借记"银行存款"等科目；按不含税的销售额，贷记"主营业务收入"等科目；按应交增值税税额，贷记"应交税费——应交增值税"科目。

【例7-24】 大兴公司属于小规模纳税企业，日前从外地某公司购入一批材料，支付材料价款为60 000元，支付增值税款7 800元，款项以转账支票付讫，材料已验收入库。该企业本月销售产品一批，所开出的普通发票上注明的货款(含增值税)为51 500元，增值税征收率为3%，款项通过银行收到。大兴公司应编制的会计分录如下。

① 购入原材料时。
借：原材料　　　　　　　　　　　　　　　　67 800
　　贷：银行存款　　　　　　　　　　　　　　　67 800

② 确认销售收入时。
应纳销项税额=51 500÷(1+3%)=50 000(元)
应纳增值税额=50 000×3%=1 500(元)
借：银行存款　　　　　　　　　　　　　　　51 500
　　贷：主营业务收入　　　　　　　　　　　　　50 000
　　　　应交税费——应交增值税　　　　　　　　 1 500

③ 交纳增值税时。
借：应交税费——应交增值税　　　　　　　　 1 500
　　贷：银行存款　　　　　　　　　　　　　　　 1 500

三、应交消费税

(一)消费税概述

消费税是指在我国境内生产、委托加工和进口应税消费品的单位和个人，按其流转额交纳的一种税。消费税有从价定率、从量定额和复合计税三种方法计算应纳税额。需交纳消费税的企业应根据其中一种方法，计算当期应纳消费税额。采取从价定率方法征收的消费税，以不含增值税的销售额为税基，按照税法规定的税率计算；采取从量定额计征的消费税，根据税法确定的企业应税消费品的数量和单位应税消费品应交纳的消费税计算确定。

卷烟、粮食白酒和薯类白酒实行复合计税，其组成计税价格中不但包括从价定率计征的消费税，还应包括从量定额计征的消费税。其计算公式为

采用从价定率办法计算应纳消费税税额=销售额×消费税税率

采用从量定额办法计算应纳消费税税额=销售量×单位消费税税额

采用复合计税办法计算应纳消费税税额=销售额×消费税税率+销售量×单位消费税税额

(二)应交消费税的核算

1. 设置账户

企业应在"应交税费"账户下设置"应交消费税"明细账户，核算应交纳消费税的发生、交纳情况。该账户属于负债类，贷方登记应交纳的消费税；借方登记已交纳的消费税；期末借方余额为多交纳的消费税；期末贷方余额为尚未交纳的消费税。

2. 账务处理

1) 销售应税消费品

企业销售应税消费品时应交的消费税，借记"税金及附加"账户，贷记"应交税费——应交消费税"账户。

【例7-25】某企业销售所生产的应税消费品，增值税专用发票上注明的价格为2 000 000元，增值税为260 000元，适用的消费税税率为30%，产品成本为1 500 000元，款项已收到并存入银行。该企业应编制的会计分录如下。

① 产品销售时。

借：银行存款	2 260 000
贷：主营业务收入	2 000 000
应交税费——应交增值税(销项税额)	260 000
借：主营业务成本	1 500 000
贷：库存商品	1 500 000

② 计算应交消费税。

应交消费税税额=2 000 000×30%=600 000(元)

借：税金及附加	600 000
贷：应交税费——应交消费税	600 000

2) 自产自用消费品

企业将生产的应税消费品用于在建工程等非生产机构时，按规定应交纳的消费税，计入有关的成本，借记"在建工程"等账户，贷记"库存商品""应交税费——应交消费税""应交税费——应交增值税(销项税额)"等账户。

【例7-26】某企业在建工程领用自产应税消费品一批，该产品的实际成本为50 000元，应交消费税为6 000元，不考虑其他相关税费。该企业应编制的会计分录如下。

借：在建工程	56 000
贷：库存商品	50 000
应交税费——应交消费税	6 000

【例7-27】某企业下设的职工食堂享受企业提供的补贴，本月领用自产产品一批，该产

品的实际成本为 40 000 元,市场价格为 50 000 元(不含增值税),适用的消费税税率为 10%,增值税税率为 13%。该企业应编制的会计分录如下。

销项税额=50 000×13%=6 500(元)
消费税额=50 000×10%=5 000(元)
 借：应付职工薪酬——职工福利   61 500
  贷：主营业务收入   50 000
    应交税费——应交增值税(销项税额) 6 500
      ——应交消费税   5 000
 借：主营业务成本   40 000
  贷：库存商品   40 000

3) 委托加工应税消费品

按照税法规定,企业委托加工应税消费品时,应由受托方向委托方代收代缴消费税(加工金银首饰除外),消费税由委托方负担。委托方对于委托加工应税消费品应支付的消费税应分别按以下两种情况处理。

(1) 委托加工应税消费品收回后,直接用于销售的,委托方应将支付的消费税计入委托加工应税消费品的成本。

(2) 委托加工的应税消费品收回后用于连续生产应税消费品,按规定准予抵扣的,委托方应将支付的消费税税款借记入"应交税费——应交消费税"账户。

【例 7-28】 甲公司委托乙公司加工用于连续生产的应税消费品,甲、乙两企业均为增值税一般纳税人,适用的增值税税率为 13%,适用的消费税税率为 10%。甲对原材料按实际成本进行核算,收回加工后的材料用于继续生产应税消费品。甲发出加工材料的实际成本为 300 000 元。以银行存款支付乙加工费 60 000 元(不含增值税)以及相应的增值税和消费税;同时以银行存款支付往返运杂费 20 000 元;材料加工完成,已验收入库。根据上述资料,甲公司有关会计处理如下。

① 发出委托加工材料时,应做会计分录如下。
 借：委托加工物资   300 000
  贷：原材料   300 000

② 支付加工费及相关税金时,应做会计分录如下。
应支付的增值税=加工费×增值税税率=60 000×13%=7 800(元)
应支付的消费税=组成计税价格×适用税率
组成计税价格=(发出加工材料成本+加工费) / (1-消费税税率)
应支付的消费税=(300 000+60 000)÷(1-10%)×10%=40 000(元)
 借：委托加工物资   60 000
  应交税费——应交增值税(进项税额) 7 800
    ——应交消费税   40 000
  贷：银行存款   107 800

③ 支付运杂费时,应做会计分录如下。
 借：委托加工物资   20 000
  贷：银行存款   20 000

④ 收回加工材料时，应做会计分录如下。

收回加工材料实际成本=300 000+60 000+20 000=380 000(元)

借：原材料　　　　　　　　　　　　　　　　　380 000
　　贷：委托加工物资　　　　　　　　　　　　　　　380 000

四、应交城市维护建设税和教育费附加

(一)应交城市维护建设税

城市维护建设税是以增值税、消费税为计税依据征收的一种税，其纳税人为交纳增值税、消费税的单位或个人。税率因纳税人所在地不同有7%(市区)、5%(县城、镇的)、1%(不在市区、县城或者镇)。其计算公式为

$$应纳税额=(应交增值税+应交消费税)\times 适用税率$$

企业应交的城市维护建设税，借记"税金及附加"等账户，贷记"应交税费——应交城市维护建设税"账户。

【例7-29】某企业本期实际上交增值税500 000元，消费税200 000元。该企业适用的城市维护建设税税率为7%。款项已用银行存款支付。该企业应编制的会计分录如下。

① 计算应交的城市维护建设税。

应交的城市维护建设税=(500 000+200 000)×7%=49 000(元)

借：税金及附加　　　　　　　　　　　　　　　49 000
　　贷：应交税费——应交城市维护建设税　　　　　　49 000

② 用银行存款上交城市维护建设税。

借：应交税费——应交城市维护建设税　　　　　49 000
　　贷：银行存款　　　　　　　　　　　　　　　　　49 000

(二)应交教育费附加

教育费附加是为了加快发展地方教育事业、扩大地方教育经费资金来源而向企业征收的附加费用。教育费附加以各单位实际缴纳的增值税、消费税的税额为计征依据，按其一定比例分别与增值税、消费税同时缴纳。企业应交的教育费附加，借记"税金及附加"等账户，贷记"应交税费——应交教育费附加"账户。应纳税额的计算公式为

$$应纳税额=(应交增值税+应交消费税)\times 适用税率$$

【例7-30】某企业本期实际上交增值税400 000元，消费税300 000元，该企业适用的教育费附加税率为3%。款项已用银行存款支付。该企业应编制的会计分录如下。

应交的教育费附加=(400 000+300 000)×3%=21 000(元)

借：税金及附加　　　　　　　　　　　　　　　21 000
　　贷：应交税费——应交教育费附加　　　　　　　　21 000
借：应交税费——应交教育费附加　　　　　　　21 000
　　贷：银行存款　　　　　　　　　　　　　　　　　21 000

五、应交个人所得税

企业职工按规定应交纳的个人所得税通常由单位代扣代缴。企业按规定计算的代扣代缴的职工个人所得税，借记"应付职工薪酬"科目，贷记"应交税费——应交个人所得税"科目；企业交纳个人所得税时，借记"应交税费——应交个人所得税"科目，贷记"银行存款"等科目。

【例 7-31】 某企业结算本月应付职工工资总额 300 000 元，按税法规定应代扣代缴的职工个人所得税共计 3 000 元，实发工资 297 000 元。该企业应编制的会计分录如下。

① 代扣个人所得税时。
借：应付职工薪酬——工资　　　　　　　　　　　　　　　3 000
　　贷：应交税费——应交个人所得税　　　　　　　　　　　3 000
② 交纳个人所得税时。
借：应交税费——应交个人所得税　　　　　　　　　　　　3 000
　　贷：银行存款　　　　　　　　　　　　　　　　　　　3 000

六、应交房产税、城镇土地使用税和车船税

房产税是国家对在城市、县城、建制县和工矿区征收的由产权所有人缴纳的一种税。房产税依照房产原值一次减除 10%～30%后的余额计算交纳。没有房产原值作为依据的，由房产所在地税务机关参考同类房产核定；房产出租的，以房产租金收入为房产税的计税依据。

城镇土地使用税是以城市、县城、建制镇、工矿区范围内使用土地的单位和个人为纳税人，以其实际占用的土地面积和规定税额计算征收。

车船税是以车辆、船舶为课征对象，向车船的所有人或者管理人征收的一种税。

企业应交的房产税、城镇土地使用税、车船使用税，记入"税金及附加"账户，借记"税金及附加"账户，贷记"应交税费——应交房产税、应交城镇土地使用税、应交车船税"等账户。

第六节　长　期　借　款

一、长期借款的含义

长期借款是指企业从银行或其他金融机构借入的期限在 1 年以上(不含 1 年)的各种借款，一般用于固定资产的购建、改扩建工程、大修理工程、对外投资以及为了保持长期经营能力等方面，它是企业非流动负债的重要组成部分。

二、长期借款的核算

(一)设置账户

为了总括反映长期借款的增减变动等情况，企业应设置"长期借款"科目。取得长

借款应记入该科目的贷方,偿还长期借款则记入该科目的借方,余额在贷方,表示企业尚未偿还的长期借款。

(二)账务处理

(1) 企业借入各种长期借款时,按实际收到的款项,借记"银行存款"科目,贷记"长期借款"科目。

(2) 在资产负债表日,确认的利息费用应根据借款的用途等情况,确定应予以资本化还是费用化,分别借记"在建工程""财务费用""制造费用"等科目,贷记"应付利息""长期借款"科目。

(3) 企业归还长期借款,按归还的长期借款本金,借记"长期借款"科目,贷记"银行存款"科目。

【例7-32】 某企业2019年1月1日借入期限为两年的长期借款2 000 000元,款项已存入银行。借款利率按市场利率确定为6%,每年付息一次,期满后一次还清本金。2019年1月10日,以银行存款支付工程价款共计2 000 000元。该厂房于2020年8月月底完工,达到预定可使用状态。该企业账务处理所编制的会计分录如下。

① 2019年1月1日,取得借款时。

借:银行存款　　　　　　　　　　　　　　　　2 000 000
　　贷:长期借款　　　　　　　　　　　　　　　　2 000 000

② 2019年1月10日,支付工程款时。

借:在建工程　　　　　　　　　　　　　　　　2 000 000
　　贷:银行存款　　　　　　　　　　　　　　　　2 000 000

③ 2019年12月31日,计算2019年应计入工程成本的利息时。

借款利息=2 000 000×6%×1=120 000(元)

借:在建工程　　　　　　　　　　　　　　　　120 000
　　贷:应付利息　　　　　　　　　　　　　　　　120 000

④ 支付借款利息时。

借:应付利息　　　　　　　　　　　　　　　　120 000
　　贷:银行存款　　　　　　　　　　　　　　　　120 000

⑤ 2020年8月月底,达到预定可使用状态,对于2020年8月份前的利息费用予以资本化。

应计入工程成本的利息=2 000 000×6%/12×8=80 000(元)

借:在建工程　　　　　　　　　　　　　　　　80 000
　　贷:应付利息　　　　　　　　　　　　　　　　80 000

同时还要编制如下分录。

借:固定资产　　　　　　　　　　　　　　　　2 200 000
　　贷:在建工程　　　　　　　　　　　　　　　　2 200 000

⑥ 2020年12月31日,计算2020年9~12月应计入财务费用的利息时。

应计入财务费用的利息=2 000 000×6%/12×4=40 000(元)

借:财务费用　　　　　　　　　　　　　　　　40 000
　　贷:应付利息　　　　　　　　　　　　　　　　40 000

⑦ 2020年12月31日支付利息时。

借：应付利息　　　　　　　　　　　　　　　　120 000
　　贷：银行存款　　　　　　　　　　　　　　　　　120 000

⑧ 2021年1月1日到期还本时。

借：长期借款　　　　　　　　　　　　　　　　2 000 000
　　贷：银行存款　　　　　　　　　　　　　　　　2 000 000

【思政与德育】

聚焦复工复产，增强爱国情怀

2020年伊始，国内爆发了新型冠状病毒肺炎疫情，短短时间内，疫情由武汉迅速扩散至全国。这次疫情不仅对人们身体健康造成威胁，而且对社会经济发展造成了极大的打击。

截至2020年4月月末，我国的疫情防控已经取得了阶段性的胜利，为了鼓励企业复工复产，政府采取了多项相应的企业扶助减压措施。例如：小微企业因疫情影响造成的资产损失，可依法在企业所得税前扣除；针对疫情防控物资生产的小微企业，优先落实相关税费减免政策；加快各级财政涉及资金的拨付进度，确保各类资金及时拨付到有关企业；个人取得单位发放的预防新型冠状病毒感染肺炎的医药防护用品等免征个人所得；对疫情防控重点保障物资生产企业全额退还增值税增量留抵税额；纳税人提供疫情防控重点保障物资运输收入免征增值税；纳税人提供公共交通运输服务、生活服务及居民必需生活物资快递收派服务收入免征增值税；对疫情防控重点物资生产企业扩大产能购置设备允许企业所得税税前一次性扣除；对卫生健康主管部门组织进口的直接用于防控疫情物资免征关税；通过公益性社会组织或县级以上人民政府及其部门等国家机关捐赠应对疫情的现金和物品允许企业所得税或个人所得税税前全额扣除；直接向承担疫情防治任务的医院捐赠应对疫情物品允许企业所得税或个人所得税税前全额扣除；无偿捐赠应对疫情的货物免征增值税、消费税、城市维护建设税、教育费附加、地方教育附加；扩大捐赠免税进口范围；受疫情影响较大的困难行业企业2020年度发生的亏损最长结转年限延长至8年。

思 政 感 悟

思政感悟见右侧二维码。

或有负债与预计负债

一、或有负债的含义。

二、预计负债是因或有事项可能产生的负债。

三、或有负债和预计负债的联系。

四、《企业会计准则——或有事项》将或有负债定义为两种义务。

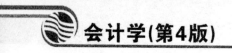

自 测 题

一、单项选择题

1. 短期借款利息核算不会涉及的账户是(　　)。
   A. 短期借款　　　　　　　　　B. 应付利息
   C. 财务费用　　　　　　　　　D. 银行存款

2. 预收账款情况不多的企业，可以不设"预收账款"账户，而将预收的款项直接记入的账户是(　　)。
   A. 应收账款　　　　　　　　　B. 预付账款
   C. 其他应收款　　　　　　　　D. 应付账款

3. 企业收取包装物押金及其他各种暂收款项时，应贷记(　　)科目。
   A. 营业外收入　　　　　　　　B. 其他业务收入
   C. 其他应付款　　　　　　　　D. 其他应收款

4. 某企业将自产煤炭200吨用于本企业的产品的生产，每吨应交资源税5元，本项业务应计入(　　)。
   A. 税金及附加1 000元　　　　B. 其他业务成本1 000元
   C. 生产成本1 000元　　　　　D. 管理费用1 000元

5. 委托加工的应税消费品收回后准备直接出售的，由受托方代扣代交的消费税，委托方应借记的会计科目是(　　)。
   A. 在途物资　　　　　　　　　B. 委托加工物资
   C. 应交税费——应交消费税　　D. 税金及附加

6. 企业在转销已经确认的无法支付的应付账款时，应贷记的会计科目是(　　)。
   A. 其他业务收入　　　　　　　B. 营业外收入
   C. 盈余公积　　　　　　　　　D. 资本公积

7. 企业对外销售应税产品计算出的应交资源税，应入(　　)。
   A. 制造费用　　　　　　　　　B. 生产成本
   C. 主营业务成本　　　　　　　D. 税金及附加

8. 下列各项中，不应包括在资产负债表"其他应付款"项目中的是(　　)。
   A. 预收购货单位的货款　　　　B. 收到出租包装物的押金
   C. 应付租入包装物的租金　　　D. 租入包装物的租金

9. 下列项目中，不属于职工薪酬的是(　　)。
   A. 职工工资　　　　　　　　　B. 职工福利费
   C. 医疗保险费　　　　　　　　D. 职工出差报销的火车票

10. 下列职工薪酬中，不应当根据职工提供服务的受益对象计入成本费用的是(　　)。
    A. 因解除与职工的劳动关系给予的补偿

B. 构成工资总额的各组成部分
C. 工会经费和职工教育经费
D. 医疗保险费、养老保险费、失业保险费、工伤保险费和生育保险费等社会保险费

二、多项选择题

1. 下列项目中，属于职工薪酬的有( )。
   A. 职工工资、奖金、津贴和补贴
   B. 住房公积金
   C. 工会经费和职工教育经费
   D. 离职后福利

2. 下列项目中，能作为当期进项税额的有( )。
   A. 从销售方取得的增值税发票上注明的增值税税额
   B. 从海关完税凭证上取得的增值税税额
   C. 购进农产品准予抵扣的进项税额
   D. 企业外购货物(固定资产除外)时支付的运费

3. 对小规模纳税企业，下列说法中正确的有( )。
   A. 小规模纳税企业销售货物或者提供应税劳务，一般情况下，只能开具普通发票，不能开具增值税专用发票
   B. 小规模纳税企业销售货物或提供应税劳务，实行简易办法计算应纳税额，按照销售额的一定比例计算征收
   C. 小规模纳税企业的销售额不包括其应纳税额
   D. 小规模纳税企业购入货物取得增值税专用发票，其支付的增值税额可计入进项税额，并由销项税额抵扣，而不计入购入货物的成本

4. 下列项目中，属于其他应付款核算范围的有( )。
   A. 职工未按期领取的工资
   B. 应付短期租入固定资产租金
   C. 存出投资款
   D. 存入保证金

5. 增值税一般纳税人的增值税税率有( )。
   A. 3%
   B. 13%
   C. 9%
   D. 6%

6. "应交税费"科目核算企业按照税法规定计算应交纳的各种税费包括( )。
   A. 教育费附加
   B. 城市维护建设税
   C. 企业代扣代交的个人所得税
   D. 资源税

7. 应在"应交税费——应交增值税"账户借方核算的专项有( )。
   A. 进项税额
   B. 转出多交增值税
   C. 已交税金
   D. 转出未交增值税

8. 下列各项应作为增值税进项税额转出处理的有( )。
   A. 工程项目领用本企业的材料
   B. 非常损失造成的存货盘亏
   C. 工程项目领用本企业产品
   D. 以产品对外投资

9. 企业下列行为中，应视同销售必须计算交纳增值税销项税额的有( )。
   A. 将自产货物对外捐赠　　　　　　B. 将自产货物用于集体福利
   C. 委托他人保管货物　　　　　　　D. 将自产货物对外投资
10. 下列项目中，通过"税金及附加"账户核算的有( )。
   A. 应交纳的城市维护建设税　　　　B. 应交纳的教育费附加
   C. 对外销售应税矿产品应交的资源税　D. 应交纳的房产税

三、判断题

1. 流动负债就是偿还期限在1年之内的负债。( )
2. 不带息票据到期需要偿付的金额，就是票据的票面金额。( )
3. 企业购入的固定资产，其专用发票上注明的增值税额应计入固定资产的价值，不得抵扣当期销项税额。( )
4. "应付职工薪酬"科目是负债类科目，期末若有余额一般在贷方。( )
5. 长期借款的利息支出均应计入当期损益。( )
6. 在采用预收货款方式销售产品的情况下，应以收到货款的时间为产品销售的入账时间。( )
7. 企业工资若当月计提，下月发放，可不通过"应付职工薪酬"账户核算。( )
8. 在采用银行承兑汇票结算方式的情况下，承兑人为银行，因而银行承兑汇票不作为企业的一项负债。( )
9. 小规模纳税人企业购进货物时，对取得的增值税专用发票上注明的增值税额，应和一般纳税人企业一样作为进项税额，在"应交税费——应交增值税"下设专栏反映。( )
10. 职工薪酬，是指企业为获得职工提供的服务而给予各种形式的报酬以及其他相关支出。( )

四、业务处理题

资料：荣珍有限责任公司发生下列业务。

(1) 向银行取得半年期借款80 000元，年利率为6%，存入银行。
(2) 按月计提上述借款利息。
(3) 上述借款到期，连本带息一并以银行存款支付。
(4) 从曙光工厂购入原材料一批，价款为20 000元，增值税税额为2 600元，对方代垫运费2 000元，材料已到达并验收入库。开出为期3个月的银行承兑汇票一张，并以银行存款支付承兑手续费18元。
(5) 从兴华工厂购入原材料一批，价款30 000元，增值税税额为3 900元，材料已到达并验收入库。货款尚未支付。
(6) 上述银行承兑汇票到期，银行将企业账面银行存款金额用于支付。
(7) 15日后开出转账支票，支付兴华工厂购入材料款。
(8) 向兴泰工厂销售产品一批，价款为25 000元，增值税税额为3 250元，原预收28 000元，不足部分收到兴泰公司的转账支票并送存银行。
(9) 分配本月应付职工薪酬60 000元。其中，生产A产品工人工资为20 000元，生产

B产品工人工资为16 000元,车间管理人员工资为6 000元,厂部管理人员工资为8 000元,销售部门人员工资为4 000元,福利部门人员工资为6 000元。

(10) 以银行存款支付本月职工工资60 000元。

(11) 本月支付银行存款20 000元,用于补贴食堂。

(12) 11月2日,购入甲材料一批,增值税专用发票上注明的原材料价款为50 000元,增值税税额为6 500元,材料已验收入库,货款尚未支付。

(13) 11月16日,在建工程领用生产用原材料一批,实际成本为8 000元,增值税税额为1 040元。

(14) 11月25日,购入免税农产品一批,实际支付的价款为20 000元,材料已到达并验收入库。进项税额按买价的9%计算。

(15) 向银行借入2年期的生产经营用借款500 000元,每年计息一次,复利计算,到期一次还本付息,年利率为10%,借款已转存银行。

要求:根据以上资料编制相应的会计分录。

参 考 答 案

参考答案见右侧二维码。

第八章 所有者权益

【学习要点及目标】

本章主要介绍所有者权益的构成及其相关的会计处理。通过学习本章内容，要求学生掌握所有者权益的构成以及实收资本(或股本)、资本公积和留存收益的概念及其账务处理；熟悉和理解所有者权益的含义和性质。

【知识框架图】

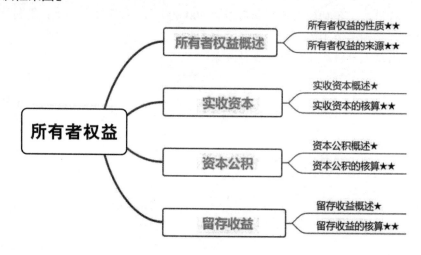

第一节 所有者权益概述

一、所有者权益的性质

我国《企业会计准则》规定：所有者权益是指企业资产扣除负债后由所有者享有的剩余权益。公司的所有者权益又称为股东权益，这一概念说明了所有者权益的经济性质和构成，即资产-负债=所有者权益。资产减去负债后的余额，也被称为净资产。因此，所有者权益是所有者对企业净资产的要求权。

(一)所有者权益的特征

(1) 所有者权益是一种剩余索取权。从广义上讲，企业债权人和所有者都是企业资产的提供者，他们对企业的资产具有相应的索取权，但是从法律角度来看，债权人对企业资产的索取权是优先于所有者对资产的索取权的，因此，所有者权益是资产总额减去负债总额后的余额，代表的是一种剩余权益。

(2) 所有者权益表明了企业可以长期使用资源的数量。任何企业的设立都必须以一定的由所有者投入的资本为基础，按照公司法规定，这部分资本在企业终止经营前不得抽回，这样，企业经营就拥有了可供长期使用的资金来源。

(3) 所有者权益的确定依赖于其他会计要素的确认，主要是资产和负债的确认；所有者权益金额的确定也主要取决于资产和负债的计量。

(二)所有者权益与负债的区别

所有者权益与企业的负债同属于企业资产的来源，因而所有者权益和负债(债权人权益)二者均是对企业资产的要求权，但二者之间又存在着明显的区别，主要区别如下。

(1) 性质不同。负债是企业对债权人负担的经济责任，是债权人对企业总资产的索偿权；所有者权益则是所有者对剩余资产的要求权，在企业清算时，这种要求权在顺序上置于债权人的索偿权之后。

(2) 偿还期限不同。负债必须于一定时期(特定日期或确定的日期)偿还；所有者权益一般只有在企业解散清算时(除按法律程序减资等外)或在破产清算时，才可能还给投资者。为了保证债权人的利益不受侵害，法律规定债权人对企业资产的要求权优先于投资者，故债权又称为第一要求权；投资者具有对剩余财产的要求权，又称为剩余权益。

(3) 权利不同。债权人与企业只有债权债务的关系，而没有经营决策的参与权和收益分配权；所有者则可以参与企业的经营决策及收益分配。

(4) 风险不同。债权人只能按约定的利率取得利息，预先可以确定固定数额，企业不论盈利与否均应按期付息，风险小；所有者获得多少收益，应视企业的盈利水平及经营状况而定，风险较大。

二、所有者权益的来源

所有者权益按其来源可分为所有者投入的资本、其他综合收益、留存收益等，通常由实收资本、资本公积、其他权益工具、其他综合收益、留存收益构成。

所有者投入资本是指所有者投入企业的资本，它既包括构成企业注册资本或者股本部分的金额，又包括投入资本超过其注册资本或者股本部分的金额，即资本溢价或股本溢价，包括实收资本(股本)、资本公积。

资本公积是企业收到投资者出资额超出其在注册资本(或股本)中所占份额的部分，以及其他资本公积等。资本公积包括资本溢价(或股本溢价)和其他资本公积等。

其他权益工具主要是指企业发行的除普通股以外的归类为权益工具的各种金融工具。

其他综合收益是指企业根据会计准则规定未在当期损益中确认的各项利得和损失。

留存收益是指企业从历年生产经营活动中取得的净利润中的留存额。留存收益包括盈余公积和未分配利润。

第二节　实　收　资　本

一、实收资本概述

(一)实收资本的含义

实收资本是指企业按照章程规定或者合同、协议约定，接受投资者投入企业的资本。

我国实行注册资本制度。除国家另有规定外，企业的实收资本应等于注册资本。所谓注册资本，是指企业在设立时向工商行政管理部门登记的资本总额，也就是全部出资者设定的出资额之和。实收资本的变动受到法规的约束，投资者投入资本未经办理一定的减资手续，不得以任何形式减少或抽回。因此，实收资本是企业法定资本，是确定所有者在企业所有者权益中份额的基础，也是企业进行利润或股利分配的主要依据。

在不同类型的企业中，实收资本的表述方法有所不同。在股份有限公司，实收资本表现为实际发行股票的面值，因此也称为股本；在其他企业中，表现为投资者在注册资本范围内实际投入的资本额，称为实收资本。

(二)实收资本的分类

实收资本按照投资主体的不同，可分为国家投资、法人投资、个人投资和外商投资。国家投资是指有权代表国家投资的政府部门或者机构以国有资产投放企业所形成的资本；法人投资是指我国具有法人资格的单位以其依法可以支配的资产投入企业所形成的资本；个人投资是指我国公民以其合法财产投入企业所形成的资本；外商投资是指外国投资者以及我国香港、澳门和台湾地区的投资者将资产投入企业所形成的资本。

投入的资本按照投入资本的物质形态不同，可以分为货币投资、实物投资、无形资产投资和有价证券投资。

二、实收资本的核算

(一)设置账户

由于企业组织形式不同，所有者投入资本的会计核算方法也有所不同。除股份有限公司对所有者投入的资本应设置"股本"账户核算外，其他企业均设置"实收资本"账户。

"实收资本"账户是为反映和监督所有者投入资本金的形成过程及其变化情况而设置的账户。该账户的性质属于所有者权益类账户。其贷方登记企业实际收到的投资者缴付的资本(实收资本的增加)；借方登记企业按法定程序减资时所减少的注册资本数额；余额在贷方，表示投资者投入企业的资本金余额。企业应按照投资者的不同设置明细账户，进行明细核算。

(二)账务处理

1. 企业接受现金资产投资

1) 股份有限公司以外的企业接受现金资产投资

投资者以现金投入资本的，企业以实际收到或者存入企业开户银行的金额登记入账。当收到外币时，如采用人民币为记账本位币的，应按照收到出资额当日汇率折算成人民币作为资产和实收资本的入账金额。

企业收到投资者以现金投入的资本时，应当以实际收到或存入企业开户银行的金额作为实收资本入账，借记"库存现金""银行存款"等账户，贷记"实收资本""资本公积"账户。

【例8-1】A公司收到甲企业投入的货币资金 3 000 000 元，款项已经收妥并存入银行。

A 公司应编制的会计分录如下。

　　借：银行存款　　　　　　　　　　　　　　　　　　3 000 000
　　　　贷：实收资本——甲企业　　　　　　　　　　　　　　3 000 000

【例 8-2】 甲、乙、丙三个人共同投资设立 A 有限责任公司，注册资本为 1 000 000 元。甲、乙、丙三人的投资比例分别为 50%、30%、20%。按照章程规定，甲投入货币资本金 500 000 元；乙投入货币资本金 300 000 元；丙投入货币资本金 200 000 元。A 公司已收到投资者投入的资本。A 公司应编制的会计分录如下。

　　借：银行存款　　　　　　　　　　　　　　　　　　1 000 000
　　　　贷：实收资本——甲投资者　　　　　　　　　　　　　500 000
　　　　　　　　　　——乙投资者　　　　　　　　　　　　　300 000
　　　　　　　　　　——丙投资者　　　　　　　　　　　　　200 000

实收资本的构成比例即投资者的出资比例或股东的股份比例，是确定所有者在企业所有者权益中所占份额和参与企业财务经营决策的基础，也是企业进行利润分配或股利分配的依据，同时还是企业清算时确定所有者对净资产要求权的依据。

2) 股份有限公司接受现金资产投资

为了反映和监督股份有限公司股本情况，股份有限公司应设置"股本"科目。该科目贷方登记已发行的股票面值；借方登记已经批准核销的股票面值；期末贷方余额反映发行在外的股票面值。"股本"科目应当按照股票的类别设置明细账进行明细核算。

股份有限公司发行股票时，既可以按面值发行股票，也可以溢价发行。股份有限公司在核定的股本总额及核定的股份总额的范围内发行股票时，借记"银行存款"等科目；按每股股票面值和发行股份总数的乘积计算的金额，贷记"股本"科目；按实际收到的金额与该股本之间的差额，贷记"资本公积——股本溢价"科目。股份有限公司发行股票发生的手续费、佣金等交易费用，应从溢价中抵扣，冲减资本公积(股本溢价)。

【例 8-3】 B 股份有限公司发行普通股 1 000 000 股，每股面值 1 元，每股发行价格 3 元。假定股票发行成功，股款 3 000 000 元已全部收到，不考虑发行过程中的税费等因素。根据上述资料，B 股份有限公司应编制的会计分录如下。

　　借：银行存款　　　　　　　　　　　　　　　　　　3 000 000
　　　　贷：股本　　　　　　　　　　　　　　　　　　　1 000 000
　　　　　　资本公积——股本溢价　　　　　　　　　　　　2 000 000

2. 企业接受非现金资产投资

投资者以非现金资产投入资本的，如以投入房屋、建筑物、机器设备、材料及无形资产对企业投资的，应按照投资合同或协议约定的价值确定，但合同或协议约定的价值不公允的除外；同时，企业应按投资合同或协议约定的价值作为实收资本入账，对于非现金资产入账价值超过在注册资本中所占份额的部分，应当计入资本公积。

1) 接受投入固定资产

企业接受投资者作价投入的房屋、建筑物、机器设备等固定资产，应按投资合同或协议约定的价值确定固定资产价值(但投资合同或协议约定价值不公允的除外)和在注册资本中应享有的份额。

【例 8-4】 甲有限责任公司于设立时收到乙公司作为资本投入的不需要安装的机器设备一台，合同约定该机器设备的价值为 2 000 000 元，增值税进项税额为 260 000 元(由投资方支付税款，并提供或开具增值税专用发票)。经约定，甲有限责任公司接受乙公司的投入资本为 2 260 000 元。合同约定的固定资产价值与公允价值相符，不考虑其他因素。甲公司应编制的会计分录如下：

  借：固定资产　　　　　　　　　　　　　　　　　2 000 000
    应交税费——应交增值税(进项税额)　　　　　260 000
    贷：实收资本——乙公司　　　　　　　　　　　　　2 260 000

本例中，该项固定资产合同约定的价值与公允价值相符，甲有限责任公司接受乙公司投入的固定资产按合同约定金额与增值税进项税额作为实收资本，因此，可按 2 260 000 元的金额贷记"实收资本"科目。

 2) 接受投入材料物资

企业接受投资者作价投入的材料物资，应按投资合同或协议约定价值确定材料物资价值(但投资合同或协议约定价值不公允的除外)和在注册资本中应享有的份额。

【例 8-5】 乙有限责任公司于设立时收到 B 公司作为资本投入的原材料一批，该批原材料投资合同或协议约定价值(不含可抵扣的增值税进项税额部分)为 100 000 元，增值税进项税额为 13 000 元(由投资方支付税款，并提供或开具增值税专用发票)。假设合同约定的价值与公允价值相符，不考虑其他因素，原材料按实际成本进行日常核算。乙有限责任公司应编制的会计分录如下：

  借：原材料　　　　　　　　　　　　　　　　　　100 000
    应交税费——应交增值税(进项税额)　　　　　13 000
    贷：实收资本——B 公司　　　　　　　　　　　　　113 000

本例中，原材料的合同约定价值与公允价值相符，因此，可按照 100 000 元的金额借记"原材料"科目；同时，该进项税额允许抵扣，因此，增值税专用发票上注明的增值税税额 13 000 元，应借记"应交税费——应交增值税(进项税额)"科目。乙有限责任公司接受的 B 公司投入的原材料按合同约定金额与增值税进项税额之和作为实收资本，因此，可按 113 000 元的金额贷记"实收资本"科目。

 3) 接受投入无形资产

企业收到以无形资产方式投入的资本，应按投资合同或协议约定价值确定无形资产价值(但投资合同或协议约定价值不公允的除外)和在注册资本中应享有的份额。

【例 8-6】 丙有限责任公司于设立时收到 A 公司作为资本投入的非专利技术一项，该非专利技术投资合同约定价值为 60 000 元；同时收到 B 公司作为资本投入的土地使用权一项，投资合同约定价值为 80 000 元。假设丙公司接受该非专利技术和土地使用权符合国家注册资本管理的有关规定，可按合同约定作实收资本入账，合同约定的价值与公允价值相符。丙有限责任公司应编制的会计分录如下：

  借：无形资产——非专利技术　　　　　　　　　　60 000
      ——土地使用权　　　　　　　　　　80 000
    贷：实收资本——A 公司　　　　　　　　　　　　　60 000
      ——B 公司　　　　　　　　　　　　　80 000

本例中，非专利技术与土地使用权的合同约定价值与公允价值相符，因此，可分别按照 60 000 元和 80 000 元的金额借记"无形资产"科目。A、B 公司投入的非专利技术和土地使用权按合同约定金额作为实收资本，因此可分别按 60 000 元和 80 000 元的金额贷记"实收资本"科目。

3. 实收资本(或股本)的增减变动

一般情况下，企业的实收资本应相对固定不变，不得随意增减。但在某些特定的情况下，实收资本也可能发生增减变化，应持资金证明或者验资证明，向原登记机关申请变更登记。

1) 实收资本(或股本)的增加

一般企业增加实收资本的途径有三条：一是所有者(包括原企业所有者和新投资者)追加投资。企业应在收到投资者实际投入的资金时，按不同的投入形式，借记"银行存款""固定资产""原材料"等账户，贷记"实收资本"账户。二是将资本公积转为实收资本。借记"资本公积"账户，贷记"实收资本"账户。三是将盈余公积转为实收资本。借记"盈余公积"账户，贷记"实收资本"账户。

【例 8-7】 甲、乙、丙三人共同投资设立了 A 有限责任公司，原注册资本为 4 000 000 元，甲、乙、丙分别出资 500 000 元、2 000 000 元和 1 500 000 元。为扩大经营规模，经批准，A 有限责任公司注册资本扩大为 5 000 000 元，甲、乙、丙按照原出资比例分别追加投资 125 000 元、500 000 元和 375 000 元。A 有限责任公司如期收到甲、乙、丙追加的现金投资。A 有限责任公司应编制的会计分录如下：

借：银行存款　　　　　　　　　　　　　　　1 000 000
　　贷：实收资本——甲　　　　　　　　　　　　125 000
　　　　　　　　——乙　　　　　　　　　　　　500 000
　　　　　　　　——丙　　　　　　　　　　　　375 000

本例中，甲、乙、丙三人按原出资比例追加实收资本，因此，A 有限责任公司应分别按照 125 000 元、500 000 元和 375 000 元的金额贷记"实收资本"科目中甲、乙、丙明细分类账。

股份有限公司以发放股票股利的方式实现增资。采用发放股票股利实现增资的，在宣告发放股票股利时，按照股东原来持有的股数分配，不做账务处理，只在备查簿中登记。

2) 实收资本(或股本)的减少

企业实收资本减少的原因有两种：一是资本过剩，二是企业发生重大亏损而需要减少实收资本。企业按照法定程序报经批准减少注册资本的，对于一般企业，核算比较简单，应按照减资额，借记"实收资本"账户，贷记"库存现金""银行存款"等账户。

【例 8-8】 甲有限责任公司本年度发生重大亏损而需要减少实收资本，企业按照法定程序报经批准减少注册资本 500 000 元，以银行存款返还投资者。甲公司应编制的会计分录如下：

借：实收资本　　　　　　　　　　　　　　　500 000
　　贷：银行存款　　　　　　　　　　　　　　500 000

第三节 资 本 公 积

一、资本公积概述

(一)资本公积的含义

资本公积是企业收到投资者出资额超过其在注册资本(或股本)中所占份额的部分,以及其他资本公积。

资本公积与实收资本虽然都属于投入资本范畴,但两者又有区别。实收资本一般是投资者投入的,为谋求价值增值的原始投资,而且属于法定资本。因此,实收资本无论是在来源上,还是在金额上,都有比较严格的限制。资本公积在金额上则并没有严格的限制,而且在来源上也相对比较多样,只是由于法律的规定而无法直接以资本的名义出现。

(二)资本公积的来源

资本公积有其特定的来源,其主要来源是资本(或股本)溢价和其他资本公积等。

资本(或股本)溢价是指企业收到投资者出资额超出其在注册资本(或股本)中所占份额的投资。形成资本(或股本)溢价的原因有溢价发行股票、投资者超出注册资本的份额缴入的资本等。

其他资本公积是指除资本溢价(或股本溢价)、净损益、其他综合收益和利润分配以外所有者权益的其他变动。比如,企业长期股权投资采用权益法核算时,因被投资单位除净损益、其他综合收益以及利润分配以外的所有者权益的其他变动,投资企业按应享有份额而增加或减少的资本公积,直接计入投资方所有者权益(资本公积——其他资本公积)。

(三)资本公积的用途

资本公积的主要用途是可以依法用于转增资本,而不得作为投资利润或股利进行分配。在用资本公积转增资本时,既没有改变企业的投入资本总额,也没有改变企业的所有者权益总额,故不会增加企业的价值。即在办理增资手续后用资本公积转增实收资本,并按所有者原有投资比例增加投资人的实收资本。

(四)资本公积与实收资本(或股本)、留存收益、其他综合收益的区别

1. 资本公积与实收资本(或股本)的区别

(1) 从来源和性质看。实收资本(或股本)是指投资者按照企业章程或合同、协议的约定,实际投入企业并依法进行注册的资本,它体现了企业所有者对企业的基本产权关系。资本公积是投资者的出资额超出其在注册资本中所占份额的部分,以及其他资本公积,它不直接表明所有者对企业的基本产权关系。

(2) 从用途看。实收资本(或股本)的构成比例是确定所有者参与企业财务经营决策的基础,也是企业进行利润分配或股利分配的依据,同时还是企业清算时确定所有者对净资产的要求权的依据。资本公积的用途主要是用来转增资本(或股本)。资本公积不体现各所

第八章 所有者权益

有者的占有比例,也不能作为所有者参与企业财务经营决策或进行利润分配(或股利分配)的依据。

2. 资本公积与留存收益的区别

资本公积的来源不是企业实现的利润,而主要来自资本溢价(或股本溢价)等。留存收益是企业从历年实现的净利润中提取或形成的留存于企业的内部积累,来源于企业生产经营活动实现的利润。

3. 资本公积与其他综合收益的区别

其他综合收益是指企业根据企业会计准则规定未在当前损益中确认的各项利得和损失。资本公积和其他综合收益都会引起所有者权益发生增减变动,资本公积中资本溢价(或股本溢价)不会影响企业的损益,而部分其他综合收益项目则在满足企业会计准则规定的条件时,可以重分类进损益,从而成为企业利润的一部分。

二、资本公积的核算

(一)设置账户

企业应设置"资本公积"账户来核算企业收到投资者出资超出其在注册资本或股本中所占份额以及直接计入所有者权益的利得和损失等。该账户同样也属于所有者权益类账户。其贷方登记资本公积的增加额;借方登记资本公积的减少额;期末余额在贷方,反映企业尚有资本公积的余额。"资本公积"账户应当按资本公积形成的来源分别设置"资本溢价""股本溢价""其他资本公积"等明细科目进行明细核算。

(二)账务处理

1. 资本溢价(或股本溢价)

在企业重组并有新的投资者加入时,为了维护原有投资者的权益,新加入投资者的出资额并不一定全部作为实收资本处理。新加入的投资者要付出更大的出资额,才能取得与原有投资者相同的投资比例。新投资者投入的资本中按其投资比例计算的出资额部分,应计入"实收资本"科目,大于部分应记入"资本公积——资本溢价"科目。

【例8-9】 A有限责任公司由甲、乙、丙三个投资人各出资1 000 000而成立,经过3年的经营,该公司的留存收益为1 500 000元。此时,有一投资者丁希望加入本公司,并表示愿意出资1 800 000元而仅占有该公司25%的投资份额。丁投资后,该公司的注册资本为4 000 000元。假定不考虑其他因素,A公司收到丁投资者投入的资金时,应编制的会计分录如下。

```
借:银行存款                         1 800 000
    贷:实收资本——丁                  1 000 000
        资本公积——资本溢价              800 000
```

股份有限公司在溢价发行股票的情况下,企业发行股票取得的收入,相当于股票面值的部分记入"股本"科目,超出股票面值的溢价收入记入"资本公积——股本溢价"科目,委托证券商代理发行的股票而支付的手续费、佣金等，应从溢价发行收入中扣除，企业应按扣除手续费、佣金后的数额，记入"资本公积——股本溢价"科目。

【例8-10】A股份有限公司委托某证券公司代理发行普通股2 000 000股，每股面值1元，按每股1.2元的价格发行。公司与受托单位约定，按发行收入的3%收取手续费，从发行收入中扣除。假如股款已存入银行。A公司应编制的会计分录如下。

公司收到委托单位发来的现金=2 000 000×1.2×(1-3%)=2 328 000(元)

应记入资本公积的金额=溢价收入-发行的手续费=400 000-72 000=328 000(元)

借：银行存款　　　　　　　　　　　　　　　2 328 000
　　贷：股本　　　　　　　　　　　　　　　　　　2 000 000
　　　　资本公积——股本溢价　　　　　　　　　　　328 000

2. 其他资本公积

其他资本公积是指除资本溢价(或股本溢价)项目以外所形成的资本公积，主要是指投资企业采用权益法核算的长期股权投资。

长期股权投资采用权益法核算的，在持股比例不变的情况下，对被投资单位除净损益、其他综合收益和利润分配以外的所有者权益的其他变动，应按持股比例计算其应享有或应分担被投资单位所有者权益的增减数额，调整长期股权投资的账面价值和资本公积(其他资本公积)。处置长期股权投资时，应转销与该笔投资相关的其他资本公积。

【例8-11】A有限责任公司于2020年1月1日向B公司投资8 000 000元，拥有该公司20%的股份，并对该公司有重大影响，因而对B公司长期股权投资采用权益法核算。2020年12月31日，B公司除净损益、其他综合收益和利润分配之外的所有者权益增加了1 000 000元。假定除此以外，B公司的所有者权益没有变化，A有限责任公司的持股比例没有变化，B公司资产的账面价值与公允价值一致。不考虑其他因素，A有限责任公司应编制的会计分录如下。

借：长期股权投资——其他权益变动　　　　　　200 000
　　贷：资本公积——其他资本公积　　　　　　　　　200 000

A有限责任公司对B公司投资增加的资本公积=1 000 000×20%=200 000(元)

本例中，A有限责任公司对B公司的长期股权投资采用权益法核算，持股比例未发生变化，B公司发生了除净损益、其他综合收益和利润分配之外的所有者权益的其他变动，A有限责任公司应按其持股比例计算应享有的B公司权益的数额200 000元作为增加其他资本公积处理。

3. 资本公积转增资本

经股东大会或类似机构决议，用资本公积转增资本时，应冲减资本公积，同时按照转增资本前的实收资本(或股本)的结构或比例，将转增的金额记入"实收资本"(或"股本")科目下各所有者的明细分类账。

【例8-12】A股份有限公司根据资本规模扩大需要，经股东大会决议将累计的资本公积8 000 000元的50%转增股本。A公司应编制的会计分录如下。

借：资本公积——股本溢价　　　　　　　　　　4 000 000
　　贷：股本　　　　　　　　　　　　　　　　　　4 000 000

第八章 所有者权益

第四节 留存收益

一、留存收益概述

留存收益是指企业按照规定从历年实现的净利润中提取或形成的留存于企业的内部积累,包括盈余公积、未分配利润两类。

盈余公积是指企业按照规定从净利润中提取的积累资金,属于具有特定用途的留存收益。我国《公司法》对公司盈余公积的计提和构成做了明确的规定,按新的《公司法》规定,盈余公积主要包括两个部分:一是法定盈余公积,公司制企业的法定盈余公积金是按照税后净利的 10%提取的,公司法定盈余公积金累计额达到公司注册资本的 50%以上的,可以不再提取;二是任意盈余公积,公司在提取法定盈余公积之后,经股东大会决议,可提取任意盈余公积。

企业提取盈余公积的主要用途:用于弥补亏损、转增资本或发放现金股利或利润等。

未分配利润是指企业实现的净利润经过弥补亏损、提取盈余公积和向投资者分配利润后留存在企业的、历年结存的利润。相对于所有者权益的其他部分来说,企业对于未分配利润的使用有较大的自主权。

二、留存收益的核算

(一)盈余公积的核算

1. 设置账户

为了反映和监督盈余公积的形成和使用情况,企业应当设置"盈余公积"账户,该账户是用来核算企业从净利润中提取的盈余公积。其贷方登记的是从税后利润中提取的盈余公积额;借方登记的是盈余公积的使用额;余额在贷方,反映盈余公积的结余额。同时应根据盈余公积所反映内容,分别设置"法定盈余公积""任意盈余公积"两个明细账户进行明细核算。

2. 账务处理

1) 提取盈余公积

企业提取盈余公积的过程属于净收益的分配过程,因此还应涉及"利润分配"账户的核算。企业在提取法定盈余公积和任意盈余公积时,应借记"利润分配——提取法定盈余公积、提取任意盈余公积"账户,贷记"盈余公积——法定盈余公积、任意盈余公积"账户。

【例 8-13】甲股份有限公司 2020 年的税后净利润为 6 000 000 元,按净利润的 10%计提法定盈余公积。甲股份有限公司应编制的会计分录如下。

借:利润分配——提取法定盈余公积　　　　　　　　600 000
　　贷:盈余公积——法定盈余公积　　　　　　　　　　　600 000

2) 盈余公积转增资本

盈余公积转增资本对所有者权益的总额不产生影响,只是改变所有者权益的内部结构。

因此，在盈余公积转增资本时，在会计处理上，直接将转增资本的数额从"盈余公积"账户的借方转入"实收资本"账户的贷方；股份有限公司经股东大会决议，用盈余公积派送新股时，应按派送新股计算的金额借记"盈余公积"账户，按股票面值和派送新股总数计算的金额贷记"股本"账户。

【例 8-14】 甲股份有限公司因扩大经营规模需要，经股东大会批准，将盈余公积 900 000 元转增股本。假定不考虑其他因素。甲股份有限公司应编制的会计分录如下。

　　借：盈余公积　　　　　　　　　　　　　　　　　　900 000
　　　　贷：股本　　　　　　　　　　　　　　　　　　　　　900 000

(二)未分配利润的核算

1. 设置账户

在会计核算上，未分配利润是通过"利润分配"账户来进行核算的，具体来说是通过"利润分配——未分配利润"这个明细账户来核算的。企业在生产经营过程中取得的收入和发生的成本费用，最终通过"本年利润"账户来进行归集，计算出当年的净利润，然后转入"利润分配——未分配利润"账户进行分配，如果"利润分配——未分配利润"账户为贷方余额，则为未分配的利润；如果为借方余额，则为未弥补的亏损。

2. 账务处理

(1) 结转本年实现的净利时，借记"本年利润"账户，贷记"利润分配——未分配利润"账户，如为净亏损，则做相反的会计分录。

(2) 年终时，将"利润分配"账户下的其他明细账户如"提取法定盈余公积""提取任意盈余公积""应付现金股利或利润"等账户的余额，转入"利润分配——未分配利润"账户。结转后，"利润分配——未分配利润"账户如是贷方余额，就是未分配利润的数额；如果是借方余额，则表示未弥补亏损的数额。将"利润分配"账户下的其他明细账的余额转入"利润分配——未分配利润"明细账。结转后，除"利润分配——未分配利润"明细账外，利润分配的其他明细账应无余额。

(3) 企业发生的亏损以次年实现的税前利润弥补时。在以次年实现的税前利润弥补以前年度亏损的情况下，企业当年实现的利润自"本年利润"账户转入"利润分配——未分配利润"账户，将本年实现的利润转到"利润分配——未分配利润"账户的贷方，其贷方发生额与"利润分配——未分配利润"账户的借方余额自然抵销。因此，以当年实现的净利润弥补以前年度结转的未弥补亏损时，不需要进行专门的账务处理。

【例 8-15】 A 股份有限公司 2020 年期初"利润分配——未分配利润"科目贷方余额为 100 万元，2020 年实现净利润 400 万元。2021 年年初，经董事会提请的利润分配方案报经股东大会决定，利润分配如下。

　　① 按税后利润的 10%提取法定盈余公积。
　　② 提取任意盈余公积 80 万元。
　　③ 向普通股股东分配现金股利 120 万元。
　　④ 向普通股股东分派股票股利 50 万元(尚未经有关部门正式批准办理增资手续)。

根据上述资料，A 公司应编制的会计分录如下。

① 2020年年末结转实现的净利润。

借：本年利润 4 000 000
　　贷：利润分配——未分配利润 4 000 000

② 进行相关的利润分配时。

借：利润分配——提取法定盈余公积 400 000
　　　　　　——提取任意盈余公积 800 000
　　　　　　——应付现金股利或利润 1 200 000
　　贷：盈余公积——法定盈余公积 400 000
　　　　　　　　——任意盈余公积 800 000
　　　　应付股利 1 200 000

③ 利润分配方案中的当期股票股利分配，在正式办理增资手续之前不做任何账务处理，只在备查簿中登记。在正式办理增资手续之后，会计分录如下。

借：利润分配——转作股本的股利 500 000
　　贷：股本 500 000

④ 结转利润分配所属各明细科目时。

借：利润分配——未分配利润 2 400 000
　　贷：利润分配——提取法定盈余公积 400 000
　　　　　　　　——提取任意盈余公积 800 000
　　　　　　　　——应付现金股利或利润 1 200 000

【思政与德育】

小小岗位责任大、职业道德不可缺

甲有限责任公司是一家国有企业，王某是该公司的出纳，仗着自己是会计机构负责人的侄子，在报销业务招待费时，对于同样是领导批准、主管会计审核无误的业务招待费报销单，对和自己私人关系不错的人是随来随报，但对和自己有矛盾、私人关系较为疏远的人则以账面无款、库存无现金、整理账务等理由无故拖欠。2012年年底，会计发现，该年度业务招待费超过规定的开支标准，于是，会计人员张某找来一些假发票，将超支的业务招待费列入管理费用的其他项目。

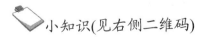

思政感悟见右侧二维码。

小知识(见右侧二维码)

其他综合收益

属于其他综合收益的情况包括以下情况。

一是以公允价值计量且其变动计入其他综合收益的金融资产。

二是确认按照权益法核算的在被投资单位其他综合收益中所享有的份额导致的其他资本公积的增加或减少。

三是计入其他资本公积的现金流量套期工具利得或损失中属于有效套期的部分,以及其后续的转出。

四是境外经营外币报表折算差额的增加或减少。

五是与计入其他综合收益项目相关的所得税影响。

自 测 题

一、单项选择题

1. 某股份有限公司以每股1.5元发行面值为每股1元的普通股100万股,支付证券公司的发行手续费按发行收入的3%计算,则应计入资本公积的金额为(   )。
   A. 45.5万元   B. 50万元   C. 4.5万元   D. 48.5万元

2. 盈余公积转增资本时,转增后留存的盈余公积数额不得少于注册资本的(   )。
   A. 10%   B. 15%   C. 20%   D. 25%

3. 企业对被投资单位的长期股权投资采用权益法核算时,对被投资单位除净损益、其他综合收益和利润分配以外的所有者权益的其他变动,企业按其持股比例计算的份额,应贷记(   )科目。
   A. 资本公积——其他资本公积   B. 投资收益——股权投资收益
   C. 资本公积——股本溢价   D. 盈余公积——法定盈余公积

4. 瑞达公司2018年年初未分配利润为0万元,2018年发生亏损240万元,2019年盈利120万元,2020年盈利120万元,所得税税率为25%。则2020年年末瑞达公司"利润分配——未分配利润"账户的余额为(   )。
   A. 60万元   B. 45万元   C. 0万元   D. 35万元

5. 2018年1月,A、B、C、D四位股东各出资100万元设立某有限责任公司,2020年年末公司留存收益为100万元。这时有E投资者愿意出资200万元仅占该公司股份的20%,E投资者出资后公司的注册资本为500万元,那么,E投资者投入的资金中应计入资本公积的是(   )万元。
   A. 80   B. 60   C. 100   D. 75

6. 下列事项中,可引起所有者权益增加的是(   )。
   A. 接受投资者投入的固定资产   B. 宣告发放现金股利
   C. 用盈余公积弥补亏损   D. 经批准将资本公积转增资本

7. 有限责任公司的新投资者加入时,实际缴纳的投资额大于约定的部分,应当计入(   )。
   A. 营业外收入   B. 其他业务收入
   C. 实收资本   D. 资本公积——资本溢价

8. 股份有限公司核算投资者投入的资本的科目是(   )。

A. 实收资本　　　B. 股本　　　C. 资本公积　　　D. 盈余公积

9. 某企业年初"盈余公积"科目为 3 000 万元，本期提取 400 万元，转增资本 100 万元，该公司"盈余公积"科目的年末余额是(　　)万元。

A. 3 300　　　B. 3 400　　　C. 3 000　　　D. 2 900

10. 甲股份有限公司收到股东 A 投入的机器设备一台，合同约定该设备价值为 100 万元，已开的增值税发票的进项税额为 13 万元。按约定，入资金额为 113 万元。合同约定设备价值与公允价值相符，不考虑其他因素，下列会计处理正确的是(　　)。

A. 借：固定资产　　　　　　　　　　　　　　　　1 000 000
　　　应交税费——应交增值税(进项税额)　　　　130 000
　　贷：实收资本　　　　　　　　　　　　　　　　　　　1 130 000

B. 借：固定资产　　　　　　　　　　　　　　　　1 130 000
　　贷：实收资本　　　　　　　　　　　　　　　　　　　1 130 000

C. 借：固定资产　　　　　　　　　　　　　　　　1 000 000
　　贷：实收资本　　　　　　　　　　　　　　　　　　　1 000 000

D. 借：固定资产　　　　　　　　　　　　　　　　1 000 000
　　　应交税费——应交增值税(进项税额)　　　　130 000
　　贷：实收资本　　　　　　　　　　　　　　　　　　　1 000 000
　　　　资本公积——股本溢价　　　　　　　　　　　　　130 000

二、多项选择题

1. 所有者权益的特点有(　　)。
   A. 投资者对企业净资产有要求权　　B. 投资者具有参与企业管理的权利
   C. 投入资本在企业经营期间不得返还　　D. 投资者可参与企业利润分配

2. 所有者权益的组成包括(　　)。
   A. 实收资本　　　B. 资本公积　　　C. 盈余公积　　　D. 未分配利润

3. 盈余公积可以用于(　　)。
   A. 弥补企业亏损　　　　　　　　　B. 转增企业资本
   C. 集体福利设施支出　　　　　　　D. 支付各种罚款

4. 股东对公司的出资可以是(　　)。
   A. 货币出资　　　B. 实物　　　C. 知识产权　　　D. 土地使用权

5. 下列各项中，会使企业所有者权益增加的有(　　)。
   A. 本年实现盈利　　　　　　　　　B. 新投资者加入
   C. 增发股票　　　　　　　　　　　D. 直接计入所有者权益的利得

6. 下列各项中，会使企业所有者权益减少的有(　　)。
   A. 当年发生亏损　　　　　　　　　B. 用当年税后利润弥补以前年度亏损
   C. 投资者撤资　　　　　　　　　　D. 以盈余公积补亏

7. 企业吸收投资者出资时，可能发生变化的会计科目有(　　)。
   A. 实收资本　　　B. 资本公积　　　C. 盈余公积　　　D. 利润分配

8. 新股东甲投入实物资产的公允价值为 150 万元,按照投资协定,股东甲出资额为 120 万元,下列有关此业务的账务处理,正确的有(   )。
    A. 借记相关实物资产科目 150 万元   B. 贷记实收资本或股本 120 万元
    C. 贷记资本公积 30 万元   D. 贷记实收资本或股本 150 万元
9. 下列选项中,属于留存收益的有(   )。
    A. 资本公积   B. 法定盈余公积
    C. 任意盈余公积   D. 未分配利润
10. 关于弥补亏损的说法正确的有(   )。
    A. 公司当年对累计亏损的弥补,可以用盈余公积来弥补
    B. 公司当年对累计亏损的弥补,可以用资本公积来弥补
    C. 企业本年度亏损,则可以用以后 5 个年度的税前利润弥补
    D. 企业本年度亏损,则可以用以后 5 个年度的税后利润弥补

三、判断题

1. 用一般盈余公积金转增资本或弥补亏损,均不影响所有者权益总额的变化。(   )
2. 企业接受捐赠的资产是企业所有者权益的组成部分。(   )
3. 股份有限公司对外发行股票发生的筹资费用,应作为开办费,计入开业后的损益。(   )
4. "利润分配——未分配利润"账户的借方余额反映的是企业尚未分配的利润。(   )
5. 盈余公积是指企业按照规定从净利润中提取的积累资金,属于具有特定用途的留存收益。(   )
6. 分配股票股利只会引起所有者权益结构发生变动,不会对负债和权益比例产生影响。(   )
7. 企业当年实现的税后利润加上年初未分配利润,再加上其他转入利润等于未分配利润的年末余额。(   )
8. 企业可以使用留存收益向投资者分配现金股利。(   )
9. 年末,"利润分配"科目下的明细科目除"未分配利润"明细科目有余额外其他明细科目应当无余额。(   )
10. 企业年末资产负债表中的未分配利润的金额一定等于"利润分配"科目的年末余额。(   )

四、业务处理题

1. 某股份有限责任公司发生下列经济业务。
(1) 该公司增发普通股 500 000 股,每股面值 2 元,委托证券公司溢价发行。每股发行价 5 元,发行费用 20 000 元,证券公司发行完毕后,扣除发行费,收到发行款 2 480 000 元,存入银行。
(2) 该公司年末实现净利润 1 000 000 元,按 10%的比例提取法定盈余公积,按 5%的

比例提取任意盈余公积。

(3) 经批准将90 000元法定盈余公积、40 000元任意盈余公积转增股本。

要求：根据以上经济业务，编制会计分录。

2. 某企业发生以下经济业务。

(1) 收到A公司投入的专有技术，双方确认价值8 000元。

(2) 收到B公司投入的原材料，双方确认价值30 000元。增值税专用发票上列明增值税为3 900元。

(3) 收到丙公司投入的库存现金90 000元，根据协议，丙公司仅拥有该企业股份的10%(该企业当时实收资本总额为720 000元)，款项已收存银行。

(4) 经批准将资本公积20 000元转增资本。

(5) 经批准，用盈余公积35 000元弥补以前年度亏损。

(6) 按规定将150 000元的法定盈余公积转增资本。

要求：根据以上经济业务，编制会计分录。

3. A公司委托证券公司代理发行普通股1 000 000股，每股面值为1元，按每股4元的价格发行，证券公司按发行收入的3%收取手续费，从发行收入中扣除。收到的股款已存入银行。

要求：根据上述资料，做出A公司的有关账务处理。

参 考 答 案

参考答案见右侧二维码。

第九章 收入、费用和利润

【学习要点及目标】

本章主要介绍收入、费用和利润的构成内容及其会计核算。通过学习本章内容，要求学生掌握商品销售收入的确认原则、确认条件、计量及会计处理，利润的构成内容及相关利润指标的计算方法，所得税费用及利润分配的会计处理；理解费用的概念与分类，费用与成本的关系；理解营业外收入和营业外支出的内容；理解利润分配程序；了解收入的概念、特征及其分类。

【知识框架图】

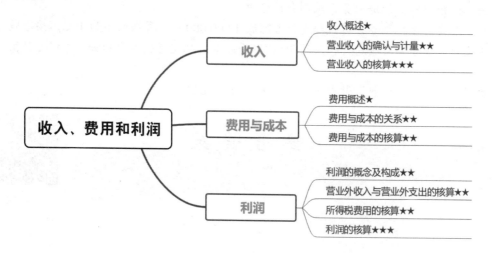

第一节 收 入

一、收入概述

(一)收入的概念及特征

收入有广义和狭义之分。我国《企业会计准则——基本准则》中定义的是狭义的收入概念，即营业收入。

狭义的收入是指企业在日常活动中形成的、会导致所有者权益增加的、与所有者投入资本无关的经济利益的总流入。收入包括主营业务收入和其他业务收入，但不包括为第三方或者客户代收的款项。收入是企业利润的来源，获取收入是企业日常经营活动中最重要的目标之一。收入具有以下特征。

(1) 收入在企业的日常经营活动中形成，而不是在偶发的交易或事项中形成。其中"日常经营活动"是指企业为完成其经营目标所从事的经常性活动以及与之相关的活动。经常性活动包括工业企业制造并销售产品、商业企业销售商品、保险公司签发保单、咨询公司提供咨询服务、软件企业为客户开发软件、安装公司提供安装服务、商业银行对外贷款、租赁公司出租资产等；与之相关的活动包括企业转让无形资产使用权、出售不需用原材料等。值得注意的是，企业处置固定资产、无形资产等活动，不是企业为完成其经营目标所从事的经常性活动，也不属于与经常性活动相关的活动，由此产生的经济利益的总流入不构成收入，应当确认为营业外收入或资产处置损益等。

(2) 收入只包括本企业经济利益的流入，不包括为第三方或客户代收的款项，企业代第三方收取的款项，应当作为负债处理，不应当确认为收入。如企业代国家收取增值税、商业银行代委托收款企业收取利息、旅行社代客户购买门票、飞机票而收取的票款等。

(3) 收入可能表现为企业资产的增加，如银行存款、应收账款等的增加；也可能表现为企业负债的减少，如以商品或劳务抵偿债务；或者两者兼而有之，如商品销售的货款中部分抵偿债务、部分收取现金。

(4) 收入能导致所有者权益的增加。收入能增加资产、减少负债或两者兼而有之。因此，根据"资产-负债=所有者权益"的公式，企业取得的收入一定能增加所有者权益。这里仅指收入本身会导致所有者权益的增加，而不是指收入扣除相关成本费用后的净额对所有者权益的影响。此外，收入只包括企业自身活动获得的经济利益的流入，而不包括企业所有者向企业投入资本导致的经济利益的流入。

广义的收入是指会计期间内经济利益的总流入。其表现形式为资产增加或负债减少而引起的所有者权益增加，但不包括与向所有者出资、直接计入所有者权益的其他综合收益增加等有关的资产增加或负债减少。它主要包括营业收入、投资收益、公允价值变动收益、资产处置收益、其他收益和营业外收入等。本章所指收入仅指营业收入。

(二)收入的分类

1. 按照收入的性质分类

按照收入的性质划分，收入可以分为销售商品收入、提供劳务收入、让渡资产使用权收入等。

1) 销售商品收入

销售商品收入是指企业通过销售商品实现的收入，如工业企业制造并销售的产品、商品流通企业销售商品等实现的收入。

2) 提供劳务收入

提供劳务收入是指企业通过提供劳务实现的收入。提供劳务的种类比较多，主要包括旅游、运输、饮食、广告、理发、照相、洗染、咨询、代理、培训、产品安装等。另外，还有一些特殊的劳务交易收入，如安装费收入，宣传媒介费收入，包括在商品销售区内可区分的服务费收入，艺术表演、招待宴会和其他特殊活动收入，申请入会费和会员费收入，特许权费收入，定制软件收入等。

3) 让渡资产使用权收入

让渡资产使用权收入是指企业通过让渡资产使用权实现的收入，通常包括以下两个方面。

(1) 让渡资产使用权而形成的利息收入。这里主要指金融业存、贷款形成的利息收入及同业之间发生往来形成的利息收入等。

(2) 让渡资产使用权而形成的使用费收入。如转让无形资产使用权形成的使用费收入及对外出租固定资产的租金收入。

2. 按照企业经营业务的主次分类

按照企业经营业务的主次,收入可以分为主营业务收入和其他业务收入。

1) 主营业务收入

主营业务收入是指企业为完成其经营目标所从事的经常性经营活动所取得的收入,一般指企业营业执照上规定的主要业务所取得的收入,所以又称为基本业务收入。例如工业企业的主营业务收入是指生产和销售产成品、半成品等形成的收入,商品流通企业主要是以销售商品为主形成的收入。主营业务形成的收入是企业收入的主要来源。主营业务收入一般占企业收入的比重比较大,对企业经济效益会产生较大的影响。

2) 其他业务收入

其他业务收入是指企业除了主营业务以外,与经常性经营活动相关的其他经营活动所实现的收入,一般指企业营业执照上注明的兼营业务所取得的收入,所以又称为附营业务收入。如工业企业销售材料、出租包装物、转让无形资产使用权、提供非工业性劳动等。其他业务属于企业日常活动中次要的交易。其他业务收入一般占企业收入的比重较小,对企业的经济效益影响不大。收入的分类如图9-1所示。

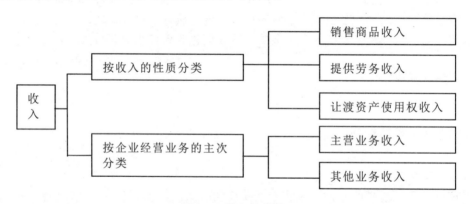

图9-1 收入的分类

二、营业收入的确认与计量

(一)营业收入确认的原则

企业应当在履行了合同中的履约义务,即在客户取得相关商品控制权时确认收入。取得相关商品控制权,是指客户能够主导该商品的使用并从中获得几乎全部经济利益,也包括有能力阻止其他方主导该商品的使用并从中获得经济利益。

取得商品控制权包括以下三个要素。

(1) 拥有现时权利。客户必须拥有现时权利,能够主导该商品的使用并从中获得几乎全部经济利益时,才能确认收入。如果客户只能在未来的某一期间主导该商品的使用并从中获益,则表明其尚未取得该商品的控制权。

(2) 能主导该商品的使用。客户有能力主导该商品的使用,即客户在其活动中有权使用该商品,或者能够允许或阻止其他方使用该商品。

(3) 能够获得商品几乎全部的经济利益。客户能够获得商品几乎全部的经济利益。商品的经济利益是指该商品的潜在现金流量,既包括现金流入的增加,也包括现金流出的减少。客户可以通过使用、消耗、出售、处置、交换、抵押或持有等多种方式直接或间接地获得商品的经济利益。

(二)营业收入的确认条件与计量

1. 营业收入的确认

收入的确认就是要将某个项目作为收入要素记账,并在利润表上反映。当企业与客户之间的合同同时满足下列条件时,企业应当在客户取得相关商品控制权时确认收入。

(1) 合同各方已批准该合同并承诺将履行各自的义务;

(2) 该合同明确了合同各方与所转让商品相关的权利和义务;

(3) 该合同有明确的与所转让商品相关的支付条款;

(4) 该合同具有商业实质,即履行该合同将改变企业未来现金流量的风险、时间分布或金额;

(5) 企业因向客户转让商品而有权取得的对价很可能收回。

同时满足上述条件,说明企业取得了内容完整、合法有效的具有商业实质的合同,而且满足和可能收到相关价款。在这种情况下,企业履行合同中的履约义务,即客户取得相关商品控制权时,企业可以确认营业收入。

需要说明的是,大多数企业在经营活动中一般都需要与客户签订合同,例如,生产企业与客户签订商品销售合同,施工企业与客户签订承接建造合同等,在这种情况下,应按照规定在履行了合同中的履约义务,即在客户取得相关商品控制权时确认营业收入;但是,商品零售企业等的商品销售大多在客户付款后直接发货,不需要签订合同,在这种情况下,按照实质重于形式的要求,可以视为履行了合同中的履约义务,可以直接确认营业收入。

2. 营业收入的确认时间

营业收入的确认,根据履约义务的时间,分为在某一时点确认和在某一时段内分期确认。

1) 在某一时点确认营业收入

对于在某一时点履行的履约义务,企业应当在客户取得相关商品或服务等控制权的时点确认收入。在判断客户是否已取得商品或服务等控制权时,企业应当考虑下列迹象。

(1) 企业就该商品或服务等享有现时收款权利,即客户就该商品或服务负有现时付款义务。

(2) 企业已将该商品或服务等法定所有权转移给客户,即客户已拥有该商品或服务等的法定所有权。

(3) 企业已将该商品实物转移给客户,即客户已实际占有该商品。

(4) 企业已将该商品等所有权上的主要风险和报酬转移给客户,即客户已取得该商品或服务等所有权上的主要风险和报酬。

(5) 客户已接受该商品或服务等。

(6) 其他表明客户已取得商品或服务等控制权的迹象。

需要说明的是,"企业已将该商品实物转移给客户"、"客户已接受该商品",需要根据具体情况确定。如果企业已公开宣布的政策、特定声明或以往的习惯做法等能够证明业务发生时企业已经履行了承诺的履约义务,则可以视为客户已接受该商品,否则应在客户签收商品时才能确认履行了承诺的履约义务。例如,商品零售企业销售空调等大型商品,客户付款后由企业负责送货、安装,在这种情境下,企业尚未将该商品实物转移给客户。如果该商品属于标准产品,根据以往的经验,几乎未出现过客户拒收商品的现象,则可以视为客户已接受该商品,在收款时可以确认营业收入;如果该商品属于客户特殊定制的商品,且客户能否接受该商品尚不能确定,则收款时不应确认营业收入,应在商品安装调试完成且客户签收商品时确认营业收入。

2) 在某一时段内分期确认营业收入

在某一时段内分期确认营业收入,是指一份合同所提供的商品或服务涉及多个会计期间,需要分期确认收入。合同开始日,企业应当对合同进行评估,识别该合同所包含的履约义务。满足下列条件之一的,属于在某一时段内履行履约义务;否则,属于在某时点履行履约义务。

(1) 客户在企业履约的同时即取得并消耗企业履约所带来的经济利益。

(2) 客户能够控制企业履约过程中在建的商品或服务等。

(3) 企业履约过程中所产出的商品或服务具有不可替代用途,且该企业在整个合同期内有权就累计至今已完成的履约部分收取款项。

具有不可替代用途,是指因合同限制或实际可行性限制,企业不能轻易地将商品或服务等用于其他用途;有权就累计至今已完成的履约部分收取款项,是指由于客户或其他方面原因终止合同的情况下,企业有权就累计至今已完成的履约部分收取能够补偿其已发生成本和合理利润的款项,并且该权利具有法律约束力。

例如,企业与客户签订一项为期 1 年的服务合同,该服务仅为该客户提供,具有不可替代性;合同规定客户每个季度按照服务完工程度付款,客户对服务的质量具有控制的权利。根据上述条件,该服务合同属于在某一时段内履行的履约义务,企业应当在该段时间内按照履约进度确认营业收入,但是履约进度不能合理确定的除外。

3. 营业收入的计量

营业收入计量的核心原则是:计量的金额应反映企业预计因交付这些商品或服务而有权获得的对价。

营业收入的金额反映企业预计因交付这些商品或服务而有权获取的对价。企业应当按照分摊至各单项履约义务的交易价格计量收入。交易价格是指企业因向客户转让商品而预期有权收取的对价金额。企业代第三方收取的款项以及企业预期将退还给客户的款项,应当作为负债进行会计处理,不计入交易价格。

(三)营业收入的确认与计量步骤

根据《企业会计准则第 14 号——收入》(2018 年),营业收入确认和计量大致分为以下五步。

第九章 收入、费用和利润

第一步,识别与客户订立的合同。合同是指双方或多方之间订立有法律约束力的权利义务的协议。合同有书面形式、口头形式以及其他形式。合同的存在是企业确认客户合同收入的前提,企业与客户之间的合同一经签订,企业即享有从客户取得与转移商品和服务对价的权利,同时负有向客户转移商品和服务的履约义务。

第二步,识别合同中的单项履约义务。履约义务是指合同中企业向客户转让可明确区分商品或服务的承诺。企业应当将向客户转让可明确区分商品(或者商品的组合)的承诺以及向客户转让一系列实质相同且转让模式相同的、可明确区分商品的承诺作为单项履约义务。例如,企业与客户签订合同,向其销售商品并提供安装服务,若该安装服务简单,除该企业外其他供应商也可以提供此类安装服务,该合同中销售商品和提供安装服务为两项单项履约义务;若该安装服务复杂且商品需要按客户定制要求修改,则合同中销售商品和提供安装服务合并为单项履约义务。

第三步,确定交易价格。交易价格是指企业因向客户转让商品而预期有权收取的对价金额,不包括企业代第三方收取的款项(如增值税)以及企业预期将退还给客户的款项。合同条款所承诺的对价,可能是固定金额、可变金额或两者兼有。例如,丙公司与一客户签订合同为其建造一栋办公楼,约定的价款为 200 万元,6 个月完工,交易价格就是固定金额 200 万元。假如合同中约定若提前 1 个月完工,客户将额外奖励甲公司 20 万元。丙公司估计工程提前 1 个月完工的概率为 95%,则丙公司预计有权收取的对价为 220 万元,因此交易价格包括固定金额 200 万元和可变金额 20 万元,总计为 220 万元。

第四步,将交易价格分摊至各单项履约义务。当合同中包含两项或多项履约义务时,需要将交易价格分摊至各单项履约义务,分摊的方法是在合同开始日,按照各单项履约义务所承诺商品的单独售价(企业向客户单独销售商品的价格)的相对比例,将交易价格分摊至各单项履约义务。通过分摊交易价格,使企业分摊至各单项履约义务的交易价格能够反映其因向客户转让已承诺的相关商品而有权收取的对价金额。

第五步,履行各单项履约义务时确认收入。当企业将商品转移给客户,客户取得了相关商品控制权,则说明企业履行了合同履约义务,此时,企业应确认收入。企业将商品控制权转移给客户,可能是在某时段内(即履行履约义务的过程中)发生,也可能在某一时点(即履约义务完成时)发生。企业应当根据实际情况,首先判断履约义务是否满足在某一时段内履行的条件,如不满足,则该履约义务属于在某一时点履行的履约义务。

收入确认和计量的五个步骤中,第一步、第二步和第五步主要与收入的确认有关,第三步和第四步主要与收入的计量有关。

需要说明的是,一般而言,确认和计量任何一项合同收入应考虑全部的五个步骤。但履行某些合同义务确认收入不一定都经过五个步骤,如企业按照第二步确定某项合同仅为单项履约义务时,可以从第三步直接进入第五步确认收入,不需要第四步(分摊交易价格)。

三、营业收入的核算

(一)设置账户

1. "主营业务收入"账户

该账户用来核算企业在销售商品、提供劳务及让渡资产使用权等日常活动中所产生的收入。该账户属于损益类账户，贷方登记企业已实现的主营业务收入；借方登记期末转入当期损益的主营业务收入和由于销售退回或发生销售折让而应冲减本期的主营业务收入；期末一般应无余额。该账户应按主营业务的种类设置明细账。

2. "主营业务成本"账户

该账户用来核算企业因销售商品、提供劳务或让渡资产使用权等日常活动中所产生的实际成本。该账户属于损益类账户，借方登记销售各种商品、提供劳务的实际成本，计算应结转的主营业务成本；贷方登记期末转入当期损益的主营业务成本和由于销售退回而应冲减本期的销售成本；期末一般应无余额。该账户应按主营业务的种类设置明细账户。

3. "其他业务收入"账户

该账户用来核算企业除主营业务活动以外的其他经营活动实现的收入，包括销售材料、出租包装物和商品、出租固定资产、出租无形资产等实现的收入。该账户属于损益类账户，贷方登记企业实现的各项其他业务收入；借方登记期末结转入"本年利润"账户的其他业务收入，结转后该账户应无余额。

4. "其他业务成本"账户

该账户用来核算企业除主营业务活动以外的其他经营活动所发生的成本，包括销售材料的成本、出租固定资产的折旧额、出租无形资产的摊销额、出租包装物的成本或摊销额等。该账户属于损益类账户，借方登记企业结转或发生的其他业务成本；贷方登记期末结转入"本年利润"账户的其他业务成本，结转后该账户应无余额。

5. "合同取得成本"账户

该账户用来核算企业取得合同发生的、预计能够收回的增量成本。该账户借方登记发生的合同取得成本；贷方登记摊销的合同取得成本；期末借方余额反映企业尚未结转的合同取得成本。该账户可按合同进行明细核算。

企业为取得合同发生的增量成本预期能够收回的，应作为合同取得成本确认为一项资产。增量成本是指企业不取得合同就不会发生的成本，也就是企业发生的与合同直接相关，但又不是所签订合同的对象或内容(如提供服务或建造商品)本身直接发生的费用。例如销售佣金等，如果销售佣金等预期可通过未来的相关服务收入予以补偿，则该销售佣金(即增量成本)应在发生时确认为一项资产，即合同取得成本。

企业取得合同发生的增量成本已经确认为资产的，应当采用与该资产相关的商品收入确认相同的基础进行摊销，计入当期损益。为简化实务操作，该资产摊销期限不超过一年，可以在发生时计入当期损益。

企业为取得合同发生的，除预期能够收回的增量成本之外的其他支出，例如，无论是否取得合同均会发生的差旅费、投标费、为准备投标资料发生的相关费用等，应当在发生时计入当期损益，除非这些支出明确由客户承担。

6. "合同履约成本"账户

该账户用来核算企业为履行当前或预期取得的合同所发生的、不属于其他企业会计准则规定范围，按照《企业会计准则第14号——收入》应当确认为一项资产的成本。该账户借方登记发生的合同履约成本；贷方登记对合同履约成本摊销的金额；期末借方余额，反映企业尚未结转的合同履约成本。该账户可按合同分别设置"服务成本""工程施工"等科目进行明细核算。

7. "合同资产"账户

该账户用来核算企业已向客户转让商品而有权收取对价的权利，且该权利取决于时间流逝之外的其他因素(如履行合同中的其他履约义务)。该账户借方登记因已转让商品而有权收取的对价金额；贷方登记取得无条件收款权力的金额；期末借方余额，反映企业已向客户转让商品而有权收取的对价金额。该账户按合同进行明细核算。

8. "合同负债"账户

该账户核算企业已收或应收客户对价而应向客户转让商品的义务。该账户贷方登记企业在向客户转让商品之前，已经收到或已经取得无条件收取合同对价权利的金额；借方登记企业向客户转让商品时冲销的金额；期末贷方余额，反映企业在向客户转让商品之前，已经收到的合同对价或已经取得的无条件收取合同对价权利的金额。该账户按合同进行明细核算。

9. "合同资产减值准备"账户

该账户核算合同资产的减值准备。其贷方登记合同资产发生减值的金额；借方登记转回已计提的资产减值准备的金额；期末贷方余额，反映企业已计提但尚未转销的合同资产减值。该账户按合同进行明细核算。

此外，企业合同履约成本、合同取得成本发生减值的，还应当设置"合同履约成本减值准备""合同取得成本减值准备"等科目进行核算。

(二)账务处理

1. 一般销售商品业务的账务处理

在进行销售商品的会计核算时，首先要考虑销售商品收入是否符合确认条件。符合确认条件的，企业应及时确认收入，并结转相关销售成本。确认销售商品收入时，应按确定的收入金额与应收取的增值税，借记"应收账款""应收票据""银行存款"等账户，按确定的收入金额，贷记"主营业务收入""其他业务收入"等账户，按应收取的增值税额，贷记"应交税费——应交增值税(销项税额)"账户；同时，按销售商品的实际成本，借记"主营业务成本"等账户，贷记"库存商品"等账户。

【例 9-1】 A 企业与 G 企业签订一项销售合同，A 企业向 G 企业销售商品一批，合同约定的销售价格为 150 000 元，增值税税额为 19 500 元。A 企业收到 G 企业开出的不带息银行承兑汇票一张，票面金额为 169 500 元，期限为 2 个月。该批商品已经发出，A 企业以银行存款代垫运杂费 2 000 元，增值税税额为 180 元，该批商品的成本为 100 000 元。

在本例中，A 企业已收到 G 企业开出的不带息银行承兑汇票，G 企业收到商品并验收入库，因此，销售商品属于单项履约义务且属于在某一时点履行的履约义务。该企业应编制的会计分录如下：

① 销售实现时。

借：应收票据　　　　　　　　　　　　　169 500
　　贷：主营业务收入　　　　　　　　　　　　　　150 000
　　　　应交税费——应交增值税(销项税额)　　　 19 500

② 代垫运费时。

借：应收账款　　　　　　　　　　　　　 2 180
　　贷：银行存款　　　　　　　　　　　　　　　　 2 180

③ 结转主营业务成本。

借：主营业务成本　　　　　　　　　　　100 000
　　贷：库存商品　　　　　　　　　　　　　　　　100 000

【例 9-2】2020 年 4 月 3 日，乙企业与客户签订合同，向其销售生产用的剩余 A、B 两种材料，合同价款为 6 000 元，增值税税额为 780 元。合同约定，A 材料于合同开始日交付，B 材料在一个月之后交付，只有当 A、B 两种材料全部都交付后，乙企业才有权收取 3 000 元的合同对价。假定 A、B 两种材料构成两项履约义务，其控制权在交付时移交给客户，分摊至 A、B 两种材料的交易价格分别为 1 800 元和 4 200 元。该企业应编制的会计分录如下。

① 交付 A 材料时。

借：合同资产　　　　　　　　　　　　　 2 034
　　贷：其他业务收入　　　　　　　　　　　　　　 1 800
　　　　应交税费——应交增值税(销项税额)　　　 　 234

② 交付 B 材料时。

借：应收账款　　　　　　　　　　　　　 6 780
　　贷：其他业务收入　　　　　　　　　　　　　　 4 200
　　　　应交税费——应交增值税(销项税额)　　　 　 546
　　　　合同资产　　　　　　　　　　　　　　　　 2 034

假设企业该合同资产发生资产减值 600 元，则该企业编制的会计分录如下。

借：资产减值损失　　　　　　　　　　　　　600
　　贷：合同资产减值准备　　　　　　　　　　　　　600

【例 9-3】2020 年 5 月 17 日，按照合同规定，W 企业收到 G 企业的预付货款 80 000 元，5 月 20 日 W 企业按合同规定向 G 企业发出商品，开出增值税专用发票列明价格为 100 000 元，增值税税额为 13 000 元，该批商品实际成本为 78 000 元。5 月 28 日，W 企业收到 G 企业支付剩余货款，金额为 33 000 元。

在本例中销售商品属于单项履约义务且属于在某一时点履行的履约义务。该企业应编制的会计分录如下。

① 5 月 17 日，收到预付款。

借：银行存款　　　　　　　　　　　　　 80 000
　　贷：合同负债　　　　　　　　　　　　　　　　 80 000

② 5 月 20 日，发出商品。

借：合同负债　　　　　　　　　　　　　113 000
　　贷：主营业务收入　　　　　　　　　　　　　　100 000

第九章 收入、费用和利润

　　　　应交税费——应交增值税(销项税额)　　　13 000

③ 5月28日，收到剩余货款。

借：银行存款　　　　　　　　　　　　　33 000
　　贷：合同负债　　　　　　　　　　　　　33 000

2. 销售折让的账务处理

　　销售折让是指企业销售商品后，由于商品在质量、品种等方面与销售合同不符或者是其他原因而在价格上给予购货方的减让。

　　销售折让可能发生在销售方确认收入之前，也可能发生在销售方确认收入之后。

　　(1) 如果销售折让发生在销售方确认收入之前，则销售方应按扣除销售折让后的净额作为实际售价，确认销售收入，不需要做专门的会计处理。

　　(2) 如果销售折让发生在销售方确认收入之后，且不属于资产负债表日后事项的，应在实际发生时冲减当期的销售收入，同时按规定允许扣减增值税额的，应同时冲减"应交税费——应交增值税(销项税额)"；如果属于资产负债表日后事项的，应作为资产负债表日后事项进行调整。

【例 9-4】 2020年2月9日，嘉艺公司销售给乙企业一批商品，合同约定的销售价格为100 000元，增值税额为13 000元，商品已发出，货款尚未收到，该批商品的成本为76 000元。2月12日，嘉艺公司接到乙企业通知，发现商品质量不合格，要求在价格上给予6%的折让。经核实，乙企业提出的销售折让要求符合合同的约定，嘉艺公司同意并办妥了相关手续，同时开具了红字增值税专用发票。该项销售业务属于在某一时点履行的履约义务，假设此前嘉艺公司已确认该批商品的销售收入。该公司应编制的会计分录如下。

① 销售实现时。

借：应收账款　　　　　　　　　　　　　113 000
　　贷：主营业务收入　　　　　　　　　　　100 000
　　　　应交税费——应交增值税(销项税额)　　　13 000
借：主营业务成本　　　　　　　　　　　76 000
　　贷：库存商品　　　　　　　　　　　　　76 000

② 发生销售折让时。

借：主营业务收入　　　　　　　　　　　6 000
　　应交税费——应交增值税(销项税额)　　780
　　贷：应收账款　　　　　　　　　　　　　6 780

③ 实际收到款项时。

借：银行存款　　　　　　　　　　　　　106 220
　　贷：应收账款　　　　　　　　　　　　　106 220

3. 销售退回的账务处理

　　企业销售商品除了可能发生销售折让，还有可能发生销售退回。销售退回是指企业售出的商品中，由于品种、质量不符合要求等原因而发生的退货。

　　(1) 如果不属于资产负债表日后事项的，则不管是本年度销售本年度退回的，还是以前年度销售在本年度退回的，均应冲减退回当月的销售收入，以及相关的成本和税金。如果已经发生现金折扣的，应在退回当月一并转回，调整相关财务费用的金额。

(2) 如果退回属于资产负债表日后事项的，即退回发生在本年度资产负债表日至财务报告批准报出日之间的，应当作为资产负债表日后事项处理，调整资产负债表日会计报表的有关项目。

【例9-5】嘉艺公司在2020年10月19日向甲公司销售一批商品，按商品标价计算出的货款总额为62 500元，由于是批量销售，按合同规定嘉艺公司给出了20%的商业折扣，开出的增值税专用发票上注明售价为50 000元，增值税税额为6 500元。该批商品的成本为26 000元。为及早收回货款，嘉艺公司和甲公司约定的现金折扣条件为：2/10，1/20，n/30。甲公司在2020年10月26日支付货款。2020年12月5日，该批商品因质量问题被甲公司退回，嘉艺公司当日支付有关退货款。该项销售业务属于在某一时点履行的履约义务。假定计算现金折扣时不考虑增值税。嘉艺公司应编制的会计分录如下。

① 2020年10月19日销售实现时。

  借：应收账款   56 500
    贷：主营业务收入   50 000
      应交税费——应交增值税(销项税额)   6 500
  借：主营业务成本   26 000
    贷：库存商品   26 000

② 2020年10月26日收到货款时，发生的现金折扣50 000×2%=1 000(元)，实际收款56 500-1 000=55 500(元)。

  借：银行存款   55 500
    财务费用   1 000
    贷：应收账款   56 500

③ 2020年12月5日发生销售退回时。

  借：主营业务收入   50 000
    应交税费——应交增值税(销项税额)   8 500
    贷：银行存款   57 500
      财务费用   1 000
  借：库存商品   26 000
    贷：主营业务成本   26 000

4. 商业折扣、现金折扣的账务处理

企业销售商品收入的金额通常按照从购货方已收或应收的合同或协议价款确定。在确定销售商品收入的金额时，应注意区分商业折扣和现金折扣及其不同的账务处理方法。商业折扣和现金折扣的区别以及处理方法如下。

1) 商业折扣

商业折扣是指企业为促进商品销售而给予的价格上的一定扣除。例如，企业为鼓励客户多买商品，可能规定购买10件以上商品给予客户10%的折扣，或客户每买10件送1件。此外，企业为了尽快出售一些残次、陈旧、积压的商品，也可能降价(即打折)销售。

商业折扣在销售时即使发生，也不构成最终成交价格的一部分。企业销售商品涉及商业折扣的，应当按照扣除商业折扣后的金额确定销售商品收入金额。

2) 现金折扣

现金折扣是指债权人为鼓励债务人在规定的期限内付款而向债务人提供的债务扣除。现金折扣一般用符号"折扣率/付款期限"表示，例如，"2/10，1/20，N/30"表示：销货方允许客户最长的付款期限为30天，如果客户在10天内付款，销货方可按商品售价给予客户2%的折扣；如果客户在20天内付款，销货方可按商品售价给予客户1%的折扣；如果客户在21天至30天内付款，将不能享受现金折扣。

现金折扣发生在企业销售商品之后，企业销售商品后现金折扣是否发生以及发生多少要视买方的付款情况而定。在计算现金折扣时，还应注意销售方式是按不包含增值税的价款提供现金折扣，还是按包含增值税的价款提供现金折扣，两种情况下购买方享有的折扣金额不同。例如，销售价格为1 000元的商品，增值税税额为130元，如不包含增值税，按1%的折扣率计算，购买方享有的现金折扣金额为10元；如果购销双方约定计算现金折扣时一并考虑增值税，则购买方享有的现金折扣金额为11.3元。

【例9-6】甲公司为增值税一般纳税企业，2020年3月1日销售A商品10 000件，每件商品的标价为20元(不含增值税)，每件商品的实际成本为12元，A商品适用的增值税税率为13%；由于是成批销售，甲公司给予购货方10%的商业折扣，根据合同约定，产品的赊销期限为30天，现金折扣条件为2/10，1/20，N/30；甲公司履行了合同规定的履约义务，A商品于3月1日发出，并且对方得到了该商品的控制权。符合营业收入确认条件，甲公司确认营业收入。购货方于3月9日付款。假定计算现金折扣时考虑增值税。

本例涉及商业折扣和现金折扣问题，首先需要计算确定销售商品收入的金额。根据销售商品收入金额确定的有关规定，销售商品收入的金额应是未扣除现金折扣但扣除商业折扣后的金额，现金折扣应在实际发生时计入当期财务费用。因此，甲公司应确认的销售商品收入金额为180 000 (20×10 000-20×10 000×10%)元，增值税销项税额为23 400 (180 000×13%)元。购货方于销售实现后的10日内付款，享有的现金折扣为4 068[(180 000+23 400)×2%]元。甲公司应编制的会计分录如下。

① 3月1日销售实现时。

借：应收账款　　　　　　　　　　　　　　203 400
　　贷：主营业务收入　　　　　　　　　　　180 000
　　　　应交税费——应交增值税(销项税额)　23 400
借：主营业务成本　(12×10 000)　　　　　　120 000
　　贷：库存商品　　　　　　　　　　　　　120 000

② 3月9日收到货款时。

借：银行存款　　　　　　　　　　　　　　199 322
　　财务费用　　　　　　　　　　　　　　　4 068
　　贷：应收账款　　　　　　　　　　　　　203 400

本例中，若购货方于3月19日付款，则享受的现金折扣为2 034[(180 000+23 400)×1%]元，收到货款时，甲公司应编制会计分录如下。

借：银行存款　　　　　　　　　　　　　　201 366

财务费用	2 034
贷：应收账款	203 400

若购货方于3月底才付款，则应按全额付款。收到货款时，甲公司应编制会计分录如下。

借：银行存款	203 400
贷：应收账款	203 400

5. 销售材料等存货的账务处理

企业在日常活动中会发生对外销售不需用的原材料、随同商品对外销售单独计价的包装物等业务。企业销售原材料、包装物等存货取得收入的确认和计量原则比照商品销售。企业销售原材料、包装物等存货确认的收入作为其他业务收入处理，结转的相关成本作为其他业务成本处理。

【例9-7】 嘉艺公司向远帆公司销售一批原材料，开出的增值税专用发票上注明的售价为30 000元，增值税额为3 900元，款项已由银行收妥。该批原材料的实际成本为12 000元。嘉艺公司履行了合同规定的履约义务，远帆公司收到原材料并验收入库。

本例中嘉艺公司已经收到远帆公司支付的货款，客户远帆公司收到原材料并验收入库，因此，该项业务为单项履约义务且属于在某一时点履行的履约义务。嘉艺公司应编制的会计分录如下。

① 取得原材料销售收入时。

借：银行存款	33 900
贷：其他业务收入	30 000
应交税费——应交增值税(销项税额)	3 900

② 结转已销售原材料的实际成本时。

借：其他业务成本	12 000
贷：原材料	12 000

6. 提供服务的账务处理

提供服务是指企业对外提供旅游服务、运输服务、饮食服务、广告策划与制作服务、管理咨询服务、代理业务服务、培训业务服务、安装服务、软件设计服务、特许权服务、建筑企业提供建造服务等。企业提供的服务如果属于某一时点履约的义务，应采用与前述商品销售相同的办法确认营业收入；如果属于在某一段期间履行的义务，则应考虑服务的性质，采用产出法或投入法确定恰当的履约进度，分期确认收入。

1) 产出法

产出法主要是根据已转移给客户的商品对于客户的价值确定履约进度的方法，主要包括按照实际测量的完工进度、评估已实现的结果、已达到的里程碑、时间进度、已完工或交付的产品等确定履约进度的方法。

例如，A公司和B公司签订一份服务合同，合同总收入为400万元，合同总成本为280万元，期限为4年，采用产出法确定履约进度。报告期末，经专业测量师测量认定，该项服务的累计履约进度为30%，B公司接受该测量结果，则A公司应确认的营业收入为120万元(400×30%)=120(万元)。

2) 投入法

投入法主要是根据企业履行履约义务的投入确定履约进度，主要包括已投入材料的数量、花费的人工工时或机器工时、发生的成本和时间进度等投入指标确定履约进度。

各期确认的营业收入及结转营业成本应按以下公式计算：

各期确认的营业收入=合同总收入×履约进度-以前期间累计已确认的营业收入

各期确认的营业成本=合同总成本×履约进度-以前期间累计已确认的营业成本

例如，A 公司和 B 公司签订一份服务合同，合同总收入为 400 万元，合同总成本为 280 万元，期限为 4 年，采用投入法确定履约进度。报告期末，该项服务的累计服务成本为 70 万元，则累计履约进度为 25%(70÷280)，B 公司接受该测量结果，则 A 公司应确认的营业收入为 100 万元(400×25%)=100(万元)

【例 9-8】 A 公司为增值税一般纳税人，装修服务适用增值税税率为 9%。2019 年 12 月 1 日，A 公司与 B 公司签订一项为期 3 个月的装修合同，合同约定装修价款为 700 000 元，增值税税额为 63 000 元，装修费用每月末按完工进度支付，采用产出法确认营业收入。2020 年 12 月 31 日，经专业测量师测量后，确定该项劳务的完工程度为 25%；B 公司按完工进度支付价款及相应的增值税款。截至 2019 年 12 月 31 日，A 公司为完成该合同累计发生劳务成本 150 000 元(假定均为装修人员薪酬)，估计还将发生劳务成本 450 000 元。

假定该业务属于 A 公司的主营业务，全部由其自行完成；该装修服务构成单项履约义务，并属于在某一时段内履行的履约义务；A 公司按照实际测量的完工进度确定履约进度。A 公司应编制如下会计分录。

① 实际发生劳务成本 150 000 元。

借：合同履约成本　　　　　　　　　　　　　150 000
　　贷：应付职工薪酬　　　　　　　　　　　　　150 000

② 2020 年 12 月 31 日确认劳务收入并结转劳务成本。

确认的劳务收入= 700 000×25%-0=175 000 (元)

借：银行存款　　　　　　　　　　　　　　　190 750
　　贷：主营业务收入　　　　　　　　　　　　　175 000
　　　　应交税费——应交增值税 (销项税额)　　15 750
借：主营业务成本　　　　　　　　　　　　　150 000
　　贷：合同履约成本　　　　　　　　　　　　　150 000

【例 9-9】 A 公司是一家咨询公司，通过竞标赢得一个服务期为 3 年的客户，该客户每年末支付含税咨询费 190 800 元，增值税税率为 6%。为取得与该客户的合同，A 公司聘请外部律师进行项目调查支付相关费用 8 000 元，为投标发生差旅费 7 000 元，投标费 5 000 元，支付销售人员佣金 36 000 元。甲公司预期这些支出未来均能够收回。此外，A 公司根据其年度销售目标和盈利情况，向销售部门经理支付年度奖金 12 000 元。

本例中，A 公司由于与该客户签订合同而向销售人员支付的佣金属于取得合同发生的增量成本。A 公司聘请外部律师发生的调查支出，以及投标发生的差旅费和投标费，无论是否取得合同都会发生，因此不是增量成本；向销售部门经理支付的年度奖金，不能直接归属于可识别的合同，因此也不是为取得合同发生的增量成本，都应当于发生时直接计入当期损益。A 公司应编制如下会计分录。

① 支付相关费用。

借：合同取得成本　　　　　　　　　　　　36 000
　　管理费用　　　　　　　　　　　　　　20 000
　　销售费用　　　　　　　　　　　　　　12 000
　　贷：银行存款　　　　　　　　　　　　　　68 000

② 每月确认服务收入。

服务收入=[190 800÷(1+6%)]÷12=15 000(元)

借：应收账款　　　　　　　　　　　　　　15 900
　　贷：主营业务收入　　　　　　　　　　　　15 000
　　　　应交税费——应交增值税(销项税额)　　　900

③ 每月摊销售佣金。

销售佣金摊销额=36 000÷3÷12=1 000 (元)

借：销售费用　　　　　　　　　　　　　　1 000
　　贷：合同取得成本　　　　　　　　　　　　1 000

第二节　费用与成本

一、费用概述

(一)费用的概念

费用有广义和狭义之分。我国《企业会计准则——基本准则》中定义的是狭义的费用概念。狭义的费用是指企业在日常活动中发生的、会导致所有者权益减少的、与向所有者分配利润无关的经济利益的总流出。费用是企业在生产经营过程中发生的各种耗费，即企业在生产经营过程中为取得收入而进行产品生产和劳务提供等产生的消耗，主要包括营业成本、税金及附加、销售费用、管理费用、财务费用等。

广义的费用是指会计期间内经济利益的总流出。但不包括与向所有者分配、直接计入所有者权益的其他综合收益减少等。它主要包括营业成本、税金及附加、销售费用、管理费用、财务费用、所得税费用、资产减值损失、资产处置损益、营业外支出等。

(二)费用的特征

1. 费用是企业在日常活动中形成的

费用必须是企业在其日常活动中所形成的，这里的"日常活动"是指企业为完成其经营目标所从事的经常性活动以及与之相关的活动。例如，商业企业销售商品，工业企业制造并销售产品等。费用的定义与收入定义中涉及的日常活动的界定相一致。日常活动所产生的费用一般包括营业成本、税金及附加、管理费用、销售费用、财务费用等。将费用界定为日常活动所形成的，目的是为了将其与损失相区分。企业非日常活动所形成的经济利益的流出不能确认为费用，而应当计入损失。

第九章 收入、费用和利润

2. 费用会导致所有者权益的减少

与费用相关的经济利益的流出会导致所有者权益的减少，不会导致所有者权益减少的经济利益的流出不符合费用的定义，不应该确认为费用。

3. 费用是与向所有者分配利润无关的经济利益的总流出

费用的发生会导致经济利益流出企业，从而导致企业资产的减少或者负债的增加，其表现形式包括现金或者现金等价物的流出，存货、固定资产和无形资产等的流出或者消耗等。值得注意的是，企业向所有者分配利润也会导致经济利益的流出，但该经济利益的流出是企业对投资者投资的回报，显然属于所有者权益的抵减项目，所以不应当确认为费用。

(三)费用的确认条件

费用的确认除了应当符合定义外，至少应当符合以下条件。
(1) 与费用相关的经济利益很可能流出企业；
(2) 经济利益流出企业的结果会导致资产的减少或者负债的增加；
(3) 经济利益的流出额能够可靠计量。
符合费用定义和费用确认条件的项目，才能列入利润表。

(四)费用的分类

企业发生的费用多种多样，可以按照不同的标准进行分类，其中最基本的分类是按照经济内容和经济用途进行分类。

1. 费用按经济内容分类

就费用的一般意义而言，企业发生的各种费用都是对企业资产的耗费，并形成不同的费用内容。费用按经济内容分类，是指将企业在生产经营活动过程中发生的各种费用按照要素的类别进行分类。按照这种分类方法，企业的费用一般可以分为以下几类。

(1) 外购材料，指企业为生产产品和提供劳务而耗用的从外部购入的原料及主要材料、辅助材料、外购半成品、包装物、修理用备件和低值易耗品等。

(2) 外购燃料，指企业为进行生产而耗用的一切从外部购入的各种固体燃料、液体燃料和气体燃料。外购燃料和外购材料从内容上看是一致的，可以归为一类，如果燃料在产品成本中所占的比重较大，则需单独列示，进行核算。

(3) 外购动力，指企业为生产产品和提供劳务而耗用的一切从外部购入的热力、电力、蒸汽等各种动力。

(4) 职工薪酬，指企业在生产产品和提供劳务的过程中为获得职工提供的服务而给予的各种形式的报酬以及其他相关支出。

(5) 折旧费，指企业按照规定的方法计提的固定资产折旧费用。

(6) 利息支出，指企业应计入成本费用的利息支出减去利息收入后的净额。

(7) 其他支出，指除以上列示的各要素费用之外，企业在生产经营活动过程中发生的其他费用支出。

费用按经济内容分类可以反映企业在一定期间内发生了哪些费用，每种费用的发生额是多少，据以分析费用的构成和水平，为编制企业的采购和预算计划提供依据。

2. 费用按经济用途分类

在企业的生产经营活动过程中所发生的各种费用的用途各不相同，费用按经济用途分类是指将企业发生的费用按照其在企业的生产经营中所起的作用和用途进行分类。费用按经济用途分类可以分为计入产品成本的生产费用和不计入产品成本的费用(期间费用)。

1) 计入产品成本的生产费用

对于计入产品成本中的生产费用(即产品生产成本)，按照经济用途分类可以进一步细分为直接材料、直接人工和制造费用三个项目，即构成产品生产成本的项目，通常称为产品成本项目。

(1) 直接材料，指直接用于产品生产、构成产品实体的原料、主要材料及有助于产品形成的辅助材料。

(2) 直接人工，指直接从事产品生产的生产工人的职工薪酬。

(3) 制造费用，指企业各生产单位为生产产品和提供劳务所发生的各项间接费用，如生产单位管理人员的职工薪酬，生产单位房屋、建筑物、机器设备等计提的折旧费，取暖费，水电费，办公费等。

生产费用按其经济用途分类，便于划清产品制造成本和期间费用的界限，可以了解企业产品成本构成情况，分析费用发生的是否合理，为考核成本计划完成情况、寻找降低产品成本的途径提供依据。

2) 期间费用

期间费用即不计入产品成本中的费用，包括财务费用、管理费用和销售费用，应当在发生时直接计入当期损益。

(1) 财务费用是指企业为筹集生产经营所需资金等而发生的筹资费用。

(2) 管理费用是指企业为组织和管理企业生产经营所发生的各项费用。

(3) 销售费用是指企业在销售商品、提供劳务的过程中以及专设销售机构发生的费用。

二、费用与成本的关系

(一)成本的概念

成本是指在企业发生的费用中，能够计入一定的成本计算对象的那部分费用。企业在生产经营过程中发生的费用多种多样，但在发生后，有些费用按照规定能够计入一定的成本计算对象，构成一定资产的成本。成本计算对象是分配成本的载体。计算产品成本时，需要将费用分配给不同的产品，这时产品就是成本计算对象。产品成本是对象化的生产费用，是企业为生产一定种类和数量的产品所发生的各种耗费的总和。然而，有些费用不能计入一定的成本计算对象，要在费用发生后直接作为当期的费用来处理。例如，企业行政管理部门支付的办公费、水电费等，因其与产品的生产没有直接关系，在发生后就不能计入产品成本，而应计入当期管理费用。

因此，在企业发生的所有费用中，只有那些能够按照规定计入一定成本计算对象的费用，才称为成本，不能计入一定成本核算对象的费用，只能作为费用来处理。

第九章　收入、费用和利润

(二)费用和成本的联系与区别

费用与成本的联系表现为：两者的性质相同，两者均为生产经营过程中所发生的必要耗费；费用是计算成本的前提和基础，没有费用的发生，就没有成本的形成；成本是对象化的费用，费用按一定范围、一定对象进行归集，就构成各对象的成本。

费用与成本的区别表现为：费用强调一定利益主体的耗费，与一定会计期间相联系；成本强调某一特定目的的耗费，与一定种类和数量的产品相联系，强调按对象归集。成本遵循配比原则和受益原则；费用包括期间费用和对象化的费用，成本只指对象化的费用。

三、费用与成本的核算

(一)生产成本的核算

1. 生产成本的概念

生产成本是指企业为生产一定种类和数量的产品所发生的各种耗费的总和，是对象化的生产费用。只有当生产费用实际计入了某种产品的成本时才能被称为生产成本，或者说生产成本是相对于一定的产品而言的，它是按照产品品种等成本核算对象对当期发生生产费用进行归集所形成的。由于产品的生产成本是在产品的制造过程中发生的，并且与产品价值的形成有直接关系，因而也被称为制造成本，一般由直接材料、直接人工、制造费用构成。

2. 设置账户

(1) "生产成本"账户，用来核算企业进行工业性生产，包括生产各种产品(如产成品、自制半成品、提供劳务等)、自制材料、自制工具、自制设备等所发生的各项生产费用，计算产品和劳务的实际成本。该账户属于成本类账户，借方登记企业生产单位(如车间、分厂)为生产产品或提供劳务所发生的直接材料费用、直接人工费用和从"制造费用"账户转入的生产单位发生的制造费用；贷方登记结转的生产单位完工入库产品成本和已完成的劳务成本；该账户的期末余额在借方，表示生产单位尚未完工的在产品成本。

工业企业的生产根据各生产单位任务的不同，可以分为基本生产和辅助生产。基本生产是指为完成企业主要生产任务而进行的产品生产。辅助生产是指为企业基本生产单位或其他部门提供服务而进行的产品生产或劳务供应，如企业内部的供电、供水、运输、修理、自制材料、自制工具等的生产与劳务供应。

由于企业生产分为基本生产和辅助生产，根据企业生产费用核算和产品成本计算的需要，一般可以在"生产成本"这一总分类账户下，分设"基本生产成本"和"辅助生产成本"两个二级账户。也可以将"基本生产成本"和"辅助生产成本"设为一级账户进行核算。

为了正确计算各种产品和劳务的实际总成本，在按照企业生产单位设置的生产成本二级账下，还应按照各个生产单位的成本核算对象，设置产品生产成本明细账，基本生产明细账中按照成本项目设专栏组织明细核算；辅助生产明细账中按照成本项目或费用项目设专栏组织明细核算。按成本核算对象设置的产品生产成本明细账，可用来归集该成本核算对象所发生的全部生产费用，并计算出该对象的完工产品实际总成本和月末在产品成本。

(2) "制造费用"账户，用来核算企业各生产单位为组织和管理生产所发生的各项间接费用,包括职工薪酬、办公费、水电费、机物料消耗等。该账户属于成本类账户,借方登记企业各生产单位为生产产品和提供劳务而发生的各项费用;贷方登记期末分配结转(转入"生产成本"账户)的制造费用;除季节性生产企业或车间外,期末结转后该账户无余额。"制造费用"账户应按企业生产单位设置明细账,并按费用项目设专栏组织明细核算。

3. 会计处理

企业生产车间领用原材料,分配职工薪酬等,借记"生产成本"科目,贷记"原材料""应付职工薪酬"等科目;结转完工产品成本,借记"库存商品"科目,贷记"生产成本"科目。

【例9-10】 远帆公司第一生产车间投产甲产品100件,7月份发生以下费用:生产甲产品领用原材料12 000元,车间领用材料10 000元;生产工人应分配工资26 000元,车间管理人员应分配工资8 000元;厂房、机器设备应计提固定资产折旧费2 000元;以银行存款支付水电费1 600元,月末甲产品全部完工,结转完工产品成本。根据上述资料,该公司应编制的会计分录如下。

① 领用材料。
借:生产成本——甲产品　　　　　　　　　　12 000
　　制造费用——第一车间　　　　　　　　　10 000
　　贷:原材料　　　　　　　　　　　　　　　　　22 000

② 分配工资费用。
借:生产成本——甲产品　　　　　　　　　　26 000
　　制造费用——第一车间　　　　　　　　　 8 000
　　贷:应付职工薪酬——工资　　　　　　　　　24 000

③ 计提折旧费时。
借:制造费用——折旧费　　　　　　　　　　 2 000
　　贷:累计折旧　　　　　　　　　　　　　　　　2 000

④ 支付水电费。
借:制造费用——水电费　　　　　　　　　　 1 600
　　贷:累计折旧　　　　　　　　　　　　　　　　1 600

⑤ 月末,将制造费用分配结转生产成本账户。
借:生产成本——甲产品　　　　　　　　　　21 600
　　贷:制造费用　　　　　　　　　　　　　　　 21 600

⑥ 月末,计算完工产品成本并结转完工产品入库。
完工产品成本=12 000+26 000+21 600=59 600(元)
借:库存商品——甲产品　　　　　　　　　　59 600
　　贷:生产成本——甲产品　　　　　　　　　　59 600

(二)期间费用的核算

1. 管理费用的核算

1) 管理费用的内容

管理费用是指企业为组织和管理企业生产经营所发生的各项费用,包括企业在筹建期间内发生的开办费、董事会和行政管理部门在企业的经营管理中发生的或者应由企业统一负担的公司经费(包括行政管理部门职工工资及福利费、物料消耗、低值易耗品摊销、办公费和差旅费)、工会经费、董事会费(包括董事会成员津贴、会议费和差旅费等)、聘请中介机构费、咨询费(含顾问费)、诉讼费、业务招待费、技术转让费、研究费用、排污费以及企业生产车间、行政管理部门发生的固定资产修理费用等。

2) 设置账户

企业应设置"管理费用"账户，核算企业为组织和管理企业生产经营活动所发生的各项费用。该账户属于损益类账户，借方登记发生的各项管理费用，期末，将本科目借方归集的全部费用由本科目的贷方转入本年利润科目的借方，计入当期损益。结转后，"管理费用"账户期末无余额。该账户按费用项目设置明细账进行明细核算。

3) 账务处理

企业行政管理部门领用原材料，分配职工薪酬，发生固定资产折旧、支付相关费用等，借记"管理费用"科目，贷记"原材料""应付职工薪酬""累计折旧""银行存款"等科目；期末结转管理费用时，借记"本年利润"科目，贷记"管理费用"科目。

【例9-11】 远帆公司12月份行政管理部门发生以下费用：计提固定资产折旧费5 000元；分配管理人员工资16 000元；用银行存款支付业务招待费18 600元；摊销无形资产2 200元。月末结转所发生的各项管理费用。

根据上述资料，该公司应编制的会计分录如下。

① 计提折旧费时。

借：管理费用——折旧费　　　　　　　　　　　　5 000
　　贷：累计折旧　　　　　　　　　　　　　　　　　5 000

② 分配管理人员工资时。

借：管理费用——工资　　　　　　　　　　　　　16 000
　　贷：应付职工薪酬——工资　　　　　　　　　　16 000

③ 支付业务招待费时。

借：管理费用——业务招待费　　　　　　　　　　18 600
　　贷：银行存款　　　　　　　　　　　　　　　　18 600

④ 摊销无形资产时。

借：管理费用——无形资产摊销　　　　　　　　　2 200
　　贷：累计摊销　　　　　　　　　　　　　　　　2 200

⑤ 月末结转管理费用时。

借：本年利润　　　　　　　　　　　　　　　　　41 800
　　贷：管理费用　　　　　　　　　　　　　　　　41 800

2. 财务费用的核算

1) 财务费用的内容

财务费用是指企业为筹集生产经营所需资金等而发生的各项费用，具体包括的项目有利息净支出(减利息收入后的支出)、汇兑净损失(减汇兑收益后的损失)、企业发生的现金折扣以及相关的金融机构手续费等。

(1) 利息净支出，指企业短期借款利息、长期借款利息、应付票据利息、票据贴现利息、应付债券利息等利息支出减去银行存款等利息收入后的净额。

(2) 汇兑净损失，指企业因向银行出售或购入外汇而产生的银行买入、卖出价与记账采用的汇率之间的差额，以及月度终了各种外币账户的外币期末余额，按照期末汇率折合的记账本位币金额与账面记账本位币金额之间的差额等。

(3) 相关手续费，指企业支付开出汇票的银行手续费等。

(4) 企业发生的现金折扣。

(5) 其他财务费用，为筹集生产经营资金发生的其他费用等。

2) 设置账户

企业应设置"财务费用"账户，核算企业为筹集生产经营所需资金等而发生的筹资费，如利息支出、手续费用和汇兑损益等。该账户属于损益类账户，借方登记发生的各项财务费用，贷方登记利息收入、汇兑收益。月终，将该科目的余额转入"本年利润"科目，结转以后该账户期末无余额。该账户按费用项目设置明细账进行明细核算。

3) 账务处理

企业发生利息费用支出、支付手续费用、汇总损益时，借记"财务费用"科目，贷记"应付利息""银行存款"等科目；期末结转财务费用时，借记"本年利润"科目，贷记"财务费用"科目。

【例 9-12】 远帆公司 2020 年 1 月发生如下事项：计提本月银行借款利息 12 000 元；银行转来存款利息 8 000 元。月末结转所发生的费用。根据上述资料，该公司应编制的会计分录如下：

① 计提借款利息时。

借：财务费用——利息支出　　　　　　　　　　12 000
　　贷：应付利息　　　　　　　　　　　　　　　　　12 000

② 银行转来存款利息收入时。

借：银行存款　　　　　　　　　　　　　　　　8 000
　　贷：财务费用——利息收入　　　　　　　　　　　8 000

③ 月末结转财务费用时。

借：本年利润　　　　　　　　　　　　　　　　4 000
　　贷：财务费用　　　　　　　　　　　　　　　　　4 000

3. 销售费用的核算

1) 销售费用的内容

销售费用是指企业在销售商品和材料、提供劳务的过程中发生的各种费用，包括企业在销售商品过程中发生的广告费、展览费、保险费、包装费、商品维修费、预计产品质量保证损失、运输费、装卸费以及为销售本企业商品而专设的销售机构(含销售网点、售后服务网点等)的职工薪酬、业务费、折旧费、固定资产修理费等。

2) 设置账户

企业应设置"销售费用"账户，核算企业在销售商品和材料、提供劳务的过程中发生的各种费用。该账户属于损益类账户，借方登记发生的各项销售费用；月终，将借方归集的销售费用全部由该科目的贷方转入"本年利润"科目的借方,计入当期损益,结转当期销售费用后,"销售费用"账户期末无余额。该账户按费用项目设置明细账进行明细核算。

3) 账务处理

企业发生广告费用和展览费用支出、分配销售人员工资时,借记"销售费用""应付职工薪酬"科目,贷记"银行存款"等科目;期末结转销售费用时,借记"本年利润"科目,贷记"销售费用"科目。

【例 9-13】 远帆公司 7 月份发生的销售费用包括:以银行存款支付广告费 70 000 元;以现金支付应由公司负担的销售产品的运输费 6 000 元;本月分配给专设销售机构的职工工资 80 000 元,发生职工福利费 1 120 元。月末结转所发生的销售费用。

根据上述资料,该公司应编制的会计分录如下。

① 支付广告费时。

借:销售费用——广告费　　　　　　　　　　　　70 000
　　贷:银行存款　　　　　　　　　　　　　　　　　70 000

② 支付运输费时。

借:销售费用——运输费　　　　　　　　　　　　6 000
　　贷:库存现金　　　　　　　　　　　　　　　　　6 000

③ 分配工资时。

借:销售费用　　　　　　　　　　　　　　　　　81 120
　　贷:应付职工薪酬——工资　　　　　　　　　　80 000
　　　　　　　　　　——福利费　　　　　　　　　 1 120

④ 月末结转全部销售费用时。

借:本年利润　　　　　　　　　　　　　　　　　157 120
　　贷:销售费用　　　　　　　　　　　　　　　　　157 120

第三节　利　　润

一、利润的概念及构成

利润是指企业在一定会计期间的经营成果。利润包括收入减去费用后的净额、直接计入当期利润的利得和损失等。其中,直接计入当期利润的利得和损失是指应当计入当期损益、会导致所有者权益发生增减变动的、与所有者投入资本或者向所有者分配利润无关的利得或损失。

对利润进行核算可以及时反映企业在一定会计期间的经营业绩和获利能力,及时反映企业的投入产出效果和经济效益,有助于企业投资者和债权人据此进行盈利预测,评价企业经营绩效,做出正确的决策。

在利润表中,利润分为营业利润、利润总额和净利润三个层次。

(一)营业利润

营业利润是指企业一定期间的日常活动取得的利润。其具体构成如下:

营业利润=营业收入-营业成本-税金及附加-销售费用-管理费用-财务费用-研发费用+其他收益+投资收益(-投资损失)+净敞口套期收益(-净敞口套期损失)+公允价值变动收益(-公允价值变动损失)-资产减值损失-信用减值损失+资产处置收益(-资产处置损失)　　(9-1)

其中，营业收入是指企业经营业务所确认的收入总额，包括主营业务收入和其他业务收入。

营业成本是指企业经营业务所发生的实际成本总额，包括主营业务成本和其他业务成本。

研发费用是指企业进行研究与开发发生的费用化支出，以及计入管理费用的自行开发无形资产的摊销。

资产减值损失是指企业计提各项资产减值准备所形成的损失。

公允价值变动收益(或损失)是指企业交易金融资产等公允价值变动形成的应计入当期损益的利得(或损失)。

投资收益(或损失)是指企业以各种方式对外投资所取得的收益(发生的损失)。

其他收益是指企业收到的与日常活动相关的政府补助形成的收益。

(二)利润总额

利润总额的构成如下：

$$利润总额=营业利润+营业外收入-营业外支出 \qquad (9-2)$$

其中，营业外收入是指企业发生的与日常活动无直接关系的各项利得；营业外支出是指企业发生的与日常活动无直接关系的各项损失。

(三)净利润

净利润的构成如下：

$$净利润=利润总额-所得税费用 \qquad (9-3)$$

其中，所得税费用是指企业确认的应从当期利润总额中扣除的所得税费用。

二、营业外收入和营业外支出的核算

(一)营业外收入的核算

1. 营业外收入核算的内容

营业外收入是指企业发生的与其日常活动无直接关系的各项利得。营业外收入并不是企业经营资金耗费所产生的，不需要企业付出代价，实际上是经济利益的净流入，不可能也不需要与有关的费用进行配比。营业外收入主要包括非流动资产毁损报废利得、盘盈利得、罚没利得、捐赠利得、确实无法支付而按规定程序经批准后转作营业外收入的应付款项等。

其中，非流动资产毁损报废利得是指因自然灾害等发生毁损、已丧失使用功能而报废的非流动资产所产生的清理收益。

盘盈利得主要指企业对于现金等清查盘点中盘盈的现金等，报经批准后计入营业外收入的金额。

第九章 收入、费用和利润

罚没利得是指企业取得的各项罚款,在弥补因对违反合同或协议而造成的经济损失后的罚款净收益。

捐赠利得是指企业接受捐赠产生的利得。

2. 设置账户

企业应通过"营业外收入"账户,核算企业发生的与其生产经营无直接关系的各项收益,包括报废毁损固定资产净收益、罚款收入等。该账户属于损益类账户,其贷方登记发生的营业外收入,借方登记期末转入"本年利润"账户的数额,结转后无余额。该科目可按营业外收入项目进行明细核算。

3. 账务处理

(1) 企业确认非流动资产毁损报废利得时,借记"固定资产清理""银行存款""待处理财产损溢""原材料"等科目,贷记"营业外收入"科目。

【例 9-14】 某企业将固定资产报废清理的净收益 8 000 元转作营业外收入,应编制的会计分录如下。

借:固定资产清理   8 000
    贷:营业外收入——非流动资产毁损报废利得   8 000

(2) 企业确认无法支付的应付账款时,借记"应付账款"科目,贷记"营业外收入"科目。

【例 9-15】 某企业将无法支付的应付账款 18 000 元转作营业外收入,应编制会计分录如下。

借:应付账款   18 000
    贷:营业外收入   18 000

(3) 企业确认盘盈利得、捐赠利得时,借记"银行存款""待处理财产损溢"等科目,贷记"营业外收入"科目。

【例 9-16】 某企业在现金清查中盘盈 200 元,按管理权限报经批准后转入营业外收入,应编制的会计分录如下。

① 发现盘盈时。

借:库存现金   200
    贷:待处理财产损溢——待处理流动资产损溢   200

② 经批准转入营业外收入时。

借:待处理财产损溢——待处理流动资产损溢   200
    贷:营业外收入   200

(4) 期末,应将"营业外收入"科目余额转入"本年利润"科目,借记"营业外收入"科目,贷记"本年利润"科目。结转后本科目应无余额。

【例 9-17】 某企业本期营业外收入总额为 180 000 元, 期末结转本年利润,应编制的会计分录如下。

借:营业外收入   180 000
    贷:本年利润   180 000

(二)营业外支出的核算

1. 营业外支出核算的内容

营业外支出是指企业发生的与其日常活动无直接关系的各项损失，主要包括非流动资产毁损报废损失、盘亏损失、罚没支出、捐赠支出、非常损失等。

(1) 非流动资产毁损报废损失是指因自然灾害等发生毁损、已丧失使用功能而报废的非流动资产所产生的清理损失。

(2) 盘亏损失主要指对于固定资产清查盘点中盘亏的固定资产，在查明原因处理时按确定的损失计入营业外支出的金额。

(3) 罚没支出是指企业因违反税收法规、经济合同等支付的各种滞纳金和罚款。

(4) 捐赠支出是指企业对外进行公益性捐赠发生的支出。

(5) 非常损失是指企业对于因客观因素(自然灾害等)造成的损失，在扣除保险公司赔偿后应计入营业外支出的净损失。

2. 设置账户

企业应通过"营业外支出"账户，核算企业发生的与其生产经营无直接关系的各项支出，如罚款支出、捐赠支出、固定资产盘亏、报废毁损固定资产净损失、非常损失等。该账户属于损益类账户，借方登记发生的营业外支出，贷方登记期末转入"本年利润"账户的数额，结转后无余额。本账户按支出项目设置明细账户，进行明细核算。

3. 账务处理

(1) 企业确认报废固定资产损失时，借记"营业外支出"科目，贷记"固定资产清理"科目。

【例9-18】某公司某固定资产账面原值200 000元，预计净残值为5 000元，预计使用8年，现在已使用9年，由于不能够继续使用而报废。清理过程中残料入库，计价1 000元；用银行存款支付清理费用500元；不考虑其他因素。根据以上资料，公司应编制的会计分录如下。

① 注销固定资产原值和累计折旧。

已计提折旧为：200 000-5 000=195 000(元)

  借：固定资产清理   5 000
    累计折旧   195 000
    贷：固定资产   200 000

② 支付清理费用。

  借：固定资产清理   500
    贷：银行存款   500

③ 残料计价入库。

  借：原材料   1 000
    贷：固定资产清理   1 000

④ 结转清理净损益。

  借：营业外支出   4 500

　　　　贷：固定资产清理　　　　　　　　　　　　　　　　　　　　　　　4 500

(2) 确认盘亏、罚款支出时，借记"营业外支出"科目，贷记"待处理财产损溢""库存现金"等科目。

【例 9-19】 某企业发生原材料意外灾害损失 270 000 元，经批准全部转作营业外支出。不考虑相关税费。企业应编制的会计分录如下。

① 发生原材料意外灾害损失时。

借：待处理财产损溢——待处理流动资产损溢　　　　270 000
　　贷：原材料　　　　　　　　　　　　　　　　　　270 000

② 批准处理时。

借：营业外支出　　　　　　　　　　　　　　　　　270 000
　　贷：待处理财产损溢——待处理流动资产损溢　　　270 000

【例 9-20】 某企业用银行存款支付税款滞纳金 30 000 元，应编制的会计分录如下。

借：营业外支出　　　　　　　　　　　　　　　　　 30 000
　　贷：银行存款　　　　　　　　　　　　　　　　　 30 000

(3) 期末，应将"营业外支出"科目余额转入"本年利润"科目，借记"本年利润"科目，贷记"营业外支出"科目。结转后本科目应无余额。

【例 9-21】 某企业本期营业外支出总额为 840 000 元，期末结转本年利润，应编制的会计分录如下。

借：本年利润　　　　　　　　　　　　　　　　　　840 000
　　贷：营业外支出　　　　　　　　　　　　　　　　840 000

三、所得税费用的核算

1. 所得税的计算

所得税是在利润总额的基础上根据税法进行调整后按规定的税率计算得到的。由于会计制度与税法在确认收入、费用的口径和时间等方面不一致，使得根据会计准则规定计算得到的会计利润与税法规定的纳税所得会产生一定的出入，因此，必须先计算应纳税所得额，再据以计算本期应交所得税。

所得税的计算公式如下：

$$\text{应交所得税} = \text{应纳税所得额} \times \text{适用税率} \tag{9-4}$$

$$\text{应纳税所得额} = \text{税前会计利润} + \text{纳税调整增加额} - \text{纳税调整减少额} \tag{9-5}$$

其中，纳税调整增加额主要包括税法规定允许扣除项目中，企业已经计入当期费用但超过税法规定扣除标准的金额，如超过税法规定标准的职工福利费、工会经费、业务招待费、公益性支出、广告费和业务招待费等；企业已经计入当期损失但税法规定不允许扣除项目的金额，如罚款、收滞纳金等。

纳税调整减少额主要是弥补的亏损和准予免税的项目，如前五年内未弥补的亏损和国债利息收入等。

2. 设置账户

所得税费用的核算通过设置"所得税费用"账户来进行。该账户属于损益类账户，核算企业确认的应从当前利润总额中扣除的所得税费用。其借方登记本期发生的所得税费用；贷方登记本期退回的或应冲减的所得税费用；期末本账户余额转入"本年利润"账户。期末结转后该账户无余额。

3. 账务处理

【例 9-22】 某企业 2020 年应纳税所得额为 224 000 元，该企业所得税税率为 25%，不考虑其他因素。企业应编制的会计分录如下。

2020 年应交所得税=224 000×25%=56 000(元)

① 计提本年应交所得税。

借：所得税费用　　　　　　　　　　　　　　　　　　　56 000
　　贷：应交税费——应交所得税　　　　　　　　　　　　56 000

② 将所得税费用转入"本年利润"账户。

借：本年利润　　　　　　　　　　　　　　　　　　　　56 000
　　贷：所得税费用　　　　　　　　　　　　　　　　　　56 000

四、利润的核算

(一)利润的结转

1. 设置账户

企业应设置"本年利润"账户，用于核算企业当年实现的净利润或发生的净亏损。该账户属于所有者权益类账户，企业应将损益类账户贷方余额转入该账户贷方登记，借记"主营业务收入""其他业务收入""营业外收入"等账户，贷记"本年利润"账户；将损益类账户借方余额转入该账户借方登记，借记"本年利润"账户，贷记"主营业务成本""税金及附加""其他业务成本""销售费用""管理费用""财务费用""资产减值损失""营业外支出""所得税费用"等账户。

期末结转利润后，"本年利润"账户如为贷方余额，反映年初至本期末累计实现的净利润；如为借方余额，反映年初至本期累计发生的净亏损。年度终了，企业应将"本年利润"账户的余额转入"利润分配——未分配利润"账户。若"本年利润"为贷方余额，则借记"本年利润"账户，贷记"利润分配——未分配利润"账户。若"本年利润"为借方余额，则借记"利润分配——未分配利润"账户，贷记"本年利润"账户。结转后，"本年利润"账户应无余额。

2. 账务处理

【例 9-23】 嘉艺公司 2020 年度各损益类账户年末结账前的累计余额如下：属于贷方余额的是主营业务收入 6 000 000 元、其他业务收入 700 000 元、公允价值变动损益 150 000 元、投资收益 600 000 元、营业外收入 50 000 元；属于借方余额的是主营业务成本 4 000 000 元、其他业务成本 400 000 元、税金及附加 80 000 元、销售费用 500 000 元、管理费用 770 000 元、财务费用 200 000 元、资产减值损失 100 000 元、营业外支出 250 000 元。要求：做嘉艺公司当年末"本年利润"的形成与结转分录。嘉艺公司应编制的会计分录如下。

① 结转各项表示收入、利得的损益类账户。

借：主营业务收入　　　　　　　　　　　　　　　　6 000 000
　　其他业务收入　　　　　　　　　　　　　　　　　 700 000
　　公允价值变动损益　　　　　　　　　　　　　　　 150 000
　　投资收益　　　　　　　　　　　　　　　　　　　 600 000
　　营业外收入　　　　　　　　　　　　　　　　　　　50 000
　　　贷：本年利润　　　　　　　　　　　　　　　　7 500 000

② 结转各项表示费用、损失的损益类账户。

借：本年利润　　　　　　　　　　　　　　　　　　6 300 000
　　　贷：主营业务成本　　　　　　　　　　　　　　4 000 000
　　　　　其他业务成本　　　　　　　　　　　　　　　400 000
　　　　　税金及附加　　　　　　　　　　　　　　　　 80 000
　　　　　销售费用　　　　　　　　　　　　　　　　　500 000
　　　　　管理费用　　　　　　　　　　　　　　　　　770 000
　　　　　财务费用　　　　　　　　　　　　　　　　　200 000
　　　　　资产减值损失　　　　　　　　　　　　　　　100 000
　　　　　营业外支出　　　　　　　　　　　　　　　　250 000

经过上述结转后，"本年利润"账户的贷方发生额合计 7 500 000 元减去借方发生额合计 6 300 000 元即为税前会计利润 1 200 000 元。假设将该税前会计利润进行纳税调整后，应纳税所得额为 1 000 000 元，则应交所得税额=1 000 000×25%=250 000(元)。

① 确认所得税费用。

借：所得税费用　　　　　　　　　　　　　　　　　 250 000
　　　贷：应交税费——应交所得税　　　　　　　　　 250 000

② 将所得税费用结转入"本年利润"账户。

借：本年利润　　　　　　　　　　　　　　　　　　　250 000
　　　贷：所得税费用　　　　　　　　　　　　　　　 250 000

③ 将"本年利润"账户年末余额 950 000(7 500 000-6 300 000-250 000)元转入"利润分配——未分配利润"账户。

借：本年利润　　　　　　　　　　　　　　　　　　　950 000
　　　贷：利润分配——未分配利润　　　　　　　　　　950 000

(二)利润的分配

1. 利润分配政策

根据我国有关法规的规定，企业每年实现的净利润，首先弥补以前年度尚未弥补的亏损，其次提取企业盈余公积金，最后向投资者分配利润。企业的亏损未弥补完的，当期不能提取企业盈余公积金；企业未提取盈余公积金的，当期不能向投资者分配利润。

企业当期实现的净利润，加上年初未分配利润(或减去年初未弥补的亏损)后的余额，为可供分配的利润，一般按下列顺序分配。

(1) 提取法定盈余公积，是指企业根据有关法律规定，按照净利润的 10% 提取的盈余公积。法定盈余公积累计金额超过企业注册资本的50%以上时，可以不再提取。法定盈余公积可用于弥补以后年度的亏损，也可用于转增资本。

(2) 提取任意盈余公积，是指企业按股东大会决议提取的任意盈余公积。任意盈余公积可用于弥补以后年度的亏损，也可用于转增资本。

(3) 应付现金股利或利润，是指企业按照利润分配方案分配给股东的现金股利，也包括非股份有限公司分配给投资者的利润。

(4) 转作股本的股利，是指企业按照利润分配方案以分派股票股利的形式转作股本的股利，也包括非股份有限公司以利润转增的资本。

经过上述分配后，即为未分配利润(或未弥补亏损)。未分配利润可留待以后年度进行分配。企业如发生亏损，可以按规定由以后年度利润等进行弥补。企业未分配利润(或未弥补的亏损)应当在资产负债表的所有者权益项目中单独反映。

2. 利润分配的核算

1) 设置账户

企业应设置"利润分配"账户来核算企业利润分配(或亏损弥补)的情况，以及历年积存的未分配利润(或未弥补亏损)。该账户属于所有者权益类账户，应当分别按"提取法定盈余公积""提取任意盈余公积""应付现金股利或利润""转作股本的股利""盈余公积补亏"和"未分配利润"等账户进行明细核算。

(1) 企业按有关法律规定提取的法定盈余公积，借记"利润分配——提取法定盈余公积"账户，贷记"盈余公积——法定盈余公积"账户。

(2) 按股东大会决议提取的任意盈余公积，借记"利润分配——提取任意盈余公积"账户，贷记"盈余公积——任意盈余公积"账户。

(3) 按股东大会或类似机构决议分配给股东的现金股利，借记"利润分配——应付现金股利或利润"账户，贷记"应付股利"账户。

按股东大会或类似机构决议分配给股东的股票股利，借记"利润分配——转作股本的股利"账户，贷记"股本"账户，如有差额，贷记"资本公积——股本溢价"账户(宣告发放股票股利时不做账务处理，只有在办理增资手续时才做相关账务处理)。

(4) 企业用盈余公积弥补亏损，借记"盈余公积——法定盈余公积(任意盈余公积)"账户，贷记"利润分配——盈余公积补亏"账户。

(5) 年度终了，企业应将"利润分配"账户所属其他明细账户余额转入"未分配利润"明细账户，结转后，除"未分配利润"明细账户外，其他明细账户应无余额。

2) 账务处理

【例9-24】 某股份有限公司2020年度实现净利润100万元，按净利润的10%提取法定盈余公积，向股东分派现金股利20万元。该公司应编制的会计分录如下。

① 提取盈余公积。

借：利润分配——提取法定盈余公积　　　100 000
　　贷：盈余公积——法定盈余公积　　　　　　　100 000

② 分配现金股利。

借：利润分配——应付现金股利　　　200 000
　　贷：应付股利　　　　　　　　　　　　　200 000

③ 结转"利润分配"其他明细科目余额。

借：利润分配——未分配利润　　　　　　　　300 000
　　贷：利润分配——提取法定盈余公积　　　　　100 000
　　　　　　　　——应付现金股利　　　　　　　200 000

3. 亏损弥补的核算

企业发生亏损，在年末应从"本年利润"账户转入"利润分配——未分配利润"账户，借记"利润分配——未分配利润"账户，贷记"本年利润"账户。结转后"本年利润"账户无余额，"利润分配——未分配利润"账户的借方余额即为未弥补亏损的数额。并且，企业以后对亏损的弥补情况仍通过"利润分配"账户的相关明细账户核算，如"利润分配——未分配利润""利润分配——盈余公积补亏"等账户。

1) 利润弥补亏损

企业发生的亏损可以用下年度实现的税前利润弥补，但按现行法规规定只能连续计算弥补5年，并且不论其在这5年中是否真正实现了利润，均应计算在弥补年限内。企业发生的亏损，如果按前述规定尚未弥补完的，则可以用以后年度实现的税后利润(即净利润)弥补。无论是以税前利润还是税后利润弥补亏损，其处理方法相同，即通过"本年利润"账户与"利润分配——未分配利润"账户结转后自然弥补，而并不需要进行专门的账务处理，所不同的是两者计算交纳所得税时的处理不同而已。在以税前利润弥补亏损的情况下，其弥补的数额可以抵减当期企业应纳税所得额；而以税后利润弥补亏损的情况下，其弥补的数额不能作为企业应纳税所得额的扣除处理，是需要计算交纳所得税的。

2) 盈余公积弥补亏损

企业按规定根据股东大会或类似机构决议，用盈余公积弥补亏损时，应按当期弥补亏损的数额，借记"盈余公积——法定盈余公积"账户，贷记"利润分配——盈余公积补亏"账户。年终时，借记"利润分配——盈余公积补亏"账户，贷记"利润分配——未分配利润"账户，结转后"利润分配——盈余公积补亏"账户无余额。

【思政与德育】

法律制度与会计职业道德的相互作用

某股份有限公司(集团)原董事长、法人代表黎某因涉嫌提供虚假财会报告罪，被司法机关依法予以追诉。此前，该公司其他涉嫌犯罪的相关责任人已分别被司法机关依法追究刑事责任。该公司巨额亏空及造假事件2018年10月经新华社披露后，中国证监会立即组织力量展开调查。经中国证监会查明，该公司上市前采取虚提返利、少计费用、费用跨期入账等手段，虚增利润1 908万元，并据此制作了虚假上市申报材料；上市后3年采取虚提返利、费用挂账、无依据冲减成本及费用、费用跨期入账等手段，累计虚增利润14 390万元。另外，该公司还存在股本金不实、上市报告书重大遗漏、年报信息披露有虚假记载、误导性陈述或重大遗漏等问题。该公司的行为已触犯了《中华人民共和国刑法》第一百六十一条之规定，涉嫌提供虚假财会报告罪，黎某作为公司的董事长、法人代表负有直接责任，应当依法予以追诉。

2018年9月27日，中国证监会根据有关证券法规对该公司及有关中介机构违反证券法规的行为做出行政处罚；对涉嫌犯罪的主要责任人员，依法移送公安机关追究其刑事责任。当地公安局于2018年9月对该公司涉嫌提供虚假财会报告罪立案侦查，查明：2015年年底，该公司各分公司把2015年的报表报到集团公司财务处，财务处主任赵某把公司2015年报表显示严重亏损的情况报告给董事长黎某。黎某当面指使都某必须完成2015年董事会下达的指标，为2016年公司配股做好准备，报表退回去重新做。

为此，黎某还专门召集分公司会议，会上黎某要求各分公司必须完成2015年董事会下达的利润指标，呆账不能显示出来，预提返利全部入账，并要公司财务处主任赵某督办。会后赵某按照黎某的指示，让财务处会计周某把2015年的报表退回家电分公司，家电分公司主管会计按照财务处的要求让家电各部再做虚假报表，与董事会下达的指标一致，同时向家电公司的财务经理杨某汇报。

杨某认为这样下去公司会亏空更大，就会同副经理给董事会写了一个报告，交给了总经理卢某，卢某于2016年2月初同都某一起到深圳去向董事长黎某汇报。黎某不听汇报，指示公司财务报表必须与董事会下达的利润指标一致。按照董事长黎某的要求，家电公司重新做报表，造成某公司财会报告虚假。现已查实，该公司家电分公司2015年年底第一次上报的财务报表中显示当年亏损15 429.9万元，重新制作的财务报表显示盈利9 369万元。

资料来源：百度文库(改编)

思 政 感 悟

思政感悟见右侧二维码。

小知识(见右侧二维码)

商业健康保险可以在计算个人所得税时税前扣除，你了解吗？

一、适用对象

二、纳税申报

三、施行时间

自 测 题

一、单项选择题

1. 2020年3月1日，甲公司向乙公司销售商品一批，开出的增值税专用发票上注明售价为1 000万元，增值税税额为130万元，商品成本为800万元。该批商品已经发出，甲公司以银行存款代垫运杂费100万元。假定不考虑其他因素，则甲公司应确认的销售商品收入的金额为(   )万元。

　　A. 200　　　　B. 1 000　　　　C. 1 100　　　　D. 1 130

2. 企业对于已经发出但不符合收入确认条件的商品，其成本应贷记的科目是( )。
   A. 在途物资   B. 发出商品   C. 主营业务成本   D. 库存商品

3. 甲公司为增值税一般纳税人，向乙公司销售其生产的自行车，自行车的销售价格为每辆2 000元(不含增值税)。甲公司承诺，如果乙公司购买100辆自行车，甲公司会给予乙公司10%的商业折扣，如果乙公司同意购买100辆自行车，甲公司应确认的收入金额为( )元。
   A. 180 000   B. 208 800   C. 200 000   D. 232 000

4. 丙企业为增值税一般纳税人，适用的增值税税率为13%。2020年7月1日，该企业向某客户销售商品2 000件，单位售价为200元(不含增值税)，单位成本为100元，给予客户10%的商业折扣，当日发出商品，并符合收入确认条件。销售合同约定的现金折扣条件为：2/10，1/20，N/30(计算现金折扣时不考虑增值税)。不考虑其他因素，该客户于2020年7月15日付款时应享有的现金折扣为( )元。
   A. 4 640   B. 3 600   C. 4 212   D. 4 000

5. 下列各项中，会影响收入确认金额的是( )。
   A. 商业折扣   B. 销售折让   C. 可抵扣的增值税   D. 销售退回

6. 制造业在出租固定资产所取得的收入属于( )。
   A. 主营业务收入   B. 其他业务收入
   C. 营业外收入   D. 投资收益

7. 2020年4月6日甲公司向乙公司赊销一批商品，价款60万元(不含税)，该批商品成本为40万元。同年6月15日乙公司发现该批商品存在严重的质量问题，遂与甲公司交涉要求退货。经双方协商，甲公司同意了乙公司的退货请求，商品退回甲公司，甲公司做了销售退回的会计处理。假定不考虑其他因素，在销售退回的会计处理中，甲公司要冲减的科目不包括( )。
   A. 主营业务收入   B. 应交税费
   C. 主营业务成本   D. 库存商品

8. 下列各项中，不属于"财务费用"科目核算内容的是( )。
   A. 办理银行承兑汇票支付的手续费
   B. 发生的业务招待费
   C. 企业的利息收入
   D. 短期借款利息支出

9. 2020年10月，某企业发生行政管理部门工资30万元，诉讼费5万元，销售商品时发生的装卸费价税合计5万元，发生银行汇票手续费4万元。不考虑其他因素，该企业4月应计入管理费用的金额是( )万元。
   A. 35   B. 50   C. 60   D. 58

10. 某企业2020年年度实现利润总额1 450万元，当年发生的管理费用中按规定不能税前扣除的业务招待费为10万元，企业适用所得税税率为25%。不考虑其他因素，该企业

2020 年实现的净利润为(　　)万元。

  A. 1 085 B. 1 087.5 C. 1 095 D. 1 450

二、多项选择题

1. 下列各项中，应计入销售费用的有(　　)。

  A. 预计产品质量保证损失 B. 销售部人员的职工教育经费

  C. 为宣传产品支付的展览费 D. 专设销售机构的业务招待费

2. 甲企业 2020 年 5 月份发生的下列相关税费中，通过"税金及附加"科目核算的是(　　)。

  A. 房产税 B. 车船税

  C. 城镇土地使用税 D. 进口应税物资在进口环节缴纳的消费税

3. 下列各交易或事项中，应计入营业外收入的有(　　)。

  A. 无法查明原因的现金溢余

  B. 提供劳务安装工程取得的收入

  C. 确实无法支付而按程序经批准转销的应付账款

  D. 随同商品出售单独计价的包装物

4. 2020 年 12 月 30 日，A 公司销售给 B 公司的商品被退回，退回商品部分的价款为 20 万元，增值税税额为 2.6 万元，成本为 12 万元，该批商品是 2020 年 11 月赊销给 B 公司的，售价 200 万元，增值税税额为 26 万元，已确认收入，款项尚未收到，A 公司向 B 公司开具增值税红字专用发票，并收到 B 公司商业承兑汇票，期限为 3 个月，用于抵偿其货款。下列说法中正确的有(　　)。

  A. 库存商品增加 12 万元 B. 应收票据增加 203.4 万元

  C. 冲减销售商品收入 20 万元 D. 应收账款减少 188.8 万元

5. 收入按其在经营业务中的重要性，可分为(　　)。

  A. 主营业务收入 B. 一次性收入

  C. 分期收入 D. 其他业务收入

6. 下列各项中，属于"管理费用"科目核算内容的是(　　)。

  A. 办理银行承兑汇票支付的手续费

  B. 发生的业务招待费

  C. 行政管理部门水电费

  D. 短期借款利息支出

7. 下列各项中，能够引起企业利润总额发生增减变动的是(　　)。

  A. 计提存货跌价准备 B. 提供服务收入

  C. 确认所得税费用 D. 取得持有国债的利息收入

8. 下列各项中，不应计入期间费用的是(　　)。

  A. 计提车间管理用固定资产的折旧

  B. 短期借款产生的利息费用

  C. 车间管理人员工资费用

  D. 销售商品发生的商业折扣

三、判断题

1. 收入可能与所有者投入资本无关，也可能与投入资本有关。（　　）
2. 根据企业会计准则对收入的定义，收入不仅包括主营业务收入和其他业务收入，也包括营业外收入。（　　）
3. 企业销售商品涉及商业折扣的，应当按照扣除商业折扣后的金额确定销售商品收入金额。（　　）
4. 企业提供的服务如果属于某一段期间履约的义务，应采用与商品销售相同的办法确认营业收入；如果属于在某一时点履行的义务，则应考虑服务的性质，采用产出法或投入法确定恰当的履约进度，分期确认收入。（　　）
5. 费用是指企业为销售商品、提供劳务等非日常活动所产生的。（　　）
6. 企业发生的所有支出都可以计入费用。（　　）
7. 企业行政管理部门发生的办公费可以计入产品成本。（　　）
8. 企业发生的制造费用可以直接计入产品成本。（　　）
9. 营业利润是指营业收入扣减营业成本和税金及附加后的余额。（　　）
10. 企业本年度的利润分配完毕之后，"利润分配"科目应无余额。（　　）

四、业务处理题

1. 资料：A公司在2019年3月7日以托收承付方式向B公司销售商品一批，增值税专用发票上注明售价为30 000元，增值税为3 900元，用银行存款代垫运费700元，该批产品的成本为16 000元，已向银行办妥托收手续。A公司履行了合同规定的履约义务，按惯例视为B公司取得了该商品的控制权，A公司确认营业收入，月末，收到货款。

   要求：做出A公司相关的账务处理。

2. 资料：丙公司2020年年度取得主营业务收入7 800万元，其他业务收入1 950万元，投资收益2 340万元，营业外收入390万元；发生主营业务成本5 200万元，其他业务成本1 300万元，管理费用845万元，财务费用390万元，销售费用1 235万元，税金及附加260万元，营业外支出1 170万元，所得税费用676万元。丙公司按净利润的10%提取法定盈余公积，2020年年度向股东分配现金股利390万元。

   要求：(1) 做出丙公司有关利润结转与分配业务的账务处理。(金额单位：万元)
   (2) 计算该公司营业利润、利润总额和净利润。

参 考 答 案

参考答案见右侧二维码。

第十章 财务报告

【学习要点及目标】

本章主要介绍财务报告的组成及资产负债表、利润表、现金流量表这三张报表的结构、内容与编制方法。通过本章的学习,要求学生掌握资产负债表、利润表的含义、作用、内容和结构及各具体项目的编制方法;熟悉和理解现金流量表、所有者权益变动表和会计报表附注的主要内容;了解财务报告的含义、构成内容以及结构。

【知识框架图】

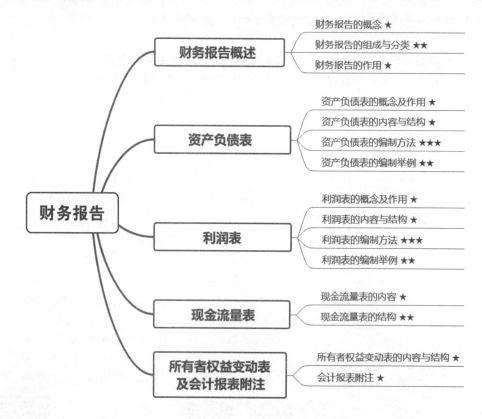

第一节 财务报告概述

一、财务报告的概念

财务报告是指企业对外提供的反映企业某一特定日期的财务状况和某一会计期间的经营成果、现金流量等会计信息的文件。财务报告包括财务报表和其他应在财务报告中披露的相关信息和资料,一般具有以下几层含义。

(1) 财务会计报告是对外报告,其服务对象主要是投资者、债权人等外部使用者,专门为了内部管理需要的、具有特定目的的报告不属于财务报告的范畴。

(2) 财务报告综合反映企业的生产经营状况,包括某一时点的财务状况和某一时期的经营成果与现金流量等信息,以反映企业的整体和全貌。

(3) 财务报告必须形成一个系统的文件,不应是零星的或者不完整的信息。

企业编制的财务报告,是企业会计核算工作体系中最终的和非常重要的环节,是企业会计核算最终成果的体现,是企业对外提供财务会计信息的主要形式,是企业会计核算方法体系中的专门方法之一。

二、财务报告的组成与分类

(一)财务报告的组成

财务报告包括财务报表和其他应当在财务报告中披露的相关信息和资料。其中,财务报表是对企业财务状况、经营成果和现金流量的结构性表述。一套完整的财务报表至少应当包括资产负债表、利润表、现金流量表、所有者权益变动表(或股东权益变动表,下同)以及附注,如图10-1所示。

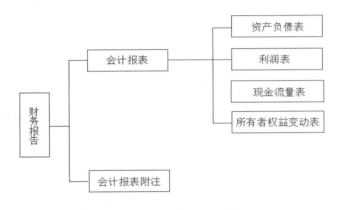

图10-1 财务报告的组成

(二)会计报表的分类

会计报表可以根据需要,按照不同的标准进行分类。

1. 按会计报表所反映的经济内容分类

按会计报表反映的经济内容,会计报表可以分为资产负债表、利润表、现金流量表、所有者权益变动表。

资产负债表是反映企业某一特定日期全部资产、负债和所有者权益数额及其结构情况的报表。

利润表是反映企业在一定期间的经营成果的会计报表。

现金流量表是反映企业一定会计期间现金的流入与现金流出及结存情况的会计报表。

所有者权益变动表是反映企业在一定会计期间所有者权益增减变动情况的会计报表。

2. 按会计报表的编报时间分类

按会计报表的编报时间，会计报表可分为月度会计报表、季度会计报表、半年度会计报表和年度会计报表。

月度会计报表简称月报，是在月度终了时应编制的，用以反映企业某一月份内的经营活动情况的会计报表。

季度会计报表简称季报，是在季度终了时应编制的，用以反映企业某一季度内的经营活动情况的会计报表。

半年度会计报表简称半年报，是指在每个会计年度的前6个月结束后应编制的，用以反映企业半个年度内的经营活动情况的会计报表。

上述月度会计报表、季度会计报表、半年度会计报表又称为中期报表。

年度会计报表简称年报，又称决算报表，是在年度终了时应编制的、用以反映企业某一年度内的经营活动情况的会计报表。

3. 按会计报表应编制的单位分类

按会计报表应编制的单位，会计报表可分为个别会计报表和合并会计报表。

个别会计报表是指独立核算的一个单位按照会计制度的规定，根据本企业会计核算资料和其他资料应编制的会计报表。

合并会计报表是指以母子公司组成的企业集团为会计主体，以母公司和子公司单独编制的个别会计报表为基础，采用合并报表的独特方法，由母公司编制的综合反映企业集团经营成果、财务状况及其变动情况的会计报表。

三、财务报告的作用

1. 有助于国家宏观管理部门进行宏观调控

财务报告综合反映企业的财务状况和经营成果等情况。财务报告经过层层汇总后，相应地反映某一行业、地区部门乃至全国企业的经济活动信息。这种信息是国家经济管理部门了解并掌握全国各地区、各行业的经济情况，正确制定国家宏观经济政策，调控国民经济运行的重要决策依据。

2. 有助于投资人和债权人进行合理的决策

企业的投资人、债权人是财务报告最重要的使用者，因为企业生产经营所需要的各项经济资源主要来自于投资人和债权人。财务报告属于基本的分析范畴，它是对企业历史资料的动态分析，可以在研究过去的基础上预测未来。作为企业的投资人和债权人，他们在做出投资或贷款之前必须了解企业的盈利能力、偿债能力、支付能力以及企业的经营前景，以保证投资人能获取丰厚收益，保证债权人能及时地收回各项贷款。而投资人、债权人了解这些信息的最简便、最快捷的方法，就是利用企业编制的财务报告，进行机关的预测、决策，帮助其做出正确的判断。

3. 有利于了解企业经营者受托责任的履行情况

现代企业"两权分离"，从而使企业所有者和经营者之间出现委托关系，即所有者将资金投入企业，委托经营者进行经营管理。企业所有者为了确保自己资本的完整与增值，需要利用财务报告来了解管理当局对所托资源的经营管理责任的履行情况，以维护自己在企业中的经济利益。

4. 有助于企业加强和改善经营管理

财务报告通过一定的表格和文字形式，将企业生产经营的全部情况，特别是财务信息，进行搜集、整理、加工成系统的信息资料，传递给企业内部经营管理部门。企业内部经营管理部门通过财务报告，可以了解经营活动中存在的问题，以便迅速做出经营管理方面的合理调整，采取有效措施，改善经营管理的情况。

第二节 资产负债表

一、资产负债表的概念及作用

资产负债表是反映企业在某一特定日期财务状况的报表。它反映了企业在某一特定日期所拥有或控制的经济资源、所承担的现时义务和所有者对净资产的要求权，是企业经营活动的静态反映。

资产负债表的作用可以从多方面来体现：可以提供某一日期资产的总额及其结构，表明企业拥有或控制的资源及其分布情况，使用者可以一目了然地从资产负债表上了解企业在某一特定日期所拥有的资产总量及其结构；可以提供某一日期的负债总额及其结构，表明企业未来需要用多少资产或劳务清偿债务以及清偿时间；可以反映所有者拥有的权益，据以判断资本保值、增值的情况以及对负债的保障程度。此外，它还可以提供进行财务分析的基本资料，如通过比较相关财务数据，计算出企业的流动比率、速动比率、现金比率等情况，可以反映企业的变现能力、偿债能力和资金周转能力，从而有助于报表使用者通过有效的财务信息做出合理的经济决策。

二、资产负债表的内容与结构

资产负债表一般由表首、报表主体和附注三部分组成。表首应列示报表名称、企业名称、报告日期、采用的货币名称和计量单位等。报表主体则反映企业在特定日期的资产、负债和所有者权益项目的名称及金额。资产负债表正表的列报结构一般有两种：报告式资产负债表和账户式资产负债表。报告式资产负债表分为上下结构，上半部列示资产，下半部列示负债和所有者权益。具体排列形式又有两种：一是按"资产=负债+所有者权益"的原理排列，二是按"资产-负债=所有者权益"的原理排列。

我国采用账户式资产负债表结构。

账户式资产负债表是按照"T"形账户的形式设计的，分为左右结构，左边列示资产各项目，反映全部资产的分布及存在形态。大体按资产流动性的大小排列，流动性大的资产如"货币资金""交易性金融资产"等排列在前面，流动性小的资产如"长期股权投资""固定资产"排列在后面。右边列示负债和所有者权益各项目，反映全部负债和所有者权益的内容及构成情况。一般按要求清偿时间的先后顺序排列，"短期借款""应付票据""应付账款"等需在一年以内或者长于一年的一个正常营业周期内偿还的流动负债排列在前面，"长期借款"等在一年以上才需要偿还的非流动负债排列在中间，在企业清算之前不需要偿还的所有者权益项目排列在后面。

资产与负债和所有者权益类左右双方平衡，资产总计等于负债和所有者权益总计，即"资产=负债+所有者权益"。为了让使用者通过比较不同时点资产负债表的数据，掌握企业财务状况的变动情况及发展趋势，企业需要提供比较数据，各项目再分"期末余额"和"上年年末余额"两栏分别填列，如表10-1所示。

表10-1 资产负债表

会企01表

编制单位：××公司　　　　　　2020年12月31日　　　　　　单位：元

资　产	期末余额	上年年末余额	负债和所有者权益（或股东权益）	期末余额	上年年末余额
流动资产：			流动负债：		
货币资金			短期借款		
交易性金融资产			交易性金融负债		
应收票据			应付票据		
应收账款			应付账款		
应收款项融资			预收款项		
预付款项			合同负债		
其他应收款			应付职工薪酬		
存货			应交税费		
合同资产			其他应付款		
持有待售资产			持有待售负债		
一年内到期的非流动资产			一年内到期的非流动负债		
流动资产合计			流动负债合计		
非流动资产：			非流动负债：		
债权投资			长期借款		
其他债权投资			应付债券		
长期应收款			其中：优先股		
长期股权投资			永续债		
其他权益工具投资			租赁负债		
在建工程			长期应付款		
油气资产			预计负债		
固定资产			递延收益		
使用权资产			递延所得税负债		
无形资产			其他非流动负债		

续表

资　产	期末余额	上年年末余额	负债和所有者权益(或股东权益)	期末余额	上年年末余额
			非流动负债合计		
			负债合计		
开发支出			所有者权益(或股东权益):		
长期待摊费用			实收资本(或股本)		
递延所得税资产			其他权益工具		
其他非流动资产			其中：优先股		
非流动资产合计			永续债		
			资本公积		
			减：库存股		
			其他综合收益		
			专项储备		
			盈余公积		
			未分配利润		
			所有者权益(或股东权益)合计		
资产总计			负债和所有者权益(或股东权益)总计		

三、资产负债表的编制方法

(一)"上年年末余额"的填列方法

表中"上年年末数"栏内各项目数字，应根据上年年末资产负债表"期末余额"栏内所列数字填列。如果本年度资产负债表规定的各个项目的名称和内容同上年度不一致，应对上年年末资产负债表各项目的名称和数字按照本年度的规定进行调整，按调整后的数字填入本表"上年年末余额"栏内。

(二)"期末余额"的填列方法

资产负债表的"期末余额"栏内一般应根据资产、负债和所有者权益类科目的期末余额填列，其填列方法如下：

(1) 根据一个或几个总账科目余额汇总填列。如"短期借款""实收资本""资本公积"等项目，根据"短期借款""实收资本""资本公积"等各总账科目余额直接填列；有些项目则需根据几个总账科目的期末余额计算填列，如"货币资金"项目，需根据"库存现金""银行存款"和"其他货币资金"三个总账科目的期末余额合计数填列。

(2) 根据明细账科目余额计算分析填列。如"应付账款"项目，需要根据"应付账款"和"预付账款"两个科目所属的相关明细科目的期末贷方余额计算填列；"应收账款"项目，需要根据"应收账款"和"预收账款"两个科目所属的相关明细科目的期末借方余额减去和应收账款有关的坏账准备贷方余额计算填列;"预付款项"项目,需要根据"预付账款"和"应付账款"两个科目所属的相关明细科目的期末借方余额减去与"预付账款"有关的坏账准备贷方余额计算填列;"预收款项"项目,需要根据"应收账款"和"预收账款"两个科目所属的相关明细科目的期末贷方余额计算填列;"开发支出"项目,需要根据"研发支出"科目中所属的"资本化支出"明细科目期末余额计算填列;"应付职工薪酬"项目,需要根据"应付职工薪酬"科目的明细科目期末余额计算填列;"一年内到期的非流动资产""一年内到期的非流动负债"项目,需要根据有关非流动资产和非流动负债项目的明细科目余额计算填列。

(3) 根据总账和明细账余额计算分析填列。如"长期借款"项目,需要根据"长期借款"总账科目余额扣除"长期借款"科目所属的明细科目中将在一年内到期且企业不能自主地将清偿义务展期的长期借款后的金额计算填列;"其他非流动资产"项目,应根据有关科目的期末余额减去将在一年内(含一年)收回数后的金额计算填列。

(4) 根据有关科目余额减去其备抵科目余额后的净额填列。如"应收票据""应收账款""长期股权投资""在建工程"等项目,应当根据"应收票据""应收账款""长期股权投资""在建工程"等科目的期末余额减去"坏账准备""长期股权投资减值准备""在建工程减值准备"等备抵科目余额后的净额填列;"投资性房地产(采用成本模式计量)""固定资产"项目,应当根据"投资性房地产""固定资产"科目的期末余额,减去"投资性房地产累计折旧""投资性房地产减值准备""累计折旧""固定资产减值准备"等备抵科目的期末余额,以及"固定资产清理"科目期末余额后的净额填列;"无形资产"项目,应当根据"无形资产"科目的期末余额,减去"累计摊销""无形资产减值准备"等备抵科目余额后的净额填列。

(5) 综合运用上述填列方法分析计算填列。如资产负债表中的"存货"项目,需要根据"原材料""库存商品""委托加工物资""周转材料""材料采购""在途物资""发出商品""材料成本差异"等总账科目期末余额的分析汇总数,减去"存货跌价准备"科目余额后的净额填列。

(三)资产负债表项目的填列说明

1. 资产项目的填列说明

(1) "货币资金"项目,反映企业库存现金、银行结算户存款、外埠存款、银行汇票存款、银行本票存款、信用卡存款、信用证保证金存款等的合计数。本项目应根据"库存现金""银行存款""其他货币资金"科目期末余额的合计数填列。

(2) "交易性金融资产"项目,反映企业资产负债表日分类为以公允价值计量且其变动计入当期损益的金融资产,以及企业持有的直接指定为以公允价值计量且其变动计入当期损益的金融资产的期末账面价值。该项目应根据"交易性金融资产"科目的相关明细科目期末余额分析填列。自资产负债表日起超过一年到期且预期持有超过一年的以公允价值计量且其变动计入当期损益的非流动金融资产的期末账面价值,在"其他非流动金融资产"项目反映。

(3) "应收票据"项目,反映资产负债表日以摊余成本计量的,企业因销售商品、提供服务等收到的商业汇票,包括银行承兑汇票和商业承兑汇票。该项目应根据"应收票据"

科目的期末余额，减去"坏账准备"科目中相关坏账准备期末余额后的金额分析填列。

(4)"应收账款"项目，反映资产负债表日以摊余成本计量的，企业因销售商品、提供服务等经营活动应收取的款项。该项目应根据"应收账款"和"预收账款"科目所属明细科目的期末借方余额合计数，减去"坏账准备"科目中相关坏账准备期末余额后的金额分析填列。

(5)"应收款项融资"项目，反映资产负债表日以公允价值计量且其变动计入其他综合收益的应收票据和应收账款等。

(6)"预付款项"项目，反映资产负债表日企业按照购货合同规定预付给供应单位的款项等。本项目应根据"预付账款"和"应付账款"科目所属各明细科目的期末借方余额合计数，减去"坏账准备"科目中有关预付账款计提的坏账准备期末余额后的净额填列。如"预付账款"科目所属明细科目期末有贷方余额的，应在资产负债表"应付账款"项目内填列。

(7)"其他应收款"项目，反映企业除应收票据及应收账款、预付账款等经营活动以外的其他各种应收、暂付的款项。本项目应根据"应收利息""应收股利""其他应收款"科目的期末余额合计数，减去"坏账准备"科目中相关坏账准备期末余额后的金额填列。其中的"应收利息"仅反映相关金融工具已到期可收取但于资产负债表日尚未收到的利息。基于实际利率法计提的金融工具的利息应包含在相应金融工具的账面余额中。

(8)"存货"项目，反映企业期末在库、在途和在加工中的各种存货的可变现净值或成本(成本与可变现净值孰低)。本项目应根据"材料采购""原材料""发出商品""库存商品""周转材料""委托加工物资""委托代销商品""生产成本""受托代销商品"等科目的期末余额合计数，减去"受托代销商品款""存货跌价准备"科目期末余额后的净额填列。材料采用计划成本核算，以及库存商品采用计划成本核算或售价核算的企业，还应按加或减材料成本差异、商品进销差价后的金额填列。

(9)"合同资产"项目，反映企业按照《企业会计准则第 14 号——收入》(2018)的相关规定，根据本企业履行履约义务与客户付款之间的关系在资产负债表中列示合同资产。"合同资产"项目应根据"合同资产"科目的相关明细科目期末余额分析填列。同一合同下的合同资产和合同负债应当以净额列式，其中净额为借方余额的，应当根据其流动性在"合同资产"或"其他非流动资产"项目中填列，已计提减值准备的，还应以减去"合同资产减值准备"科目中相关的期末余额后的金额填列；其中净额为贷方余额的，应当根据其流动性在"合同负债"或"其他非流动负债"项目中填列。

(10)"持有待售资产"项目，反映资产负债表日划分为持有待售类别的非流动资产及划分为持有待售类别的处置组中的流动资产和非流动资产的期末账面价值。该项目应根据"持有待售资产"科目的期末余额，减去"持有待售资产减值准备"科目的期末余额后的金额填列。

(11)"一年内到期的非流动资产"项目，通常反映预计自资产负债表日起一年内表现的非流动资产。本项目应根据有关科目的期末余额分析填列。

(12)"其他流动负债"项目，反映企业除货币资金、交易性金融资产、应收票据、应收账款、存货等流动资产以外的其他流动资产。本项目应根据有关科目的期末余额填列。

(13)"债权投资"项目，反映资产负债表日企业以摊余成本计量的长期债权投资的期末账面价值。该项目应根据"债权投资"科目的相关明细科目期末余额，减去"债权投资减值准备"科目中相关减值准备的期末余额后的金额分析填列。自资产负债表日起一年内到期的长期债权投资的期末账面价值，在"一年内到期的非流动资产"项目反映。企业购入的以摊余成本计量的一年内到期的债权投资的期末账面价值，在"其他流动资产"项目反映。

（14）"其他债权投资"项目，反映资产负债表日企业分类为以公允价值计量且其变动计入其他综合收益的长期债权投资的期末账面价值。该项目应根据"其他债权投资"科目的相关明细科目期末余额分析填列。自资产负债表日起一年内到期的长期债权投资的期末账面价值，在"一年内到期的非流动资产"项目反映。企业购入的以公允价值计量且其变动计入其他综合收益的一年内到期的债权投资的期末账面价值，在"其他流动资产"项目反映。

（15）"长期应收款"项目，反映企业融资租赁产生的应收款项和采用递延方式分期收款、实质上具有融资性质的销售商品和提供劳务等经营活动产生的应收款项。本项目应根据"长期应收款"科目的期末余额，减去相应的"未实现融资收益"和"坏账准备"科目所属相关明细科目的期末余额后的金额填列。

（16）"长期股权投资"项目，反映投资方对被投资单位实施控制、重大影响的权益性投资，以及对其合营企业的权益性投资。本项目应根据"长期股权投资"科目的期末余额，减去"长期股权投资减值准备"科目的期末余额后的净额填列。

（17）"其他权益工具投资"项目，反映资产负债表日企业指定为以公允价值计量且其变动计入其他综合收益的非交易性权益工具投资的期末账面价值。该项目应根据"其他权益工具投资"科目的期末余额填列。

（18）"固定资产"项目，反映资产负债表日企业固定资产的期末账面价值和企业尚未清理完毕的固定资产清理净损益。该项目应根据"固定资产"科目的期末余额，减去"累计折旧"和"固定资产减值准备"科目的期末余额后的金额，以及"固定资产清理"科目的期末余额填列。

（19）"在建工程"项目，反映资产负债表日企业尚未达到预定可使用状态的在建工程的期末账面价值和企业为在建工程准备的各种物资的期末账面价值。该项目应根据"在建工程"科目的期末余额，减去"在建工程减值准备"科目的期末余额后的金额，以及"工程物资"科目的期末余额，减去"工程物资减值准备"科目的期末余额后的金额填列。

（20）"使用权资产"项目，反映资产负债表日承租人企业持有的使用权资产的期末账面价值。该项目应根据"使用权资产"科目的期末余额，减去"使用权资产累计折旧"和"使用权资产减值准备"科目的期末余额后的金额填列。

（21）"无形资产"项目，反映企业持有的专利权、非专利技术、商标权、著作权、土地使用权等无形资产的成本减去累计摊销和减值准备后的净值。本项目应根据"无形资产"科目的期末余额，减去"累计摊销"和"无形资产减值准备"科目期末余额后的净额填列。

（22）"开发支出"项目，反映企业开发无形资产过程中能够资本化形成无形资产成本的支出部分。本项目应当根据"研发支出"科目中所属的"资本化支出"明细科目期末余额填列。

（23）"长期待摊费用"项目，反映企业已经发生但应由本期和以后各期负担的分摊期限在一年以上的各项费用。本项目应根据"长期待摊费用"科目的期末余额减去将于一年内(含一年)摊销的数额后的金额分析填列。但长期待摊费用的摊销年限只剩一年或不足一年的，或预计在一年内(含一年)进行摊销的部分，不得归类为流动资产，仍在各该非流动资产项目中填列，不转入"一年内到期的非流动资产"项目。

(24) "递延所得税资产"项目，反映企业根据所得税准则确认的可抵扣暂时性差异产生的所得税资产。本项目应根据"递延所得税资产"科目的期末余额填列。

(25) "其他非流动资产"项目，反映企业除上述非流动资产以外的其他非流动资产。本项目应根据有关科目的期末余额填列。

2. 负债项目的填列说明

(1) "短期借款"项目，反映企业向银行或其他金融机构等借入的期限在一年以下(含一年)的各种借款。本项目应根据"短期借款"科目的期末余额填列。

(2) "交易性金融负债"项目，反映企业资产负债表日承担的交易性金融负债，以及企业持有的直接指定为以公允价值计量且其变动计入当期损益的金融负债的期末账面价值。本项目应根据"交易性金融负债"科目的相关明细科目期末余额填列。

(3) "应付票据"项目，反映资产负债表日以摊余成本计量的，企业因购买材料、商品和接受服务等开出、承兑的商业汇票，包括银行承兑汇票和商业承兑汇票。该项目应根据"应付票据"科目的期末余额填列。

(4) "应付账款"项目，反映资产负债表日以摊余成本计量的，企业因购买材料、商品和接受服务等经营活动应支付的款项。该项目应根据"应付账款"和"预付账款"科目所属相关明细科目的期末贷方余额合计数填列。

(5) "预收款项"项目，反映企业按照销货合同规定预收客户的款项。本项目应根据"预收账款"和"应收账款"科目所属各明细科目的期末贷方余额合计数填列。如"预收账款"科目所属明细科目期末有借方余额的，应在资产负债表"应收账款"项目内填列。

(6) "合同负债"项目，反映企业按照《企业会计准则第 14 号——收入》(2018)的相关规定，根据本企业履行履约义务与客户付款之间的关系在资产负债表中列示合同负债。本项目应根据"合同负债"的相关明细科目期末余额分析填列。

(7) "应付职工薪酬"项目，反映企业为获得职工提供的服务或解除劳动关系而给予的各种形式的报酬或补偿。企业提供给职工配偶、子女、受赡养人、已故员工遗属及其他受益人等的福利，也属于职工薪酬。职工薪酬主要包括短期薪酬、离职后福利、辞退福利和其他长期职工福利。本项目应根据"应付职工薪酬"科目所属各明细科目的期末贷方余额分析填列。外商投资企业按规定从净利润中提取的职工奖励及福利基金，也在本项目列示。

(8) "应交税费"项目，反映企业按照税法规定计算应交纳的各种税费，包括增值税、消费税、资源税、土地增值税、城市维护建设税、房产税、城镇土地使用税、车船税、教育费附加、企业所得税、矿产资源补偿费等。企业代扣代缴的个人所得税，也通过本项目列示。企业交纳的税金不需要预计应交数的，如印花税、耕地占用税等，不在本项目列示。本项目应根据"应交税费"科目的期末贷方余额填列，如"应交税费"科目期末为借方余额，应以"-"号填列。需要说明的是，"应交税费"科目下的"应交增值税""未交增值税"

"待抵扣进项税额""待认证进项税额""增值税抵扣税额"等明细科目期末借方余额应根据情况,在资产负债表中的"其他流动资产"或"其他非流动资产"项目列示。"应交税费"科目下的"未交增值税""简易计税""转让金融商品应交增值税"等科目期末贷方余额应在资产负债表中的"应交税费"项目列示。

(9)"其他应付款"项目,应根据"应付股利""应付利息""其他应付款"科目的期末余额合计数填列。其中的"应付利息"仅反映相关金融工具已到期应支付但于资产负债表日尚未支付的利息。基于实际利率法计提的金融工具的利息应包含在相应金融工具的账面余额中。

(10)"持有待售负债"项目,反映资产负债表日处置组中与划分为持有待售类别的资产直接相关的负债的期末账面价值。本项目应根据"持有待售负债"科目的期末余额填列。

(11)"一年内到期的非流动负债"项目,反映企业非流动负债中将于资产负债表日后一年内到期部分的金额,如将于一年内偿还的长期借款。本项目应根据有关科目的期末余额分析填列。

(12)"其他流动负债"项目,反映除短期借款、交易性金融负债、应付票据、应付账款、应付职工薪酬、应交税费等流动负债以外的其他流动负债。本项目应根据有关科目的期末余额填列。

(13)"长期借款"项目,反映企业向银行或其他金融机构借入的期限在一年以上(不含一年)的各项借款。本项目应根据"长期借款"科目的期末余额,扣除"长期借款"科目所属的明细科目中将在资产负债表日起一年内到期且企业不能自主地将清偿义务展期的长期借款后的金额计算填列。

(14)"应付债券"项目,反映企业为筹集长期资金而发行的债券本金和应付的利息。本项目应根据"应付债券"科目的期末余额分析填列。对于资产负债表日企业发行的金融工具,分类为金融负债的,应在本项目填列,对于优先股和永续债还应在本项目下的"优先股"和"永续债"项目分别填列。

(15)"租赁负债"项目,反映资产负债表日承租人企业尚未支付的租赁付款额的期末账面价值。该项目应根据"租赁负债"科目的期末余额填列。自资产负债表日起一年内到期应予以清偿的租赁负债的期末账面价值,在"一年内到期的非流动负债"项目反映。

(16)"长期应付款"项目,反映资产负债表日企业除长期借款和应付债券以外的其他各种长期应付款项的期末账面价值。该项目应当根据"长期应付款"科目的期末余额,减去相关的"未确认融资费用"科目的期末余额后的金额,以及"专项应付款"科目的期末余额,再减去所属相关明细科目中将于一年内到期的部分后的金额填列。

(17)"预计负债"项目,反映企业根据或有事项等相关准则确认的各项预计负债,包括对外提供担保、未决诉讼、产品质量保证、重组义务以及固定资产和矿区权益弃置义务等产生的预计负债。本项目应根据"预计负债"科目的期末余额填列。企业按照《企业会计准则第 22 号——金融工具确认和计量》(2018)的相关规定,对贷款承诺等项目计提的损失准备,应当在本项目中填列。

(18)"递延收益"项目,反映尚待确认的收入或收益。本项目核算包括企业根据政府补助准则确认的应在以后期间计入当期损益的政府补助金额、售后租回形成融资租赁的售价与资产账面价值差额等其他递延性收入。本项目应根据"递延收益"科目的期末余额填

第十章 财务报告

列。本项目中摊销期限只剩下一年或不足一年的,或预计在一年内(含一年)进行摊销的部分,不得归类为流动负债,仍在本项目中填列,不转入"一年内到期的非流动负债"项目。

(19) "递延所得税负债"项目,反映企业根据所得税准则确认的应纳税暂时性差异产生的所得税负债。本项目应根据"递延所得税负债"科目的期末余额填列。

(20) "其他非流动负债"项目,反映企业除上述非流动负债以外的其他非流动负债。本项目应根据有关科目的期末余额,减去将于一年内(含一年)到期偿还数后的余额分析填列。非流动负债各项目中将于一年内(含一年)到期的非流动负债,应在"一年内到期的非流动负债"项目中反映。

3. 所有者权益项目的填列说明

(1) "实收资本(或股本)"项目,反映企业各投资者实际投入的资本(或股本)总额。本项目应根据"实收资本(或股本)"科目的期末余额填列。

(2) "其他权益工具"项目,反映企业发行的除普通股以外分类为权益工具的金融工具的期末账面价值,并下设"优先股"和"永续债"两个项目,分别反映企业发行的分类为权益工具的优先股和永续债的账面价值。

(3) "资本公积"项目,反映企业收到投资者出资超出其在注册资本或股本中所占的份额以及直接计入所有者权益的利得和损失等。本项目应根据"资本公积"科目的期末余额填列。

(4) "其他综合收益"项目,反映企业其他综合收益的期末余额。本项目应根据"其他综合收益"科目的期末余额填列。

(5) "专项储备"项目,反映高危行业企业按国家规定提取的安全生产费的期末账面价值。本项目应根据"专项储备"科目的期末余额填列。

(6) "盈余公积"项目,反映企业盈余公积的期末余额。本项目应根据"盈余公积"科目的期末余额填列。

(7) "未分配利润"项目,反映企业尚未分配的利润。本项目应根据"本年利润"和"利润分配"科目的余额计算填列。未弥补的亏损在本项目内以"-"号填列。

四、资产负债表的编制举例

【例 10-1】 建业公司 2020 年 12 月末的总账科目余额表如 10-2 所示,年末的应收账款明细表如 10-3 所示,年末的预收账款明细表如 10-4 所示。假定该公司适用的企业所得税税率为 25%。

表 10-2 总账科目余额表

编制单位:建业公司　　　　　　　　　　　　　　　　　　　　　　　　　　单位:元

科目名称	2020 年 12 月末余额		科目名称	2020 年 12 月末余额	
	借方	贷方		借方	贷方
库存现金	500 000		短期借款		550 000
银行存款	4 650 000		应付账款		350 000
应收账款	15 687 500		应付职工薪酬		800 000

续表

科目名称	2020年12月末余额		科目名称	2020年12月末余额	
	借方	贷方		借方	贷方
坏账准备		313 7500	长期借款		5 800 000
原材料	15 000 000		实收资本(或股本)		50 000 000
库存商品	750 000		未分配利润		2 250 000
存货跌价准备		3 000 000			
固定资产	30 000 000				
累计折旧		5 700 000			
无形资产	5 450 000				
累计摊销		450 000			

表10-3 应收账款明细表

编制单位：建业公司　　　　　　　　　　　　　　　　　　　　　　　　单位：元

项目	2020年12月末余额	
	借方	贷方
新成公司	3 687 500	
明光公司	10 000 000	
天佳公司	1 000 000	1 000 000
合计	14 687 500	1 000 000

表10-4 预收账款明细表

编制单位：建业公司　　　　　　　　　　　　　　　　　　　　　　　　单位：元

项目	2020年12月末余额	
	借方	贷方
新成公司	1 000 000	
明光公司		500 000
天佳公司		700 000
合计	1 000 000	1 200 000

根据上述资料，编写该公司资产负债表(见表10-5)。

表 10-5　资产负债表(简表)

编制单位：建业公司　　　　　　2020年12月31日　　　　　　　　　　　　　　单位：元

资　产	期末余额	上年年末余额(略)	负债和所有者权益(或股东权益)	期末余额	上年年末余额(略)
流动资产：			流动负债：		
货币资金	5 150 000		短期借款	550 000	
应收账款	12 550 000		应付账款	350 000	
存货	12 750 000		应付职工薪酬	800 000	
流动资产合计	30 450 000		流动负债合计	1 700 000	
非流动资产：			非流动负债：		
固定资产	24 300 000		长期借款	5 800 000	
无形资产	5 000 000		非流动负债合计	5 800 000	
非流动资产合计	29 300 000		负债合计	7 500 000	
			所有者权益(或股东权益)：		
			实收资本(或股本)	50 000 000	
			未分配利润	2 250 000	
			所有者权益(或股东权益)合计	52 250 000	
资产总计	59 750 000		负债和所有者权益(或股东权益)总计	59 750 000	

第三节　利　润　表

一、利润表的概念及作用

利润表是反映企业在一定会计期间的经营成果的会计报表。利润表把一定时期的收入与其同一会计期间相关的费用进行配比，以计算出企业一定时期的净利润。

利润表能够反映企业生产经营的收益情况、成本耗费情况，从而揭示出企业生产经营活动成果的来龙去脉与各项利润指标的实现情况，据以判断资本保值增值情况；同时，通过对利润表提供的不同时期的比较数字(如本月数或上年数、本年累计数)进行有效分析，可判断企业今后利润的发展趋势、获利能力。

二、利润表的内容与结构

(一)利润表的内容

利润表主要包括以下几方面的内容。
(1)　营业收入。营业收入由主营业务收入和其他业务收入组成。

(2) 营业利润。营业收入减去营业成本(主营业务成本、其他业务成本)、税金及附加、销售费用、管理费用、财务费用、研发费用、资产减值损失、信用减值损失，加上公允价值变动收益(或减去公允价值变动损失)、其他收益、投资收益(或减去投资损失)、资产处置收益(或减去资产处置损失)、净敞口套期收益(或减去净敞口套期损失)，即营业利润。

(3) 利润总额。营业利润加上营业外收入，减去营业外支出，即利润总额。

(4) 净利润。利润总额减去所得税费用，即净利润。

(5) 其他综合收益。反映企业根据企业会计准则规定未在损益中确认的各项利得或损失扣除所得税影响后的净额。

(6) 综合收益总额。综合收益总额是企业净利润与其他综合收益的合计额。

(7) 每股收益。普通股或潜在普通股已公开交易的企业，以及正处于公开发行普通股或潜在普通股过程中的企业，还应当在利润表中列示每股收益信息，包括基本每股收益和稀释每股收益。

(二)利润表的结构

利润表一般由表首、报表主体及附注三部分组成。表首应列示报表名称、编制单位、编制日期、报表编号和计量单位等。报表主体部分为利润表的主体，列示形成经营成果的各个项目的计算过程。

利润表的结构分为单步式和多步式两种。单步式利润表是将当期所有的收入列在一起，所有的费用列在一起，然后将两者相减得出当期净损益。它集中列示了收入要素项目、费用要素项目，根据收入总额与费用总额直接计算列示利润总额。这种格式比较简单，便于编制，但是缺少利润构成情况的详细资料，不利于企业不同时期利润表与行业之间利润表的纵向和横向的比较、分析。

我国采用多步式的利润表。它是通过对当期的收入、费用、支出项目按性质加以归类，按利润形成的主要环节列示一些中间性利润指标，分步计算当期净损益，以便财务报表使用者理解企业经营成果的不同来源。多步式利润表的结构如表 10-6 所示。

表 10-6 利润表

会企 02 表

编制单位：××公司　　　　　2020 年 12 月　　　　　　　　　　　　单位：元

项　目	本期金额	上期金额
一、营业收入		
减：营业成本		
税金及附加		
销售费用		
管理费用		
研发费用		
财务费用		
其中：利息费用		
利息收入		

续表

项　目	本期金额	上期金额
加：其他收益		
投资收益(损失以"-"号填列)		
其中：对联营企业和合营企业的投资收益		
以摊余成本计量的金融资产终止确认收益(损失以"-"号填列)		
净敞口套期收益(损失以"-"号填列)		
公允价值变动收益(损失以"-"号填列)		
信用减值损失(损失以"-"号填列)		
资产减值损失(损失以"-"号填列)		
资产处置收益(损失以"-"号填列)		
二、营业利润(亏损以"-"号填列)		
加：营业外收入		
减：营业外支出		
三、利润总额(亏损以"-"号填列)		
减：所得税费用		
四、净利润(净亏损以"-"号填列)		
(一)持续经营净利润(净亏损以"-"号填列)		
(二)终止经营净利润(净亏损以"-"号填列)		
五、其他综合收益的税后净额		
(一)不能重分类进损益的其他综合收益		
1. 重新计量设定受益计划变动额		
2. 权益法下不能转损益的其他综合收益		
3. 其他权益工具投资公允价值变动		
4. 企业自身信用风险公允价值变动		
……		
(二)将重分类进损益的其他综合收益		
1. 权益法下可转损益的其他综合收益		
2. 其他债权投资公允价值变动		
3. 金融资产重分类记入其他综合收益的金额		
4. 其他债权投资信用减值准备		
5. 现金流量套期		
6. 外币财务报表折算差额		
……		
六、综合收益总额		
七、每股收益		
(一)基本每股收益		
(二)稀释每股收益		

三、利润表的编制方法

按照我国企业利润表的结构要求,利润表的填列方法如下。

第一步,以营业收入为基础,减去税金及附加、销售费用、管理费用、财务费用、研发费用、资产减值损失、信用减值损失,加上公允价值变动收益(或减去公允价值变动损失)、其他收益、投资收益(或减去投资损失)、资产处置收益(或减去资产处置损失)、净敞口套期收益(或减去净敞口套期损失),计算营业利润;

第二步,以营业利润为基础,加上营业外收入,减去营业外支出,计算利润总额;

第三步,以利润总额为基础,减去所得税费用,计算净利润(或净亏损);

第四步,以净利润(或净亏损)为基础,计算每股收益;

第五步,以净利润(或净亏损)和其他综合收益为基础,计算综合收益总额。

利润表各项目均需要填列"本期金额"和"上期金额"两栏。

(一)"上期金额"栏的填列方法

"上期金额"栏内的各项数字,应根据上年该期利润表的"本期金额"栏内所列数字填列。如果上年该期利润表规定的各个项目的名称和内容同本期不一致,应对上年该期利润表各项目的名称和数字按本期的规定进行调整,按调整后的数字填入利润表"上期金额"栏内。

(二)"本期金额"栏的填列方法

报表中"本期金额"栏内各项目,除了"基本每股收益"和"稀释每股收益"项目外,主要根据各损益类账户的发生额分析填列。

(1) "营业收入"项目,反映企业经营主要业务和其他业务所确认的收入总额。本项目应根据"主营业务收入"和"其他业务收入"科目的发生额分析填列。

(2) "营业成本"项目,反映企业经营主要业务和其他业务所发生的成本总额。本项目应根据"主营业务成本"和"其他业务成本"科目的发生额分析填列。

(3) "税金及附加"项目,反映企业经营业务应负担的消费税、城市维护建设税、资源税、土地增值税、教育费附加、房产税、车船税、城镇土地使用税、印花税等相关税费。本项目应根据"税金及附加"科目的发生额分析填列。

(4) "销售费用"项目,反映企业在销售商品过程中发生的包装费、广告费等费用和为销售本企业商品而专设的销售机构的职工薪酬、业务费等经营费用。本项目应根据"销售费用"科目的发生额分析填列。

(5) "管理费用"项目,反映企业为组织和管理生产经营发生的管理费用。本项目应根据"管理费用"科目的发生额分析填列。

(6) "研发费用"项目,反映企业进行研究与开发过程中发生的费用化支出,以及计入管理费用的自行开发无形资产的摊销。该项目应根据"管理费用"科目下的"研发费用"明细科目的发生额,以及"管理费用"科目下的"无形资产摊销"明细科目的发生额分析填列。

第十章 财务报告

(7)"财务费用"项目,反映企业为筹集生产经营所需资金等而发生的筹资费用。本项目应根据"财务费用"科目的相关明细科目的发生额分析填列。其中:"利息费用"项目,反映企业为筹集生产经营所需资金而发生的应予费用化的利息支出,本项目应根据"财务费用"科目的相关明细科目的发生额分析填列。"利息收入"项目,反映企业应冲减财务费用的利息收入,本项目应根据"财务费用"科目的相关明细科目的发生额分析填列。

(8)"其他收益"项目,反映计入其他收益的政府补助以及其他与日常活动相关且计入其他收益的项目。本项目应根据"其他收益"科目的发生额分析填列。

(9)"投资收益"项目,反映企业以各种方式对外投资所取得的收益。本项目应根据"投资收益"科目的发生额分析填列。如为投资损失,本项目以"-"号填列。

(10)"净敞口套期收益"项目,反映净敞口套期下被套期项目累计公允价值变动转入当期损益的金额或现金流量套期储备转入当期损益的金额。该项目应根据"净敞口套期损益"科目的发生额分析填列。如为套期损失,本项目以"-"号填列。

(11)"公允价值变动收益"项目,反映企业应当计入当期损益的资产或负债公允价值变动收益。本项目应根据"公允价值变动损益"科目的发生额分析填列。如为净损失,本项目以"-"号填列。

(12)"信用减值损失"项目,反映企业计提的各项金融工具减值准备所形成的预期信用损失。该项目应根据"信用减值损失"科目的发生额分析填列。

(13)"资产减值损失"项目,反映企业各项资产发生的减值损失。本项目应根据"资产减值损失"科目的发生额分析填列。

(14)"资产处置收益"项目,反映企业出售划分为持有待售的非流动资产(金融工具、长期股权投资和投资性房地产除外)或处置组(子公司和业务除外)时确认的处置利得或损失,以及处置未划分为持有待售的固定资产、在建工程、生产性生物资产及无形资产而产生的处置利得或损失。债务重组中因处置非流动资产(金融工具、长期股权投资和投资性房地产除外)产生的利得或损失、非货币性资产交换中换出非流动资产(金融工具、长期股权投资和投资性房地产除外)产生的利得或损失也包括在本项目内。本项目应根据"资产处置损益"科目的发生额分析填列。如为处置损失,以本项目"-"号填列。

(15)"营业利润"项目,反映企业实现的营业利润。如为亏损,本项目以"-"号填列。

(16)"营业外收入"项目,反映企业发生的除营业利润以外的收益,主要包括与企业日常活动无关的政府补助、盘盈利得、捐赠利得(企业接受股东或股东的子公司直接或间接的捐赠,经济实质属于股东对企业的资本性投入的除外)等。本项目应根据"营业外收入"科目的发生额分析填列。

(17)"营业外支出"项目,反映企业发生的除营业利润以外的损失,主要包括公益性捐赠支出、非常损失、盘亏损失、非流动资毁损报废损失等。本项目应根据"营业外支出"科目的发生额分析填列。

(18)"利润总额"项目,反映企业实现的利润。如为亏损,本项目以"-"号填列。

(19)"所得税费用"项目,反映企业应从当期利润总额中扣除的所得税费用。本项目应根据"所得税费用"科目的发生额分析填列。

(20)"净利润"项目,反映企业实现的净利润。如为亏损,本项目以"-"号填列。

(21)"其他综合收益的税后净额"项目,反映企业根据企业会计准则规定未在损益中确认的各项利得和损失扣除所得税影响后的净额。

(22)"综合收益总额"项目,反映企业净利润与其他综合收益(税后净额)的合计金额。

(23)"每股收益"项目,包括基本每股收益和稀释每股收益两项指标,反映普通股或潜在普通股已公开交易的企业,以及正处在公开发行普通股或潜在普通股过程中的企业的每股收益信息。

四、利润表的编制举例

【例 10-2】 安和公司 2020 年度有关损益类账户"本年累计数"金额如表 10-7 所示。

表 10-7 损益类账户本年累计数

编制单位:安和公司　　　　　　　　　　　　　　　　　　　　　　　　　　　单位:元

账户名称	借方发生额	贷方发生额
主营业务收入		7 00 000
主营业务成本	500 000	
其他业务收入		5 00 000
其他业务成本	200 000	
税金及附加	2 000	
销售费用	20 500	
管理费用	15 000	
财务费用	21 000	
研发费用	20 000	
资产减值损失	20 900	
信用减值损失	10 000	
投资收益		31 600
营业外收入		50 000
营业外支出	10 000	

该公司适用的企业所得税税率为 25%,假设无其他调整项目。根据上述资料,编制该公司的利润表。具体内容如表 10-8 所示。

表 10-8 利润表(简表)

编制单位:安和公司　　　　　　　　　　　　2020 年度　　　　　　　　　　　　　单位:元

项　目	本期金额	上期金额(略)
一、营业收入	1 200 000	
减:营业成本	700 000	
税金及附加	2 000	
销售费用	20 500	
管理费用	15 000	

续表

项　　目	本期金额	上期金额(略)
财务费用	21 000	
研发费用	20 000	
资产减值损失	20 900	
信用减值损失	10 000	
加：投资收益(损失以"-"号填列)	31 600	
二、营业利润(亏损以"-"号填列)	422 200	
加：营业外收入	50 000	
减：营业外支出	10 000	
三、利润总额(亏损以"-"号填列)	462 200	
减：所得税费用	115 550	
四、净利润(净亏损以"-"号填列)	346 650	

第四节　现金流量表

一、现金流量表的内容

现金流量表是反映企业在一定会计期间现金和现金等价物流入和流出的报表。现金流量表是以现金为基础编制的。现金是指企业的库存现金以及可以随时用于支付的存款，不能随时用于支取的存款不属于现金。

现金等价物是指企业持有的期限短(一般指从购买日起，3个月内到期)、流动性强、易于转换为已知金额现金、价值变动风险很小的投资。企业应根据具体情况，确定现金等价物的范围，并且一贯地保持其划分标准，一经确定不得随意变更。

现金流量表应当分别以经营活动、投资活动和筹资活动列报现金流量，每类活动又分为各具体项目。

(一)经营活动

经营活动是指企业投资和筹资活动以外的所有交易和事项，包括销售商品或提供劳务、购买商品或接受劳务、收到返还的税费、经营性租赁、支付职工薪酬、支付广告费用、缴纳各项税费等。通过经营活动产生的现金流量，可以说明企业的经营活动对现金流入和流出的影响程度，判断企业在不动用对外筹得资金的情况下，是否能够维持生产经营、偿还债务、支付股利和对外投资等。

(二)投资活动

投资活动是指企业长期资产的购建和不包括在现金等价物范围内的投资及其处置活动。现金流量表中的"投资"既包括对外投资，又包括长期资产的购建与处置。长期资产是指固定资产、在建工程、无形资产和其他长期资产等持有期限在一年或超过一年的一个营业周期以上的资产。投资活动包括取得和收回投资、购建和处置固定资产、购买和处置无形资产等。

(三)筹资活动

筹资活动是指导致企业资本及债务规模和构成发生变化的活动,包括发行股票或接受投入资本、分派现金股利、取得和偿还银行借款、发行和偿还公司债券等。通过筹资活动产生的现金流量,能够分析企业通过筹资活动获取现金的能力,以及判断筹资活动对企业现金流量净额的影响程度。

二、现金流量表的结构

1. 现金流量表正表

正表是现金流量表的主体,企业一定会计期间现金流量的信息主要由正表提供。正表采用报告式的结构,按照现金流量的性质,依次分类反映经营活动产生的现金流量、投资活动产生的现金流量和筹资活动产生的现金流量,最后汇总反映企业现金及现金等价物净增加额。现金流量表的结构如表 10-9 所示。

表 10-9 现金流量表

编制单位:××公司　　　　　　　　2020 年度　　　　　　　　单位:元

项　目	本期金额	上期金额
一、经营活动产生的现金流量		
销售商品、提供劳务收到的现金		
收到的税费返还		
收到的其他与经营活动有关的现金		
经营活动现金流入小计		
购买商品、接受劳务支付的现金		
支付给职工以及为职工支付的现金		
支付的各项税费		
支付的其他与经营活动有关的现金		
经营活动现金流出小计		
经营活动产生的现金流量净额		
二、投资活动产生的现金流量		
收回投资所收到的现金		
取得投资收益所收到的现金		
处置固定资产、无形资产和其他长期资产所收回的现金净额		
处置子公司及其他营业单位收到的现金净额		
收到的其他与投资活动有关的现金		
投资活动现金流入小计		

续表

项　　目	本期金额(略)	上期金额(略)
购建固定资产、无形资产和其他长期资产所支付的现金		
投资所支付的现金		
取得子公司及其他营业单位支付的现金净额		
支付的其他与投资活动有关的现金		
投资活动现金流出小计		
投资活动产生的现金流量净额		
三、筹资活动产生的现金流量		
吸收投资所收到的现金		
取得借款所收到的现金		
收到的其他与筹资活动有关的现金		
筹资活动现金流入小计		
偿还债务所支付的现金		
分配股利、利润或偿付利息所支付的现金		
支付的其他与筹资活动有关的现金		
筹资活动现金流出小计		
筹资活动产生的现金流量净额		
四、汇率变动对现金及现金等价物的影响		
五、现金及现金等价物净增加额		
加：期初现金及现金等价物余额		
六、期末现金及现金等价物余额		

2. 现金流量表的补充资料

现金流量表的补充资料包括三部分内容。
(1) 将净利润调节为经营活动的现金流量(即按间接法编制的经营活动现金流量)。
(2) 不涉及现金收支的重大投资和筹资活动。
(3) 现金及现金等价物净变动情况。

第五节　所有者权益变动表及会计报表附注

一、所有者权益变动表的内容与结构

(一)所有者权益变动表的内容

所有者权益变动表，是指反映构成所有者权益各组成部分当期增减变动情况的报表。
它既可以为财务报表的使用者提供所有者权益总量增减变动的信息，也能为其提供所有者权益增减变动的结构性信息，让财务报表使用者理解其增减变动的根源。

在所有者权益变动表中，企业至少应当单独列示反映下列信息的项目：综合收益总额；会计政策变更和差错更正的累积影响金额；所有者投入的资本和向所有者分配的利润等；提取的盈余公积；实收资本、其他权益工具、资本公积、其他综合收益、专项储备、盈余公积、未分配利润的期初余额及调节情况。

(二)所有者权益变动表的结构

所有者权益变动表以矩形的形式列示，一方面列示了导致所有者权益变动的交易或事项，从所有者权益变动的来源对一定时期其变动情况进行全面反映；另一方面按照所有者权益各组成部分，包括实收资本、其他权益工具、其他综合收益、专项储备、资本公积、盈余公积、未分配利润和库存股及其总额列示交易或事项对其的影响。所有者权益变动表为比较报表，分别按"本年金额"和"上年金额"两栏分别填列。所有者权益变动表的结构如表10-10所示。

二、会计报表附注

(一)会计报表附注的概念

会计报表附注是对资产负债表、利润表、现金流量表和所有者权益变动表等报表中列示项目的文字描述或明细资料，以及对未能在这些报表中列示项目的说明等。附注是财务报表的重要组成部分，是对会计报表本身无法或难以充分表达的内容和项目所做的补充说明和详细解释。

(二)会计报表附注的作用

会计报表附注有助于会计报表使用者理解会计报表的内容，其主要作用可以归纳为以下几方面。

(1) 增进会计信息的可理解性。附注部分将对报表的有关重要数据做出解释或说明，将抽象的数据具体化，有助于报表使用者正确理解会计报表，合理利用所需信息。

(2) 促使会计信息充分披露。附注主要以文字说明的方式，充分披露会计报表所提供的信息，以及会计报表以外但与报表使用者的决策有关的重要信息，从而便于广大投资者全面掌握企业财务状况、经营成果和现金流量情况，为投资者正确决策提供信息服务。

(3) 提高会计信息的可比性。会计报表是依据会计准则等有关制度规定编制而成的，在某些方面提供了多种会计处理方法，企业可以根据具体情况进行选择。这就造成了不同行业或同一行业的不同企业所提供的会计信息之间的差异。另外，在某些情况下，企业所采用的会计政策会发生变动，从而导致不同会计期间的会计信息失去可比的基础。通过编制附注，有利于了解会计信息的上述差异及其影响的大小，从而提高会计信息的可比性。

(三)会计报表附注的主要内容

企业应当按照顺序披露有关内容。会计报表附注的主要内容包括以下几个方面。

第十章 财务报告

表 10-10 所有者权益变动表

编制单位：×××公司　　　　　2020 年度　　　　　会企 04 表　单位：元

项目	本年金额										上年金额									
	实收资本(或股本)	其他权益工具			资本公积	减：库存股	其他综合收益	专项储备	盈余公积	未分配利润	所有者权益合计	实收资本(或股本)	其他权益工具			资本公积	减：库存股	其他综合收益	专项储备	盈余公积	未分配利润	所有者权益合计
		优先股	永续债	其他									优先股	永续债	其他							
一、上年末余额																						
加：会计政策变更																						
前期差错更正																						
其他																						
二、本年初余额																						
三、本年增减变动金额(减少以"-"号填列)																						
（一）综合收益总额																						
（二）所有者投入和减少资本																						
1. 所有者投入的普通股																						
2. 其他权益工具持有者投入资本																						
3. 股份支付计入所有者权益的金额																						
4. 其他																						

续表

项 目	本年金额									上年金额								
	实收资本（或股本）	其他权益工具			资本公积	减:库存股	其他综合收益	专项储备	盈余公积	未分配利润	所有者权益合计	实收资本（或股本）	其他权益工具			资本公积	减:库存股	其他综合收益	专项储备	盈余公积	未分配利润	所有者权益合计
		优先股	永续债	其他									优先股	永续债	其他							
(三)利润分配																						
1. 提取盈余公积																						
2. 对所有者(或股东)的分配																						
3. 其他																						
(四)所有者权益内部结转																						
1. 资本公积转增资本(或股本)																						
2. 盈余公积转增资本(或股本)																						
3. 盈余公积弥补亏损																						
4. 设定受益计划变动额结转留存收益																						
5. 其他综合收益结转留存收益																						
6. 其他																						
四、本年年末余额																						

第十章 财务报告

1. 企业的基本情况

(1) 企业注册地、组织形式和总部地址。

(2) 企业的业务性质和主要经营活动。

(3) 母公司以及集团最终母公司的名称。

(4) 财务报告的批准报出者和财务报告批准报出日。

2. 财务报表的编制基础

财务报表的编制基础具体包括以下内容。

(1) 会计年度。

(2) 记账本位币。

(3) 会计计量所运用的计量基础。

(4) 现金和现金等价物的构成。

3. 遵循企业会计准则的声明

企业应当声明编制的财务报表符合企业会计准则的要求,真实、完整地反映了企业的财务状况、经营成果和现金流量等有关信息。

4. 重要会计政策和会计估计

企业应当披露采用的重要会计政策和会计估计,不重要的会计政策和会计估计可以不披露。在披露重要会计政策和会计估计时,应当披露重要会计政策的确定依据和财务报表项目的计量基础,以及会计估计中所采用的关键假设和不确定因素。

5. 会计政策和会计估计变更以及差错更正的说明

企业应当按照《企业会计准则——会计政策、会计估计变更和差错更正》及其应用指南的规定,披露会计政策和会计估计变更以及差错更正的有关情况。

6. 报表重要项目的说明

对于报表中一些重要项目进行的说明。

7. 其他需要说明的事项

其他需要说明的重要事项主要包括以下内容。

(1) 或有和承诺事项的说明。

(2) 资产负债表日后非调整事项的说明。

(3) 关联方关系及其交易的说明。

8. 有助于财务报表使用者评价企业管理资本的目标、政策及程序的信息。

其他评价信息。

【思政与德育】

严守法纪——识破重组的美颜术

九好网络科技集团有限公司(以下简称九好集团)是互联网时代背景下新兴的商业模式，以后勤托管服务为主要业务提供居间撮合服务，并就其提供的服务收取一定的服务费。安达会计师事务所对九好集团审计之后发布的审计报告中，通过对其财务数据分析，发现九好集团每年的净利润都呈上升趋势，甚至达到了60%以上的增长率。

但2017年3月11日中国证监会一份《行政处罚事先告知书》中披露了九好集团财务舞弊问题，证监会专门针对此案件设立了专案进行调查。提出九好集团被禁止入市及相关人员均受到了行政处罚，其主要原因在于它与鞍山重型矿山机器股份有限公司(简称鞍重股份)在进行资产重组的方案中，利用违规的操作手法来实现借壳上市的目的。

九好集团与鞍重股份重大资产重组的交易方案中，包括重大资产置换2.29亿元货币资金之外的全部资产和负债(置出资产)、发行股份购买资产和发行股份募集配套资金。九好集团向鞍重股份提供的2013—2015年的信息中用虚假记载、重大遗漏来粉饰财务报表。详细情况见表10-11。

从表中可以看出，九好集团在2013—2015年期间财务造假中，造假金额呈逐年上升的趋势，增幅达到26.91%。三年间环比虚增幅度分别为23.84%、3.07%，其中造假最严重的2014年达到近40%；在这虚构收入中，主要是虚增贸易收入57.48万元，虚增服务收入26 489.76万元，还虚构高达3亿元的银行存款。这些数字表明，该公司造假金额巨大，手段极为隐蔽、难以察觉，严重地影响了信息使用者的正确判断，在社会中造成不良影响。

表10-11 九好集团财务舞弊情况明细表

单位：万元

虚增项目	2013年	2014年	2015年	合计
虚增：服务收入	1 726.91	8 755.66	16 007.19	26 489.76
虚增：贸易收入			57.48	57.4
虚增：银行存款			30 000	30 000
未披露借款所得及银行存单质押			30 000	30 000
交易报告书披露的服务费收入	11 062.98	22 195.26	37 642.25	70 900.49
虚增收入占比/%	15.61	39.45	42.52	37.36

资料来源：巨潮咨讯网(改编)

思 政 感 悟

思政感悟见右侧二维码。

第十章 财务报告

📓 小知识(见右侧二维码)

假账在会计报表中的四种形式

1. 表表不符
2. 表账不符
3. 虚报盈亏
4. 报表附注不真实

自 测 题

一、单项选择题

1. 依据我国的会计准则,利润表采用的格式为( )。
    A. 单步式   B. 多步式   C. 账户式   D. 混合式
2. "预付账款"科目明细账若有贷方余额,应将其填入资产负债表中的( )项目。
    A. 应收账款   B. 预收账款   C. 应付账款   D. 预付账款
3. 下列资产负债表项目中,应根据有关科目余额减去其备抵科目余额之后的净额填列的是( )。
    A. 固定资产   B. 实收资本   C. 短期借款   D. 货币资金
4. 2020年12月31日,某企业"应付账款——甲企业"明细科目贷方余额为40 000元,"应付账款——乙企业"明细科目借方余额为10 000元,"预付账款——丙企业"明细科目借方余额为30 000元,"预付账款——丁企业"明细科目贷方余额为6 000元。不考虑其他因素,该企业2020年12月31日资产负债表"应付账款"项目的期末余额为( )元。
    A. 36 000   B. 40 000   C. 30 000   D. 46 000
5. 某企业2020年度"主营业务成本"科目发生额合计7 500万元,"其他业务成本"科目发生额合计500万元,则该企业2020年度利润表中"营业成本"项目的列报金额为( )万元。
    A. 8 500   B. 7 900   C. 8 800   D. 8 000
6. 下列各项中,不属于现金流量表中"筹资活动产生的现金流量"的是( )。
    A. 取得借款收到的现金   B. 吸收投资收到的现金
    C. 处置固定资产收回的现金净额   D. 分配股利、利润或偿付利息支付的现金
7. 某企业2018年6月30日从银行借入期限为3年的长期借款1 000万元,编制2020年12月31日资产负债表时,此项借款应填入的报表项目是( )。
    A. 短期借款   B. 应付账款
    C. 其他长期负债   D. 一年内到期的非流动负债
8. 某企业2020年12月31日"固定资产"科目余额为1 100万元,"累计折旧"科目余额为300万元,"固定资产减值准备"科目余额为100万元。该企业2020年12月31日资产负债表"固定资产"项目的金额为( )万元。

A. 650　　　　B. 700　　　　C. 950　　　　D. 1 000

9. 下列各科目的期末余额，不应在资产负债表"存货"项目列示的是(　　)。
   A. 库存商品　　　　　　　　B. 生产成本
   C. 工程物资　　　　　　　　D. 委托加工物资

10. 下列资产负债表项目，可直接根据有关总账科目余额填列的是(　　)。
    A. 预收款项　　　　　　　　B. 短期借款
    C. 存货　　　　　　　　　　D. 应收账款

二、多项选择题

1. 下列各项中，应列入资产负债表"应收账款"项目的有(　　)。
   A. 预付职工差旅费　　　　　B. 代购货单位垫付的运杂费
   C. 销售产品应收取的款项　　D. 对外提供劳务应收取的款项

2. 下列选项中，属于财务报表信息使用者的有(　　)。
   A. 证券监督部门　　　　　　B. 账政、税收、银行部门
   C. 企业财务分析人员　　　　D. 投资者和债权人

3. 下列各项中，应列入利润表"资产减值损失"项目的有(　　)。
   A. 原材料盘亏损失　　　　　B. 固定资产减值损失
   C. 无形资产减值损失　　　　D. 应收账款减值损失

4. 下列各项中，属于企业利润表列示的项目的有(　　)。
   A. "每股收益"　　　　　　　B. "综合收益总额"
   C. "资本公积"　　　　　　　D. "信用减值损失"

5. 下列各项中，应列入利润表"营业成本"项目的有(　　)。
   A. 销售材料成本　　　　　　B. 无形资产处置净损失
   C. 固定资产盘亏净损失　　　D. 销售商品成本

6. 下列各项中，关于资产负债表项目填列方法的表述，正确的有(　　)。
   A. "短期借款"项目应根据"短期借款"总账科目余额直接填列
   B. "长期借款"项目应根据"长期借款"总账科目余额直接填列
   C. "实收资本"项目应根据"实收资本"总账科目余额直接填列
   D. "预收款项"项目应根据"预收账款"总账科目余额直接填列

7. 下列会计科目的期末余额，应列入资产负债表"固定资产"项目的有(　　)。
   A. 累计摊销　　　　　　　　B. 在建工程
   C. 固定资产清理　　　　　　D. 累计折旧

8. 下列各项中，属于现金流量表中现金及"现金等价物"的有(　　)。
   A. 库存现金　　　　　　　　B. 其他货币资金
   C. 即将到期的债券投资　　　D. 随时用于支付的银行存款

9. 利润表中根据本期发生额分析填列的项目有(　　)。
   A. 营业成本　　　　　　　　B. 营业收入
   C. 所得税费用　　　　　　　D. 利润总额

10. 下列各项中，应作为现金流量表中"经营活动产生的现金流量"的有(　　)。

A. 销售商品收到的现金　　　　　　B. 取得短期借款收到的现金
C. 采购原材料支付的增值税　　　　D. 取得长期股权投资支付的手续费

三、判断题

1. 资产负债表的"开发支出"项目应根据"研发支出"科目所属的"资本化支出"明细科目期末余额填列。（　　）

2. 利润表中的"综合收益总额"项目，可以为财务报表使用者提供企业实现净利润和其他综合收益(税后净额)的信息。（　　）

3. "长期借款"项目根据"长期借款"总账科目余额填列。（　　）

4. 所有者权益变动表"未分配利润"栏目的本年年末余额应当与本年资产负债表"未分配利润"项目的年末余额相等。（　　）

5. 所有者权益变动表能够反映所有者权益各组成部分当期增减变动情况，有助于报表使用者理解所有者权益增减变动的原因。（　　）

6. 财务报表附注是对在资产负债表、利润表、现金流量表和所有者权益变动表等报表中列示项目的文字描述或明细资料，及对未能在这些报表中列示项目的说明等。（　　）

7. 资产负债表中的"货币资金"项目，应根据"库存现金""银行存款"和"其他货币资金"科目期末余额的合计数填列。（　　）

8. 现金流量表中的经营活动，是指企业投资活动和筹资活动以外的交易和事项。销售商品或提供劳务、向银行借款、发行债券等产生的现金流量均包括在经营活动产生的现金流量中。（　　）

9. 在现金流量表中，现金股利收入和广告宣传都属于投资活动的现金流量。（　　）

10. "预付账款"项目，应根据"预付账款"账户的贷方余额减去预付账款对应计提的"坏账准备"账户贷方余额填列。（　　）

四、业务处理题

1. 甲公司 2020 年年末部分账户余额如表 10-12 所示。

表 10-12　甲公司 2020 年年末部分账户余额

单位：万元

账户名称	期末余额	账户名称	期末余额
库存现金	3 600	库存商品	6 300
银行存款	900 000	生产成本	30 000
其他货币资金	100 000	委托加工物资	5000
应收账款(总账)	9 000		
——A 公司(明细借方余额)	8 000	发出商品	2 000
——B 公司(明细借方余额)	2 000		
——C 公司(明细贷方余额)	1 000		

续表

账户名称	期末余额	账户名称	期末余额
预付账款(总账)	40 000		
——甲公司(明细借方余额)	60 000	存货跌价准备(贷方余额)	5 000
——乙公司(明细贷方余额)	20 000		
坏账准备(贷方余额)	900	应付账款(总账)	2 000
——应收账款	800	——丙公司(明细贷方余额)	7 000
——预付账款	100	——丁公司(明细借方余额)	5 000
原材料	180 000	应交税费(借方余额)	340
委托加工物资	50 000	预收账款(总账)	6 000
		——D公司(明细贷方余额)	7 000
		——E公司(明细借方余额)	4 000
		——F公司(明细贷方余额)	3 000
周转材料	1 000		
库存商品	50 000	长期借款	300 000
		其中:一年内到期的借款	100 000
材料采购	6 000	利润分配(借方余额)	400

要求:根据上述资料填写下列表格项目中的计算过程及结果(见表10-13)。

表10-13 甲公司相关财务指标

单位:万元

项 目	计算过程及结果
货币资金	
应收账款	
预收账款	
应付账款	
预付账款	
存货	
应交税费	
一年内到期的非流动负债	
长期借款	
未分配利润	

2. 乙公司2020年度损益类账户"本年累计数"金额如表10-14所示。

表 10-14 损益类账户本年累计数

单位：元

账户名称	借方发生额	贷方发生额
主营业务收入		1 280 000
主营业务成本	730 000	
其他业务收入		70 000
其他业务成本	50 000	
税金及附加	2 000	
销售费用	40 000	
管理费用	158 000	
财务费用	20 000	
资产减值损失	1 500	
公允价值变动损益		6 000
投资收益		30 000
营业外收入		50 000
营业外支出	40 000	

要求：根据上述资料，编制乙公司 2020 年度利润表(见表 10-15)。(注：乙公司所得税税率 25%，无其他纳税调整事项)

表 10-15 利润表(简表)

编制单位：乙公司　　　　　　2020 年度　　　　　　单位：元

项　目	本期金额	上期金额(略)
一、营业收入		
减：营业成本		
税金及附加		
销售费用		
管理费用		
财务费用		
资产减值损失		
加：公允价值变动收益(损失以"-"号填列)		
投资收益(损失以"-"号填列)		
二、营业利润(亏损以"-"号填列)		
加：营业外收入		
减：营业外支出		
三、利润总额(亏损以"-"号填列)		
减：所得税费用		
四、净利润(净亏损以"-"号填列)		

3. 丙公司为增值税一般纳税人，适用的企业所得税税率为 25%。其商品、原材料售价中不含增值税。假定不考虑其他因素，2020 年 12 月，公司发生如下交易或事项。

(1) 销售商品一批，按商品标价计算的金额为 100 000 元，款项收到并已存入银行，该产品成本为 30 000 元。

(2) 以银行存款支付行政管理人员工资 10 000 万元，专设销售机构的人员工资 5 000 元，研发过程中的费用化支出 1 000 元。

(3) 投资某一项目，投资取得收益 20 000 元。

(4) 销售一批原材料，增值税专用发票上注明售价 60 000 元，款项收到并存入银行。该批材料的实际成本为 20 000 万元。

(5) 收到职工赵某因违反公司制度而支付的罚款 13 000 元。

(6) 财产清查中发现固定资产盘亏 4 000 元，损失由企业承担。

要求：根据上述资料，计算丙公司 12 月的营业收入、营业成本、营业利润和利润总额。

参 考 答 案

参考答案见右侧二维码。

第十一章 财务报表分析

【学习要点及目标】

本章主要介绍各种财务指标的分析方法、分析内容与分析技巧。通过本章的学习,要求学生掌握财务报表分析的内容及其各种指标分析的基本方法;熟悉财务报表分析的财务指标体系及各项指标的计算及分析评价;理解财务报表分析的意义;了解财务报表分析的流程。

【知识架构图】

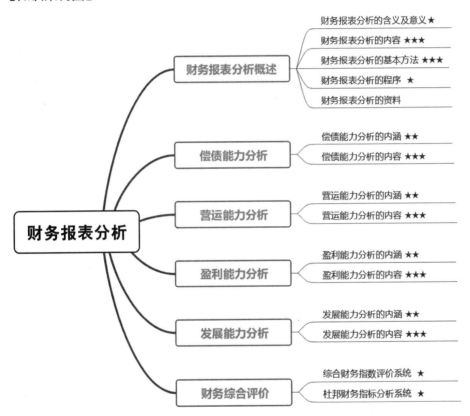

第一节 财务报表分析概述

一、财务报表分析的含义及意义

(一)财务报表分析的含义

财务报表分析是以财务报表及其他相关会计核算资料为主要依据,采用一系列专门的分析技术和方法，对企业等经济组织过去和现在的财务状况、经营成果及现金流量等进行分析与评价，从而为企业的投资者、债权者、经营者及其他利益相关者进行预测、决策、控制、评价和监督提供信息支撑的一门学科。

(二)财务报表分析的意义

财务报表是企业会计信息的载体，而财务报表分析又是以企业对外报送的财务报表为主要分析依据。通过财务报表分析可以达到：了解企业过去的经营业绩，衡量企业现在的财务状况，预测企业未来的发展前景。

(1) 有利于投资者的投资决策。投资者最关心的是投资收益和投资风险，通过财务报表分析，投资者可以了解企业的盈利状况，判断其投入资产是否能保值和增值，评价企业受托经营责任的履行情况，据以做出是否继续投资的决策。

(2) 有利于债权人评估信贷风险。通过财务报表分析，债权人可以了解其贷款安全性，了解企业的偿债能力和财务风险，为其信用决策提供参考。

(3) 有利于管理者进行经营管理决策。通过财务报表分析，管理者可以了解企业整体的运转是否正常、企业有无资金潜力可挖，据以做出是否借款、调整企业经营战略等决策。

(4) 有利于国家政府部门进行监管和宏观调控。有关监管部门通过财务报表分析，可以了解企业及企业所属行业的发展状况，据以制定有效的宏观经济调控政策；对企业的发展后劲以及对社会的贡献程度进行分析考察；同时，检查企业是否有违法违纪、浪费国家财产的问题。

二、财务报表分析的内容

传统的财务报表分析可归纳为以下主要方面：偿债能力分析、营运能力分析、盈利能力分析、发展能力分析与财务综合评价。

前三种财务分析内容是最基本的，其中偿债能力是财务目标实现的稳健保证，营运能力是财务目标实现的物质基础，盈利能力是两者共同作用的结果，同时也对两者的增强起着推动作用。三者相辅相成，共同构成了传统企业财务报表分析的基本内容。

(一)偿债能力分析

偿债能力是企业承担债务和还本付息的能力。企业偿债能力分析包括短期偿债能力分析和长期偿债能力分析。短期偿债能力分析主要分析企业债务能否及时偿还。长期偿债能力分析主要分析企业资产对债务本金的支持程度和对债务利息的偿付能力。该能力分析是经营者、债权人、投资者都非常关心的问题。

(二)营运能力分析

营运能力是指企业对资产的利用效率。营运能力分析主要评价企业对经济资源的经营能力和利用效率情况。它表明企业管理人员经营管理、运用资金的能力。企业生产经营资金周转的速度越快，表明企业资金利用的效果越好、效率越高，企业管理人员的经营能力越强。营运能力分析既要从资产周转期的角度来评价企业经营活动量的大小和资产利用效率的高低，又要从资产结构的角度来分析企业资产构成的合理性。

(三)盈利能力分析

盈利能力是指企业在一定时期内赚取利润的能力。盈利能力分析主要是评价企业获取利润的能力及利润分配情况。利润是企业内外有关各方面都关心的问题,利润是投资者取得的投资收益,是债权人收取本息资金的来源,是经营者经营业绩和管理效能的集中表现。盈利能力分析主要分析企业营业活动和投资活动产生收益的能力,包括企业盈利水平分析、社会贡献能力分析、资本保值增值能力分析以及上市公司税后利润分析。

(四)发展能力分析

发展能力又称为企业的增长能力,是指企业未来生产经营活动的发展趋势和发展潜能。企业的利益相关者不仅关心企业的盈利能力、偿债能力、营运能力,还更加关心企业未来的稳定经营和长远发展的趋势。如果企业的发展状况不稳定,呈波动状态,就有可能是企业经营不利或是经济形势不利造成的,也就说明了企业的发展能力在下降,也就必然影响了利益相关者的长远利益。

三、财务报表分析的基本方法

财务报表分析方法是多种多样的,主要有比较分析法、趋势分析法、比率分析法和因素分析法。

(一)比较分析法

比较分析法又称对比分析法,是通过经济指标在数量上的比较来揭示经济指标的数量关系和数量差异的一种方法。其主要作用是揭示差异、发现问题和成绩。这只是初步的结论,是为进一步具有针对性的分析指明方向。但需注意的是,只有同质的指标才具有可比性。根据对比的指标不同,比较分析法可分为绝对数比较分析和相对数比较分析。

1. 绝对数比较分析

绝对数比较分析是将某项指标的实际数与标准值进行比较,从而找出差异的一种方法。例如某公司本年度税前利润总额比上年增加了 10 万元,分析原因是费用总额下降了 10 万元,而主营业务成本与主营业务收入是同量额增长,说明本年度的主营业务成本没有控制好,应找出成本增加的原因,并且采取针对性措施控制企业的料、工、费,达到降低主营业务成本目的。

2. 相对数比较分析

绝对数比较分析,只反映出某项指标增减变动的绝对额,有一定的局限性,无法消除企业规模的影响,所以可以通过计算出百分率来进行相对数比较,这样更能揭示事物变化的本质。例如 A 企业比 B 企业本年利润总额增加了 10 万元,如果只看绝对数,不能说明哪个企业的业绩增长得快,因为可能两家企业的生产经营规模相差很大,这时用相对数进行比较就非常有效了。比如,A 企业净资产规模是 100 万元,B 企业净资产规模是 1 000 万元,则 A 企业的净资产报酬率增长了 10%,而 B 企业的净资产报酬率增长了 1%,显然 A 企业的利润增长速度好于 B 企业。

(二)趋势分析法

趋势分析法又称动态分析法,是根据连续数期的财务报告资料,将报表中的相同指标进行对比分析,确定其增减变动的方向数额和幅度的一种方法。这种方法可以揭示现象发展趋势与规律,并用来预测企业未来的发展趋势。因为企业在整个发展过程中会受经济现象等多方面因素变化的影响,因此需要把连续多期的数据按时间先后顺序进行排序,并计算出发展速度、增长速度、平均发展速度和平均增长速度等,找出其发展变动趋势,剖析其成因,用发展的眼光预测企业未来。

(三)比率分析法

比率分析法是指在同一张报表的不同项目之间或者在不同报表的有关项目之间进行对比,从而计算出各种不同经济含义的比率,据以评价企业财务状况和经营成果的一种方法。通常用相对数表示,又称财务比率。比率分析法主要有以下几种形式。

1. 结构比率

结构比率也称构成比率,是指通过个体指标和总体指标的对比计算出个体指标占总体指标的比重,反映部分与总体的关系。例如,分析资产负债表、利润表各项目占某个合计数的比重,利用结构比率可以考察总体中某个部分的形成和安排是否合理,以便协调各项财务活动。其计算公式为

$$结构比率 = \frac{某部分数额}{总体数额}$$

2. 效率比率

效率比率用以计算某经济活动中所费与所得的比例,反映投入与产出的关系。如成本费用与销售收入的比率,成本、费用与利润的比率等。利用效率比率指标可以计算得失的比较,考察经营成果,评价经济效益的水平。

3. 相关比率

相关比率是指通过不同的具有相互联系的指标之间的对比,计算出有经济含义的指标。分析时应确定不同指标之间客观上所存在的相互关系,如通过企业的净利润与所有者权益的对比,可以计算出企业的净资产收益率,用来反映企业的净资产的获利能力。利用相关比率指标,可以考察有联系的相关业务安排得是否合理,以保证生产经营活动能够顺畅运行。这种方法在财务分析中应用比较广泛。

【例 11-1】A 公司共同比利润表分析。该公司 2019 年和 2020 年共同比利润表见表 11-1。

从表 11-1 中可以发现,该公司的利润表结构相当稳定:2020 年和 2019 年的营业利润率(每 100 元销售产生的主营业务利润)基本相等;2020 年销售费用率与 2019 年的相比增加了 1.27 个百分点,而 2020 年管理费用率与 2019 年的相比却下降了 2.54 个百分点;2020 年利润总额率虽然与 2019 年的相比增加了 1.84 个百分点,但是由于每 100 元销售所负担的所得税 2020 年比 2019 年增加了 1.87 个百分点,故导致销售净利润率 2020 年比 2019 年略微下降了 0.03 个百分点。

第十一章 财务报表分析

表 11-1　A 公司共同比利润表

项　目	2020 年	2019 年	差　异
一、营业收入	100.00	100.00	0.00
减：营业成本	48.84	47.65	1.19
税金及附加	5.43	7.09	-1.66
销售费用	14.86	13.59	1.27
管理费用	5.88	8.42	-2.54
财务费用	-0.36	-0.46	0.1
加：投资收益(损失以"-"号填列)			
公允价值变动收益(损失以"-"号填列)	0.77	0.65	0.12
资产减值损失(损失以"-"号填列)	-1.2	-1.3	0.1
二、营业利润	24.92	23.06	1.86
加：营业外收入	0.01	0.01	0.00
减：营业外支出	0.03	0.01	0.02
三、利润总额	24.9	23.06	1.84
减：所得税费用	6.04	4.17	1.87
四、净利润	18.86	18.89	-0.03
五、其他综合收益的税后净额			
六、综合收益总额			
七、每股收益			
（一）基本每股收益			
（二）稀释每股收益			

(四)因素分析法

因素分析法是财务报表分析常用的一种技术方法，它是指把整体分解为若干个局部的分析方法。

因素分析法，是当某项综合指标可表示为若干相互联系的因素(经济指标)的乘时，按照一定的顺序和方法，从数量上确定各因素的变动对综合经济指标的影响程度的分析方法。因素分析法一般分为四个步骤：①确定分析对象，即确定需要分析的财务指标，计算出该财务指标实际数额与标准数额的差额；②确定该财务指标的驱动因素；③确定驱动因素的替代顺序，按重要性排序；④按顺序计算各驱动因素对财务指标的影响。

注意，财务报表分析的局限性：①财务报表自身的局限性，如信息披露不全和信息的可靠性、会计估计误差和会计政策选择不一致等；②选择对象的局限性，选择对象是否具有参照性等。

四、财务报表分析的程序

财务分析是一个非常复杂的过程。要想得到最终较为恰当的评价结论，需要查找大量数据资料，采用多种分析方法，建立规范合理的分析程序。

第一，明确分析目标，制定分析工作计划。

第二，收集有关信息。从目标着手收集相关的会计信息资料(如目前和以往的财务报表及附表、报表附注与财务情况说明书等信息披露的所有内容，还有同行业的相关信息资料)，以备分析时使用。

第三，根据分析的目标，运用科学合理的分析方法。可以根据分析内容选择恰当科学的分析方法并根据数据资料进行深入研究，剖析成因。如深入研究各部分对总目标的影响程度以及各个部分之间的关联性。

第四，得出分析结论，形成分析报告，为信息使用者提供决策参考。

五、财务报表分析的资料

财务报表分析依据的资料主要是企业编制的财务报告——资产负债表、利润表和现金流量表等。

财务报告，是指企业对外提供的反映企业某一特定日期的财务状况和某一会计期间的经营成果、现金流量等会计信息的文件。财务报告包括财务报表和其他应当在财务报告中披露的相关信息和资料。财务报表主要反映企业的财务状况——资产负债表、反映经营成果——利润表，是财务报表分析的主要依据。此外，财务报表分析还需结合运用企业的日常核算资料、计划资料、同行业先进企业的资料以及调查研究资料。

现提供华远公司 202×年度的资产负债表简表(见表 11-2)和利润表简表(见表 11-3)，供下面的财务报表实际分析时使用。

表 11-2　资产负债表

202×年 12 月 31 日　　　　　　　　　　　　　　　　　　　　单位：万元

资产	期末余额	上年年末余额	负债和所有者权益	期末余额	上年年末余额
流动资产：			流动负债：		
货币资金	70	60	短期借款	182	160
交易性金融资产	42	84	应付账款	94	80
应收账款	104	96	预收款项	36	26
预付款项	6	3	其他应付款	18	14
存货	416	320	流动负债合计	330	280
一年内到期的非			非流动负债：		
流动资产	6	5	长期借款	200	160
流动资产合计	644	568	非流动负债合计	200	160
非流动资产：			负债合计	530	440
长期股权投资	32	32	所有者权益：		
固定资产	1 130	960	实收资本	962	962
无形资产	44	40	盈余公积	200	120
非流动资产合计	1 206	1 032	未分配利润	158	78
			所有者权益合计	1 320	1 160
资产合计	1 850	1 600	负债和所有者权益合计	1 850	1 600

表 11-3 利润表

202×年12月　　　　　　　　　　　　　　　　　　　　　　　　　单位：万元

项　　目	本期金额	上期金额
一、营业收入	360	220
减：营业成本	175	108
税金及附加	5	2
销售费用	5	4
管理费用	20	17
财务费用	8	5
加：投资收益(损失以"-"号填列)	4	3
公允价值变动收益(损失以"-"号填列)	0	0
资产减值损失(损失以"-"号填列)	-4	-3
二、营业利润	147	84
加：营业外收入	5	4
减：营业外支出	1	2
三、利润总额	151	86
减：所得税费用	37.75	21.5
四、净利润	113.25	64.5
五、其他综合收益的税后净额		
六、综合收益总额		
七、每股收益		
(一)基本每股收益		
(二)稀释每股收益		

第二节　偿债能力分析

一、偿债能力分析的内涵

偿债能力也称变现能力，是指企业偿还到期债务的能力。偿债能力的大小是反映企业财务状况的重要标志。只有在具备足够偿债能力的前提下，才能保证债务的及时清偿和企业的持续经营。对企业偿债能力进行分析，对于企业投资者、经营者和债权人都有着十分重要的意义。

第一，有利于投资者做出正确的投资决策。一个投资者在决定是否向某企业投资时，他不仅仅考虑企业的盈利能力，还要考虑企业的偿债能力。如果一个企业短期偿债能力较差，说明企业投资者实际上无法得到应得的股利，如果企业长期偿债能力较差，说明投资者的成本也可能收不回来。因此，作为一个投资者，对企业偿债能力是十分关心的。

第二，有利于企业经营者做出正确的经营决策。企业偿债能力强弱既是对企业资金循环状况的直接反映，又影响着企业生产经营各环节的资金循环和周转。经营者通过偿债能力分析可以及时发现企业经营过程中存在的问题，并采取措施加以解决，保证企业生产经营顺利进行。

第三，有利于债权人做出正确的借贷决策。企业偿债能力强弱直接决定着债权人信贷资金及其利息能否收回的问题。任何一个债权人都不愿意将自己的资金借给一个偿债能力很差的企业，债权人在进行借贷决策时，必须对借款企业的偿债能力状况进行深入细致的分析，否则将可能做出错误的决策。

二、偿债能力分析的内容

偿债能力分析是企业财务分析的一个重要方面，通过分析可以揭示企业的财务风险。偿债能力分析包括短期偿债能力分析和长期偿债能力分析。

(一)短期偿债能力分析

短期偿债能力是指流动资产对流动负债及时足额偿还的保证程度，即企业支付到期短期债务的能力。短期偿债能力不足，企业就无法满足债权人的要求，可能会陷入债务危机。

分析短期偿债能力一般借助于流动比率、速动比率、现金比率三个指标来进行。

1. 流动比率

流动比率是流动资产与流动负债的比率。它表示每一元流动负债有多少流动资产可以作为偿还的保证，反映企业在短期内转变为现金的流动资产偿还到期流动负债的能力，它是衡量企业短期偿还债务能力。其计算公式是

$$流动比率=\frac{流动资产}{流动负债}$$

一般情况下，流动比率越高，表明企业短期偿债能力越强，债权人的权益越有保证。流动比率高，不仅反映企业拥有的营运资金多，可用以抵偿债务，而且表明企业可以变现的资产数额大，债权人遭受损失的风险小。从理论上讲，一般认为 2∶1 的比例比较合适。它表明企业财务状况稳定可靠，除了满足日常生产经营的流动资金需求外，还有足够的财力偿付到期短期债务。如果比例过低，则表示企业可能捉襟见肘，难以如期偿还债务。但是，流动比率也不能过高，过高则表明企业流动资产占用较多，会影响资金的使用效率和企业的获利能力。流动比率过高还可能是由于应收账款占用过多，在产品、产成品呆滞、积压的结果。因此，在分析流动比率时还需注意流动资产的结构、流动资产的周转情况、流动负债的数量与结构等情况。

根据表 11-2 的资料，该企业的流动比率为

$$本年流动比率=\frac{644}{330}=1.952$$

$$上年流动比率=\frac{568}{280}=2.029$$

通过以上的计算结果可以看出：华远公司本年的流动比率低于一般公认标准 2 且低于上年 15.62%，说明该公司的短期偿债能力不强并且呈下降趋势。按照经验标准来判断，该

公司短期偿债风险增大，短期偿债能力减弱。从资产负债表的数据来看：短期借款本年比上年增加了 22 万元，增长幅度为 13.75%；应付账款增加了 14 万元，增长幅度为 17.5%，导致公司的流动负债大幅增加，致使流动比率有所下降，公司应进一步剖析原因，提高短期偿债能力。

另外，分析流动比率时对于计算出来的比率，只有与同行业平均流动比率、本企业历史流动比率进行比较，才能研究出流动比率变动的特点及其合理性。

2. 速动比率

速动比率是速动资产与流动负债的比率。速动资产主要有库存现金、银行存款、交易性金融资产和应收款项等。它表示每一元流动负债有多少速动资产可以作为偿还的保证，反映企业在短期内转变为现金的速动资产偿还到期流动负债的能力。其计算公式是

$$速动比率 = \frac{速动资产}{流动负债}$$

速动资产是指流动资产减去变现能力较差且不稳定的存货、预付账款、一年内到期的非流动资产和其他流动资产等之后的余额。

速动比率是流动比率的补充指标，广泛应用于衡量企业短期偿债能力。速动比率能灵敏地表明企业的现时偿债能力，因为速动资产是那些几乎立即可以变现用来偿付流动负债的流动资产。速动比率越高，表明企业偿债能力越强。因此，速动比率能更准确地反映企业的短期偿债能力。根据经验，一般认为速动比率为 1∶1 较为合适，它表明企业的每一元短期负债，都有一元易于变现的资产作为抵偿。如果速动比率小于 1，说明企业面临一定的偿债风险；如果速动比率大于 1，尽管偿还债务的能力有所提高，若因企业货币占用过多，而可能失去一些有利的投资和获利机会形成机会成本；若因应收款项过多并且变现能力差或坏账的形成，降低偿还债务的能力。当然，由于行业不同，企业的经营特点不同，速动比例也会有较大的差异。根据表 11-2 的资料，该企业的速动比率为

$$本年速动比率 = \frac{644 - 6 - 416 - 6}{330} \approx 0.6545$$

$$上年速动比率 = \frac{568 - 3 - 320 - 5}{280} \approx 0.8571$$

通过以上的计算结果可以看出：华远公司本年与上年的速动比率均低于一般公认标准 1 且本年低于上年 20.26%，说明该公司的短期偿债能力不强并且呈较大幅度下降趋势。按照经验标准值 1 来判断，该公司短期偿债风险较大，短期偿债能力在逐渐减弱。

3. 现金比率

现金比率是货币资金与流动负债的比率。现金类资产主要是库存现金、银行存款、变现能力较强的交易性金融资产。它表示每一元流动负债有多少现金可以作为偿还的保证，速动资产中，现金流动性最强，可以直接用于偿债。现金比率的计算公式是

$$现金比率 = \frac{货币资金}{流动负债}$$

现金比率是对短期偿债能力要求最高的指标，主要适合于那些应收账款和存货变现能力弱且存在问题的企业。现金比率越高，说明企业的短期偿债能力越强。但是在正常情况

下,企业没有必要始终保持过多的现金类资产,这样会丧失一些获利机会而产生一些机会成本,通常这一比率不会太高,一般为 20%左右。通常情况下,只有当有迹象表明企业资产的变现能力存在较大问题的情况下,计算现金比率反映企业短期偿债能力才更具有现实意义。

根据表 11-2 的资料,该企业的现金比率为

$$本年现金比率 = \frac{70}{330} \approx 0.2121$$

$$上年现金比率 = \frac{60}{280} \approx 0.2143$$

通过以上的计算结果可以看出:华远公司本年的现金比率虽然超过标准值 20%,属于正常范围,但是本年比上年有所下降,说明该公司的短期偿债能力呈下降趋势,但还需要对本企业的不同时期或同行业的数据进行比较,剖析成因来保证企业偿债能力在合理的范围内。

(二)长期偿债能力分析

长期偿债能力是指企业偿还全部负债的能力。长期偿债能力的强弱是反映企业财务安全和稳定程度的重要标志。企业的长期偿债能力与企业的盈利能力、资本结构都有着十分密切的关系。反映企业长期偿债能力的指标主要有资产负债率、产权比率、利息保障倍数。

1. 资产负债率

资产负债率是指负债总额与资产总额的比率。它表示在企业总资产中债权人提供的资金所占的比重,或者企业资产对债权人权益的保障程度。它是衡量企业财务风险的重要指标,是衡量企业负债水平及负债程度的重要判断标准。其计算公式是

$$资产负债率 = \frac{负债总额}{资产总额} \times 100\%$$

资产负债率反映了在企业总资产中由债权人提供的资金比重。对于资产负债率,企业的债权人、企业经营者往往从不同角度来评价。

从债权人角度来看,他们最关心的是其贷给企业资金的安全性。如果资产负债率过高说明企业的全部资产中,股东提供的资本所占比重太低,企业的财务风险主要由债权人负担,其贷款的安全性也缺乏可靠的保障,所以,债权人总是希望企业的资产负债率低一些。资产负债率越低说明企业长期偿债能力越强,债权人的权益越有保障。

从经营者角度来看,既要考虑企业的盈利,也要顾及企业所承担的财务风险。资产负债率作为财务杠杆不仅反映了企业的长期财务状况,也反映了企业管理当局的进取精神。如果企业不利用举债经营或者负债比率很小,则说明企业经营比较保守,对前途信心不足,利用债权人资本进行经营活动的能力较差。但是,举债也必须有一定限度,负债比率过高,虽然企业可以利用财务杠杆作用得到较多的投资利润,但是企业的财务风险将增大,一旦企业资产负债率超过 1,则说明企业资不抵债,有濒临倒闭的危险。

至于资产负债率为多少才是合理的并没有一个确定的标准,不同的行业、不同类型的企业都有较大差异的。一般而言,处于高速成长期的企业,其负债比率可能会高一些,这样所有者会得到更多的杠杆利益。但是,作为企业经营者在确定企业的负债比率时,一定

要审时度势，充分考虑企业内部各种因素和企业外部的市场环境。但是大多数企业的财务结构合理的公司一般将资产负债率维持在50%～60%。需要指出的是，在进行财务分析时，应结合企业特点进行具体分析，如银行的资产负债率一般比较高，通常超过90%。

根据表11-2的资料，该企业的资产负债率为

本年资产负债率= $\dfrac{530}{1850} \times 100\% \approx 28.65\%$

上年资产负债率= $\dfrac{440}{1600} \times 100\% \approx 27.5\%$

通过以上的计算结果可以看出：华远公司这两年的资产负债率水平都不高，虽然本年度比上一年度的资产负债率略有上升，但是依然保持一个较低的水平，虽然该公司偿还长期债务的能力有所下降，但是企业不能偿还到期债务的风险很小，债权人的资金相对比较安全。

2. 产权比率

产权比率是负债总额与所有者权益总额的比率。它表示所有者权益对债权人权益的保障程度。其计算公式是

$$产权比率 = \dfrac{负债总额}{所有者权益总额} \times 100\%$$

产权比率反映由债权人提供的资本与股东提供的资本的相对关系，反映企业财务结构是否稳定，反映企业所有者权益对债权人权益的保障程度。一般而言，该比率小于1时，企业偿债能力是有一定保障的，但还应结合企业的具体情况加以分析。该指标越小，说明企业长期偿债能力越强，债权人权益的保障程度越高，债权人承担的风险越小。但是这一比率不能过低，若过低表明企业不能充分发挥负债的财务杠杆效益。所以企业在评价产权比率是否适度时，应从提高获利能力和增强偿债能力两个方面综合进行分析，即在保证债务偿还安全的前提下，应尽可能提高产权比例。

产权比例与资产负债率对评价偿债能力的作用基本相同，主要区别在于：资产负债率侧重于分析债务偿付安全性的物质保障程度；产权比率则侧重于揭示财务结构的稳定程度，以及自有资金对偿债风险的承担能力。

根据表11-2的资料，该企业的产权比率为

本年产权比率= $\dfrac{530}{1320} \times 100\% \approx 40.15\%$

上年产权比率= $\dfrac{440}{1160} \times 100\% \approx 37.93\%$

通过以上的计算结果可以看出：华远公司两年的产权比例均小于1，但是本年比上一年上升了2.22%。影响原因主要是虽然负债与所有者权益均处于上升状态，但是负债上升幅度为20.45%，大于所有者权益的上升幅度13.79%，高出了6.66%。这说明负债增加速度比所有者权益增加速度更快一些，该公司债权人投入资金受所有者权益保障程度会有所下降，目前看，偿债风险不高，但财务杠杆效益发挥不够充分。另外还要关注其变动情况，如果持续下去，该比例超过1，对于债权人来说是非常不利的，因此要进行多年产权比率数值的纵向比较，判断其变动趋势。

3. 利息保障倍数

利息保障倍数是指息税前利润对利息费用的倍数。它反映企业偿付负债利息的能力，用以评价债权人投资的风险程度。其计算公式是

$$利息保障倍数 = \frac{息税前利润}{利息费用} = \frac{净利润 + 利息费用 + 所得税费用}{利息费用}$$

利息保障倍数越大，表明企业偿付利息费用的能力越强，债权人权益越有保障。利息保障倍数的具体衡量标准要根据历史经验并结合行业特点来判断。如果利息保障倍数小于1，表明企业自身产生的经济收益不能支持现有规模的债务。

利息保障倍数用以测定企业以获取的利润承担借款利息的能力，是评价债权人投资风险程度的重要指标之一。它是从企业的收益方面考察其长期偿债能力，利息保障倍数越高，表明企业对偿还债务的保障程度就越强。

根据表 11-2 的资料，假设该企业财务费用都是利息费用，则利息保障倍数为

$$本年利息保障倍数 = \frac{113.25 + 8 + 37.75}{8} \approx 19.88$$

$$上年利息保障倍数 = \frac{64.5 + 5 + 21.5}{5} \approx 18.20$$

通过以上的计算结果可以看出：华远公司两年的利息保障倍数都比较高并且超过了1。本年的利息保障倍数与上年相比还有一定程度的提升，说明企业能及时足额地支付债务利息，长期偿债能力较强。

第三节 营运能力分析

一、营运能力分析的内涵

营运能力是指企业运用现有资源从事生产经营活动的能力，反映资金的使用效率。资金周转速度越快说明企业的营运能力越强，因此，营运能力分析是从资产周转率的角度，通过计算企业资金周转的有关指标，分析其资产利用的效率，是对企业管理层管理水平和资产运用能力的分析，经营能力大小是影响企业偿债能力和盈利能力大小的主要因素之一。

主要从以下两个方面分析企业的营运能力：一是分析企业资产的周转情况，通过存货周转率、应收账款周转率等指标揭示企业资金周转的情况，反映企业销售质量、购货质量、生产水平等；二是要分析企业的财务构成状况，揭示企业资源配置的情况，促进企业改善资源配置。

二、营运能力分析的内容

(一)流动资产营运能力分析

流动资产营运能力的分析常被用作企业短期偿债能力分析的重要补充，其主要分析指

标有应收账款周转率、存货周转率和流动资产周转率。

1. 应收账款周转率

应收账款周转率是指企业一定时期的营业收入与应收账款平均余额之比,反映企业应收账款的周转速度。应收账款周转率通常有两种表示形式:一种是应收账款周转次数,另一种是应收账款周转天数。其计算公式是

$$应收账款周转率(次数)=\frac{营业收入}{应收账款平均余额}$$

$$应收账款周转期(天数)=\frac{360}{应收账款周转次数}$$

$$应收账款平均余额=\frac{期初应收账款余额+期末应收账款余额}{2}$$

应收账款周转次数和应收账款周转天数是互补的关系。在一定时期内应收账款周转次数越多,周转一次所用的天数就越少,说明应收账款收回的速度越快,资产营运效率越高。这不仅有利于企业及时收回货款,减少发生坏账损失的可能性,而且有利于提高资产的流动性,增强企业的短期偿债能力。所以应收账款周转率可以看成是流动比率的补充,它反映了企业的短期偿债能力。一般而言,非商品流通企业的应收账款的周转次数应达到 3~4 次/年以上,商品流通企业应达到 6~8 次/年以上,是非商品流通企业的 2 倍左右。

根据表 11-2、表 11-3 的资料,有:

本年度应收账款平均余额 $=\frac{104+96}{2}=100$

应收账款周转次数 $=\frac{360}{100}=3.6(次)$

应收账款周转天数 $=\frac{360}{3.6}=100(天)$

通过以上的计算结果可以看出:华远公司本年的应收账款周转率基本正常,但是还是处于较低的水平。还需要与往年度或同行业平均水平进行对比,判断企业纵向和横向周转水平,分析原因找出差距,提高其周转率,进一步提高资金的使用效率。

对应收账款周转率的进一步分析,还需要注意以下几个问题。

(1) 企业的信用政策、客户故意拖延和客户财务困难等都可能导致应收账款周转率下降。

(2) 应收账款是一个时点指标,易于受自然因素(如季节性或偶然性)和人为因素的影响。

(3) 应收账款周转率过快可能是由紧缩的信用政策引起的,其结果可能会危及企业的销售增长,损害企业的市场占有率。

2. 存货周转率

存货周转率是指企业一定时期的营业成本与存货平均余额的比率,反映企业存货的周转速度。它也是衡量企业生产经营各环节中存货运营效率的一个综合指标。存货周转率通常有两种表示形式:一种是存货周转次数,另一种是存货周转天数。其计算公式是

$$存货周转率(次数)=\frac{营业成本}{平均存货成本}$$

$$平均存货成本 = \frac{期初存货成本 + 期末存货成本}{2}$$

$$存货周转期(天数) = \frac{360}{存货周转次数}$$

存货周转率表明一定时期内企业存货的周转次数，可以用于分析企业存货的变现速度和管理效率。存货周转速度的快慢不仅能反映出企业采购、存储、生产和销售各环节管理水平的高低，而且对企业的偿债能力、获利能力产生决定性的影响，同时也能综合地反映出企业供、产、销各环节的管理水平。

在一般情况下，存货周转率越高越好。在存货平均水平一定的条件下，存货周转率越高，表明企业的销货成本数额增多，产品销售的数量增大，企业的销售能力增强；反之，则销售能力不强。企业要扩大产品销售数量，增强销售能力，就必须在原材料购进、生产过程中的投入、产品的销售、现金的收回等方面做到协调和衔接。因此，存货周转率不仅可以反映企业的销售能力，而且能衡量企业生产经营中的有关各方面的管理情况。

一般来说，制造企业的存货周转次数应达到 2~3 次/年，商品流通企业的存货周转速度应达到 4~6 次/年。但是存货周转率并不是越高越好，因为存货周转率过高，也可能说明企业的管理方面存在的问题，如存货水平太低，甚至经常缺货，或者采购次数过于频繁，批量太小等。企业存货过多会浪费资金，存货过少又不能满足流转需要，因此，合理的存货周转率应根据产业特点、市场行情以及企业自身的特点而定。在分析过程中可以结合运用趋势分析、行业对比以及影响因素分析等多种方法，做出合理的判断。

根据表 11-2、表 11-3 的资料，有：

$$平均存货成本 = \frac{416 + 320}{2} = 368$$

$$存货周转次数 = \frac{175}{368} \approx 0.48(次)$$

$$存货周转天数 = \frac{360}{0.48} \approx 750(天)$$

通过以上的计算结果可以看出：华远公司本年的存货周转率较低，一年内周转还不到 1 次，说明周转速度较慢，还需要与往年度或同行业平均水平进行对比，判断企业纵向和横向存货管理水平，分析原因与差距，提高其周转率，进一步提高存货的周转效率。

3. 流动资产周转率

流动资产周转率是指销售收入与流动资产平均占用额之间的比例，它是反映企业流动资产周转速度与综合使用效率的指标。流动资产周转率通常有两种表示形式：一种是流动资产周转次数，另一种是流动资产周转天数。其计算公式是

$$流动资产周转率(次数) = \frac{销售收入净额}{流动资产平均余额}$$

$$平均流动资产余额 = \frac{期初流动资产 + 期末流动资产}{2}$$

$$流动资产周转期(天数) = \frac{360}{流动资产周转率}$$

流动资产周转率表明企业的流动资产从货币资金开始经过了供产销各个环节重新转换为货币资金的速度。在一定时期内流动资产的周转次数越多，表明以相同的流动资产完成的周转额越大，资金占用越少，流动资产的利用效果越好。流动资产的周转率越低，说明流转速度越慢，则需要补充流动资金参加周转，形成资金浪费，降低企业的盈利能力。流动资产周转情况可以用周转天数表示时，周转一次所需要的天数越少，表明流动资产在经历生产和销售各阶段时所占用的时间越短，流转效率越高。生产经营任何一个环节上的工作改善，都会反映在周转天数的缩短上来。

美国、德国企业的流动资产周转率大概平均为8次/年，日本企业平均7次/年以上，而我国有规模国有企业与有规模的非国有企业的流动资产周转率平均仅为1.62次/年，说明中外企业的管理水平差距较大。

根据表11-2、表11-3的资料，有：

平均流动资产余额 $= \dfrac{568+644}{2} = 606$

流动资产周转率(次数) $= \dfrac{360}{606} \approx 0.59$(次)

流动资产周转期(天数) $= \dfrac{360}{0.59} \approx 610.17$(天)

通过以上的计算结果可以看出：华远公司本年的流动资产周转率较低仅为0.59次/年，说明其周转速度很慢，同时也反映该公司的流动资产管理存在一定问题，效率低下。

(二)长期资产营运能力分析

企业的长期资产主要包括长期投资、固定资产、无形资产等。在长期资产中，固定资产营运能力的强弱，对整个长期资产的运营能力将产生重要影响，因此，下面主要讨论固定资产营运能力和总资产营运能力。

1. 固定资产周转率

固定资产周转率是指企业的年营业收入金额与固定资产平均净值的比例。主要反映企业固定资产周转情况，从而衡量固定资产利用效率的一项指标。其计算公式如下：

$$固定资产周转率 = \dfrac{营业收入}{固定资产平均净值}$$

注： $$固定资产平均净值 = \dfrac{期初固定资产净值 + 期末固定资产净值}{2}$$

固定资产净值 = 固定资产原值 - 累计折旧

固定资产净额 = 固定资产原值 - 累计折旧 - 已计提的减值准备

$$固定资产周转天数 = \dfrac{360}{固定资产周转率}$$

固定资产周转率越高，周转期越短，表明企业固定资产利用率越高，也说明固定资产投资得当，固定资产结构合理，能充分发挥效率；反之，如果固定资产周转率低，则表明固定资产使用效率不高，提供的生产成果不多，企业的营运能力欠佳。在分析该指标时，还要考虑一些影响因素，固定资产净值因折旧而逐年减少或因更新改造而突然增加的影响，在不同企业进行分析和比较时还要考虑采用的不同折旧方法，对固定资产净值的影响等。

根据表 11-2、表 11-3 的资料，该企业固定资产的周转率为

$$固定资产的平均净值 = \frac{960 + 1\,130}{2} = 1\,045$$

$$固定资产周转率 = \frac{360}{1\,045} \approx 0.34(次)$$

$$固定资产周转天数 = \frac{360}{0.34} \approx 1\,058.82(天)$$

通过以上的计算结果可以看出：华远公司本年的固定资产周转率较低每年只周转 0.34 次，说明周转速度较慢，公司应该加强固定资产管理，分析固定资产的质量，对于多余闲置的应及时处理，提高其运营效率。

2. 总资产周转率

总资产周转率是企业营业收入与平均资产总额的比率，反映企业总资产的周转速度和利用效率。总资产周转率越高，表明企业总资产的周转速度越快，企业的销售能力越强，企业利用全部资产进行经营的效率越高，进而使企业的偿债能力和盈利能力得到增强。反之，则说明企业利用全部资产进行经营活动的能力差，效率低，最终影响企业的盈利能力，企业应采取各种措施来提高企业的资产利用程度，比如提高销售收入和处理多余和闲置的资产。总资产周转率也可以用周转次数和周转天数两个指标来进行衡量。其计算公式是

$$总资产周转次数 = \frac{营业收入}{平均资产总额}$$

$$平均资产总额 = \frac{期初资产总额 + 期末资产总额}{2}$$

$$总资产周转天数 = \frac{360}{总资产周转次数}$$

根据表 11-2、表 11-3 的资料，该企业的总资产周转率为

$$本年平均资产总额 = \frac{1\,600 + 1\,850}{2} = 1\,725$$

$$本年总资产周转次数 = \frac{360}{1\,725} \approx 0.21(次)$$

$$本年总资产周转天数 = \frac{360}{0.21} \approx 1\,714.29(天)$$

通过以上的计算结果可以看出：华远公司本年的总资产周转率较低，年周转次数仅为 0.21 次，周转一次需要 1\,714.29 天，说明周转速度非常慢，该公司应该对资产使用效率加强管理，提高总资产的运营能力。

第四节 盈利能力分析

一、盈利能力分析的内涵

(一)盈利能力分析及目的

盈利能力通常是指企业在一定时期内赚取利润的能力。盈利能力的大小是一个相对的概念，即利润相对于一定的资源投入、一定的收入而言。利润率越高，盈利能力越强；利润率越低，盈利能力越差。企业经营业绩的好坏最终可通过企业的盈利能力来反映。无论是企业的经理人、债权人，还是股东(投资人)都非常关心企业的盈利能力，并重视对利润率及其变动趋势的分析与预测。

对企业经理人来说，进行企业盈利能力分析可以了解经理人员工作业绩的大小和工作业绩的优劣，评价受托责任履行情况。

对于债权人来说，利润是企业偿债的重要来源，从获取利润的多少及质量方面来看，盈利能力的强弱直接影响企业的偿债能力。

对于股东(投资人)而言，特别是以分红多少为目的的股东，他们往往会认为企业的盈利能力比财务状况、营运能力更重要。股东们的直接目的就是获得更多的利润。

(二)有关项目分析盈利能力的侧重指标

盈利能力的分析是企业财务分析的重点，其根本目的是通过分析及时发现问题，改善企业财务结构，提高企业偿债能力、经营能力，最终提高企业的盈利能力。

1. 与投资有关的盈利能力分析

与投资有关的盈利能力分析主要是对总资产报酬率、净资产收益率等指标进行分析与评价。

2. 与销售有关的盈利能力分析

与销售有关的盈利能力分析主要是对销售利润率分析和成本费用利润率分析两个方面的内容。

3. 上市公司盈利能力分析

上市公司盈利能力分析即对每股收益指标、每股股利指标以及市盈率指标进行分析。

二、盈利能力分析的内容

(一)销售利润率

销售利润率是企业利润总额与营业收入的比率，即每一元销售收入能带来多少利润。它反映企业营业收入的获利能力，因此，销售利润率越高，企业的经济效益越好。其计算公式是

$$销售利润率 = \frac{利润总额}{营业收入} \times 100\%$$

根据表 11-3 的资料，该企业的销售利润率为

本年销售利润率 $= \frac{151}{360} \times 100\% \approx 41.94\%$

上年销售利润率 $= \frac{86}{220} \times 100\% \approx 39.09\%$

通过以上的计算结果可以看出：华远公司本年的销售利润率较高并且本年度比上年度上升了 2.85%，主要是营业收入上升了 140 万元，上升幅度为 63.63%，导致利润总额有所增加，表明企业的盈利能力较强且有上升趋势。当然，这些指标应该与本公司以前年度的同类指标进行纵向比较，分析其获利能力的变动趋势的同时还要与同行业的平均水平进行横向对比，寻找差距，以进一步增强企业的盈利能力。

影响销售利润率变动的因素很多，既有销售结构、销售成本等变动的影响，也有市场环境、管理决策等其他因素的影响。因此，提高销售利润率最有效的方法是加强企业经营管理，向管理要效益，降低成本。

销售利润率越高，说明企业单位产品销售获利能力越强，企业经营的效益越好，对股东和债权人越有利。

注意：企业的利润包括主营业务利润、营业利润、利润总额和净利润等。因此，销售利润率指标一般包括主营业务利润率、营业利润率、销售利润率和销售净利率等。

(二)成本费用利润率

成本费用利润率是企业利润总额与企业成本费用总额的比率。它表明每付出一元成本费用可获得多少利润，反映企业成本费用的获利能力，揭示企业在挖掘潜力、降低消耗、提高效益方面的工作成绩。显然，该指标越高，表明企业为取得利润而付出的代价越小，成本费用控制得越好，获得利润能力越强。其计算公式是：

$$成本费用利润率 = \frac{利润总额}{成本费用总额} \times 100\%$$

注意：成本费用总额=营业成本+税金及附加+销售费用+管理费用+财务费用+资产减值损失等，也可以分不同层次进行成本费用利润率计算。

根据表 11-3 的资料，该企业的成本费用利润率为

本年成本费用利润率 $= \frac{151}{217} \times 100\% \approx 69.59\%$

上年成本费用利润率 $= \frac{86}{139} \times 100\% \approx 61.87\%$

通过以上的计算结果可以看出：华远公司两年的成本费用利润率都较高，并且有上升趋势，说明该企业的获得能力较强。

(三)总资产报酬率

总资产报酬率是企业利润总额与利息支出之和与平均资产总额的比率。它是反映企业资产综合利用效果的指标。总资产报酬率表示企业全部资产获取收益的水平，全面反映了

企业的获利能力和投入产出状况。通过对该指标的深入分析，可以增强各方面对企业资产经营的关注，促进企业提高单位资产的收益水平。该指标越高，表明企业投入产出的水平越好，企业的资产运营越有效。其计算公式是

$$总资产报酬率=\frac{利润总额+利息支出}{平均资产总额}\times100\%$$

$$平均资产总额=\frac{期初资产总额+期末资产总额}{2}$$

总资产报酬率可进一步分解为

$$总资产报酬率=\frac{营业收入}{总资产平均余额}\times\frac{利润总额+利息支出}{营业收入}\times100\%$$

$$=总资产周转率\times销售息税前利润率$$

由此可以看出总资产报酬率受到两个因素的影响：一个是总资产周转率，另一个是销售息税前利润率。

根据表11-2、表11-3的资料，该企业的总资产报酬率为

$$总资产报酬率=\frac{151+8}{1\,725}\times100\%\approx9.22\%$$

在分析该指标时，要计算本企业多年的数据进行趋势变动分析，同时也要与同行业的情况进行对比，找出不足与差距。企业要想提高总资产报酬率，增强企业的盈利能力，就要从提高企业的总资产周转率和销售息税前利润率两个方面努力。

(四)资本收益率

资本收益率是企业当期实现的净利润与资本金平均总额的比率。它反映企业投资者投入资本金的获利能力。其计算公式是

$$资本收益率=\frac{净利润}{资本金平均总额}\times100\%$$

一般而言，资本收益率越高越好，因为资本收益率高说明企业容易从资本市场上筹集到资金。

根据表11-2、表11-3的资料，该企业的资本收益率为

$$资本收益率=\frac{113.25}{962}\times100\%\approx11.77\%$$

(五)净资产收益率

净资产收益率是企业净利润与平均净资产的比率。它体现企业所有者权益的获利能力，重点反映投资与报酬的关系。净资产收益率越高，说明企业所有者投入资本带来的收益越多，投资的效益越好，对企业投资者、债权人的保障程度越高。该指标的通用性强，适用范围广，有受行业的局限。计算公式是：

$$净资产收益率=\frac{净利润}{平均净资产}\times100\%$$

$$平均净资产=\frac{年初净资产+年末净资产}{2}$$

根据表 11-2、表 11-3 的资料，该企业净资产收益率为：

$$净资产收益率 = \frac{113.25}{1\,240} \times 100\% \approx 9.13\%$$

(六) 每股收益

每股收益是指可分配给普通股股东的净利润与流通在外普通股加权平均股数的比率。其计算公式是

$$每股收益 = \frac{普通股股东净利润}{流通在外普通股加权平均股数}$$

它反映每只普通股当年创造的净利润水平。

(七) 每股股利

每股股利是公司普通股股利总额与发行在外的普通股股数之比，反映股票的盈利潜力。其算公式是

$$每股股利 = \frac{股利总额}{普通股股数}$$

每股股利反映的是上市公司每一普通股获取股利的大小。每股股利越大，则公司股本获利能力就越强；每股股利越小，则公司股本获利能力就越弱。但须注意，上市公司每股股利发放多少，除了受上市公司获利能力大小影响以外，还取决于公司的股利发放政策。

(八) 市盈率

市盈率是普通股每股市场价格与每股收益的比率。它表示投资者为了获得每一元的利润所愿意支付的价格。其计算公式是

$$市盈率 = \frac{每股市场价格}{每股收益}$$

市盈率是投资者衡量股票潜力、借以投资入市的重要指标。但是市盈率高低的评价还必须依据当时的金融市场平均市盈率进行，并非越高越好或越低越好。一般而言，市盈率越高，表明股票的获利潜力越大，但投资风险也越大。

第五节　发展能力分析

一、发展能力分析的内涵

发展能力是指企业未来年度的发展前景及潜力。企业要追求健康可持续的发展，就应该有效地运用资本、合理控制成本、增加收入获取利润，进而来增加企业的价值。在分析企业发展能力时，主要有以下指标：营业收入增长率、营业利润增长率、总资产增长率和资本保值增长率。

二、发展能力分析的内容

(一)营业收入增长率

营业收入增长率是本年营业收入增长额与上年营业收入总额的比率。其计算公式如下：

$$营业收入增长率=\frac{本年营业收入增长额}{上年营业收入总额}\times100\%$$

营业收入增长率是衡量企业经营状况和市场占有能力，预测企业经营业务拓展趋势的重要指标。营业收入增长率若大于零，表明企业本年的营业收入有所增长，指标值越高，说明增长速度越快，企业市场前景越好；该指标若小于零，则说明企业或产品不适销对路(产品有一定的问题)或是在售后服务等方面存在不足，造成市场份额萎缩。但是，在分析的时候要结合企业历年的营业水平和市场占有情况、行业未来发展及其他影响企业发展的潜在因素，进行前瞻性预测，或者结合企业前三年的平均营业收入增长率做出趋势分析与判断。

【例11-2】根据丙公司近三年的会计报表(见表11-4)，结合营业收入增长率的变化对公司的营业增长能力进行分析。

表11-4 丙公司营业收入增长率指标计算表

项 目	2017年	2018年	2019年	2020年
营业收入/亿元	69	86	84	75
营业收入增长额/亿元	—	17	-2	-9
营业收入增长率/%	—	24.64	-2.32	-10.71

分析丙公司的营业收入增长水平，判断该公司在营业销售方面的发展趋势。

从表11-4可以看出该公司营业收入在2018年以前处于上升时期，尤其是2018年比2017年销售规模有较大程度的增长，增长额为17亿元，增长幅度为24.64%。这里不排除存在一些偶然性或者是特殊性的因素。可是2019—2020年的营业收入增长均为负数，说明该公司终端产品可能处于成熟期或衰退期，营业收入下滑导致营业收入增长幅度明显下降。

(二)营业利润增长率

营业利润增长率是本年营业利润增长额与上年营业利润总额的比例，其计算公式如下：

$$营业利润增长率=\frac{本年营业利润增长额}{上年营业利润总额}\times100\%$$

营业利润是企业积累和持续发展的主要源泉。营业利润增长率为正数，说明企业的营业利润增加，盈利能力增强。若该指标为负数，则说明企业的本期营业利润在减少，盈利能力减弱。

(三)总资产增长率

总资产增长率是本年总资产增长额与年初资产总额的比率。其计算公式如下：

$$总资产增长率=\frac{本年总资产增长额}{年初资产总额}\times100\%$$

$$=\frac{年末资产总额-年初资产总额}{年初资产总额}\times100\%$$

总资产增长率是用来考核企业投入增长幅度的财务指标,是从总量资产的增加衡量企业发展能力的。总资产增长率若为正数,说明企业本期的资产规模增加,企业进行了一定程度的扩张,总资产增长率的数值越大,意味着企业资产规模的增长速度越快,企业的竞争力会越强。该指标若为负数,说明企业本期资产规模缩减,资产出现负增长,意味着企业的资产受到减损。

(四)资本保值增值率

资本保值增值率,是指企业本年扣除客观因素后的年末所有者总额(即主观因素努力增加的所有者权益)与年初所有者权益总额的比率。其计算公式如下:

$$资本保值增值率=\frac{扣除客观因素后的年末所有者权益}{年初所有者权益总额}\times100\%$$

资本保值增值率反映了投资者投入企业资本的保值与增值问题。该指标越高,说明企业的资本保全性越好,股东权益增加越多,债权人的权益越有保证。根据资本保值增值的要求,该指标通常应该大于100%。如果该指标为负值,表明企业资本受到侵蚀,没有实现资本保全,损害了所有者的权益,应予以重视。

第六节 财务综合评价

一、综合财务指数评价系统

综合财务指数评价系统是通过计算综合财务指数,对企业财务状况进行综合评价的一种方法。综合财务指数评价系统的一般程序和方法如下。

(一)正确选择财务指标

投资者比较关注企业的盈利能力和资本保值增值能力,为了评价投资者所关注的盈利能力和资本保值增值能力,应选择销售收益率、总资产报酬率、资本收益率等指标。

债权人比较关注企业的偿债能力,为了评价债权人关注的偿债能力,应选择流动比率、速动比率、资产负债率、应收账款周转率和存货周转率等指标。

(二)确定财务指标的标准值

财务指标标准值的选择应当先进合理,可供选择的标准值有本期计划数、本期实际数、同类企业平均数、行业平均数、最好时期数以及国际上通用的标准值。

(三)计算财务指标个别指数

财务指标的个别指数是分析期某项财务指标的实际数与标准值之间的比值。在计算个别指数时,要注意正指标和逆指标的不同处理方法。正指标数值越高越好;逆指标有的越低越好,有的高于或低于标准值都不好。财务指标有它的计分规则,如表11-5所示。

第十一章 财务报表分析

表 11-5 财务指标计分规则

指标	正指标		逆指标					
			资产负债率/%			流动比率/倍		
标准值	100		50			2		
实际值	$X<100$	$X\geqslant100$	$X<50$	$X=50$	$X>50$	$X<2$	$X=2$	$X>2$
得分	$\dfrac{X}{100}$	1	$\dfrac{X}{50}$	1	$\dfrac{1-X}{50}$	$\dfrac{X}{2}$	1	$\dfrac{1-X}{2}$

(四)确定财务指标的权数

综合财务指数不是财务指标个别指数的简单算术平均数,而是一个加权平均数,因此,计算综合财务指数应当正确确定各项财务指数的权数。权数的大小主要根据各项指标的重要性程度而定,指标越重要,其权数就越大;反之,其权数就越小。

(五)计算综合财务指数

综合财务指数是以个别指数为基数,以该项指标的重要性程度为权数,加权平均计算出来的平均数。其计算公式是

综合财务指数=Σ(财务指标个别指数×该项指标的权数)

(六)进行综合财务评价

将综合财务指数与其他时期、同行业中的其他企业进行比较,确定企业所处的财务情况。

【例 11-3】 举例说明我国综合财务指数评价系统的评价程序和方法,如表 11-6 所示。

表 11-6 综合财务指数计算表

财务指标	标准值 ①	实际值 ②	个别指数 ③=②/①	权 数 ④	综合财务指数 ⑤=③×④
流动比率/倍	2	1.92	0.96	10	9.6
资产负债率/%	50	25.4	0.508	10	5.08
应收账款周转率/次	4.5	6.4	1.42	5	7.1
存货周转率/次	5	2.3	0.46	5	2.3
销售利润率/%	22	23.76	1.08	20	21.6
总资产报酬率/%	20	20.8	1.04	12	12.48
资本收益率/%	20	24.6	1.23	8	9.84
资本保值增值率/%	110	112.3	1.02	10	10.2
社会贡献率/%	28	29.6	1.06	12	10.6
社会积累率(%)	10	9.4	0.94	8	7.52
综合财务指数	—	—	—	100	96.3

二、杜邦财务指标分析系统

为了全面地了解和评价企业的财务状况和经营成果,需要利用若干相互关联的指标对

营运能力、偿债能力及盈利能力等进行综合性的分析和评价。杜邦财务分析系统正是利用几种主要财务指标之间的内在联系综合分析企业财务状况的一种综合财务分析方法,由于这种分析法在美国杜邦公司首先使用,故称杜邦分析体系。

学习杜邦财务分析体系时应注意掌握以下内容。

1. 杜邦财务分析体系反映的主要财务比率及其相互关系

(1) 净资产收益率与总资产净利率及权益乘数之间的关系,这种关系的计算公式是

$$净资产收益率 = 总资产净利率 \times 权益乘数$$

(2) 总资产净利率与销售净利率及总资产周转率之间的关系,这种关系的计算公式是

$$总资产净利率 = 销售净利率 \times 总资产周转率$$

(3) 销售净利率与净利润及营业收入之间的关系,这种关系的计算公式是

$$销售净利率 = \frac{净利润}{营业收入}$$

(4) 总资产周转率与营业收入及资产总额之间的关系,这种关系的计算公式是

$$总资产周转率 = \frac{营业收入}{资产总额}$$

(5) 权益乘数与资产负债率之间的关系,这种关系的计算公式是

$$权益乘数 = \frac{1}{1 - 资产负债率}$$

杜邦财务分析体系在揭示上述几种财务比率之间关系的基础上,再将净利润、总资产进行层层分解,就可以全面、系统地揭示出企业的财务状况以及财务系统内部各个因素之间的相互关系。

2. 杜邦财务分析体系是对企业财务状况进行自上而下的综合分析

它通过几种主要的财务指标之间的关系,直观、明了地反映出企业的偿债能力、营运能力、盈利能力及其相互之间的关系,从而提供了解决财务问题的思路和财务目标的分解、控制途径。在学习中应注意以下几个方面。

(1) 净资产收益率反映所有者投入资本的获利能力。它取决于企业的总资产净利率和权益乘数。

(2) 总资产净利率是反映企业获利能力的一个重要财务指标。它揭示了企业生产经营活动的效率,综合性也极强。

(3) 销售净利率反映企业净利润与营业收入之间的关系。一般来说,营业收入增加,企业的净利润会随之增加,但是,要想提高销售净利率,必须一方面提高营业收入,另一方面降低各种成本费用。

(4) 分析企业的资产结构是否合理,即流动资产与非流动资产的比例是否合理。

(5) 结合销售收入分析企业的资产周转情况。

利用上述有关指标之间表现出的相乘或相除的关系,可以采用因素分析法进行因素分析,以确定有关因素变动的影响方向和影响数额,并据以进行奖励或惩罚。

【例 11-4】 举例说明杜邦财务指标分析系统的分析过程。

分析过程如图 11-1 所示。

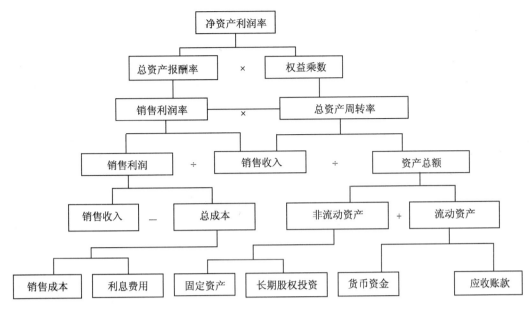

图 11-1　分析过程图

上述分析表明，净资产利润率是综合性最强的财务比率，是杜邦财务指标分析系统的核心。总资产报酬率反映了企业生产经营活动的效率，提高总资产报酬率不仅要求企业面向市场加强销售，而且要求企业提高资产运营效率。权益乘数反映了企业资本结构的合理性，企业资本结构状况对净资产收益率有着直接的影响。

【思政与德育】

诚实守信，廉洁自律——欣泰电气应收账款造假

欣泰电气(300372，SZ)2014年1月27日在深圳创业板上市，2015年5月辽宁证监局对其进行年度现场检查时，发现其可能存在财务数据不真实等问题。通过4个月的调查得出结论，第一，存在虚假财务数据记载于 IPO 申请文件中；第二，上市后存在虚假记载和重大遗漏未披露在定期报告中；第三，中介机构未能勤勉尽责。

由表 11-7 可知，2011—2014 年，欣泰电气的营业收入是趋于平稳的，而相较于 2011 年，2012—2014 年该公司应收账款平均增长率高出营业收入平均增长率为 88%；应收账款周转速度也有明显的下降趋势，下降了 2.1 次；其通过应收账款虚增收入的迹象非常明显，2014 年应收账款占总资产的比例达到了 38.3%。说明该企业利用关联方交易进行利润操纵，手段是利用空挂应收账款，虚构营业收入，粉饰财务会计报表；另外，应收账款增加也减少了资金的流动性和产生坏账损失的风险。

表 11-7 欣泰电气应收账款相关财务指标分析

项 目	2011 年	2012 年	2013 年	2014 年
应收账款总额/亿元	1.4	1.7	2.1	4.4
总资产总额/亿元	6.5	7.0	7.5	11.5
应收账款占总资产比	21.5%	24.3%	28.0%	38.3%
应收账款定基增长率		21.4%	50.0%	214%
营业收入/亿元	4.2	4.6	4.7	4.2
营业收入定基增长率		9.5%	11.9%	0
应收账款周转率	3.5	3.0	2.5	1.4

资料来源：李花果. 欣泰电气财务舞弊案例研究[J]. 财会通讯，2017(10)(改编)

思 政 感 悟

思政感悟见右侧二维码。

小知识(见右侧二维码)

财务报表分析的局限性

一、财务报表本身的局限性

二、财务报表的可靠性问题

三、比较基础问题

自 测 题

一、单项选择题

1. 通常情况下，衡量企业长期偿债能力的指标是(　　)。
   A. 资产负债率　　　　　　　　B. 流动比率
   C. 速动比率　　　　　　　　　D. 现金比率
2. 企业速动资产总额与流动负债总额之比称为(　　)。
   A. 负债比率　　　　　　　　　B. 现金比率
   C. 速动比率　　　　　　　　　D. 流动比率
3. 下列财务比率中不属于反映企业获利能力的比率是(　　)。
   A. 销售利润率　　　　　　　　B. 成本费用利润率
   C. 流动比率　　　　　　　　　D. 净资产收益率
4. 计算销售利润率指标时的利润指的是(　　)。
   A. 利润总额　　　　　　　　　B. 息税前利润

C. 税后利润   D. 息后税前利润

5. 资产负债率表示企业负债程度，该比率越大，企业的负债程度( )。
   A. 越高   B. 越低
   C. 不确定   D. 为零

6. 属于综合财务分析法的是( )。
   A. 比率分析法   B. 比较分析法
   C. 杜邦分析法   D. 趋势分析法

7. 通过变换各因素的数量计算各因素变动对总指标影响程度的分析方法是( )。
   A. 比较分析法   B. 因素分析法
   C. 趋势分析法   D. 比率分析法

8. 利息保障倍数指标计算公式中，分子是指( )。
   A. 税前利润   B. 税后利润
   C. 税前利润+利息费用   D. 税后利润+利息费用

9. 杜邦财务分析体系的核心指标是( )。
   A. 总资产报酬率   B. 总资产周转率
   C. 股东权益报酬率   D. 净资产收益率

10. 通常情况下，衡量企业短期偿债能力的指标是( )。
    A. 资产负债率   B. 流动比率
    C. 产权比率   D. 应收账款周转率

二、多项选择题

1. 反映企业营运能力的指标有( )。
   A. 流动比率   B. 应收账款周转率
   C. 速动比率   D. 存货周转率

2. 应收账款周转率越高越好，因为它表明( )。
   A. 收款迅速   B. 减少坏账损失
   C. 资产流动性高   D. 销售收入增加

3. 下列指标中比率越高，说明企业获利能力越强的有( )。
   A. 总资产报酬率   B. 成本费用利润率
   C. 负债比率   D. 总资产增长率

4. 比率分析法可以分为( )。
   A. 结构比率   B. 效率比率
   C. 相关比率   D. 趋势分析法

5. 财务报表的分析主体有( )。
   A. 投资人   B. 债权人
   C. 企业管理者   D. 政府有关部门

6. 财务分析的内容包括( )。
   A. 偿债能力分析   B. 营运能力分析

  C. 盈利能力分析   D. 发展能力分析
7. 反映企业发展能力的指标有(　　)。
  A. 营业收入增长率   B. 营业利润率增长率
  C. 总资产增长率   D. 资本保值增长率
8. 反映企业盈利能力的指标有(　　)。
  A. 成本费用利润率   B. 净资产收益率
  C. 资本收益率   D. 每股收益
9. 衡量企业偿债能力的主要指标有(　　)。
  A. 现金比率   B. 资产负债率
  C. 产权比率   D. 利息保障倍数

三、判断题

1. 从一定意义上讲,流动性比收益性更重要。　　　　　　　　　　　　　　　(　)
2. 只要流动比率高,企业短期偿债能力就很强。　　　　　　　　　　　　　　(　)
3. 流动比率是衡量企业短期偿债能力的一个重要财务指标,这个比率越高,说明企业偿还流动负债的能力越弱。　　　　　　　　　　　　　　　　　　　　　(　)
4. 资产周转次数越多,周转天数越多,表明资产周转速度越快。　　　　　　　(　)
5. 从债权人的角度来看,负债总额与股东权益比率越高,风险性也就越大,因此,希望该比率越低越好。　　　　　　　　　　　　　　　　　　　　　　　　(　)
6. 一般来说流动比率保持在 1 时较好。　　　　　　　　　　　　　　　　　　(　)
7. 应收账款周转率越快越好。　　　　　　　　　　　　　　　　　　　　　　(　)
8. 资产负债率越高,财务风险越大。　　　　　　　　　　　　　　　　　　　(　)
9. 采用比率分析法时必须注意对比项目的相关性。　　　　　　　　　　　　　(　)
10. 企业的债权人往往比较关注企业资本的保值和增值状况。　　　　　　　　(　)
11. 销售利润率是衡量企业资本金获利能力的指标。　　　　　　　　　　　　(　)
12. 市盈率是指普通股每股收益与普通股每股市价的比值。　　　　　　　　　(　)
13. 速动比率是流动资产与流动负债的比值。　　　　　　　　　　　　　　　(　)
14. 总资产报酬率是反映企业盈利水平的财务指标。　　　　　　　　　　　　(　)

参 考 答 案

参考答案见右侧二维码。

附录 1

知识拓展

一、"金税四期"时代来临

1. 什么是"金税四期"?
2. "金税四期"有多强大?
3. 重点监察哪些企业?

二、财产和行为税合并——10 个问题你需知晓

1. 哪些税种纳入财产和行为税合并申报?
2. 如何合并申报?
3. 如何提供税源信息?
4. 如何更正税源信息?
5. 所涉及税种是否必须一次性申报完毕?
6. 各税种纳税期不一致能合并申报吗?
7. 合并申报多个税种后,如何只更正申报一个税种?
8. 合并申报对房地产交易税收申报有影响吗?
9. 合并申报实行后老申报表还可以使用吗?
10. 合并申报对纳税人有哪些好处?

附录 2

案例分析

一、设立分公司还是子公司更省税?
二、他们是否有涉税风险?(3 个不同行业的案例)
三、20 万捐赠如何帮助企业实现节税?

参考文献

[1] 财政部会计资格评价中心. 初级会计实务[M]. 北京：经济科学出版社，2019.

[2] 财政部会计资格评价中心. 中级会计实务[M]. 北京：经济科学出版社，2020.

[3] 财政部会计资格评价中心. 初级会计实务[M]. 北京：经济科学出版社，2020.

[4] 戴德明，林钢，赵西卜. 财务会计学[M]. 12版. 北京：中国人民大学出版社，2019.

[5] 杨淑媛，李晓兵. 中级财务会计[M]. 3版. 北京：清华大学出版社，2018.

[6] 徐哲，李贺. 基础会计[M]. 2版. 上海：立信会计出版社，2020.

[7] 刘东辉. 会计学[M]. 北京：高等教育出版社，2018.

[8] 董红杰. 财务分析[M]. 成都：西南财经大学出版社，2016.

[9] 崔九九，徐黎，杨滨. 基础会计学[M]. 上海：立信会计出版社，2020.

[10] 张海梅，高玉梅. 基础会计[M]. 上海：立信会计出版社，2020.

[11] 高杉. 中级财务会计[M]. 上海：立信会计出版社，2020.

[12] 杨淑媛. 基础会计[M]. 2版. 北京：高等教育出版社，2019.

[13] 陈立军. 中级财务会计[M]. 5版. 北京：中国人民大学出版社，2020.

[14] 陈立军. 中级财务会计学习指导书[M]. 5版. 北京：中国人民大学出版社，2020.

[15] 路国平，黄中生. 中级财务会计[M]. 2版. 北京：邮电大学出版社，2019.

[16] 冯雅竹. 初级会计实务——经典题解[M]. 北京：中国商业出版社，2020.

[17] 吴福喜. 初级会计实务——应试指南[M]. 北京：中国商业出版社，2020.

[18] 中华人民共和国财政部. 企业会计准则2006[M]. 北京：经济科学出版社，2006.

[19] 中华人民共和国财政部. 企业会计准则——应用指南2006[M]. 北京：中国财政经济出版社，2006.

[20] 赵智全，李荣. 中级财务会计[M]. 上海：立信会计出版社，2007.

[21] 李桂荣. 财务会计[M]. 北京：清华大学出版社，北京交通大学出版社，2007.

[22] 朱小平，徐泓. 初级会计学[M]. 北京：中国人民大学出版社，2005.

[23] 韩辉. 会计学基础[M]. 北京：人民教育出版社，2006.

[24] 韩星. 会计学原理[M]. 北京：机械工业出版社，2006.

[25] 刘益平. 会计学[M]. 北京：科学出版社，2007.

[26] 毛志宏. 会计学[M]. 北京：经济科学出版社，2006.

[27] 赵德武. 会计学[M]. 成都：西南财经大学出版社，2004.

[28] 鲁亮升. 成本会计[M]. 大连：东北财经大学出版社，2005.